以观沧海

——启功百年诞辰纪念文集

文物出版社

封面设计：木　槿
版式设计：王　超
责任编辑：孙　霞
责任印制：张道奇

图书在版编目（CIP）数据

以观沧海：启功百年诞辰纪念文集 / 文物出版社编.
—北京：文物出版社，2012.7
ISBN 978-7-5010-3484-0

Ⅰ.①以… Ⅱ.①文… Ⅲ.①启功（1912~2005）-纪念
文集 Ⅳ.①K825.72-53

中国版本图书馆CIP数据核字（2012）第134823号

以观沧海
——启功百年诞辰纪念文集

文物出版社　编

文物出版社出版发行
北京东直门内北小街2号楼
http://www.wenwu.com
E-mail:web@wenwu.com
河北华艺彩印有限责任公司制版
北京鹏润伟业印刷有限公司印刷
新华书店经销
787×1092mm　1/16　印张:26.5
2012年7月第1版　2012年7月第1次印刷
ISBN 978-7-5010-3484-0　定价:58.00元

目　录

前　言 ……………………………………………………………………… 1

学术论文

傅熹年：学术研究与艺术鉴赏的完美结合 …………………………………… 3
　　　　——学习启功先生艺术史及书画鉴定论著的体会

刘宗汉：平生风义师兼友 ……………………………………………………… 12
　　　　——启元白先生书法识小谈

王得后：启功：满族当代卓越的思想家 …………………………………… 18

赵仁珪：读启功先生《落花》四首等诗 …………………………………… 26
　　　　——兼谈中国古典诗词的寄托

程大利：尊重传统与自觉担当 ……………………………………………… 40
　　　　——略论启功先生对传统山水画的文脉传承

于天池：润物细无声 ………………………………………………………… 45
　　　　——谈启功先生对于《红楼梦》研究的贡献

雷振芳：启功先生绘画浅读 ………………………………………………… 62
　　　　——纪念先生诞辰一百周年

王连起：漫谈启功先生的古书画碑帖鉴定 ················ 68

李　星：试论启功先师的论书诗 ···················· 83

于翠玲：一赌而成绝唱 ·························· 88

　　　　——启功先生《赌赢歌》的境界

金　铢：妙笔拈来皆锦绣 ························ 93

　　　　——启功先生随手写的书法小品

张廷银：元白夫子收藏八股制义古籍述论 ·············· 98

钟建仁：黄金分割律在书法中的应用 ················ 115

刘　宁：启功先生和古文献学 ···················· 117

王照宇：启功先生的古书画鉴定 ·················· 126

石　英：禅通画谛高 ·························· 144

　　　　——论佛教对启功绘画的影响

柯继红：诗文声律源流暨启功"竹竿律"平议 ············ 152

　　　　——谨以此文纪念启功先生诞辰一百周年

薛　磊：启功先生谈文化与美术史 ················ 170

李　鹏："皮薄"与"皮厚" ···················· 177

　　　　——启功先生诗学观之一隅

于　乐：二王的用笔　欧柳的结体 ················ 186

　　　　——管窥启功先生书法的根源

纪念文章

刘乃中：我家和启先生 ························ 201

来新夏：七十年师生琐碎情 ···················· 208

　　　　——纪念启功老师百年冥诞

白化文:追忆陪侍启先生 ·························· 213

郭志刚:启功先生二三事 ·························· 216

庄寿仓:点点滴滴忆启老 ·························· 219

侯　刚:文章翰墨　师友平生 ······················ 233
　　　　——从几件史料看启功先生与台静农先生的友谊

屠式璠:令孤本化身千亿 ·························· 237

董　琨:回忆作为语言文字学家的启功先生 ············ 243

钟少华:我追随启功先生学习"猪跑学" ·············· 254

李道英:三张便笺见精神 ·························· 261

万光治:北师大校训的践行者启功先生 ·············· 265

柴剑虹:此时无声胜有声 ·························· 272
　　　　——读启功先生"文革"初期日记感言

熊国桢:有限的交往　无尽的思念 ·················· 281
　　　　——深切怀念启功先生

陈文岩:怀启老 ································ 288

林　岫:启功没有走远 ·························· 291

于天池　李　书:一日心期千劫在 ················ 298
　　　　——李长之与启功

崔枢华:启功在一连二排 ·························· 309

邹春凤:深切缅怀恩师启功先生 ···················· 316

张传亭:启功先生的愤怒 ·························· 324

陈福榁:赏不朽书作　忆长馨师德 ·················· 326
　　　　——谨以此文献给启功先生的在天之灵

李振生:难忘启功先生 ·························· 330

陆　昕：心香 ……………………………………………………… 335

黎烈南：启功先生为我题字 …………………………………… 338
　　　　——纪念启功先生百年诞辰

章景怀：我心中的启先生 ……………………………………… 340
　　　　——学为人师行为世范的典范

李兆志：两世情缘　一生恩师 ………………………………… 343

单嘉筠：小忆与启老二三事 …………………………………… 345

李洪海：忆恩师启元白先生 …………………………………… 349

江　晚：一张照片想起两个人 ………………………………… 358

吴振武：从一些小事看启功先生的豁达与尊老 ……………… 362

荣　钢：高山景行话元白先生 ………………………………… 365

张廷银：深怀歉疚忆先生 ……………………………………… 371

朱玉麒：春风侍坐永相忆 ……………………………………… 377
　　　　——启功先生百年诞辰追思

王　庆：长忆启功先生 ………………………………………… 398

杨敏如：永遇乐　想念启元白老友 …………………………… 404

赵仁珪：扫先师墓有感二首 …………………………………… 405

林邦钧：值恩师百岁冥寿,为编遗著有感 …………………… 406

林　岫：诗词五首 ……………………………………………… 407

金文正：怀念启功老师 ………………………………………… 409

潘　玲：和启功先生论词绝句十八首 ………………………… 410

前　言

　　2012年7月26日是启功先生诞生100周年纪念日,6月30日是启功先生逝世7周年纪念日。启功先生是100年来对中国具有深远影响的人物之一,其高尚的道德操守和广博的学养智慧以及深具亲和力的品格,独具标格、风靡海内外的书画造诣,独具只眼、眼力与学力高度结合的鉴定功力,文学、文献学、诗学、小学、佛学、民俗学、红学无所不包、无所不精的学术研究,继承传统与发展创新完美结合的诗文创作,"学为人师,行为世范"的教育理念和从教七十余年的教育实践,都使他在近百年的中国艺术史、学术史、教育史上占有举足轻重、不可替代的地位。他的人格魅力和学艺成就不但使他在生前赢得了广大爱好者的钦慕,就是在逝世后的七年间仍然得到不断的追思。而钦慕追思者不但有与启功先生接触较多的亲朋好友和弟子学生,更有众多的仅有一两面之交,甚至是从未谋面而仅有耳闻的私淑者、爱好者。如最近一些亲朋学生在商讨如何纪念启先生百年诞辰时,举行了六七次长时间的座谈会,而每次座谈会都自发地变成了追思会,大家追思起启先生卓越的道德文章和隽永的趣闻逸事,好像有说不完的话和道不尽的情。我们也常会遇到各行各业的人还在谈起启先生,书画鉴定界的朋友遇到难题常感慨"再也无法一求启老的法眼了"。学术界的朋友遇到稀奇古怪的问题常感慨"要是启先生还在或许能知道"。学生们遇到人生的困惑常自问:"要是启先生该怎么想?"而书画市场上启先生作品价格的长期坚挺更从一个侧面直观地说明了启先生的艺术价值。总之,启先生生前贡献社会的不是虚名和浮华,而是宝贵的精神财富；逝世后留给人们的没有绯闻谣传和财产纠葛，而是无尽的追忆哀思。我们应该珍惜并留住这些美好的记忆。《诗经·甘棠》有云："蔽芾甘棠，勿剪勿伐，召伯所茇。""蔽芾甘棠，勿剪勿败，召伯所憩。""蔽芾甘棠，勿剪勿拜，召伯所说。"就像人们珍爱召伯的甘棠那样，我们应该让"启功现象"长久地发扬光大，让他的精神和成就长期地泽被后人。

为此，在启先生诞辰100周年之际，我们将举行一系列的活动，其意义不仅在于对他本人的纪念与追思，更是对敬老崇文传统的发扬，更能体现后人对前贤的尊重，对文化、艺术、学术的传承。出版这册纪念文集即是这一系列活动之一。征稿后我们得到启先生亲友学生的大力支持，现将这些文章大致分为"学术论文"和"纪念文章"两大类，以求从方方面面与广大读者进行广泛的交流。为此我们要特别感谢文物出版社的鼎力支持，感谢为此书的出版做出贡献的人们。因时间关系，还有很多稿件尚未征集上来，随着各种纪念会、学术研讨会的召开，我们还会继续编辑。我们相信启功是永远的启功，是大家的启功，对他的研究也将是大家永久的课题。

昔人有诗云："东临碣石，以观沧海。"就让我们把每次研究、回忆、怀念当都当做一次"东临碣石"的过程，并通过这一过程达到"以观沧海"——进一步发现、探索启先生海一般的文化宝藏的目的吧。

学术论文

半水谷文

学术研究与艺术鉴赏的完美结合

——学习启功先生艺术史及书画鉴定论著的体会

□　傅熹年

2012年7月26日是启功先生百岁冥诞,岁月如流,他离开我们也已有七年了。这七年来,先生的音容笑貌和谆谆教导仍时时浮现在眼前,愈感到先生学术之渊深广博,对人之坦诚热情,对后学之循循善诱,实令人永世难忘。我长期得到先生的多方面教诲,虽然说"夫子之道,仰之弥高",但作为先生的私淑弟子,也略窥门墙,更加体认到他在我国传统文化史、艺术史方面取得的多方面重大学术成就。

启功先生是国家文物鉴定委员会主任委员,精于鉴定古代法书绘画和碑帖,世人都以大鉴定家目之,但详读先生有关撰述,其学术之渊深、涉猎之广博、鉴定之精审,特别是研究之旨趣、目标,实远非一个"鉴定家"的称号所能概括的。

"书画鉴定"一般人认为是判定真伪问题,但如从学术角度而言,实是审查书法史、绘画史的素材,去伪存真,解决书法史、绘画史的史料问题,只有在确切而具典型性的素材的基础上才能逐步形成正确的艺术史观,也只有在正确的艺术发展观点的指导下,才能准确判断素材之真伪及其历史、艺术价值,二者互为补充、互相促进,最终目的是解决艺术发展史问题。若从实用角度讲,判定真伪主要是为公私收藏服务,这就比较简单了。有志者只要勤于过目,体认各家的笔墨特点、习惯手法、印章暗记,再多读历代著录,了解作家生平和名作流传情况,积以岁时,熟能生巧,也可成为一般的鉴定家,如专攻某些近现代名家之鉴定,则更易做到。但遇到艺术史上的重大问题或需对有疑义的重要作品作分析研究时,因多涉及传统文化的深层内涵,一般鉴定家往往就不易措手了。由此可知,同是"书画鉴定",从学术研究角度或从实用角度出发,在性质、深度和水平上是大不相同的。启功先生在古文字学、经学、史学、古典文学、哲学、宗教诸方面均有深入研究,且熟谙典章制度、礼仪民俗、戏曲小说,本人既是书法、绘画大师,又熟读历代书画著录,有极高的艺术素养和敏锐的鉴赏眼光,故能在学术研究与艺术鉴赏结合的基础上,从整理、充实中国书法、绘画发展史的高度,有目的地去考订若干古代书法史、绘画史上的重要实物和关键性的历史公案,取得高出侪辈的卓越成就。

启功先生在所撰《山水画南北宗说辨》中就开宗明义指出:"我们绘画发展的历史,现在还只是一堆材料,在没有得到科学的整理以前,由于史料真伪混杂和历代批评家观点不同的议论影响,使得若干史实失掉了它的真象。为了我们的绘画史备妥科学性的材料基础,那麽对于若干具体问题的分析和批判,对于伪史料的廓清,我想都是首先不可少的步骤。"数十年来,他的大量研究工作和撰述,如《古代字体论稿》《兰亭帖考》《论怀素自叙帖》《孙过庭书谱考》《平复帖说并释文》《山水画南北宗说辨》《戾家考》等,都是围绕着为书法史、绘画史"备妥科学性的材料基础"和对"伪史料的廓清"这一总的目标而进行的,所研究都是这些领域中的重大问题和著名的历史公案。但他举证充分,说理明晰,故虽考证极其精密,但不失大的宗旨。启功先生在研究古代文物和艺术品的同时,也注意利用其中所含的资料来考经、考史。在《米芾画》一文中,因郭天锡所跋的日月干支与史不合,而郭跋又为真迹无疑,因而推知当时所颁之历即如此,并引申说:"世习称金石足以考史证史,自近代发现古简牍及写本以来,又知出土文物足以考史证史,不知世所视为美术古董之法书墨迹,固为未摹刻之金石,未入土之文物也,又岂独书法可赏已哉!"①这又是先生学术与艺术贯通,能取得他人所不能得的成果之例。下面谨就个人管窥蠡测所领会者试略言之。

《古代字体论稿》是先生通过对字形和书风两方面去研究古代字体发展的专著。这问题历代都有人进行研究,但或因学识不足,对丰富而多有歧说的文献记载未能理清;或限于目力和见识,不能把所论字体与实例准确对位,甚至受流传谬说误导,引用伪迹、伪物,大都未能很好地解决。启功先生既对古代文字学有深入的研究,又极熟悉历代文字实物并重视考古方面的新发展,以文献记载和实物互证,从文字发展由繁趋简、由象形至符号的变化规律出发,对史籍所载各种字体、书体逐一考证,举出其实例,并理清诸字体、书体间的继承遭递关系和主流与分支的关系,以及正体与艺术化变体的关系,条分缕析,极有说服力地阐明了历史上存在的各种字体、书体的特点和发展演变关系,解决了文字发展史和书法发展史上的重要问题。这里关键之处是启先生既有深厚的学识,又有对实物的鉴别洞察目力,他把二者结合起来,遂能取得超越前人的成果。

《兰亭帖考》是启功先生在书法史研究上又一力作。《兰亭帖》是王羲之书法中的代表作,对后世影响极大。其原本久已殉葬唐太宗昭陵,传世只有唐宋时的少量摹本、临本,如把历代大量石刻本包括在内,则不下百种。关于《兰亭帖》原本的流传和进入唐内府的经过,唐代就有种种说法,甚至演为小说。对流传下来的摹本、临本和石刻本因其面貌不无小异,孰更近真,也有种种歧说,成为书法史上聚讼多年的公案。启功先生的《兰亭帖考》分三部分加以研究。第一部分归纳文献中对《兰亭帖》本身及摹本、临本、石刻本的记载和评论,最后概括说《兰亭帖》:"唐初,……有许多书手进行拓摹临写。后来真迹殉葬昭陵,世间只流传摹、临之本。北宋时发现一个石刻本在定武军地方,摹刻较当时所见的其他刻本为精,就被当时的文人所宝惜,而唐代临摹之本,也和定武石刻本并行于世,……定武本……屡经槌拓……,笔锋渐秃,字形也近于板重,而摹临的墨迹本,……字形较定武石刻近于流动,后人揣度,便以定武石刻为欧临,其他为褚临。《兰亭》的情况,如此而已。"②这就扼要地理清了现存诸本的脉络关系。第二部分辨李文田对兰亭序文及书风之怀疑,指出《世说》本文称《兰亭集序》,而刘注称《临河序》,二者异名,且有草稿与节文之异,不能因其不同而怀疑《兰亭帖》文本身。又指出简札碑刻功用不同,书体即异,并引出土简牍中行书体格与《兰亭帖》一路有极相近者为例,说明决不能以其不似晋碑书体而致疑,并着重点明"王羲之所以独出作祖的缘故,……简单地说,即是在当时书法中革新美化,有开创之功而已"③,从书法发展趋势上指出王氏书法和《兰亭帖》的价值。第三部分把现存之唐摹本、唐宋临本、定武本石刻、历代传刻本、伪造本按系统逐一归类,化繁为简,并重点就定武本、唐临本、唐摹本三类详加论述。指出定武本调整行距加栏,已非原本面貌,并以其艺术卓识指出传世唐摹本中只有神龙本行距前松后紧,中有浓淡墨改定加字之处具有草稿特点,保存《兰亭帖》原本面貌最完整。此文对《兰亭帖》的流传经过和现存实物做了周密的分析和历史性总结,是研究《兰亭序》的重要成果。上世纪六十年代中期,以康生、陈伯达为后台,重拾李文田旧说,发动"兰亭论辩"时,曾指名要先生表态。在当时的严重气氛下,自无人能与之相抗,但先生在被迫所撰文中仍说:"我体会×××同志所谈,是说东晋时期书法必定带有隶书笔意。又说《丧乱帖》和《宝子》、《杨阳》等碑有一脉相通之处,使我的理解活泼多了。"实际上《丧乱帖》倒是和《兰亭帖》一脉相通而与爨、杨诸碑迥异,故如对方承认《丧乱帖》和《爨宝子碑》一脉相通,即"有隶书笔意",则对兰亭书风的致疑也就不能成立了。先生在当时极为困难的情况下,利用对方持论矛盾之处,委婉地表示了自己的不同意见。当时这二位后台正忙于筹划更大的动作,无暇挑剔,先生也就"过关"了。

《旧题唐张旭草书四帖辨》考证了此帖的真实年代,是启功先生学识与目力结合、鉴定水平高出侪辈的又一例证。传世有一件狂草书古诗卷,写在五色笺纸上,宋人题为谢灵运书,载入《宣和画谱》,到明代董其昌又改题为唐张旭书。清代收入乾隆内府后,又因袭董氏旧题。现代又被人大力揄扬,言之凿凿,号为张旭传世名迹。但启功先生不为所动,从书风和诗句的改异上判断它应为北宋人所书。为举出显证以解世人之惑,他撰写了《旧题张旭草书古诗帖辨》一文进行考证。启功先生首先指出,在宋代,宋人是利用诗中"谢灵运王子晋赞"一句恰在二纸相接处,而"王"字又适在前纸之末的情况,改"王"字为"书"字,而移下纸于他处,以冒充谢灵运书的情况,并介绍明人丰坊已经查出卷中所书有晚于谢灵运八十余年的庾信诗因而判定必非谢灵运书和明董其昌又武断地判定其为唐张旭书的经过。通过对帖中文字逐句逐字进行研究,先生发现诗中"北阙临丹水"一句庾信原诗为"北阙临玄水"。按五行方色,北方癸水也确应为黑色,亦即"玄"色,说"临丹水"是不通的,故先生据此判定帖文中是有意改"玄"为"丹"。先生又进一步据《宋朝事实》指出"玄"字为赵宋始祖"赵玄朗"名讳之一,而宋真宗追定其祖名为"玄朗"且下令避讳之事在真宗大中祥符五年十月戊午,即1012年。这就据避讳"玄"字的时代极有说服力地证明此帖既非谢灵运书,也非张旭书,而应出于北宋人之手,其时代上限为大中祥符五年(1012)以后。这就证明此帖实是北宋佚名人的草书佳作,先后被宋人、明人强加以谢灵运、张旭之伪名,变真迹为伪物。故先生在文中感慨地指出"法书名画,既具有史料价值,更具有艺术价值。由于受人喜爱,可供玩赏,被列入'古玩'项目,又成了'可居'的奇货。……上自帝王,下至商贾,为它都曾巧取豪夺,弄虚作假"④。又说"'好事家'的收藏目的,并不是为科学研究,而是要标奇炫富。尤其贵远贱近,宁可要古而伪,不肯要近而真",言婉而讽地规劝当代鉴定家们要为人民负责,采取实事求是的科学态度,不要学那些"宁可要古而伪,不肯要近而真"的古代帝王和"好事家"。

《〈平复帖〉说并释文》一篇是启功先生研究传世最古法书西晋陆机书《平复帖》的论文。文中首先理清此帖在宋元以来的流传历史,判定其为北宋以来流传有绪的名迹,也是传世最古的法书真迹,但最重要的还是对帖文的考释。此帖共九行八十六字,用秃笔写成,与今草不类,而略近于近年出土的汉晋简牍,其字历代著录均认为"古奥难以尽识"。先生早在上世纪四十年代即据印本作了初步释文,后又据真迹订正,形成定稿。释文之难度在于除逐字辨识外,又因帖纸首尾完整,未经割截,所释必须文义可通且与史传相合。先生详考史传、陆机本集、总集,旁及传世魏晋典籍,除完整之字外,连残损的五字中也有三字据文义及史传推释出。然后又对帖中提及的贺循、吴子杨、夏伯荣三人与陆机的交游略加叙述,还对帖中透露出的当时品藻人物的风气和分寸作了评述。全篇论文仅三千字,却从短短八十六字帖文中钩稽出如此多史料,极有说服力地解决了古法帖中的一个著名难题,并从帖文内容上也证明此帖确出于陆机之手。这是只有靠多方面的学识与高度的鉴赏能力相结合才能做到的。

启功先生在释文方面又一重要的成果是为黄庭坚《诸上座帖》作释文。此帖用狂草写成,纵横恣肆、墨渖淋漓,往往逸出法度之外,所书又为禅僧语录,用词生僻诡异,机锋迭出,历来号为难读。先生熟悉佛学,多读禅僧语录,又对各体草书及其变体深有研究,故能举重若轻,全文释出,了无滞碍,解决一个传统难题,极为同行、同道钦服。此项工作先生未撰专文,其释文附于《故宫博物院藏历代

法书选》所影印的此帖之后,读后可以了解先生在这方面的渊博学识。

发现武则天发愿写经残片《武则天所造经》是启功先生深厚文化史与艺术史结合取得成就的又一例证。上世纪六十年代初,先生在文物局设立的文物研究所看到一批新入藏的敦煌写经残片,虽都是片玉碎金,但有些书法颇精,有的具有时代特点,引起他的注意,遂择优索取了几张照片,留作研究资料。启老对其中一张书法秀美潇洒、毫无经生书的残片最为欣赏。在欣赏书法之余,又详读其文字,发现它是一篇为其亡母祈福的写经发愿文残段,而最令人惊诧的是竟然发愿要写《妙法莲华经》三千部。《妙法莲华经》每部七卷,三千部即二万一千卷,实是一件极浩大的工程,断非寻常人家所能做到。先生又注意到卷中发愿人称其母为"太原王妃"。而据《资治通鉴》卷二百一记载,咸亨元年(670)年九月甲申,武则天母杨氏卒。九月壬子,加赠司徒周忠孝公武士彠为太尉、太原王,夫人为王妃。可知此残片上所书"太原王妃"为武士彠之妻,亦即武则天之母,其卒在咸亨元年。则此发愿写经残片应即书于此年。但武士彠子女都可称杨氏为"先妣",为此,先生又详查《旧唐书》、《新唐书》及《资治通鉴》,发现至乾封元年(666),武则天的兄弟姊妹都已死去(大部分是被武则天迫害死的),至咸亨元年(670)杨氏卒时,有资格称其为"先妣"的只有武则天一人,这就有力地证明这件写经残片的发愿人是武则天,是武则天命人写的。因当时武则天尚是皇后,其"制字"是她称帝后于天授元年(690)十一月发布的,故所写仍是通用书体。[⑤]

上世纪初敦煌出土了大量写经,其中少量写有纪年、发愿者及书手姓名,但能证明是武则天发愿所写的,迄今所知只此一件,当是发愿所写三千卷中一卷的残片,其书法也秀美潇洒,毫无经生书的习气,极为难得,具有较重要的历史和艺术价值。此残片的发现也是启功先生敏锐的艺术审美水平和深厚的学术功力相结合取得成就的例证之一。

《山水画南北宗说辨》是启功先生在绘画史研究方面的重要论文。董其昌在明末书画界有重名,对清以后书画发展也颇有影响。除书画风格外,他在绘画发展上提出"南北宗"的说法,武断地把他赞成与排斥的画派和画家划分成"南宗"和"北宗",分类排队,加以褒贬,对后世也有一定影响。但董氏创此说是出于以不屑来掩盖自己不能的自私动机,实有打击别人、抬高自己之嫌,所言并不符合绘画发展的实况,也影响后人正确认识绘画发展史,属绘画史上必须解决的关键问题,故启功先生撰此文辟之。文中首先申明撰此文的上述目的,然后分三点加以剖析。第一点据董氏及其追随者的言论详考"南北宗"说形成的过程,并把其说归纳为四点:一,唐时画即分南、北宗;二,南、北宗分别以唐王维、李思训为首,画法、画风不同;三,南、北宗唐以后各有其传授系统;四,南宗为文人画,当学。北宗为行家画,不当学。然后分析其说中种种矛盾、不符事实之处和董氏自己出言反复、言行不一的情况,点明创立此说只能是别有用心。第二点谈"南北宗"说的借喻关系,指出董氏此说既不是指南北地域,也不是指画法差异,而是以禅宗南北宗在禅修上的"顿悟"与"渐修"的差异来比拟他所划分出的画家的"南北宗",提出以王维为首的南宗画可以"顿悟",故高于只能"渐修"的以李思训为首的北宗。第三点剖析董其昌立'南北宗'说的动机,指出他提出此说是标榜"文人画"高于"行家画",并指出,"总结来说,"南北宗"说,是董其昌伪造的,是非科学的,动机是自私的。……'行家'、'利家'问题,可以算是促成董其昌创造伪说动机的一种原因,但这绝对不能拿它来套下'南北宗'两个伪系统。……我们必须把这臆造的'两个纵队'打碎,而具体地从作家和作品来重新做分析和整理的功夫"⑥。对于这一说法的不良影响,启功先生指出:"'南北宗'说和伴随着的传授系统……是晚明时人伪造的,但三百年来它所发生的影响却是真的。我们研究绘画史,不能承认王维、李思训的传授系统,但应承认董其昌谬说的传播事实,更要承认的是这个谬说传播以后,一些不重功力,借口'一超直入如来地'的庸俗的形式主义倾向。"⑦明确表示出撰此文的目的是"廓清"伪史料,为"绘画史备妥科学性的材料基础"。

除对艺术史问题和重要文物的研究考订外,启功先生还撰写了《书画鉴定三议》,针对书画鉴定工作中的时弊,就正确认识鉴定工作有其局限性和思想方法、工作态度诸方面提出看法。其第一议就指出要认识"书画鉴定有一定的模糊度",指出人人均有其局限性,受学术水平、思想方法、主观偏好、外界影响诸方面的限制,鉴定家不可能全懂,其意见也不可能总是正确,客观上也会有很多目前我们尚不能认识的问题,故谦虚谨慎、多闻阙疑、认识鉴定工作有其局限性和存在着一定的模糊度,应是做鉴定工作唯一科学的态度。他还提出应重视现代科技的发展,利用现代科技以补人的能力所不足的设想。第二议提出"鉴定不只是真伪的判别",其中有种种复杂的情况,如古法书复制品、古画摹本、后加伪款的无款古画、真假拼配、代笔、作伪等,其中有些不是简单用真伪二字所能包容的,要仔细分析,认真体认,并要敢于实事求是承认自己不懂,而不要以权威自居。他举王国维为例,说"凡有时肯说或敢说自己有不清楚、没懂得、待研究的人,必是一位真正的伟大鉴定家"。第三议提出"鉴定中有世故人情",指出除限于鉴定者的水平造成失误外,还有可能因社会上的种种阻力作出的"屈心"的不公正的鉴定。他据所知的真人真事,仿章学诚《古文十弊》的体例总结出八条,即一皇威,二挟贵,三挟长,四护短,五尊贤,六远害,七忘形,八容众,逐一分析其原因并举例说明,最后提出要虚心容众,不搞一言堂的问题,引颜真卿的话说:"齐桓公九合诸侯,一匡天下,葵丘之会,微有振矜,叛者九国,故曰行百里者半九十里,言晚节末路之难也。"以此语与同仁共勉。⑧此文既论及鉴定工作的原则、方法,也强调鉴定者自身的业务和品质修养,提倡头脑冷静、谦虚谨慎、实事求是、正确认识自己。启功先生在文中有些处以剖析自己为例,说理平和,语重心长,虽以书画鉴定为题,也可供其他类鉴定工作参考,是既有高度学术水平又有现实针对性的重要论著,也可以认为是他作为鉴定委员会主任委员对鉴定工作健康发展的一些意见吧。

上面所述只是启功先生这方面研究成就的一部分,但从中已可看到,和其他鉴定家不同之处的是他兼有对传统文化有深入广博研究的学者和当代书画大师的身份。他那些最令人心折赞叹的研究成果产生于传统文化的深厚素养与敏锐准确的艺术鉴赏眼光的完美结合。正是这种结合,使他能透过外表,深入内容,看到别人熟视无睹的问题,发别人所不能发的卓见,独树一帜,居当代鉴定大师之前列,为同辈所推重,为后学所景仰。

但美术史研究和书画鉴定又仅仅是启功先生学术成就的一个方面,先生在本职工作古典文学研究方面的成就,如《诗文声律论稿》《汉语现象论稿》等,在古汉语语法和诗文声律方面也取得开创性的重要研究成果。古诗的韵律问题高深、复杂,让初学者望而生畏,启功先生巧妙的以截竹竿做比喻,排列组合,深入浅出地阐明其基本规律。古文如贾谊《过秦论》读起来声调铿锵,抑扬顿挫,老辈学者多能背诵,但经启功先生一分析,其平仄、节奏一目了然,发前人所未发,对于探索古代行文用字的规律做了深入的探索,在古汉语的语法特点研究上也做出了开创性的成果。至于在古小说方面,先生对《红楼梦》的研究和注释更是尽人皆知的了。

从启功先生在学术研究上的多方面成就可以看到,深厚的传统学术素养充实了他在书法史、绘画史研究和书画创作上的文化底蕴,而书法史、绘画史研究和书画创作实践又有助于他对传统文化作开创性探索,他在书法绘画上的成就和学术研究成果是相辅相成、相得益彰的。

考虑到先生在本职工作古典文学研究方面的成就,特别是在古汉语语法和诗文声律方面的开创性研究成果,如果世人仅以鉴定家和书画大师待之,似乎就不够全面了。《元史》载元代史官杨载在评论赵孟頫的成就时曾说:"孟頫之才颇为书画所掩,知其书画者不知其文章,知其文章者不知其经济之学。"希望这里所述的对先生在艺术和书画鉴定领域卓越成就的体会不致以偏概全,转移了学者对先生在古典文学研究这一重要学术领域上的创造性成果的关注。

注　释:

① 启功:《启功丛稿·题跋卷》,第197页,中华书局1999年。

② 启功:《启功丛稿·论文卷》,第43页,中华书局1999年。

③ 启功:《启功丛稿·论文卷》,第48页,中华书局1999年。

④ 启功:《启功丛稿·论文卷》,第69页,中华书局1999年。

⑤ 启功:《启功丛稿·题跋卷》,第133—134页,中华书局1999年。

⑥ 启功:《启功丛稿·论文卷》,第179页,中华书局1999年。

⑦ 启功:《启功丛稿·论文卷》,第179—180页,中华书局1999年。

⑧ 启功:《启功丛稿·题跋卷》,第93—102页,中华书局1999年。

平生风义师兼友

——启元白先生书法识小谈

□ 刘宗汉　口述　　太清华　整理

在二十世纪六十年代初,文化部文物局下属的文物博物馆研究所成立了一个书画组,从事书法绘画鉴定方面的研究工作。工作人员有王世襄先生、先师张珩先生的遗孀顾湄夫人和故宫退休干部刘耀山。我原来给朱启钤先生作秘书,1964年朱先生逝世后,经王世襄先生介绍,我也到了书画组工作,主要是学习中国书画的鉴定能力。我的工作是对所里收藏的大量影印书画册(其中包括当时进口的海外印刷的中国书画图录,如台湾影印复制的《快雪时晴帖》等)和书画书籍进行编目。当时文博所为了辨别真伪,还特意买了一些赝品来进行比对。这个书画组已经收藏了当时95%的影印书画册,而且这些书籍有些在外面是看不到的。我的工作由王世襄先生指导。那时我还很年轻,虽然写了几年的字,但对一些古代的书画知识不很了解,对于书画的历史和书画书(包括影印书画册)的分类,更是外行,得需要老先生的指导。没过一段时间,王世襄先生就下去"四清"了。临走前,王先生特意和我交代说,有问题可找启功先生请教。

那时,启功先生在北京师范大学教书,我经常去小乘巷胡同的先生家求教,自此,我开始有机会和启先生深入交往。在启功先生的亲自指导和帮助下,我对影印图册和书画书进行了分类编目。要知道,在当时,启功先生的学问和书画早已颇有名气,而先生仍无私地帮助指导我。这对我这个后辈是莫大的支持和鼓舞。在交往中,我始终尊先生为师,但先生却从不以老师自居,始终视我为友。比如启先生比先母小不了几岁,但每次都向我问候"老伯母"如何如何?

我出生在一个旧式家庭,受父亲影响,从小就开始年学习写毛笔字。在认识启功先生之后，受他老人家影响，我对书法有了更广泛深入的学习和理解。我在文物博物馆研究所的工作未及转正，"文革"就开始了，临时工都被辞退，我也只好回家赋闲，靠刻蜡版和给老先生们抄写书稿维持生活。在"文革"后期，启先生参加了标点《二十四史》的工作，在王府井大街的中华书局标点《清史稿》，离我家比较近，有时在街上就能碰面。启先生的大作《诗文声律论稿》的初稿，就是由我代为清抄的。就这样，我跟启先生接触又多了起来，交往也更加频繁，我也成了先生小乘巷寓所的熟客。后来我在中华书局工作，因为工作关系，同先生也是往来不断。在这个过程中，老人家知识渊博、思维敏捷，都使我叹服，同时先生对书法文化的深入理解，也给了我极大的帮助和影响。

首先，在学习书法的过程中，我曾经先后临习过《玄秘塔》《郑文公碑》、赵孟頫《心经》、北魏墓志、蔡襄《自书诗册》和智永写本《千字文》等名家、名碑、名帖，在蔡襄《自书诗册》和智永《千字文》上，虽然下过很长时间的功夫，但总感觉写出来的字字型结构有点松散，有些发飘。为此，我特意请教启先生，问先生我学字下一步应该怎样走？先生说："你的字没有'芯儿'。写字要抓住'字芯儿'，也就是'字核儿'。写出的字要抱紧'核儿'，那就不散了。"先生亲手画了方块图形，钩出左上右下对角线，用黄金分割的方法把基本笔画进行演示，告诉我字"芯儿"就在这条对角线自下往上的0.618处，也就是黄金分割点上。并要求我一定要写《张猛龙碑》。启先生所作的论书绝句百首中有四首专论《张猛龙碑》，并附有大段注文，说："因为《张猛龙碑》于北碑中，惟其书丹笔迹在有合有离之间，适得生熟甜辣味外之味，此所以可望而难追也。"可见先上对此碑的重视。我在《张猛龙碑》上下了一定功夫之后，果然克服字体发飘发散的毛病，逐渐遒健挺拔。

启先生对中国汉字结构和字型中心点的研究是非常透彻的。对他的"字芯儿"理论，我自己通过临习古帖，逐渐有了更深的体会。比如我在临写蔡襄字的时候，就因没有注意到结构问题，写的字总是缺乏紧凑感。近年来，我一直临习王字。王字，尤其是《阁帖》中的王字，看似飘逸洒脱，实则围绕"字芯儿"回环紧抱。如果没有看到后一点，临习王字，很容易发软发散。但由于我受到启功先生的启发，临写时，非常注意体会王字在结构上外松内紧、回环紧包的妙处，才没有走上松软一路。也正是因为如此，才能吸取了王字的长处，使自己的书艺有所提高。

通过临帖，我逐渐领悟到无论什么样结体的字，包括行、草书，启先生提出的中心点理论，都是很有道理的。过去书法讲结体三分式，有横三分、竖三分，认为只要掌握了这种分法，结构就能平衡。但这种办法很不全面，因为行、草书，尤其是草书，是没法划分的。再看启先生的"字芯儿"理论，就觉得不仅适用于楷书，也适用于行、草书。因为，行、草书也是方块字。只要是方块，就有个构图问题，就适用黄金切割理论。比如《阁帖》中所收的王羲之的行、草书，看似流畅飘逸，但细一分析，它们的"字芯儿"又都大体上在黄金切割点上。由于每个字的"字芯儿"都在黄金切割点上，所以一行字的"字芯儿"就会上下连成一条直线。大凡行气好的书法作品，"字芯儿"上下总是一条线，即使左右有些摆动，幅度也不大。符合这一点的行气就好，如果一行字的"字芯儿"摆幅太大，就没有什么行气可言了。书法的结体问题，前人的讨论只限于楷书，不及于行、草，更无人探讨结体与行气的关系。启功先生的"字芯儿"说，不仅适用于楷书，而且也适用于行、草、隶、篆等其它书体，同时更阐明了结体与行气的关系，不能不说是对中国书法研究的一大贡献。

"师笔"不"师刀"，是启先生的又一高明论断。启先生之所以提出这一论断是基于清代中期的书风，帖学仍很风行，出现了翁、刘、成、铁四大家，但都成就不高。启先生在其书论七绝中对此进行了阐述："刻舟求剑翁北平，我所不解刘诸城；差喜天真铁梅叟，肯将淡宕易纵横。"同时，临碑风气已悄然兴起。在逐渐的变革中，书家们对碑学的研究也慢慢开始了。晚清的书法与中期相较，书法大家不多，碑学方兴未艾，北朝的碑刻出土日益增多，对书法的影响起着极大的作用。但这些书家多是学习外在的刀刻效果，是外在的形式，所以往往夸张而生硬，如张裕钊、李瑞清等人的作品就是如此。到民国时期，书家们已经把魏碑学得很僵硬、刻板了。当时，在北京一个叫吴兰弟的书家，便继续了张裕钊学魏碑的方法，写的牌匾僵硬乏味。到20世纪中期，启功先生在他老师陈垣先生的影响下，提出"师笔"不"师刀"的说法，在当时崇尚魏碑的潮流中，这样的观点是势单力薄，不易被接受的。启先生曾对魏碑做了很好的总结，他提出了我们应该从古代的汉字书法里应得到什么样的营养的问题。启先生在一次接受采访时曾讲过这样一段话："从前没有摄影、影印，碑上、帖上的字都是刻出来、拓出来的。一个笔画，至少要上下左右四下而刻成，让人看了觉得是方块，实际上在写者只是一抹而成。近人便说古人用'方笔'，不用'圆笔'。又说古人用笔按'八卦'方向，有'始艮终乾'之说。这是用锥形毛笔画出方形笔画，这样写字，每笔描成方形，不应是运笔写字的常道。一块碑上几千个字，如果每笔都这样画，那多么久远才能写完呢？我们看古碑'笔道'刻成方块形状的字，要看笔道之间的关系、方向、斜正、距离，把它们背后的笔法看出来，它们多属一挥而成的一笔，而不是一个方块。这就是我的意思。我以为书法是毛笔书写的艺术，刀刻是不得已的变通手法。所以说'学书别有观碑法，透过刀锋看笔锋'。正确的笔法，应该在笔写的书迹中找；看刀刻的碑刻，要透过刀法看笔法。而不要见了矫揉造作、毫不自然的刀刻效果，以为这就是古人笔法。""师笔"、"师刀"首先是要尊重它实际真实的东西，还是光学习外在形式的问题。他老人家喜举《张猛龙碑》为例，说它"较龙门造像，自属工致，但视刁遵，又略见刀痕"。如果"师刀"，只能学到他外在方整挺峻的"刀痕"；只有"师笔"，方能真正学到它内在的工致。

清代中叶以后，由于北方北朝墓志间有出土，书风又与同时期南朝《阁帖》系统不同，前者方整刚劲，后者柔美流畅，于是阮元提出南帖北碑之说，认为南北朝时南北书风有根本的不同。后来这种南帖北碑说法又演化为碑学与帖学之分。当时没有影印技术，古人的行草墨迹，都刻在各种丛帖中，所以写行草就被看做"帖学"，写魏碑的就被视为"碑学"。清末民国，北京地区宅门子弟习字，大都不习碑学，即习帖学。有的临写北碑如《郑文公碑》《张猛龙碑》等，有的又专门临写《阁帖》。当然，临习赵孟頫、临习董其昌的也大有人在，但也都被视为帖学一路。两派各行其是，绝不相混。可以说，启功先生由于师笔不师刀，看透了北碑的精华所在，融北碑结构紧凑、用笔有力于南帖的柔美流畅之中，形成了自己的独具特色的书法风格。我们从启功先生的书法作品中，可以看到赵孟頫、董其昌的影响，但绝不是赵字、董字的翻版，我也可以看到王羲之的影响，但整体风格绝非王字。同时,我们也能感到启功先生的书法,结构紧峭,用笔有力,有魏碑的影子,但整体风格仍然流畅飘逸。这就是启功先生开创的新的书风。也是先生对中国书法的杰出贡献。有人说先生的字是"馆阁体"。其实,馆阁体是科举时代写殿试大卷形成的一种字体,黑大圆亮,毫无个性可言。先生的书作个性十足,根本与馆阁体毫不相干。

启功先生独特书法风格的形成,和他对魏碑"师笔不师刀"的观点有很大的关系,然而,近代对魏碑"师笔不师刀"的,并不是启功先生一个人,在启功先生之前,有的书家作字时,已经对魏碑"师笔不师刀"了。康有为在清代光绪十五年(1889)撰《广艺舟双楫》大倡碑学,但康本人所写的字,虽然明显受到魏碑,尤其是《郑文公碑》的影响,但却没有一丝一毫的刀痕,完全用"线条"写出,绝对的"师笔不师刀"。还有郑孝胥,早年学北齐碑。写出来的字,刀砍斧截,近似张裕钊;但后来,完全避去刀痕,用笔写出刚劲线条,虽然结体仍然紧峭,有北齐碑的影子,但也已经是"师笔不师刀"了。然而不管是康有为也好,还是郑孝胥也好,都是在碑学范围内避去刀痕,与帖学书风毫不相干。启功先生则突破魏碑的范围,融入南帖系统书风的精华,创造出新的面貌,在前人的基础上,将书法艺术向前推进了一大步,在当代书坛上产生了重大影响。

启功先生说自己的职业是"教师",他的学生,包括本科生、硕士生、博士生,都是他在大学时从他受业的及门弟子。对于其他后辈,他从不以"教人者"自居,总是谦虚自抑,与这些人的交往都是在半师半友之间。由于先生的书名名扬遐迩,所以向先生请益书法的人自然不少。先生对这些人都是悉心指点,甚至提供有关碑帖资料,同时也强调要加强素养,但从未叫人临习自己的作品。他总是认为,习书应与性情相近,"你喜欢哪一家的字体,你就临哪一家",从不主张人家效仿他的书法风格。他更从来没有说过"你做我学生吧"一类的话。对于曾经向他请益、后来已有成就的人,他也绝没有说过"某某人是我学生"这类话头。总之,他既反对别人临习模仿他的书风,也没有跟任何人建立过书法方面的师生关系。至于社会上有些人,往往喜欢说自己学书法是启功的学生,那就只好由他们"文责自负"了,启功先生是绝对不会承认的。

当然,启功先生反对人家临习他的作品,片面模仿他的书法的做法,不只是出于素性谦和,人品高尚,而更是出于对书法艺术的深切认识。我们知道,当代另一位大书法家沈尹默先生,也是主张学书应多临习古人作品,也是反对人家临习他的书作的。两位大师,意见一致,恐怕不是巧合。

学书法当然要先打好基本功,然后临习各种字体风格的碑帖,最后写出一笔好字。首先,打基本功就要临习古人的字帖,不能临习启、沈两家的书作。因为这两位大家在成名前也是打过大量基本功的,或者说,他们成功的作品是在积累了大量基本功的基础上,才逐步形成的。如果没有基本功,上手即临启、沈的书作,恐怕连形似都够不上,更不用说得其神韵了。

书为心画。一个资质较好、足堪造就学书者,在打好基本功后,真要练出一笔好字,还要经历很长时期的临帖、创作,同时也要经历很长的"心路历程"。一般说来,学书者初学写字时,对书法的理解可能是很浅薄的,追求的标准也不会太高。但是,随着功力的加深、知识阅历的增长,学书者对书法的理解也会更加深入。同时,临帖时的体会自然也会跟以前不一样,甚至于对选择哪家古人临写,也会有所变化。这种过程往往会反复发生几次。但随着每一次的反复,学书者的功力都会有所加深,书作水平也会有所提高,最后写出一笔好字,乃至形成自己的独特风格。这个过程至少也要一、二十年。我们只要浏览一下启、沈两位的学书自述(包括有关诗作),就可以知道,他们都是经历了上述过程才最后成为书坛巨匠的。同时,书法还是中国传统文化的重要组成部分,没有传统文化的素养,就很难学好书法。启、沈二人深湛的传统文化素养,也是他们能登上书坛高峰的重要因素。"大匠示人以矩度",所以他们才鼓励学书者临习古人的碑帖,提高素养,走每个人自己的路,而不主张临写他们本人的作品,"克隆"老师的书风。这样做,当然是出于对"书为心画"这一书法艺术本质的深刻理解。

启功先生离我们而去,已经有七年光景了。先生对我的耳提面命、奖掖提携,都始终萦绕我心怀,难以忘记。先生学识渊博,书艺精深,非浅学所能管窥。不贤识小,本文本不足阐先生学识、书艺于万一,仅以此文寄托对先生的敬仰怀思而已!

启功:满族当代卓越的思想家

□ 王得后

　　启功老师今年诞辰一百周年,逝世七周年。2005年6月30日凌晨,当老师逝世的噩耗传来,我深深感到满族失去了一位卓越的思想家,我们多民族的中国失去了一位卓越的思想家,失去了一位博学、多才多艺的"国宝"。我敬献给老师的一盆小小的菊花,写的就是"启先生思想永在",随即发表了同题的一篇短文,表达我沉重的哀悼。

　　老师九十寿辰,钟敬文老师有祝寿诗,曰:"诗思清深诗语隽,文衡史鉴尽菁华。先生自富千秋业,世论徒将墨法夸。"全面概括了老师的学问及才艺的成就。这不是溢美的应酬之作,而是几十年共事、切磋、交谊、理解的礼赞,其中就蕴涵着对于老师思想的赞美。

　　老师的思想展现在诸多方面,尤其深入人性及人道、民族、文化、历史、艺术、伦理、宗教等。老师的思想至少有三个特点:一是以人性及人道为根基;二是从事实切入,揭示思想内涵;三是"论贵诛心",洞察事实背后的"人"及"人心"。老师精研满汉典籍,出入经史文艺,却没有汉族知识者的致命缺陷,即《庄子·田子方》中温伯雪所说"吾闻中国之君子,明乎礼义而陋于知人心"的缺陷。老师恰恰反其道而主张"诛心",体察"人"的"心意",即本性合理的愿望,持论深入人的心性。老师有诗曰"人意即仁义",将儒家的根本价值观及根本价值取向回归朴素的"人意",显示出"劳歌莫作朱弦听,此出游民打野胡"的平民思想特质。

一 关于人性及人道

虽然人道思想的兴起是近代的大事,无可讳言,它起源于西方。马克思、恩格斯宣言:"代替那存在着阶级和阶级对立的资产阶级旧社会的,将是这样一个联合体,在那里,每个人的自由发展是一切人的自由发展的条件。"①正是一种深厚的人道设想。

但人性与人道问题,是古今中外众多人文思想家、哲学家思考、探索的根本问题之一。我国先秦诸子多有关于"人禽之辨"与"人性善恶"的论争。孔子说"仁",多达数十次,最简洁明了的,莫若"樊迟问仁。子曰:'爱人。'"②尽管孔子思想中的"人",有"君子","小人";男人,女子的尊卑、优劣的区隔;孔子思想中的"仁",也是"唯仁者能好人,能恶人"③。那是在两千多年之前,无可厚非;"爱人"毕竟是一种美德。

老师《古诗二十首·蓬莱旅舍作》之八说:"老子说大患,患在吾有身。斯言哀且痛,五千奚再论。佛陀徒止欲,孔孟枉教仁。荀卿主性恶,坦率岂无因。"这就从情感——态度与事实——思想两方面表示肯定,是更加"哀且痛"的人生感悟与深邃的思想。

《老子注》第十三章:"宠辱若惊,贵大患若身。何谓宠辱若惊?宠为下,得之若惊,失之若惊,是谓宠辱若惊。何谓贵大患若身?吾所以有大患者,为我有身。及吾无身,吾有何患。故贵以身为天下,若可寄天下。爱以身为天下,若可托天下。"④人有大患!人之所以有大患,就在"有身",有生命,是生物。那么,人的大患,与生俱来,是一种宿命,无可逃遁。恰如老师所吟咏:"含生俱有情,小至虫与蚁。百年与一朝,最终同一死。人号万物灵,莫知寿所止。相待或相求,圣人难处理。"⑤"佛陀论修行,旨在了生死。世寿有短长,未见终不死。最难得涅槃,不生亦不死。凡夫恋其生,所以惜其死。"⑥老子是讲圣人之治,为圣人设计治国的方法的。所以对圣人有所期待,才有那结语。而老师不同,老师综合宗教、诸子,论述人性问题的见解,质疑就是人性善或近于人性善的观点,而不否定荀子主性恶的思想。

这是老师思维的特质。老师总是从现象出发，用事实说明问题的真谛。人性问题，是一个高度抽象的理论问题，哲学问题。老师举重若轻，不作"性善"或"性恶"的理论阐释，不作全称的、说一不二的结论，而是用佛教与孔孟的理想，与实际人生中人的作为大相庭径的事实，揭示"人性"的真谛——"人性"并不单一，并非全部善良。

《荀子》有《性恶篇》，专论人性恶的道理。荀子性恶论主要观点是：一，"人之性恶，其善者伪也。"这里的"伪"，古人的解读是："伪，为也，矫也，矫其本性也。凡非天性而人作为之者，皆谓之伪。"[⑦]二，"性"是"不可学"的，即天生的；三，"性"是"恶"的根源；四，"恶"是"好利"、"争夺"、"暴（力）"、"疾恶"、"残贼"、"好声色"、"淫乱"。对此，老师认同荀子的性恶说是有原因的。但老师又有诗曰："遗传有基因，生活有习惯。人性遇事机，遂成恶与善。"[⑧]这里有两点：一，"性"即"基因"，并非先天固化为"恶"或"善"。二，人性的善恶并非一律出自"性"，即"基因"，而是"遇事机"而变化。这就增加了可能性。认为人性并非只有"恶"或"善"，而是人性有"恶"又有"善"，是包涵"恶"与"善"两种特性的。

老师的"人性遇事机，遂成恶与善"，是更深刻的观察，更深邃的思想。老师葆有深厚的人性与人道思想。他的韵语，蕴涵着丰富的人性与人道内涵。这里仅仅列举几个例证：

> 老翁系圄圄，爱猫瘦且癫。七年老翁归，四人势初败。病猫绕膝号，移时气已塞。人性批既倒，猫性竟还在。[⑨]

老师告诉我，这是讲"文革"结束后夏衍先生回到故居的实事，这故事传闻颇广。这首诗从人性的角度批判文化大革命，不仅入木三分，更是刻骨铭心地令人心寒，一个多么恐怖的那种人连猫都不如的时代啊。

诺贝尔奖，全世界有名，我的同胞更是趋之若鹜，几乎到了挖空心思，不择手段的地步。老师却有诗哀叹：

> 科学利人多，杀人亦殊工。炸药作武器，死者如沙虫。可怜诺贝尔，技穷宁自轰。奖金奖生杀，获者心蒙蒙。[⑩]

近代科学,曾经荣耀之极,对人类的发展做出了巨大的贡献,至今日益产生巨大的贡献。鲁迅27岁时写到:"观于今之世,不瞿然者几何人哉?自然之力,既听命于人间,发纵指挥,如使其马,束以器械而用之;交通贸迁,利于前时,虽高山大川,无足沮核;饥疠之害减;教育之功全;较以百祀前之社会,改革盖无烈于是也。"⑪自那时到现在一百年间,科学与技术的发展及其对于人本身(如生命科学的医疗、置换人体器官,克隆技术等等)和人类生活的巨大改变更是难以言表。可是,觉醒的知识者,却发现,这是一把无比犀利的双刃剑。今日人类对于自然环境的破坏,如核污染、生化污染、空气污染、温室效应等等,已经造成地球几乎不宜于人类居住的地步。更不用说那些用于战争的核武器,生化武器,一旦使用,足以毁灭几个地球。老师在上个世纪九十年代中期对诺贝尔奖的慨叹,不过其中之一罢了。所蕴含的思想,发出的警示,多么值得深思!

正因为这种深厚的人道思想,老师对于"天地不仁,以万物为刍狗;圣人不仁,以百姓为刍狗"。他特别珍惜生命,关爱百姓的生死。对于统治者屠戮生灵极感愤懑。有诗曰:

史载杀人狂。北齐推高洋。历时未千载,复有朱元璋。清人代明政,遗臣攀先皇。康熙下拜后,洪武仍平常。

老师这种深厚的人道思想,遍及所有的生灵。老师的爱怜动物,保护动物,常常发为诗歌,是真正的"情动于衷"。他唱道:

吾爱诸动物,犹爱大耳兔。驯弱仁所钟,伶俐智所赋。猫鼬突然来,性命付之去。善美两全时,能御能无惧。⑫

见人摇尾来,邻家一小狗。不忍日日逢,恐成莫逆友。人意即仁义,未学似固有。狗命难自知,随时遭毒手。⑬

"寻檐偶遇伤弓雀,行路多逢砺角牛"这样的人世,身世,境遇,学养,造就了老师深邃的人生思考。

二　民族文化的交流与民族融合

老师在口述自己的历史,开宗明义表明自己是"满洲族人,简称满族人,属于正蓝旗"的时候,首先有一个严正的声明:"自 1931 年日本军国主义发动'九·一八'事变,在满洲建立伪满洲国后,大多数满洲人就不愿意把自己和'满洲'这两个字联系在一起了。但那是日本人造的孽,是他们侵略了满洲,分裂了中国,这不能赖满洲族人。日本强行建立伪满洲国,想把满洲族人变成满洲国人,这是对满洲人的极大侮辱。……但(溥仪)他一旦叫了满洲国的皇帝,就与我们有关了。这等于把耻辱强加在所有满洲族人的身上,使他个人的耻辱成为所有满洲族人的耻辱。这是我们所不能允许的,也是我们不能承认的。我们是满洲族,但不是满洲国的族;我们是满洲族的人,但不是满洲国的人,这是我首先要声明和澄清的。"这是满族人的民族大义,也是认同中华民族的民族大义,中国人的最根本的民族大义。这是现代的思想,超越了中华民族历史上"满""汉"以及各个民族之争的狭隘民族主义的思想,也是对世易时移"驱除鞑虏,恢复中华"的"排满"思想的理性地否定。

老师不但是满族人,还是清雍正皇帝第九代孙。1957 年,老师身为北京师范大学中国语言文学系教授,却在校外被打成"右派",降级为"副教授",他含悲忍苦劝慰师母说:我出生就是"封建余孽",不做"右派"谁做呀! 平反之后,老师歌曰:"莫名其妙从前事,聊胜于无现在身。"

改革开放,"拨乱反正",皇室后裔名满天下。有好事者给老师写信,硬要称呼他"爱新觉罗·启功"。老师先是"一笑了之",及后越来越多,就注明"查无此人,请退回"了。老师不无慨叹地说:"一个姓,它的辱也罢,荣也罢,完全要听政治的摆布,这还有什么好夸耀的呢? 何必还抱着它津津乐道呢?"无论是思想方面,还是感情方面,都透彻地揭示了中国的现代政治的特色。

翻身的皇族,有人踌躇满志,向老师征集书画一同展览,老师知道会得罪一些人,还是写了《族人作书画,犹以姓氏相矜,征书同展,拈此辞之,二首》:

闻道乌衣燕,新雏话旧家。谁知王逸少,曾不署琅琊。

半臂残袍袖,何堪共作场。不须呼鲍老,久已自郎当。

但是老师深深爱着自己的民族。老师为人书写的字幅,偶尔可以看到落款"珠申 启功"、"长白 启功"。都用了满洲族发祥地的地名。无疑,这是一种深深的眷恋,对故土的眷恋,一种自豪,对于民族历史和文化成就的自豪。老师有诗歌唱:"东方青帝后,攀附祀炎黄。肃慎文明远,中华艺术长。"看到它们,我感受到老师深埋心底的族情。这种情感,多次流淌在老师的韵语中。尤其是一种对先祖的敬意与自己淡忘的愧疚交织在一起,真是难以言表,如"闼门如镜慕晨光。更见朱申世望长。我愧中阳旧鸡犬,身来故邑似他乡。(长白山天池,满语曰闼门)","中阳旧鸡犬"是用汉高祖刘邦建立汉王朝后,将故乡江苏沛县丰邑中阳里的居民及鸡犬迁移到陕西长安建立新丰的典故,诗中刺骨的伤痛是何等深刻!然而,这只是遗忘先祖的民族的伤痛,并不是失去清王朝政权的伤痛。老师有赞颂辛亥革命的诗作,曰:"半封半殖半蹉跎。终赖工农奏凯歌。末学迟生壬子岁,也随诸老颂先河。"在《避暑山庄》诗中,高歌"群山苍翠拥离宫,乔木当年系六龙。千祀人文归一统,万古胞与乐同风。沧桑岂废先猷鉴,弧矢曾销北鄙锋。大地欣逢更化际,金瓯业广在和衷。"本民族及先祖的勋业,各个民族人文而非如秦灭六国吞并国土、政治归于一统的更化,历史的教训,当下复兴的规谏,熔于一炉,韵语蕴涵的思想何等丰富而又力透纸背!对于满族和汉族统治中华大地的"史鉴"与展望,特别是各个民族之间的关系"在和衷"的菩萨心肠,是真正现代民族关系思想的真谛。

一个民族,仰赖的是领地,而命脉在文化,特别是语言,文字,根本特质的价值观及价值取向。老师有《昭君辞二首》歌颂各个民族之间文化交流的"择善而从",其二曰:

毅然请和亲,身立万里功。再嫁嗣单于,汉诏从胡风。泛观上下史,常见蒸与通。父死不杀殉,何劳诸夏同!假令身得归,依然填后宫。班氏外戚传,鲜克书善终。卓彼王昭君,进退何从容。知心尚其次,隘矣王荆公。[14]

老师又特意写下罕见的长序,老师从满族的视角出发,消解了"夷夏之辨","强弱之争",着眼于文化交流,特别是这种交流以"人道"的价值观与价值取向来衡量,他称赞"汉诏从胡风";尤其称赞"卓彼王昭君,进退何从容"!王昭君以一女子之身,在两千年之前,生于汉族,长于汉族社会,接受汉族文化的教育与熏陶,嫁入异族,摒弃汉族文化中的非人道,不人道,反人道的"殉葬",欣然归化异族文化,尽管这在自己是面对"生死的抉择",可能受到"贪生怕死"的讥评,但舍死取生,在人道的视野下,是无可厚非的。"论贵诛心",老师是"知人心"的学问家,思想家。

中国各个民族在神州大地共同生存、繁衍,有许多血和争斗。老师以人道为根基的各个民族文化择善而从的思想,遭遇到自己民族入关称帝二百多年间,竟至于败亡,不仅失去广袤的故土,民族文化也被汉族同化,乃至于连语言都濒临消失。在"千祀人文归一统,万古胞与乐同风"的气象中,老师对此有沉重的反省。他在一组古诗中低吟道:"长白雪长白,皓洁迎新年。神板白挂钱,门户白春联。地移习亦变,喜色朱红鲜。筋力自此缓,万事俱唐捐。"

综观老师的著述与韵语,与"汉诏从胡风"对比,可以看到满族入关以后,不仅接受汉族反人道的政治制度,同时接受汉族文化中儒家的"三纲"文化,把人当做奴隶的根本价值观及价值取向的反人道的恶质文化。逐渐放弃骑射的生活习惯,养尊处优,提笼架鸟,连体质也逐渐衰弱,乃至"万事俱唐捐"。

总之,我国是一个多民族的国家,各个民族有着自己的文化,在民族和睦相处的同时,各个民族文化的"择善而从",达到良性发展,才是繁荣昌盛之道。老师对于民族文化"归一统"的思想是杰出的,是一种宝贵的思想资源。

注 释:

① 马克思、恩格斯:《共产党宣言》,见《马克思恩格斯选集》第一卷,第273页,人民出版社1972年。

② 《论语正义·颜渊》卷一,第278页,以下所引"论语"均出该书,不再加注页码。

③《论语正义·里仁》。

④《诸子集成》卷三，第7页，中华书局2006年。

⑤ 启功：《启功赘语·古诗四十首》之二五，《启功丛稿：诗词卷》，第248页，中华书局1999年。

⑥ 启功：《启功赘语·古诗四十首》之三九，《启功丛稿：诗词卷》，第248页，中华书局1999年。

⑦ 见《荀子集解》卷一七，《诸子集成》第二卷，第289页，中华书局2006年。

⑧ 启功：《启功赘语·古诗四十首》之二二，《启功丛稿：诗词卷》，第247页，中华书局1999年。

⑨ 启功：《启功絮语·古诗二十首蓬莱旅舍作》之九，《启功丛稿：诗词卷》，第199页，中华书局1999年。

⑩ 启功：《启功絮语·古诗二十首蓬莱旅舍作》之一七，《启功丛稿：诗词卷》，第201页，中华书局1999年。

⑪ 鲁迅：《科学史教篇》。

⑫ 启功：《启功絮语·古诗二十首蓬莱旅舍作》之十，《启功丛稿：诗词卷》，第200页，中华书局1999年。

⑬ 启功：《启功赘语·古诗四十首》之一八，《启功丛稿：诗词卷》，第246页，中华书局1999年。

⑭ 启功：《启功韵语》卷二，《启功丛稿：诗词卷》，第40页，中华书局1999年。

读启功先生《落花》四首等诗

——兼谈中国古典诗词的寄托

□ 赵仁珪

有些人仅鉴于启功先生的诗中较少有以当代时事为题者,便认为启先生的诗很少写实,进而认为他的诗不太关切现实。这其实是一种误解。他的诗不是不写时事,而是不愿过于直白地写时事。他认为诗应该靠形象说话,即使评点时事也要将自己的观点融于生动形象的描写之中,以一种温柔敦厚、含蓄委婉地方式加以表达,这才是诗人笔下的时事诗。而其主要方式则是托物言志,即借助咏物的题材和比兴寄托、双关象征等手段,抒发对时事的感慨。所以准确的评价应是:启先生的诗不是不表现现实,而是多借助于寄托,绝少对现实进行生硬直接的评论;而当读者一旦读懂了这些托物言志之诗的真正用意和内涵,则会对其深刻的思想内容有更加充分的理解,也会对这类诗高度的感染力有更加深切的体会,从而使优美的写景状物与深刻的议论评说双美并具,大大提升时政诗的品格。

上世纪的后半世纪,最轰动的时事莫过于"文革"的劫难和"四人帮"的横行及垮台,且让我们以此为例,看看启先生是怎样写这一事件的。

首先要看到,启先生本有很多直接的咏叹之作。如《于友人案上见传抄咏杨太真诗,所以讽"四人帮"者,但恨其人之不称耳。因抒鄙见,得句八首》,一气作了八首绝句来讽刺江青及四人帮,且立意十分明确,即认为江青连杨贵妃都不如,可谓直论其事,痛快淋漓。更难得的是,这类直抒胸臆的作品,立意也十分高远新颖,如其中一首云:"鼙鼓动地来,蛾眉马前死。倒霉杨太真,遇上陈玄礼。"借助用典,纯以咏史的手法写当今的时事,完全略去当时党中央如何调度部队一举粉碎"四人帮"的具体情节，只用"倒霉杨太真，遇上陈玄礼"加以概括，既简练，又辛辣，真可谓"不着一字，尽得风流"。值得补充的是，启先生在《藻鉴堂即事十二首》中还有一首与此相关的诗："石栏点笔坐题诗。天宝年来又一时。人事不殊风景异，万民今说六军慈。"说粉碎"四人帮"与"马嵬事变"有相同的情节，却有不同的结果：当年的杨贵妃是被杀，如今的江青只是被囚，故曰"六军慈"。可见启先生毕竟也有直写现实、直咏其事且又立意不凡的作品。但像这样的好诗，启先生在自己编选诗集时，竟然未收，可见其取舍的标准和偏好了。同时所作的同样的题材和主题，被他选入诗集的却是《友人家昙花一盆，盛开速落，因赋长句。时在一九七七年秋》一首，诗曰：

> 深宵何物幻奇芳。色逊梨花故作香。
> 根蒂几时来异域，声华毕竟藉空王。
> 轻拈迦叶成微笑，一现阎浮识淡妆。
> 箭漏未移英已尽，这般身世太寻常。

这是一首典型的富于比兴寄托韵味的咏物诗。昙花全名优昙钵花，即无花果树，原产印度，花一开即敛，不易见，佛教以此为佛的瑞应，故昙花的声誉借此提升。这首诗表面看，句句是咏昙花的。第一句写它于深夜梦幻般地绽出芬芳。第二句写它的美色不及梨花，故只能特意地以香味诱人。第三句写它产地不同凡响，不知是何时来自异域。第四句写它毕竟要借助于佛教的声望才能博得如此的美誉。第五句借助佛教"释迦拈花，迦叶微笑"的典故，写它的神秘色彩。第六句写它终于一现人间，让人们见识到它的真容。第七句写它短暂的生命，夜未央而花已尽。第八句感慨它的身世不过如此而已。如此看来，说这首诗就是一首纯咏物诗也固无不可。但深入看，那些对昙花的描写都令人产生无限遐想，似乎隐藏着深刻的寄托。启先生于题目中特意标明此诗作于"一九七七年秋"，即透露出此诗的真正主旨：刺江青也。第一句写她神秘地、奇幻般地出现于政治舞台。第二句写她资质本不如人，所以只能故作特异。第三句写她本非此圈中之人。第四句写她之所以声名鹊起、以至如日中天，乃是借助了特殊的地

位。第五句写她借助特殊的身份博得了特殊的象征价值。第六句写她有朝一日
终于浮出水面,登上政治舞台,让人们见识到她的真面目。第七句写她"盛开速
落"的下场。第八句写她的身世不过如此而已,难逃宿命,更难创造什么奇迹。
如此看来,这首诗又绝不是寻常的咏物诗,而是一首典型的托物言志诗。表明启
先生在写时事时更注重诗歌的形象性和技巧性,更喜爱用传统的比兴寄托手
法。而要实践这一特点,需要有更高超的手法和学识、更丰富的想象力,这样才
能把所咏的本来之物与所寄托的物外之情,借助形迹与神采的某些相通之处,加
以双关绾合,顺畅地完成托物言志的目的。

　　写此诗后,启先生似乎尚未尽兴,15年后,他又写出同样风格而内容更加丰
富的组诗《近见沈石田与诸友唱和落花诗,文衡山以小楷录为长卷。因拟之,得
四首》,其诗曰:

> 弥天万紫与千红。一霎风来几树空。
> 火急催开劳羯鼓,夜阑不寐听僧钟。
> 轻难入地香添涸,落未盈堆绿已丛。
> 毕竟萧郎遗业重,缤纷大梦忏无功。
>
>
> 晴空点点入云衢。红雨如山阵可呼。
> 金谷草生行碍马,玉关人远出无车。
> 馀香分后歌声换,高烛残时笑屦孤。
> 不殉恩留铜雀上,阿瞒深意古来殊。
>
>
> 六街尘满竞遨游。飞盖华林属胜流。
> 蜂蝶远飏青子小,雾凇横结玉枝稠。
> 上春有幸扶金阙,一夕无端坠画楼。
> 卉木未闻齐物义,待寻庄叟论从头。

无言谁信下成蹊。漂泊因风路总迷。

宏愿枉祈春暂驻，沉吟每送日斜西。

衰颜憔悴临沟水，硕果辛酸补瓮醯。

此去行藏何处问，树阴随分醉如泥。

启先生非常看重这四首诗，常为知己的友朋讲解它，每次讲解都特意强调说"我这四首诗虽是唱和沈石田《落花四首》的，但写的却是四个（种）人"。可见这四首诗虽都是咏落花的，但通过双关寄托的手法，每首诗又都暗含了对某个人的描写和咏叹。且让我们先以第二首为例：

就写落花而言，第一联写落花也曾有过显赫的势力，它可以高入云霄、列阵如山，但它的阵势终究是虚张声势，有如淝水之战中苻坚的军队，当晋旧将朱序在苻坚阵后一呼"秦军败矣"，秦军阵势立即崩溃一样。第二联写这些落花一旦凋落到林苑，哪怕是石崇的金谷苑，也会被丛草覆盖，再也显不出它的存在，再也无人关切它，它会被深埋其中，失去光彩，动弹不得。第三联说如果把它们比喻成美人，它们可不像曹操的姬妾那样，都得到事先的安排，可以分香卖履地求个平安，它们只能面向原来的主人唱起挽歌，当人们再"只恐夜深花睡去，故烧高烛照红妆"时，看到的只是它孤独的身影。第四联说这样看来这些落花的命运真不如曹操的姬妾，那些姬妾事先已得到曹操的安排，没有成为悲惨的殉葬品，但落花却成了"春去也"的殉葬品。就写人而言，这首诗咏叹了一个曾显赫一时、炙手可热、可呼风唤雨的人物，又因使用了有关曹操姬妾的典故，故必是一个女性。她曾身居高位，拥有强大的势力，但失败得也很迅速，而且失败后落个"行碍马""出无车"——被羁押的、失去自由的下场，她只能继续作出忠实于主人的姿态，孤独地唱着挽歌等待死亡，成为历史的殉葬品。这一下场无法与有远见的曹操为他的姬妾早早安排好出路相比。她是谁呢？显然是江青。

再以第三首为例。就写落花而言，第一联写有些落花只知追逐繁华，顺遂风头，它们以"胜流"的身份，或竞逐于六街红尘之上，或穿梭于"飞盖华林"之间。第二联写蜂蝶对它们似乎也不屑一顾，故而这些花所结之实也显得相对猥琐；它们还要不时地担忧雾淞的袭扰。因雾淞宋人称"木稼",且有"木稼长官怕"(象征长官要死)的民谚。第三联写这些落花在得意时会追随春风在宫阙上空飞舞,但一旦风头过去,就只能像石崇的爱妾绿珠那样为报主子之恩,"效死于官前",坠楼而亡,委身黄泉。第四联借助《庄子》的典故对这些落花发出感慨:它们不懂得得势与失意其实只是一瞬间的事,它们应该早早地学习一下庄子的智慧。就写人而言,这首诗写了一种人,他们结成一个小帮派,在得意时,也以"胜流"自居,但他们的势力和根基远不如组诗中所写的前两个人。他们一方面可以傲视于凡尘之上,一方面又要应付于不时之虞。他们可以被捧到很高的位置之上,参与国家的重大决策,但一旦失势,只能成为殉葬品。他们太不懂得齐物论的道理,或许即使懂得,也身不由己了,最终让自己走上绝路。这几个帮派人物无疑是指"四人帮"。

同理,我们也可推测第一首和第四首的所指。第一首,就写落花而言,第一联写万紫千红的花树,在一阵飓风之后,就剩下几株空枝。第二联用武周皇帝武则天和唐玄宗的典故,因武则天登基后曾有《腊日宣诏幸上苑》诗,诗曰:"明朝游上苑,火急报春知。花须连夜发,莫待晓风吹。"唐玄宗也有类似的举动,故辛弃疾有词云:"何似三郎催羯鼓。"写那些被强力催开的鲜花,终必凋落,随着"夜阑僧钟"(报丧的钟)传来陨灭的消息。第三联继续写落花的命运:它们很难一下子就化入泥土之中,而只能漂浮在污浊之上,还未落完,就已是绿叶的天下了。第四联用梁武帝与郗氏的典故,梁武帝(萧郎)初为雍州刺史时,夫人郗氏因善妒,病死后,化为蟒,为了替郗氏忏悔罪业,梁武帝曾为她作忏法十卷,借此写落花以上的命运已是无法改变的了,它们只能感慨这场梦幻般的变化是命中注定,是自己造业太深所致。就写人而言,因这首诗使用了很多有关帝王的典故,显然意在感慨一个具有至尊地位的人。他的势力可以催开鲜花提前开放,令炫目的万紫千红"弥天"盛开;但一旦这个人不在了,整个形势会在"一霎"间发生巨变,他催开的花树会变成几株朽木。当他还未入土时(轻难入地),那些昔日娇艳轻柔的花瓣只能落到便溺之上,成为不齿人类的污浊之物,而鲜花昔日的势力很快就会被成丛的绿叶所取代,即使这个人在生命的最后时刻想为这一切忏悔,已经来不及了，毕竟这之前积累的业障太多了。这个人指谁呢？读者当自有领悟和判断。第四首，就写落花而言，第一联写最常见的桃李，并感慨作为最普通的花它们只能迷惘地随风漂泊。第二联用拟人的手法写作为普通的落花只能祈盼春光常驻，但这是不可能的，面对无情的时光，只能沉吟感慨它的流逝。第三联写这些普通的花瓣落在沟渠旁边，显得那么憔悴，偶尔结下的果实味道也很辛酸。第四联预料这些落花的前途和命运——只能安分地落在树阴之下浑浑噩噩地了此一生。就写人而言，这显然是写作为一个平民百姓的作者自己。这种人很普通，他们无法掌握自己的命运，因而对世事的变化总感到很迷茫。他们唯一的祈盼是能赶上一段好时光，但随着时间的流逝，他们衰老了，很难有什么作为了，只有安分地听任命运的安排了。

总之，这四首诗首首、句句都是写落花，但目的则是首首、句句在写人，属于那种典型的言在此而意在彼的双关寄托之作。要想写好这样的诗，首先要有丰富而细腻的观察力、想象力和表现力，要能把不同落花的形态、风姿，巧妙地切合到不同人的身份上。其次要有丰赡的才学，要谙熟相关的典故，并巧妙地加以利用。全诗使用了有关武周、唐玄宗、梁武帝及郗夫人、苻坚、石崇、冯谖、曹操、《庄子》、绿珠等人的典故，并化用了苏轼、曹植、宋代民谣、《史记》的成句，而且都巧妙地把他们和落花组织在一起。这显然比一般的直咏其事、直抒其怀要难得多，但一旦成功，其形象性、美感性和感染力又要比一般的诗要高得多。古人很推崇这类比兴寄托的作品，也有很多这类的好诗，但能一气写下如此首首双关、句句双关、语言精美、用典贴切，将生动优美的形象和重大的现实题材完美地结合在一起的四首组诗，在古人那里也不多见。从这个意义上说，启先生的《落花四首》是古今托物言志的绝唱也不为过。

这类风格、手法的作品在启先生的诗集中屡见不鲜，可以说善于写比兴寄托的咏物诗是启先生诗词的一大特点。让我们倒过来再读几首他青年时代的相关作品。如1944年所作的《杨柳枝二首》，启先生时年32岁：

> 绮思馀春水一湾。流将残梦出关山。
>
> 王孙早惜鹅黄缕，留与今朝荡子攀。

青骢回首忆长杨。玉塞春迟月有霜。

一样东风吹客梦,独听羌管过临潢。

对这两首诗的写作手法和主旨启先生在《启功口述历史》中有详尽透辟的解析:"我认为诗不应太直接地叙写时事,不应太就事论事,而要把它化为一种生活感受和思想情绪加以抒发,写的时候应更多地采取寄托、象征的手法,也就是借助写景咏物等手法来委婉含蓄地加以表现。反过来说,寄托象征、委婉含蓄不等于不写实,只是另外的一种写实,这也是中国古典诗歌的传统之一。……如我写的《杨柳枝二首》(原文略),这两首诗表面看来和传统的借咏柳而写离别并没什么不同,但它的含义远不这样简单。这两首诗作于1944年汪精卫死于日本之后。第一首'流将残梦出关山'指汪精卫最后叛离祖国,'王孙'指清末摄政王载沣,'荡子'指日本人。当年汪精卫刺杀摄政王,未遂被捕,摄政王反而保释了他,才给他留下日后投靠日本人的机会,成了日本人任意摆弄的工具,而汪精卫本人则像是'这人攀了那人攀'的杨柳枝。第二首'玉塞春迟月有霜'是说东北沦陷后一直没有明媚的春光。后两句用典:当年金灭北宋,曾扶植刘豫傀儡政权,刘豫失宠后被迫徙于金人指定的临潢,并死于那里,这和汪精卫最后被弄到日本,并死在日本一样。应该说我这首诗的主题完全是写实的,只是和一般的直抒胸臆的写法不同罢了,我更偏爱含蓄、寄托的手法。"这样看来,这两首诗也是典型的具有双关寄托之意的咏物诗,咏物仅是题面,借物托志才是目的。而它成功的关键也在于能把所托之意巧妙自然、妥帖生动地寄寓在所写之景物之中。

又如《社课咏春柳四首拟渔洋秋柳之作》(其一)

如丝如线最关情。班马萧萧梦里惊。

正是春光归玉塞,那堪遗事感金城。

风前百尺添新恨,雨后三眠殢宿醒。

凄绝今番回舞袖,上林久见草痕生。

启先生曾特意对笔者说:王渔洋的《秋柳四首》是为感伤南明灭亡所作的,而我这首诗是为感伤东北事变和溥仪潜逃到东北而作的。可见这首诗是作于1931年东北事变后的第二年的春天,时先生不满20岁。因而此诗抒发的不但是文士春秋代序的伤感,还有更深刻的忧国之思,只不过启先生作诗一贯不赞成对时事进行就事论事的评论,而是习惯继承古人那种含蓄的借咏物而抒怀的诗教传统。此诗前两句看似仍是折柳赠别的传统主题,平平而起,并无新意,但"梦里惊"三个字却极有分量。启先生曾云:自己虽然出生于民国之后,是民国的人,但作为清朝皇室的后裔,自然会对有关清后的事特别关心、也特别敏感。"梦里惊"三字写出了他得知溥仪出逃东北,出任伪满"总统"的担忧。而"班马萧萧"也就不是一般的离别之恨,而暗含了特殊的情境。所以接下来的四句一反文人咏春而常见的"木欣欣而向荣"的喜悦情调,充满了无限低沉凄婉的情绪。对这里的"归玉塞",启先生曾明确指出即指山海关外的东北。"感金城"用的是桓温金城见柳和庾信引用此典的《枯树赋》之典。见新柳而想枯树,给人的联想是:这不是新生,而是死亡,其用意、其感情是非常深沉的。见新嫩的柳枝摇曳而偏说"添新恨",足见下文所说的"今番"的心情因这突发的事件而确与他时、他人有别。"殢宿醒",不写春柳雨后清挺勃发的样子,而偏写它有如沉湎于往日的馀醉之中,暗含着对没落王朝的无限遗憾。故最后归结为见新柳"回舞袖"却倍感凄绝,抒发了此时哪有什么皇家复兴的兆头,哪有"上林"的繁荣,有的仅是遍地杂草丛生的荒凉而已。这首诗是启先生诗集中的第一篇,这第一篇就充分体现了启先生善于以委婉含蓄的风格,借助咏物写景的手法来寄托自己情志的特色,可见他在这方面的功力是很深的。他虽然没有直接抒情,但当他的情志特别强烈时,就能把它化到触目所及的景物之中,反而显得更有沧桑感。在写法上也体现了他的高度修养。它生动而自然地将"班马"、"玉塞"、"金城"、"上林"等咏柳常用的旧典都赋予了新意,所以看起来句句都是描写新柳的,但句句又都寄托着对人事的感慨,二者绾合得天衣无缝。

通读以上各诗,可见借物言志的寄托手法是启先生诗词中自觉的、常见的、成熟的手法,不但是对传统寄托手法的很好继承,也是对传统寄托手法的很好发扬。

　　说到此我们不能不对传统的寄托手法作些反思。读古典诗词作品时，我们常会读到古人的相关评论，认为某首诗是寄托之作，是为某某事而发。有的阐发得较为充分，令人信服；有的多是一种感觉或推测，有些证据，但不够充分；有些则未免牵强，难以服众。笔者以前对这些所谓寄托之说，特别是那些有分歧的说法，因缺乏深入研究，为了省事或避免追究，多采取否定的态度，认为原作者未必有那么深刻的寄托，多是评论者为了抬高这些作品的意义而附庸上去的遐思雅意。现在看来这种看法也许太绝对了，既然启先生能如此肯定、如此自觉地宣称自己的这些作品就是寄托之作，那么一贯强调诗词应重比兴寄托、委婉含蓄的古人怎么就不能写出很多托物言志的作品呢？关键是我们应对这些作品有更深入的研究，客观准确地挖掘出它们的内涵，再得出它们究竟是否为寄托之作。经过反思，笔者认为，从宏观的角度看，古典诗词的寄托之作大概存在以下几种情况：

　　一是从理论上讲，诗中出现的频率和比例要小于词中。因为诗本来就提倡"言志"、"缘情"，不管诗人有什么情感，都可以直接抒发，不必非要借此而言彼。但为什么诗中还会出现很多寄托的作品呢？那一定是正常的言志抒情的言路受到阻碍，诗人不得已才托物言志，写些言在此而意在彼的诗篇。这种情况多出现在何时呢？最多的无疑是新旧朝代更替的时代。诗人对旧朝怀有深深的眷恋，对新朝怀有本能的抵触，但在高压之下又不敢明言，便只能采取这种双关隐讳的手法，来一吐心中的块垒。如我们上边提到的王渔洋的《秋柳四首》。此四首诗作于顺治十四年。这年秋天，诗人在济南大明湖畔与朋友集会饮酒，举办"秋柳诗社"，发出"昔江南王子(指南朝梁太子萧纲)感落叶以兴悲，金城司马(指东晋大司马桓温)攀长条而陨涕"①的感慨，并即席赋下了《秋柳四首》，借物咏志，抒发了南明灭亡后的沦亡之痛与故国之思，一时流传四方，和者数百。试想，如果这四首《秋柳》诗仅因写景状物取胜，而没有更深的寄托，它怎能博得数百人唱和？正是因这数百人，都怀有与王渔洋同样的亡国经历和感受，所以他们才能在王渔洋的感召下抒发出各自亲身的、内在的感受。只不过当时的"文字狱"尚未那样残酷，大家还敢于用隐讳的手法来抒抒情。到了后来，清朝廷为了断绝文人的叛逆之情，便大兴"文字狱"，且越来越残酷。那些仍然延续借寄托之笔以抒不满之情的诗人,如果再写什么"清风不识字,何必乱翻书"之类的诗,就难免遭到屠戮了。而启先生也正是读出了王渔洋《秋柳四首》的寄托之意,才明确地标明自己的诗虽是咏春柳的,却是有意"拟"王渔洋"秋柳"的立意,并成为他的隔代知音。

其次可能出现在政治斗争非常激烈或非常敏感的时期,那时作者虽无亡国之痛,但在政治上受到强烈的排挤和打压,以致不得不借题发挥或旁敲侧击。苏轼即是这样的典型。他是反对王安石变法的,而当时新法甚劲,故苏轼有时只好写一些旁敲侧击的诗,《乌台诗案》所收集的很多诗都属于这一类型。如《山村五绝》,虽都是写山民的生活状况,但其批判的锋芒却都指向新法,从这一角度看,也可以算作寄托之作,只不过不是借物寄托,而是借事寄托。而政敌也千方百计地以托物寄讽来构陷苏轼,如苏轼曾作《王复秀才所居双桧二首》,其一云:

> 凛然相对敢相欺,直干凌空未要奇。
> 根到九泉无曲处,世间唯有蛰龙知。

对此,政敌向神宗进谗言曰:"陛下飞龙在天,轼以为不知己,而求之地下之蛰龙,非不臣而何?"倒是神宗明智,曰:"诗人之词,安可如此论?彼自咏桧,何预朕事?"②可见当时托物寄讽已形成风气,否则苏轼的政敌也不会深文周纳地借此来构陷他。

如果宏观地回顾一下中国诗歌史,我们也可以为以上的观点找到佐证。大致说来,唐以前(包括唐),这种明显的托物寄讽的诗还比较罕见,因为那时言论还比较自由,诗人们还无须这样"绕路说禅",有什么感触,尽管直接抒发即可。但到了宋以后,言路渐渐闭塞,而到元明清,由于异族入侵,改朝换代的斗争异常激烈,以言论治罪的情景也越来越残酷,那些又不甘寂寞的诗人只好更多地借助寓物言志的寄托手法来写诗了。但这里有一个例外,即卫道士、理学家对《诗经》的解释。他们借助托物言志的手法把诗经的篇目都赋予了崇高的微言大义,即使很明显的爱情民歌也无不如此,如《毛诗序》评《关雎》曰:"《关雎》后妃之德也,《风》之始也,所以风天下而正夫妇也。"朱熹更说:"盖指文王之妃大姒为处子时而言也。君子则指文王也。"非要将一首清纯的民歌寄托到对文王的歌颂上,这

是不折不扣的伪命题,这样的寄托说不值得提倡。

二、不论从理论上讲,还是从创作实际情况看,词中的寄托都要多于诗。这是因为从宏观上讲,词虽也是抒情的文体,但自对文人词产生巨大影响的"花间派"问世后,词就被导向"家家之香径,春风宁寻越艳;处处之红楼,夜月自锁嫦娥";"则有绮宴公子,绣幌佳人,递叶叶之花笺,文抽丽锦;举纤纤之玉指,拍按香檀。不无清绝之辞,用助娇娆之态。自南朝之宫体,扇北里之倡风。何止言之不文,所谓秀而不实"③的方向,成为一种狭义的抒情体——专门抒发狭义的男女之情。但词体的社会功能终究是要发展扩大的,当传统的观念无法满足词人的创作时,就会出现两种倾向,一是像苏轼、辛弃疾那样,索性不顾什么"词为艳科"的说教,也不管别人如何谴责他们"要非本色",径直将它重归于广义的抒情文体,在词中尽情地抒发各种情感。二是有时还照顾到传统词体的外在形式,在文辞上仍旧保持优美婉约的格调,在题面上仍旧写些相思、咏物的内容,但立意、主旨上却另有所指,即借传统狭义抒情的躯壳,以寓新生广义之情感,这就是我们所说的寄托之作。至清代张惠言,索性将这一变体无限放大,将寄托说作为词的根本特质,强调"比兴寄托"和"深美宏约",认为"意内而言外谓之词。其缘情造端,兴于微言,以相感动"。并认为只有这样才能使词成为"极命风谣里巷男女哀乐,以道贤人君子幽约怨悱不能自言之情"的"尊体",才可"与诗赋之流同类而讽诵"④可见词中的寄托具有多么深厚的传统和渊源。所以词的文体特征本身就造成了词的寓托之作要多于诗。

至于词中的寄托更多出现于何种时代和何种环境,则与诗相同。一是多见于时代变迁、朝代更替之时,此时的词人既多故国之思,又迫于新朝的威势,往往不敢直抒其情,便多采取比兴寄托、寓物言志的手法。最典型的例子莫过南宋末年的词坛,此时不但遭遇到这样的时代,更出现了一批才华横溢的词人,如张炎、王沂孙、周密等人,他们结社填词,以咏物为题,寄托故国之思。这类作品前人多有论及,本文不再赘述。而值得一提的是,较前的姜夔已有这类作品,如文学史上津津乐道的《疏影》一词:

苔枝缀玉,有翠禽小小,枝上同宿。客里相逢,篱角黄昏,无言自倚修竹。昭君不惯胡沙远,但暗忆江南江北。想佩环、月夜归来,化作此花幽独。　　犹记深宫旧事,那人正睡里,飞近蛾绿。莫似春风,不管盈盈,早与安排金屋。还教一片随波去,又却怨、玉龙哀曲。等恁时,重觅幽香,已入小窗横幅。

对此张惠言《词选》、蒋敦复《芬陀利室词话》、邓廷桢《双砚斋词话》、陈廷焯《词则》、郑文焯《郑校白石道人歌曲》皆认为是寄托之作,如张惠言云:"此章更以二帝之愤发之,故有'昭君'之句。"但究竟如何寄托了"二帝之愤"则语焉不详。故笔者以前讲解此词时,不屑此说,只把它作为一首一般的咏物词。但读过启先生众多的寄托诗后,经过反思,笔者认为此词还是有所寄托的,只是前人挖掘的不够,故缺乏说服力而已。后读唐圭璋、刘永济等人的著作,觉得他们的阐释较前人有了很多新见,如刘永济《唐五代两宋词简释》曰:

> 此词更明显为徽、钦二帝作。起数句暗用赵师雄梦见花神事以形容梅花之丽。"客里"三句,以梅花比倚竹美人,"无言"者,见其情岑寂也。"昭君"二句,明用徽宗《眼儿媚》词语。徽宗此词有故国之思,故曰"暗忆江南江北"。"佩环"二句,言魂归故国,此时徽钦二帝均死于北地也。后半阙一起点明"深宫旧事",乃是追念北宋忘前,徽宗荒淫逸乐之事。"睡里"者,正斥其醉生梦死也。"莫似"三句,又责其不重国事,而以不能惜花相比。"一片"二句,则言其国亡被虏,空托词语以念家国。"玉龙哀曲",即指徽宗《眼儿媚》词中"任听羌管"语也。"等恁时"二句,则表面言梅花落后,只有向画中寻觅,言外却悲国事已坏,欲重如旧时之盛,惟有空想而已。此首比前首(指《暗香》)更为悲愤,但皆以梅花托言,固非个中人知当时事如范成大者,不能感受其深意所在也。

分析得较为周详,较有说服力。但总的看来,仍不免带有白石词较为明显的"隔"的弱点,正如谢章铤所言:"字雕句炼,雕炼太过,故气时不免滞,意时不免晦"⑤。因而白石词虽在词史上有崇高的地位,这首《疏影》又是他的代表作之一,深受后人追捧,但平心而论,其寄托的手法与效果则远逊于启先生的《落花》四首。

二是亦见于政治高压时代,这一现象可以苏轼为代表。苏轼在受到残酷的政治迫害前,已因形势所迫,不便直言,只好写了些旁敲侧击不满新法的诗作,在遭受"乌台诗案"的政治迫害后,更心有余悸,而他率真之性情,又难使其绝对的缄默,故其词作便多出以寄托,尤其在他被贬时期。如这首作于被贬黄州时期的《卜算子》:

缺月挂疏桐,漏断人初静。谁见幽人独往来,缥缈孤鸿影。

惊起却回头,有恨无人省。拣尽寒枝不肯栖,寂寞沙洲冷。

对此俞文豹《吹剑录》及鮦阳居士(见王士禛《花草蒙拾》所引)都言之凿凿地认为是一首寄托之作。俞云:"'缺月挂疏桐',明小不见察也;'漏断人初静',群谤稍息也;'时见幽人独往来'、进退无处也;'缥缈孤鸿影',悄然独立也;'惊起却回头'、犹恐谗慝也;'有恨无人省',谁其知我也;'拣尽寒枝不肯栖',不苟依附也;'寂寞沙洲冷',宁甘冷淡也。"鮦阳云:"'缺月',刺微明也;'漏断',暗时也;'幽人',不得志也;'独往来',无助也;'惊鸿',贤人不安也。"对此王士禛认为他们强作解事,令人欲呕。笔者认为,此词毫无疑问是一首典型的、言外意内俱佳的寄托之作。只不过俞说与鮦阳之说仅强调了被寄托之情(意),而忽视了它们的载体(言),以至过于片面。他们都采用了这种绝对的判断句式:"某某(言)"(即)"某某(意)",殊不知优秀的"言外意内"的托物言志之诗,是要靠优美的状物(言、托物)与深刻的抒情(意、言志)完美地结合才能实现的。只有外在生动的状物写景,没有内含的寄托之意,顶多是一首好的状物写景诗,而不能称为寄寓诗;反之,内含深刻的寄寓只有通过巧妙的、与之相关的景物描写来生发才能实现,否则它就成为一首直抒其情的议论诗。而一旦寓托得好,则会比直抒其意所体现的思想更为深广,感情更为复杂。所以"言外"与"意内"是相辅相成的两面,只有两面都强,才能成为将二者兼容在一起的、好的寄托诗诗。如果只是说"某某"(言)(即)"某某"意,则过于强调言志,而忽略了如何借优美的的状物写态才达到这种巧妙的言志效果。苏轼和启功的绝唱,都是靠二者的完美结合才完成的,这一点是我们在研读这类作品时必须注意到的。

又如被贬惠州时所作的《蝶恋花》：

> 花褪残红青杏小。燕子飞时，绿水人家绕。枝上柳绵吹又少，天涯何处无芳草。　墙里秋千墙外道。墙外行人，墙里佳人笑。笑声不闻声渐悄。多情却被无情恼。

这显然也是一首充满寄托之情的小词。可惜如此看重寄托手法的古人竟没有一人明确地指出这一点，只有李佳《左庵词话》冒出一句"此亦寓言，无端致谤之喻"的评价。须知，词里描写的"墙里、墙外"的情节，只是苏轼狡黠的设计，以便借此生发感慨；如果认为这是一段真实的故事，则未免太迂腐呆气了。上阕"花褪"数句写春光已过，寄寓自己已不得时，只能看他人乘势。"天涯"句，仍抒发自己"此心安处是吾乡"的乐观情怀。下阕寄寓之意尤为明显。"墙里、墙外"喻自己与朝廷之间似有铁幕相隔。"墙外行人"自喻孤独，茫然不知所至也。"墙里佳人笑"喻朝廷不知忧虑，而只知燕嬉也，因"灵修美人，以媲于君"此乃自《离骚》以来就常用的譬喻手法。"笑声"句谓君主"荃不察余之中情"，拂袖而去。"多情"喻自己对朝廷的一片痴心，"无情恼"谓当局不但不领受我的痴情，反而怨我多事，与我绝决。请看，借助了一次巧妙的情节设计苏轼表现了多么深沉真切而又复杂细腻的感情。如果说一般的寄托诗多是借助咏物写景完成的，那么这首小词，则是借助叙事情景展开的，显得更加生动活泼，而前人居然没有论及，看来对古人诗篇的深入解读，读懂更多的寄托诗，还是大有余地的。

注　释：

① 《秋柳四首序》
② 见叶梦得《石林诗话》
③ 欧阳炯《花间集序》
④ 见其《词选序》
⑤ 《赌棋山庄词话》

尊重传统与自觉担当
——略论启功先生对传统山水画的文脉传承

□ 程大利

中国画发展到20世纪,出现了千年未有之变局。救国图存,革故鼎新的20世纪的时代精神是革命和批判,是大破和大立。在这样的背景下形成了20世纪的传统——反传统。在中国画领域,也出现了前所未有的变局。西风东渐,中西融合,使中国画变得空前"时代"化。西方教育模式和文艺理论框架引入美术的高等教育,不缺乏题材,不缺乏形式,不缺乏诸种造型手段——结构、透视、解剖、色彩……不缺素描。缺什么呢?缺千年以来形成的书写性,写意精神和笔墨表现,而这些正是中国画赖以生存的关键。即便如此,中国画的发展并未停步。黄宾虹、齐白石的成就创立了中国画新的高峰。同时,一批对民族文化具有自觉担当精神的人士继续传承着优秀的传统文化,表现出坚定的文化立场和非凡的艺术见识。启功先生就是其中一位杰出的代表。

启功先生不仅是一位国学大家,还是杰出的文物鉴赏家和鉴定家,同时也是杰出的书法家和国画家。在以"创新"与否论高下的当代,鲜有人论及启功先生的笔墨成就。也因他的笔墨在书法领域更为辉煌,他的绘画往往被忽略。他不重形式和图式的内美追求也非一般欣赏者所能接受,所以,画名不显。但是,当我们系统地欣赏启功先生的画作,研究一下他的笔墨质量和境界诉求,会发现,启功先生是20世纪下半叶杰出的大家,尤其是他作品中的传承性,会留入史册。

启功先生绘画之风格一如其书法之风格以至为人之风格,淳正、秀雅、笔精墨妙。重文气,见学养,境界远非同时代画家可比。他的作品承接着传统中国画的审美品格,直将书法入其画法。笔性高古,落落大方,无甜俗气,更无火气,气象中正平和、淡雅蕴藉，续接了中国山水画的正脉，延续了士夫精神，这在20世纪是极为少见的。中国画的文人性、诗性和程式性在元以后逐步成熟并臻高峰，绘画已是修养、功力和灵性、才情的综合反映。其中的程式性是一门古老艺术高度成熟的标志。所以，千载以来，临摹是中国画家入门的功课和必备的功夫，启功先生于此途曾下过苦功。

他虽转益多师，但目标明确，尤喜临元四家及清四家之作品。如其自题《枯木竹石图》诗中所云："问余借得谁家稿，请向元人卷里看。"对于"仿"，主要是借以笔墨表现思想与精神的手段，状物退到了次要地位，因此，彰显个人志趣怀抱在他的画作中得到了极大的弘扬。中国画的淡于功利自娱性、抒情性功能在启先生创作中得到充分体现。他心态从容、淡定，极讲究笔墨趣味和山川境界，所以他的"山水"已不是客观物象的再现，而是一种精神怀抱的寄托。

民国以来，有论家认为，"仿古"的作画式限制和阻碍了画家的创造能力。这是因为没有洞悉"仿"的深意，历来大家借"仿"出"己"，依傍前人经验寻求进入山川门径，已成学习山水画的规律。如果我们把这些仅看作是抄摹前人图式，缺乏时代特色，并认为不足取，这种观点是狭隘的。殊不知，隋唐至宋元以来，"仿古"乃是续接传统中国绘画正脉的良方。"仿古"成为中国画学习中最为重要的途径，也是开启画家继承和延续中国画的原创之路。正是因为"仿"具有这种双重功用，董其昌才能够假复古之名，托古改制；黄宾虹才能够成为"传统笔墨集大成者"，将中国画推向一个新的高峰。历来大家，在"仿"中寻到了自己独特的语言，同时又不失格法。"仿"成为中国书画学习的重要法门，甚至是不二法门。遗憾的是这个法门被20世纪下半叶给彻底破坏了。

从临摹入手学习传统并不意味亦步亦趋，邯郸学步，是精读格法，寻找规律，研究前人经验和各家家法，这都是"仿"的目的。启功先生的作品完全印证了这一点。讲功力，重格法，从临摹学习入手的启先生为什么未被重视？这倒是值得我们反思的。

百余年来关于中国画学习规律的研究，争议甚大，西方教学体制引入后，对于临摹的问题形成极大的误解，在相当一段时间被悬置起来，因各种原因少人问

津或浅尝辄止。一味强调"时代变了,笔墨不得不变",临摹遂被忽视。在这种时代大背景下,启功先生文化立场坚定,毫不为世风左右,立足传统文化精粹,潜心研究笔墨规律,从临摹和精研画论入手,复读山川造化,数十年而不辍。

启功先生能将历史上的画家与其作品放在绘画史的"文脉"之中,考察研究而不是从孤立静止的观点出发进行片面的评价,这对于我们理解和研究启功先生的艺术道路极为重要。启功先生自己的作品也是如此,它们根据前人典范参入个人对山川的理解和感悟,并融入了他自己的学识素养和品格性情,变前人成为自己。他的作品,是传统中国画文化延续与弘扬,是对以颠覆为主流的20世纪的贡献。

启功先生在作画时讲究笔墨的丰富性——枯湿浓淡,虚实变化。在水墨运用方面吸取了许多"南宗"文人画技法。尤善于留白。中国山水画中的"白"处非云即水,"空白"绝非空白,实在是画中之妙,正如龚贤云:"山下白处为云,要留云之款式方是云。云头自下汛上,此不画之画也。"启功先生深得"留云之款式"之理,在他的画中,虚处亦是实处,留得云是云,水是水,留得空而不空、白而不白、虚而不虚。故其所作山川树石,烟云秀润,拙中带秀,蕴蓄丰厚。这在他的山水和花鸟中得到明显印证。

他的画总体上继承了董源而下的写意精神,注重士夫气息。用笔的技法上吸收了元人山水画中注重"线"的表现,尤其追求"苍"、"润"效果。他画的山石树木总是经过多次的皴擦渲染,墨色极其浓重,而浓重里运用笔线皴法隐含着丰富细微的明暗变化,通过层层积墨效果的对比关系来传达山水的"浑厚"与"苍秀"。用笔做到了龚贤所说的"欲秀而老"。"秀而老"既是准确而简练,又是流畅兼沉厚。启先生晚年用笔大胆泼辣而苍劲活泼,凸显出了他用笔的"秀而老"。启功先生于绘画不甚谈丘壑之景,造化之奇,却对"笔墨"二字津津乐道。须知,这正是山水画的深处文章。一般人求奇、求新,求与众不同,夺人眼目。这并不是中国山水画的高境界。山水画中,皴法最关笔墨宏旨,而笔墨最达气韵之源。"气宜浑厚,色宜苍秀",也正是启功先生对山水画笔墨精神的追求。

在表现的艺术形式看,启功先生的作品似乎并没有新颖不凡的创见,但细节品味之,却处处耐观,笔笔可品。中国画创造性并非仅着眼于外在形式,赋予旧形式内涵以新的感悟,则有另一层重要的意义。启功先生的作品,初看平,但平中见奇,细节讲究。其构图层次丰富:山水之画,遥峰淡远,近岭盘旋,瀑流溪水环绕其间,具有深远之空间感;视点中心处,古木葱郁,亭舍俨然,略加点缀之人物更有画龙点睛之妙。竹石花木之图,搭配巧妙,浓淡有致,疏密错落,各据部位,欹正相依,相映成趣。哪怕仅是几笔兰竹,也意境不凡。其用笔点染相宜,相得益彰。细致处笔触精细,笔笔皆有交代:古木坚石,皴染苍老,古朴浑雄;新篁修竹,笔力挺拔,灵动婀娜;浑然处用笔简省,润染自如,然亦常在铺染及虚白处略加勾勒,淡淡几笔,顿显奇趣。其设色以淡雅为尚,即使纯水墨,亦多用淡墨,偶用色,亦多以淡彩为主。总之,澄澈、淡雅、明快为先生有意追求之基调。看上去赏心悦目,想必启先生作画状态快乐平静,是祛病增寿的手段。

启先生在醉心传统、继承的同时,也有随意的生发。在其绘画创作中时有体现。如其对色彩之大胆使用即颇见此种精神。他的《秋山》一图,色彩斑斓,其题跋云:"近获诸色颜料一小盒,试笔得此,堪发方家一噱。"若论启先生对色彩之大胆处理,不能不谈及其竹、松。先生曾自嘲云:"以免批我为'黑画'也。"此见先生幽默;继而又云:"其实,又何有墨色之松竹,不过聊为遣兴而已。"先生此语方为正解,亦为对绘画艺术之卓识。无论墨竹,还是朱竹,其实皆为画家托色写志之媒介,并非实际之状。墨竹洒脱遒劲,朱竹热烈奔放,各有情致寓意,观者又何必斤斤于用墨用乎?故启先生题红竹诗曰:"风标只合朱研写,禁得旁人冷眼看。"

启功先生本是当代著名之旧体诗人,自幼即受到良好之诗词教育,作得一手好诗。而尤为难得者,其绘画、书法、诗词均能打通,得一"融"字。先生之老师皆为通学硕儒,皆强调其中相通之处。对诗而言"工夫在诗外",对画而言"工夫在画外"。启先生在画跋诗文中多次谈到这一见解,如《张见阳画云山袖卷跋》云:"见阳不以画名,此临米家山,楚江云物,宛然在目。盖其胸襟蕴蓄,不减敷文,发于笔墨,故能沉着痛快如此。"《竹涧幽深》图自跋云:"拈毫不费推敲力,自有心声纸上吟。"此"胸襟蕴蓄",此"心声",正画家所必须具备的人文修养。而先生专门著有《谈诗书画的关系》一文,更有许多精彩之论,如云:"(倪瓒或八大的画与诗)

所以说他们是瑰宝,是杰作,并不因为作者名高,而是因为这些诗人、画家所画的画,所写的字,所题的诗,其中都具有作者的灵魂、人格、学养。纸上表现出的艺能,不过是他们的灵魂、人格、学养升华后的反映而已。"

在以"独创性"论英雄的20世纪,传承被忽视了,许多带有"时代性"的创新之作成了没有根砥的浮萍,不耐看、站不住,是不可能传世的。启功先生作品存在的意义在于,它保存了中华民族书画艺术中的人文精神,这在传统精神断裂,传统优秀价值观缺失的今天尤其宝贵。启先生的绘画,成为中国绘画传统的遗响,对于后学有着深刻的启示意义。

润物细无声

——谈启功先生对于《红楼梦》研究的贡献

□　于天池

一

上一个世纪的红学史,可以说取得了超迈前代的丰硕成果,无论是在作者的发现,版本的考订校勘,作品的思想艺术的探索,乃至围绕《红楼梦》的诸多相关哲学、历史、教育、语言、美学等各方面的研究,都有着许多突破性的进展,也涌现出许多颇有心得体会的学者和大师级的人物,这是大家都熟悉和喜闻乐道的。但是,其中还有一个往往被忽视的领域,那就是《红楼梦》的出版整理和阅读等普及方面的工作。

二十世纪五十年代以来的《红楼梦》的阅读及普及,是几百年前曹雪芹和脂砚斋所未曾想到的,也是十七世纪程刻本流行时候所无法比拟的。当年人们在评论程刻本在《红楼梦》传播中的作用时说过这样的话,"自铁岭高君梓成,一时风行,几乎家置一集"①。那大概有点夸张,所谓"家置一集"者,充其量也仅限于士大夫阶层。假如我们看看现在《红楼梦》在中国的流通量,当日程刻本的流通可谓小巫见大巫,已经不可同日而语了。我们不敢说《红楼梦》是当代中国人均占有图书量最高的,但起码在古典文学作品的范围中,《红楼梦》是阅读最为广泛,收藏最为普及的了吧。这其中的原因当然很多,诸如与《红楼梦》本身的价值和影响直接相关联,但是学者的普及推广工作也是重要的原因,而这当中,启功先生就是卓著者之一。

不过,说起启功先生整理注释《红楼梦》来,似乎知道的人并不多,了解启功先生对于红学贡献的人更是寥寥,这一方面是因为启功先生的名声长期赫赫于书法文物鉴定领域,以至古典文学的成就被其所掩,另一方面也是因为历史上众所周知的原因,启功先生对于《红楼梦》注释的工作长期受到抹煞埋没,而启功先生又处之泰然的缘故。

启功先生对《红楼梦》的研究始于1952年[②],当时的作家出版社邀请俞平伯、华粹深、李鼎芳、启功先生对《红楼梦》的程乙本进行校注整理。但是,1953年《红楼梦》出版后并没有他们的署名,在《出版说明》中也没有提起,只是笼统地说:"此外就是注解,主要是关于语言方面。有些语汇非从活的语言中寻绎出它的解释来不可,因为没有足够的文字材料刻字依据。这是容易弄错的,希望读者指正"[③]。

1957年,当人民文学出版社对作家出版社的《红楼梦》重加整理,新版印行,邀请启功先生独立对《红楼梦》加以注释时,才在版权页上加上注释者启功的字样,并在新版《红楼梦》的《出版说明》上说明:"本书注释部分,系由启功先生重新撰写的。相对于作家出版社的旧注而言,增加的新注为数很多。原来有注的,也大都经过纠正、补充、修改、删汰和重新编排。"并追溯说:"旧注是先后经由俞平伯、华粹深、李鼎芳、启功四位先生合撰的。这次重新加注,尽管对旧注作了很大的增删改动,但其中定然仍包有他们诸位先生的不少劳动成果在内,应为表出"[④]。算是有所交待。然而好景不长,随着启功先生被打成右派,启功先生的名字又从版权页上抹掉,在1962年再版的新的说明是这样写的:"相对于作家出版社的旧注而言,增加的新注为数很多。原来有注的,也大都经过纠正、补充、修改、删汰和重新编排。旧注是先后经由俞平伯等几位先生合撰的。这次重新加注,尽管对旧注作了很大的增删改动,但其中定然仍包有他们诸位先生的不少劳动成果在内,应为表出"[⑤]。词语依希旧貌,单单把启功先生的名字勾掉,启功先生注释的著作权就这样轻易地被剥夺了!

再以后,在"文化大革命"时期,由于政治的原因,《红楼梦》被大量印刷,虽然仍旧用的是启功先生的注本,但启功先生更是被剥夺了署名权,校订者俞平伯先生也不在话下。只是后来,才逐渐又署上启功先生的名字。改革开放之后,在人民文学出版社2000年出版"教育部全国高等学校中文学科教学指导委员会指定书目",新版《红楼梦》才堂皇地署上校订者俞平伯和注释者启功先生的名字⑥,而此时距启功先生全面注释《红楼梦》的1957年有43年,距他和朋友们一起为作家出版社注释《红楼梦》已经有47年。这四十多年的时间里,许多人,包括笔者,虽然多次阅读《红楼梦》,但并不知道是谁在循循善诱地辅导了自己的阅读。1998年宁宗一先生在为人民文学出版社新版的《红楼梦》作的"前言"上作了如下的说明:"人民文学出版社出版《红楼梦》校注本,……六十年代和七十年代初,启功先生重新注释出版"⑦。显而易见是把启功先生注释《红楼梦》的年代搞错了,资深的著名中国古代小说研究学者对于启功先生注释《红楼梦》的工作尚且不甚了了,遑论他人!

在这近半个世纪的岁月中,启功先生注释的《红楼梦》印刷了多少呢? 据不完全的统计:作家出版社的版本从1953年12月第1次印刷到1955年3月底8次印刷,共印15万册⑧。人民文学出版社的版本从1957年10月第一次印刷到1962年11月重印,共印14万册⑨。仅可统计的八年时间就印出了近30万册! 如果加上"文革"岁月到如今,启功先生注释的《红楼梦》印了大概有近百万册之巨了吧。考虑到在这半个世纪的大半段时间里,《红楼梦》的出版基本上是由人民文学出版社一家垄断的,那么可以说,神州大地上阅读《红楼梦》的人基本上读的都是启功先生的注释本,甚至可以说新中国成长起来的文化人,在阅读红楼梦的过程中,都拜赐于启功先生的教导,是启功先生注释的《红楼梦》在伴随着他们阅读《红楼梦》的过程。启功先生的《红楼梦》注释影响了神州大地几代的《红楼梦》爱好者,沾溉了几代的《红楼梦》的学人,这是一个什么样的功德啊? 回想漫漫四十余年,神州大地学子在阅读《红楼梦》的学海生涯中,为学子殷勤点灯引路,辛勤拨雾的指航者却不得不隐姓埋名,甚至备受践踏的情况,宁不痛哉!

但启功先生长期以来对此始终平静坦然,在不正常的岁月中视若平常,在拨乱反正之后的岁月里也一直缄口不谈。在启功先生的谈话中,在文章中,对此既不见丝毫的炫耀,也不见半点怨尤。《金刚经》有言:"如是灭度无数无量无边众生

而实无众生可灭度者,何以故?若菩萨有我相人相众生相寿者相即非菩萨。"启功先生就是这样具有普度众生的菩萨心态。

在上个世纪的红学研究中,众多的学者沿着各自不同的治学路径,运用不同的方法,对《红楼梦》的研究贡献着自己的心得,做出了大小不等的成绩。在红学研究不甚正常的那段岁月里,由于政治因素的催化,《红楼梦》一时成了显学,成了政治斗争的工具,黄钟毁弃,瓦釜雷鸣,启功先生则始终坚持着自己的道路,默默地耕耘,扎实地工作,为《红楼梦》的阅读夯着坚实的基础。这一工作不显山不露水,无赫赫之名,却极为有用,点灯引航,为今日之读者与昔日之《红楼梦》搭起了沟通的桥梁。几十年过去了,在红学极为闹热的演出舞台上,多少人红极一时而终归寂寞,但启功先生所注释的《红楼梦》却不废如江水常流,我敢说,在《红楼梦》的流传史和红学研究史上,启功先生必将不朽,人们将永远记住他的名字和贡献。

二

那么,启功先生的《红楼梦》注释本价值在哪里呢?为什么长期以来它被人们视为《红楼梦》注本的权威,即使在那个荒诞的岁月里,启功先生被打成右派,被视若牛鬼蛇神时,启注本的权威性仍然没有动摇,没有因人废言,固守着《红楼梦》注释的学术禁脔呢?

《红楼梦》是中国最伟大的古典小说,它不仅吸收发展了中国散文、小说、戏曲、诗词的各种优长精华,旁涉各个学科的知识,而且由于作者在创作上写的是"我半世亲睹亲闻的这几个女子","离合悲欢,兴衰际遇,则又追踪蹑迹",使《红楼梦》充满了中国17世纪的生活气息,其时代感和民族特点极强,因此,为它注释很难,选择它的注释者也极为不易。茫茫四海之内,启功先生是四美具、两难并的天赐人选。

启功先生是满族皇族后裔,雍正皇帝的第九代孙。曾祖溥良虽然承袭奉国将军爵位,却凭着良好的文化功底,中举登第,入了翰林。祖父毓隆更是多才多艺,十八岁中举,二十一岁中进士,任过典礼院学士、安徽学正、四川主考等职,能诗文,善书画。因此,启功先生既是"天璜贵胄",又有着深厚的文化艺术家学渊源,在这点上,他与同样出生于有着丰厚的文化底蕴的贵族家庭的曹雪芹极其相似。因此,启功先生对于满族的上层文化,对于满族的民俗就有着非同一般的深入体验和理解。试看他对于清代辫发制度的说明:"清代辫发制度是小孩初生,先剃胎发,中间留一个小小的辫顶,日后头发逐渐长长了,又把小辫顶以外其余的头发梳成许多短的小辫,但这圈小辫之外,仍然剃去一圈。当四周小辫再长长了,归到一总,最后梳成大辫。这个过程,女孩和男孩一样,只是女孩在年龄渐长,发已长长后,便不再剃最后周围的一圈,这叫做'留满头',再大到成年待嫁时,便梳起发髻,不再梳辫了……所谓未留发绝不等于剃'光头'或剪'背头',只是指未'留满头'而言的。因为这在从前口耳相传的语汇中,'留头'、'留发'、'留满头',是人所共喻的。又有小小男孩发未长长时,留一辫顶,俗称'杩子盖'"⑩。这说明是多么的精致细微啊!试问在当代有谁人能似启功先生对于满族文化浸润得这样深透,了如指掌,又讲得这样深细准确呢?

"文革"时,中华书局邀请启功先生校点二十四史中的《清史稿》,启功先生不无自负地说:当时接手校点《清史稿》时,许多人感到困难,"一是满清入关前,即满清建立初期——努尔哈赤时代,很多典章制度都不系统明确,很多记载也比较简略零乱,整理起来很困难;二是清史中的很多称谓,如人名、地名、官职名,和历朝历代有很多不一样的地方,特别是人名,本来就挺复杂,再加上后来乾隆一乱改,很多人一遇到这种情况,就拿不准,点不断了。但正所谓'难者不会,会者不难'","这些对我来说就跟说家常一样,易如反掌,因为我对于满人的这套风俗习惯和历史沿革还是很熟悉的"⑪。启功先生对于校点二十四史的自信自负,也可以平移到《红楼梦》的注释中去。

从这个意义上,如果说人民文学出版社在一段时间里对不起启功先生的话,我们却又有理由感谢人民文学出版社,因为它为千百万《红楼梦》的读者选择了一个最合适的注释者。

启功先生的《红楼梦》注释最大的价值在于以其丰富的文化知识,尤其是对于满族生活的熟悉和理解,为我们提供了他人所不能或很难提供的说明。启功先生常说:"整理古籍得有绝对的多方面的常识,不是说专门学问你钻研的多深多透,多有独到的见解,不是这个问题,而是要懂得常识"⑫。启功先生是百科全书式的人物,在这方面很少有人能及。比如《红楼梦》第三十七回讲"十三元"、《韵牌匣子》⑬,第四十二回讲"淘澄飞跌"⑭,一般的注释者也能讲清楚,但读启功先生的注释,你能感受到一种通脱,轻松,明晰,举重若轻,因为启功先生是书画家,是诗人,他根本不需要查什么书,正如他所言"跟说家常一样,易如反掌"。尤为可宝贵,不可替代的是,有些词语,有些民俗风物,你不可能在书本上查得到,而只有生活其中,亲身经历,博见多闻的人才能给以恰切解释。这里需要的不仅是学识,更需要生活的经验和经历。比如以下词语的解释:

嬷嬷:即乳母、奶娘。他所乳的男子所生的子女,称他为嬷嬷奶奶;他所乳的女子所生的子女,称他为嬷嬷姥姥;他所乳的人称他的子女为嬷嬷哥哥与嬷嬷姐姐(曹雪芹高鹗《红楼梦》第三回,人民文学出版社,2000年版,第29页)。

请安:请安本是问安、问好的通称,在清代成了见面问安问好时所行礼节仪式的名称了。这"请安"仪式是见面时口称"请某人安",随着的行动:男子是"打千",即屈右膝半跪,较隆重时是长跪,即双膝跪下;女子是双手扶左膝,右腿微屈,往下蹲身。(同上,第三回,第35页)

传事云板连扣四下:旧日习俗:祭神和一般吉礼叩头次数、祭品数目常用"三",丧礼常用"四",故有"神三鬼四"的谚语。所以这里传点四下,只是报丧的信号。(同上,第十三回,第131页)

卖倒的死契:旧式妇女被卖做婢妾有"死门"、"活门"的分别。"死门"是和娘家永断一切关系;"活门"号称是可以有往来或可以赎回的。(同上,第十九回,第200页)

经袱子:一种用锦缎等做成包裹书卷的小包袱,古代叫做"袱",僧道用以包裹经卷,所以称为"经袱子"。(同上,第二十九回,第310页)

软包：旧剧不是大举演出时，不用戏箱，只把简单的服装、道具等用布包携带，叫做"软包"。(同上，第五十四会。第596页）

杩子盖：清代小孩初步蓄发的一种样式。四周剃去，中留圆形短发。(同上，第六十一回，第671页）

弄了个鱼头来拆：拆鱼头，是比喻处理一件麻烦的事情。(同书，第六十九回，第778页）

抢新快：六个骰子，按一定的点色组织，定出"开"书，(相当于今天所说的"分"数），比赛谁的"开"数多，叫做"枪快"。按着一定的标准比赛点数，叫作"赶羊"，又说"赶老羊"。下文"打天九"是比赛骨牌上点数多少的一种游戏，在这种游戏中，以骨牌点数的"天"(一张牌上十二点）、"九"(一张牌上九点的）为最尊，所以称为"打天九"。(同书，第75回，第853页）

节旨：明清时代为应科举考试所读的"四书""五经"，在字句注解之外，每节(段落)还有总讲大意的话，称为节旨。(同书，第82回，第937页）

一裹圆：一种冬天的便服，即长皮袄。清代礼服的袍子，前后有开衩；便服左右有开衩而前后没有，所以称为"一裹圆"。妇女便服，四面都没有开衩，也称"一裹圆"。(同书，第94回，第1063页）

是门神都糊了：封建时代官员人家有丧事，用白纸粘糊遮盖门神、对联等彩色的装饰物，表示守丧。"是"这里是"凡是"、"一切"的意思。这显示是这一家的大丧。(同书，第113回，第1253页）

我们随手拈来的这些词语都是当时人们生活中的惯用语，没有出处，没有典故，一般的书籍往往缺载或虽有记载而语焉不详，启功先生凭着他丰富的生活经验，给予了深入浅出的说明。这些说明，平淡朴实，真切可靠，凝聚的是生活，反映的是阅历。启功先生具有的权威性和不可替代性的注释，使读者豁然开朗，为后来的《红楼梦》注释者所采信，也为红学研究者在准确的理解基础上提供了可靠的研究平台,其中的一些注释甚至为后来语言学家编写字典类书,研究北京现代词语者所借鉴,所参考。我就亲耳听说"文革"中北京师范大学的老师们在修订《新华字典》时参考过《红楼梦》的注释。

现在《红楼梦》注释的版本越来越丰富,回望启功先生的《红楼梦》注本,可能觉得没有什么新奇,甚至觉得有的版本更详尽,更准确。但是,古典文学作品的注释是一种累积性的工作,后面的注释本一般都是在前一种注释工作的基础上开展的,对于前人的注释都有所吸收,有所借鉴,而启功先生的注释就正具有这种筚路蓝缕的开创之功。试想,如果没有启功先生注释在前,后面的学者对于《红楼梦》中的许多词汇指不定还怎么摸索呢。

不能说启功先生的注释十全十美,他在后来的岁月中不断地修订润色,就说明仍有加工的余地。我们也不能说没有启功先生的注释,读者对于《红楼梦》的阅读就会怎样怎样,更不能说没有启功先生的注释,学者对于一些词语的解释,对于一些器物、典章、风俗的理解就一定会在暗夜中摸索。但是如果没有启功先生的注释,随着日月递嬗,时间流逝,对于那些在新中国成立之后长大的青年读者以及更后来的读者,他们在阅读理解《红楼梦》时,肯定要花更大的气力。从这个意义上说,启功先生的《红楼梦》注释工作可以说是开创性的,功德无量的。

三

启功先生的《红楼梦》注释与后出的《红楼梦》注释本不同的地方,是它成于启功先生一人之手而不是成于众手,有着统一的风格和思路,贯彻了启功先生自己对于《红楼梦》的理解和思考,同时在注释方法上也给人融会贯通,连贯流畅,一气呵成的感觉。

启功先生对于《红楼梦》的注释有着明晰的思路,他认为《红楼梦》的注释包括八个方面:某些北京俗语;服妆形状;某些器物的形状和用途;官制;诗歌骈文的内容;生活制度和习惯;人物和人物的社会关系;写实与虚构的辨别。前四种大概属于浅层的具体的一般读者渴望注释的地方;后四种属于牵涉到深层的总体的理解而为一般读者不太注意的方面。《红楼梦》注释的困难体现在"注释为体例所限,不宜把曲折复杂的事物一一详细说透","再加本书作者有许多故意隐晦的笔墨,半真半假的言辞,越发不易寻根究底了"。为了解决这一问题,启功先生采取了两个措施,其一是他写了两篇关于注释的文章:《读红楼梦札记》、《红楼梦注释序》,算作是注释的注释或关于注释的说明,这两篇文章把与《红楼梦》注释相关的几个问题进行了说明,特别是把限于体例无法在注释中表达的意思择要进行了阐释。从这个意义上说,启功先生的这两篇文章实在是应该与他的《红楼梦》注本作为一个整体放在一起出版的。其二是,在注释上启功先生有意有所不为。虽然启功先生认为注释包括八个方面,但实际由于启功先生又认为"书中许多天花乱坠、逼真活现的场面中,不难推敲出若干关键的东西全是'子虚乌有'。或'以假作真',或'以真作假'",因此有意淡化"在不知本书作者底细的人,一定以为什么名称的东西,即有什么样的形状,只要照样描述。或用笔一画,即可解决"这种状况。启功先生举了一个有趣的例子:"这好像清末的一个故事,有人应考作'廉吏为民之表论',不知题目怎讲,便写道:'夫表者,有摄氏表,华氏表,而独未见有廉吏为民之表'。最后他说:'因画图以明之。'……"⑮。因此,启功先生对于八个方面的注释并没有平均使用力量,而是把注释的重点放在词汇俗语上,这在作家出版社的注释本里就如此:"主要是关于语言方面"⑯,以后的各种修订本也都贯彻了这一原则。比如第五回宝玉来到秦氏的房中,关于房中的陈设,诸多注本解释都很繁复,启功先生注本只有两条,一条是"海棠春睡图",一条是"武则天的宝镜等"。再有,关于宝玉所看的金陵十二钗册,别的注释本注释得很详尽,指明某支曲子影射某人。启功先生则没有注。有所不为,使得启功先生的注本更具简明扼要的特点。仍以第五回为例。启功先生的注本9条注释,北京师范大学古典文学教研室校注本109条注释,中国艺术研究院的注释本虽然83条注释,但字数更多。随着时间的推移,后出的《红楼梦》注本的注释条目越来越多,篇幅越来越长,有的章回的注释和原文的字数竟然相韣。不能说注释多就不好,因为针对的读者对象不同,文化水平不齐,注释者的体例风格不同,不能一概而论,而且,古典文学作品离我们的时代越来越远,注释必然越来越多,这是常理常情。但是,不能不看到,有的注释书卷气越来越重,学究气越来越浓,给读者留下的思考空间越来越少,与《红楼梦》的作者"有许多故意隐晦的笔墨,半真半假的言词"的创作意图的距离也就越来越远。

启功先生认为在具体的注释中难点在于"一个典故的出处,一件器物的形状,要概括而准确地描述,颇为费力。即使极平常的一个词语,在那个具体的环境中,究竟怎样理解,也常常不是容易的。"因此,启功先生的注释特别注意到词语、器物"在那个具体的环境中"的用法和语音,比如:

> 姥姥:北方一般习惯,外孙对外祖母称"姥姥",对外祖父称"老爷"。这两个词都是上一字重读,下一字轻读。又常以子女对某人的称呼作为对这人的"公称"。所以板儿对她的称呼便成为王家以至贾家对她的共同的称呼了。(曹雪芹高鹗《红楼梦》第6回,人民文学出版社,2000年版,第62页)

> 是:这里如同说"任何","无论哪个"。"是"字重读。参看第一百十三回"见是门神都糊了"注。(同书,第6回,第66页)

> 疏头:疏,原是逐条书写的意思,引申称书信为"书疏",称奏章为"奏疏"。作为名词时,读去声,音 shù。这里指为修庙募化钱财的启事文章。(同书,第39回,第421页)

这使得启功先生的注释在简明扼要中透着一种细腻和体贴。

由于启注本成于启功先生一人之手,因此它的注释特别体现了前后勾连贯穿,浑然一体的特点:

> 抄手游廊:自"二门"起向两旁环抱的走廊,叫做"抄手游廊"。又东西房和南北房连接转角的地方叫'鹿顶',正院或正房的角门叫作"耳门";从房山墙上开门接起的游廊叫作"穿山(或钻山)游廊。"都见下文。(曹雪芹、高鹗《红楼梦》第3回,人民文学出版社,2000年版,第26页)

花气袭人之句：全句是"花气袭人知骤暖"，是宋陆游的诗句，意为天气暖了，更觉得花香扑人。但本书后文第二十三回和二十八回两次引用，"骤"均作"昼"。（同书，第3回，第38页）

传点："衙门"或大官员们的住宅里，"二门"旁常设有一种铁质打击乐器的"点"，向内院"报事"时，打"点"作为信号，"点"形常做云头形状，所以第十三回称它为"云板"（同书，第4回，第41页）。

妆、蟒、绣、堆、刻丝、弹墨："妆"指"妆缎"，织成花卉等装饰图案的缎子。"蟒"指"蟒缎"，见第三回"金线蟒"条。"绣"指"绣花"的绸缎。"堆"指"堆花"，是用各色绫缎剪成花、叶或各种图案，拼合堆缝，代替织绣。刻丝见第三回"刻丝"条。"弹墨"之夹有黑线"衲"成行线或简单图案的装饰。（同书，第17、18回，第172页）

这些注释由于前后照应，形成了完整的信息群落，相关的知识具有完整性、体系性。读者在阅读的时候，不觉得琐碎，有一种行云流水，绵绵不断的感觉。而这在成于众手的注释本中是很难看到的。

不能说成于众手的注释本就一定不好，但是从目前的经验来看，成于众手的注释不仅观点上不易统一，风格上难以避免混杂，而且也难于避免重复散碎等弊病。

四

由于学术界长期以来不太重视文化古籍的普及工作，视古籍注释为小儿科，甚至不认同古籍整理为学术著作，因此，古典文学作品的注释本，一旦出版，便几十年一贯制，很少改动。这在小说领域尤其是如此。但《红楼梦》却是一个例外，启功先生的《红楼梦》注释本在改版或再版的过程中，注释在不断地修订，这是《红楼梦》在众多古典小说读本中的一大特色，更是启功先生注释本的特色，其中既有出版社严肃的职业精神的因素，更有启功先生认真负责的学术精神在起着决定作用。

启功先生为作家出版社注释《红楼梦》是在1952年前后,1957年独立完成人民文学出版社版本时修订了所有的注释,六十年代和七十年代人民文学出版社重版时,启功先生又多次作了大量的修改,在这之后也仍然有零星的改动。可以说《红楼梦》注释的工作伴随了启功先生的大半生生涯。如果我们比照《红楼梦》在不同时期的不同版本的注释,就会发现注释一直在与时俱进,改动润色的地方俯拾皆是。

我们仅以第二十八回为例:1953年作家出版社版本在本回仅出4条注,它们是"不当家花拉的"、"不管"、"香袋儿"、"锭子药"。1957年人民文学出版社改版本本回增为9条注。增加了"无明"、"左归右归"、"装裹的头面"、"松花汗巾"、"平安醮"、"呆雁"5条。2000年版新版本本回删去了"香袋儿"注,变为8条。

在具体注释的铨释上改动也非常明显:"不当家花拉的",作家出版社本的解释是:"不当家就是无职守,引申为不了解情况、不负责。花拉的是个词尾,也说花拉拉,花拉子。"⑰人民文学出版社1957年版本的解释是:"不当家就是无职守,引申为不了解情况、不负责任。花拉的是个词尾,也说花拉拉或花拉子。"⑱在词语上进行了修订。人民文学出版社1962年版的解释是:"不当家亦作'不当价',如同说'不当的',即不该、罪过的意思。花拉的是个词尾,也说花拉拉或花拉子。"⑲人民文学出版社2000年版,此条改为"没当家花花的",解释则改为:"也做'不当家花拉的'、'不当家花拉子'、'不当家花花的'。'不应当'、'不应该'、'不敢当'的意思。明代刘侗《帝京景物略》:'不当家花拉的,如吴语云罪过'。'家'或做'价',系词尾,'花花的'为附加词,增加语气成分"⑳。

关于"不当家花拉拉"的改动,启功先生后来有过说明:"我以前注过《红楼梦》,跟几个朋友一块注,注了之后,有一句话'不当家花拉地',我注时就认为,既然说不当家,那就是'不了解情况',差不多就这个意思。后来看见了明朝刘侗《帝京景物略》'不当家'就是'不应当'。'家',语尾词,'不当家'即'你不应当这么做啊',就这个意思。我小时候总听大人说'踩门槛,不好家'。我就问:'什么叫不好家?'大人就说:'不好家就是不好家,不要问为什么,没理由。'现在看来,'不好家'就跟'不当家'一样,是'不应当'的意思。那'花拉的'什么意思?有的本子是'不当家花拉子','不当家花拉拉','花拉'是后头加的语气词尾,就是'不应当啊'.《红楼梦》这一条到后来我才改了,'不当家'就是'不应当啊'"②。

再比如,在这一回里,当黛玉发现宝玉望着宝钗发呆,讽刺宝玉是"呆雁"。关于"呆雁",作家出版社注释本没有出注,后来的人民文学出版社修订本就出了注,注说:"讽刺人们痴呆,如同说'傻子'、'呆子'。这里把'雁'字具体化,故意引到天边的飞雁,作为戏谑"②。而1979年启功先生在为北京师范大学中文系古典文学组合编本所作的《红楼梦注释序》中则解释说:"黛玉所说的'呆雁'(二十八回)。是讽刺宝玉看宝钗出了神时说的,这个词本是形容发呆的。雁有何呆,呆何必雁,这都没有什么理由可讲,但北京人都懂得,这是讽刺痴心,形容发愣,但又分量不重的一个词。本书中这个人物,这个场合,这个情节中,便具有既冷峭,又温柔,既尖酸,又甜蜜的作用,精密符合这时三个人的关系"②。显而易见,启功先生在1979年所作的解释前进了一步,更加准确了。虽然由于体例上的其他原因,这个注释并没有在《红楼梦》的新版注释本上落实,但反映了启功先生对于《红楼梦》的注释一直存念于心,不断地思考,不断地修订。

过去有一种说法,叫"皓首穷经",语意似乎有点贬义,但从积极的方面说,"皓首穷经"未尝不体现了一种学术精神,一种死而后已的学术努力。启功先生对于《红楼梦》注释的认真,那种锲而不舍的精神,颇类似于从前学者的治经作疏,而这在当今的学术界尤其是古典小说研究整理领域应该说是很罕见的了。

五

启功先生对于《红楼梦》的研究并不限于注释,他对于红学的贡献是多方面的,比如对于红学文物的鉴定,版本的鉴定,对于《红楼梦》在民族文学中的地位的评价⑳等等都有相当的研究。我们这里着重探讨的启功先生对于《红楼梦》的注释不过是其研究当中的一个方面而已。北京师范大学图书馆馆藏的陶洙依据庚辰本的过录本,笔者曾拿给启功先生看过,启功先生说:"我虽然眼下不能够从文字上一一比对,但从纸本和墨色来看,应该是民国左右的东西。"启功先生的鉴定对于我们迅速确认这一版本的来路奠定了基础。但对于有关曹雪芹文物的鉴定,启功先生一直持否定的态度,甚至不以为然。如他在《启功口述历史》中就讲:"我觉得后来的某些红学研究有点不靠谱,仅以七十年代中期发现所谓的曹雪芹故居来说,依我看就属于子虚乌有,我在给学生讲课时曾开玩笑说:'打死我我也不相信'。……我以为与其费劲炒作这种没意义的发现,还不如好好读读《红楼梦》本身,体会一下书中丰富的内容"⑳。启功先生的话语重心长,至今仍值得我们深思。文物的鉴定不过是真伪之争,正面的肯定是结论,反面的否定也是结论。启功先生对于所谓曹雪芹文物不屑一顾的棒喝,让后代人省却了无限有用的气力。

由于一些客观的原因,启功先生对于《红楼梦》的研究主要集中在《红楼梦》的注释上,并围绕注释发表了两篇相关的论文,它们是《读红楼梦札记》《红楼梦注释序》㉑。由于启功先生丰厚的学识,特别是在注释上下过非同一般的功夫,因此也就有着非同一般的见解,比如,启功先生认为:"薛宝钗终于作了宝玉的配偶,这固然有悲剧故事情节的必要安排,也实有封建家庭的生活背景。黛玉是贾母的外孙女,宝钗是王夫人妹妹的女儿。封建家庭中,祖父祖母尽管是最高权威人物,但对'隔辈人'的婚姻,究竟要尊重孙子的父母的意见,尤其他母亲的意见,因为婆媳的关系是最要紧的。贾母爱孙子宝玉,当然也爱外孙女黛玉,何况黛玉父母已死,贾母对他的怜爱,不言而喻会更多些。如果勉强把她嫁给宝玉,自己死了以后,黛玉的命运还要操之于王夫人之手,贾母又何敢鲁莽从事呢? 宝玉的婚姻既由王夫人做主,那么宝钗中选,自然是必然的结果。这可以近代史中一事为例:慈禧太后找继承人,在她妹妹家中选择,还延续到下一代。这种关系之强而且固,不是非常明显的吗? 另外从前习惯'中表不婚',尤其是姑姑、舅舅的子女不婚。如果姑姑的女儿嫁给舅舅的儿子,叫做'骨血还家',更犯大忌。血缘太近的人结婚,'其生不蕃',这本是古代人从经验得来的结论,一直在民间流传着。本书的作者赋予书中的情节,又岂能例外!"㉒,这个从民间习俗的角度对宝黛爱情悲剧的解释与以往用社会学的观点,用政治学的观点的解释迥然不同。

再比如,启功先生说"赵姨娘已生儿育女,在贾府是妾而非婢,她的娘家弟兄,当然是探春、贾环的亲舅舅,为什么探春在她亲娘面前却不承认,而说王子腾是她舅舅呢(五十五回)?按清代皇帝选妃是从内外各旗人的家中挑选,而贵族官僚则向他们的庄头家挑选。姨娘的父母兄弟,在主人家具有两重身份:在主人面前,甚至包括他们的外甥、外甥女或外孙、外孙女面前,他们是奴才;他们的家眷,在他们的女儿或姊妹的房中,不当着家长面,仍可以暂时按家人关系见礼。探春不承认庄头身份的亲舅舅,不但说明了阶级制度,即从探春的性格言,这一席对话,也正是探春的完整形象的一个组成部分。又清代贵族官僚家庭中,以至亲戚之间,'嫡出'的子女比'庶出'的子女被重视,常常有庶出子女生下后在旗下衙门报档子(报登记户口册)时冒称嫡出。探春公然自称是王子腾的外甥女,也就是庶出子女公然自居是嫡出的,有时也实有这种根据"⑳。这个说明对于我们准确理解探春的性格也非常有裨益。启功先生还认为《红楼梦》里的诗词骈文"和旧小说中那些'赞'或'有诗为证'的诗,都有不同。同一个题目的棘手事,如海棠诗(三十七回)、菊花诗(三十八回)等,宝玉作的,表现宝玉的身份、感情;黛玉、宝钗等人作的,则表现他们每个人的身份、感情。是书中人物自作的诗,而不是曹雪芹作的诗"㉑。以上这些论述,限于当时文章的体例,没有更好地展开,而且由于一些主客观的原因,后来启功先生也没有进一步论述㉒,令人叹惋。但由此我们可以看到,启功先生对于《红楼梦》的研究和对于读者的启示是远远超过了注释的范围的。

2005 年 6 月 30 日,启功先生与世长辞,永远离开了我们。对于他的逝世,文化艺术界中人无不震悼,红学界也是如此。我们常说一个杰出人物的逝世是不可弥补的损失,什么是不可弥补?不可弥补就是他的位置和作用没有人能够替代。一个研究《红楼梦》的博士生,听到启功先生逝世的消息后,沉痛地说,如果再有《红楼梦》中关于满族的生活文化方面的疑难问题再问谁呢?我也深有同感。红学界如果有宗师的话,启功先生可以算得上注释学方面的宗师。从启功先生在上个世纪五十年代为《红楼梦》作注释以来,半个世纪过去了,这半个世纪中,启功先生的注本,哺育了一代又一代的《红楼梦》的读者,熏陶了众多《红楼梦》的学人,也影响于《红楼梦》后来的注释者。目前《红楼梦》的注释本除了启注本外,较为著名的就是北京师范大学古典文学教研室注本和中国艺术研究院注本,前者自不待言,是在启功先生的直接指导下编撰的,即使就后者而言,启功先生也是注释本的顾问,与注释者或师生或朋友,其间如切如磋,如琢如磨,均为人所盛道。从这个意义上,启功先生虽然逝世了,但他的红学事业薪尽火传,后继有人,山花烂漫,启功先生可以笑慰了。

注 释:

① 逍遥子《后红楼梦》"后红楼梦序",乾嘉间刊本。

② 见侯刚:《启功先生重要活动事略》,引自《启功书法精品集》,第332页,北京师范大学出版社2004年。

③ 曹雪芹、高鹗:《红楼梦》"出版说明",第3页,作家出版社1953年。

④ 曹雪芹、高鹗:《红楼梦》"出版说明",第5页,人民文学出版社1957年。

⑤ 曹雪芹、高鹗:《红楼梦》"出版说明",第6页,人民文学出版社1962年。

⑥ 曹雪芹、高鹗:《红楼梦》"扉页",人民文学出版社2000年。

⑦ 曹雪芹、高鹗:《红楼梦》"前言",第7页,人民文学出版社2000年。

⑧ 曹雪芹、高鹗:《红楼梦》"版权页",作家出版社1955年。

⑨ 曹雪芹、高鹗:《红楼梦》"版权页",人民文学出版社1962年。

⑩ 启功:《启功丛稿·论文卷》,第291页,中华书局1999年。

⑪ 启功口述、赵仁珪、章景怀整理:《启功口述历史》,第143—144页,北京师范大学出版社2004年。

⑫ 启功著、赵仁珪等编:《启功讲学录》第三编"论古籍整理",第105页,北京师范大学出版社2004年。

⑬ 曹雪芹、高鹗:《红楼梦》,第393页,人民文学出版社2000年。

⑭ 曹雪芹、高鹗:《红楼梦》,第458页,人民文学出版社2000年。

⑮《红楼梦注释序》,见张俊等校注《红楼梦》,第3—4页,北京师范大学出版社1987年。

⑯ 曹雪芹、高鹗:《红楼梦》"出版说明",第3页,作家出版社1953年。

⑰ 曹雪芹、高鹗:《红楼梦》,第296页,作家出版社1953年。

⑱ 曹雪芹、高鹗:《红楼梦》,第294页,人民文学出版社1957年。

⑲ 曹雪芹、高鹗:《红楼梦》,第309页,人民文学出版社1962年。

⑳ 曹雪芹、高鹗:《红楼梦》,第294页,人民文学出版社2000年。

㉑ 启功:《启功讲学录》,第107页,北京师范大学出版社2004年。

㉒ 曹雪芹、高鹗:《红楼梦》,第294页,人民文学出版社1957年。

㉓ 启功:《启功丛稿·论文卷》,第291页,中华书局1999年。

㉔ 启功:《少数民族与中国民族文化的关系》,见《启功讲学录》,第156页,北京师范大学出版社2004年。

㉕ 启功口述、赵仁珪、章景怀整理:《启功口述历史》,第206页,北京师范大学出版社2004年。

㉖《读红楼梦札记》发表在《北京师范大学学报》1963年第三期上,《红楼梦注释序》原载北京师范大学出版社出版的由张俊聂石樵周纪彬注释的《红楼梦》上,两文均收录于中华书局出版的《启功丛稿》中。

㉗ 启功:《红楼梦注释序》,张俊、聂石樵、周纪彬注释:《红楼梦》,第7页,北京师范大学出版社1987年。

㉘ 同上,第6页。

㉙ 同上,第5页。

㉚ 启功口述、赵仁珪、章景怀整理:《启功口述历史》,第206页,北京师范大学出版社2004年。

启功先生绘画浅读

——纪念先生诞辰一百周年

□ 雷振芳

  今年是启功先生诞辰一百周年,先生离开我们也已经七年了,先生离去带来的损失和遗憾,至今仍使我们感到悲痛,不管是与先生相识或不相识的人,在谈到启功先生时都感到无比的敬仰。先生在古文、诗词、书画碑帖考鉴方面的研究论述,值得我们好好学习研究,先生的书法、绘画得到了广大爱好者的喜爱,特别是绘画作品,近些年来,在收藏者心目中占有重要地位。先生是教授,在本职岗位上工作了几十个春秋;先生是文物工作者,在考证鉴别方面做了几十年的研究论证;先生没有想到会做个书法家,但是历史却给了他书法界领导的地位;先生最想的是做个画家,而这却成为他一生的遗憾。这一点先生在文章中多次提到,当然先生想做的是一个职业画家。虽然没有成为他心目中的画家,但却为我们留下了许多作为"副业"而创作的绘画作品,今天重新品读这些画作,对于更深刻地了解先生的艺术成就,思考传统中国画的发展都是很有意义的。

  先生少年时的家境情况是大家都知道的,童年对他影响最大的应该是祖父,但十岁时祖父也去世了,祖父对书画的爱好,给他留下了深刻的印象。"年十五,从贾羲民先生学画,年十九,经贾老师介绍入中国画学研究会,从吴镜汀先生问业"。贾羲民先生因为启先生喜欢吴先生的"内行画"画法,就把他介绍给了吴镜汀先生,这和于非闇把自己的学生俞致贞、田世光介绍给张大千一样,都是为了自己的学生能有更好的才艺进步,贾、于二位先生的做法代表了当时的一种良好风尚,不以门户之见而误人子弟。这在今天恐怕是不多见了吧,所以先生终生都没有忘记这二位恩师。吴镜汀先生画法主要是学王翚,在当时北京地区的山水画家中时很有影响的,有一件其中年临画王翚的山水长卷非常精彩,先生晚年出重资从拍卖行收回,交香港友人出版,以表达先生对老师的感恩和怀念。吴先生认真无私的指导,使先生的绘画技法有了很大提高,笔墨运用、着色皴染都打下了坚实的基础。但是先生并没有过多地学习吴先生、王翚一派的画法,而是采取了另一种学习方法。最终决定先生以后绘画风格和努力方向的是生活环境和人际关系。

上个世纪三十年代,北京地区由金城组建的"中国画学会"是社会上主要的画家团体组织,先生也是其中一员,这个组织的成立对北京国画界的发展起到了推动的作用,尽管军阀混战,争权夺利,政治上的动乱影响着社会安定,满清遗老和下野的权贵,却为了躲避政治争夺,把精力寄情于书画,这也使得北京地区的书画市场较为活跃,因而吸引了南方许多画家北上,壮大了北京的书画家阵容。对于刚刚二十岁左右喜欢书画的先生来说,这却是一个很好的机遇。这个时期先生在绘画方面的进步,主要受到三个有利条件影响。

首先是溥雪斋的松风草堂画会,这是一个由满族宗室旗人为主要成员的画会,溥雪斋名忻,曾是清室封的贝子,从当时财力、物力、场地都具备了很好的条件,参加人员有溥氏兄弟四人,溥忻、溥僩、溥佺、溥佐,溥儒有时也参加。另外有关松房、叶仰曦、祁井西等人,启功先生参加时才二十岁。在这个近乎家族式的组织中,松风主人溥忻比先生大十九岁,比五弟溥僩大八岁,比六弟溥佺大二十岁,比八弟溥佐大二十五岁,所以虽然是雅集画会,其实更像艺术学习班。在主人的指导下,大家一起交流,临习古书画,欣赏琴箫古曲,气氛是相当自由活跃的。当然主人对古书画的理解也灌输影响到参加者的思想中,先生在这个时期就曾在主人的指导下临习过赵孟頫的书法。从参加过这个画会的不同成员在多年后的画作中,我们可以看出这个画会的宗旨,并不是让学习者死学古人,而是在吸收了不同古人的笔墨技法后,自己去自由运用,所以他们每个人的画法风格都各自有不同的面貌。如溥僩、溥佺、溥佐三兄弟后来画风并不一样,这当然也有各人天分不同的因素。师古人不师今人,这种学习方法深深地影响着先生,在这个时期临习宋、元、明人的作品成了他主要的功课,他也在贾、吴二位老师教导的基础上,更加丰富了文人画的笔墨技法。上个世纪八十年代我曾问过溥松窗(佺)先生,启功先生在松风画会的情况,他只说了六个字:"聪明,用功,手快。"这也正是先生在那些日子里的真实写照。

先生称溥心畬(儒)先生"论文学艺术是我一位深承教诲的恩师"。不管是在恭王府的萃锦园,还是松风草堂,心畬先生留给先生的印象都是深刻的,特别是在文人画的诗书画关系中,诗与画之间的重要关系,让先生有了新的理解。这也是他在向戴绥之先生学习古文之外,又得到了学习古诗词的好机会。心畬先生鞭策着先生在题画诗上下功夫,先生也学会做了一些唐人风格诗题画,得到了心畬先生首肯,这对先生后来在诗词方面的发展起到了推动的作用。先生熟读了历代名家的诗词,形成了自己题画诗风格,后来还写了《诗文声律论稿》专著,这都与心畬先生的影响分不开的。

1924年,故宫博物院成立,随后经常举办书画文物展,为大批学习爱好者带来了眼福。在贾羲民先生的带领下,先生开始走进了直接向古人学习的艺术殿堂,面对着国宝级的古代书画珍品,使先生的眼界大开,这对先生的笔墨技法提高是多么大的帮助呀。后来先生又成为了故宫专门委员会的委员,接触的机会就更多了。

松风草堂的聚会,是先生在绘画技法上融合各家不断提高的地方,溥心畬先生诗与画关系的指导,增强了先生文学与艺术的修养。而故宫藏品的眼福;给先生带来思想境界的升华。其实这三者是不可分的,正是这些条件的相互关联,形成了先生的绘画风格。所以先生说"无论搞什么,师友的影响、环境的熏陶实是不可分的"、"我的绘画老师都是文人教授的"、画也是"传统意义上的典型文人画"。

先生在四十岁以前的作品大都题拟、仿宋元人,或直接仿某家笔法。今天我们能看到的有宋米芾,元倪瓒、王蒙、吴镇、黄公望、高克恭、方从义,明清沈周、文征明、王武、王绂、兰瑛、董其昌、陈淳、项圣谟、文嘉、石涛、朱耷、王翚、高其佩、查士标等人,可见风格各异、涉及广泛。但也可以清楚看出,这些人都在"文人画"范畴之中,这当然是师友环境的影响,也是先生个人所喜好,不喜欢的东西是不会用力去追求的。拟、仿和临不同，不是对某个画家的构图笔法照抄重复，而是要理解、消化、运用所仿画家的笔墨技法、重新创作。先生有一幅《背师梅花道人渔父图》，是拟吴镇《渔父图》卷的画法而作的立幅大轴，构图虽不同，但笔墨皴点完全是吴镇韵味。还有一幅《拟云林子笔》也是一样，把倪瓒的笔墨清淡、疏散、简洁运用得得心应手。

先生四十岁以后的作品，却少看到题拟某人某家，从画的风格构图来看，已是融合各家笔法的创作了。当然元人的影响更大些，笔墨更加娴熟，题画的诗词水平也提高了很多，这正是早期松风画会中互相交流学习的结果。张大千说自己作画是"七分人事三分天"，指的是刻苦用功的重要，我们从启功先生的画中看到了他的刻苦，也看到了他的天分。

上个世纪五十年代初，学校推行苏式教学改革，教师的本职工作占去了先生大量时间和精力，作为"副业"的绘画自然无暇过多动笔了。对于刚刚进入创作旺盛时期的先生来说，有了这么好的笔墨基础和文学修养，却不能放手施展才华，真是莫大的遗憾。然而这才仅仅是不幸的开始。1957年在周恩来总理的亲自主持下，北京中国画院成立。先生作为成员之一，受到叶恭绰院长的关怀和信任，也得到陈垣校长的准许，可以一半时间教学，一半时间从事绘画，正准备努力展开绘画创作的时候，一场大的政治风波突然降临。先是叶院长遭到迫害，第二年先生仅因受到叶院长信任，被划为同党，补戴上了"帽子"。这个政治上的打击是致命的，还谈什么画画呢，先生做一个画家的希望彻底破灭了。而受害的岂止是一个先生，岂止一个国画界？

1971年，先生受命校点《清史稿》，在紧张的政治运动中有了一个喘息的机会，工作之余，由于"技痒"随手开始作一些小品，六十岁了，搁置十几年的画笔又重新拿起，先生心中的喜悦可想而知。但是先生真正的绘画春天是在1977年之后，改革开放对文化影响是巨大的，先生的画笔也随着思想的解放，可以自由挥洒了。但是身为书法家协会主席，所带来的"书债"，学校博士生导师的重任和全国书画鉴定小组的工作，又制约着先生，不能也不敢再去做个画家了。可是这些并没有阻碍住先生手中的画笔，在这繁忙的空隙中，先生还是画出了大量作品，竟然迎来了一生中的一个创作高峰。诗文写作没有了思想束缚,更没有"画山负米"的压力,一切只有对艺术的热爱,对笔墨的追求,先生把他多年来积蓄的功力全部释放了出来。

这个时期,先生的创作题材以竹为多,山水花卉较少,画竹用的时间比画山水要少很多,这对于时间宝贵的先生来说,自然要选择画竹了。竹作为单独的绘画题材出现,已有一千多年的历史了,历代文人常用它代表气节,寄托思想情怀,是"文人画"的重要内容。这也是先生喜欢画竹的原因。我们来品读几幅以竹为题材的精彩作品。1985年先生七十三岁,为庆祝第一届教师节,画了4米多长的大横幅,上画大片朱红丛竹,配以墨笔山石流水,寓意教人育才像流水一样,川流不息,人才辈出,红竹满山,代表新时代教育事业的蒸蒸日上。1986年春节作的《苍松茂竹图》,也是横幅,"献给为培养新一代而辛勤劳动的教师职工和未来从事教育工作的青年们",在右上部用朱红色画一雄壮苍松,左下部用石绿色画数竿嫩竹和破土而出的新笋,下衬一片新生的兰草,松下题诗一首:"从来造化本无私,喜见苍松竹茂时。抱雪凌阳嘉荫远,好培修篁长新枝。"苍松呵护下的新竹,充满着对老师们的敬意和即将成为老师的学生们的期望。1989年先生为"励耘奖学助学基金会"筹款(先生坚辞不用自己的名字),在七十七岁时画了十幅作品:墨荷、葡萄、竹石、竹蕉、朱竹、金松、兰竹、松瀑、墨笔山水、着色山水,每幅都是先生倾心竭力之作,那时我曾为先生创作做些服务工作,看到他为了报答陈垣老校长的恩情,为了教师事业的发展,用了全部气力,后来先生的这十幅画和一百多件书法作品,在香港展览成功,完成了先生的最大心愿。1990年,先生为北京贵宾楼饭店,画了以四季竹石为题材的大幅作品。春竹:下画赭色山石,春笋、新竹一丛,竹用淡墨和淡绿色穿插其间,显得春意盎然。夏竹:石畔水边一丛竹垂下,竹石用重墨画,在石周围染淡青色的水面,竹茂水清。秋竹:墨色画山涧中朱竹数竿,用红色代表秋风送爽。冬竹:山谷中雪竹一丛,用淡墨画竹石,染上淡绿色,再用淡墨染天地,竹上缀点白粉,烘托出雪压翠竹的寒冬景色。每幅画上题诗一首,冬竹题诗后二句"无风无臭无华实,冷暖阴晴色一同",写出了竹的本质。纵观四幅大作,虽同为单一竹石题材,却色彩各不相同,给人以壮观、绚丽、典雅的艺术享受,是一组完美的当代文人画经典之作。

在晚年先生的画作中,对颜色的运用是十分大胆的,以上这几幅大作之外,还用朱砂色画梅花、山水、兰花,石青色画山水、树木,朱石绿竹,朱竹绿兰等等。其实用朱砂色画竹古人已有,但极为少见,到清晚期在赵之谦、任伯年、吴昌硕的作品中较多出现,近代齐白石也有画朱竹,民国时期陈叔通老人曾请人用朱砂色画过百幅梅花图。所以画朱竹并不是启功先生创举,而在朱砂色外配石青、石绿、赭石等颜色,却是先生大胆的创造,他晚年的这种创作尝试,说明了什么呢?我认为先生在对传统的文人画进行改良,想为此创出一条新的道路。社会在发展,绘画也应该跟上时代步伐,以先生的传统文人画技法基础,去搞写生、写实的绘画创作是不可能的,这也不是他的追求,所以他想用技法上的改变带来文人画新的生命。

先生作品中诗书画三者的结合是十分完美的,书衬其画,画融于诗,他在论诗书画关系的文章中阐述得非常精辟。1992年画的十几幅册页,是先生晚年的精心之作,笔墨流畅,真看不出是八十岁老人所作。每幅上面都有题诗,诗意紧扣画面,多将古人典故巧用其中。如画葡萄写温日观,画竹写郑思肖,画朱彩山水写张僧繇。还有画水墨云山,上题杨万里诗一首又次韵一首。先生的画上题诗,有时婉转诙谐,有时豪放抒情,有时通俗易懂。字句不拘,有三言、四言、五言、七言,随意发挥,字里行间流露着先生的超人才气,这也是先生早年刻苦学习的结果。我想先生用如此多的写作手法来题画,也是在给文人画输入新的血液,让它能继续生存发展。文人画以它富有诗意、淳古高雅的画风流传了一千多年,这个宝贵的文化遗产,这个纯正的诗书画融为一体的品种,在启功先生和老一辈的先生们走了以后,还能继续传承下去吗?我希望它能像雅室的幽兰置于几案边,长年青翠,香远益清。

或许我们会想,启功先生如果没有1957年的那顶"帽子",如果没有那场史无前例的浩劫,他会成为一个画家,他的画风会是另一种不同的风格,这当然是肯定的。但是没有如果,过去的永远过去了。今天我们能有幸看到先生留给我们的这么多文字、书画,已是很宝贵了,我们要珍惜这份丰厚的遗产,向先生学习。

漫谈启功先生的古书画碑帖鉴定

□ 王连起

　　2005年夏,启功先生逝世,我在纪念先生的文章开篇写道:"启功先生逝世,中国失去了一位学识渊博的国学大师,一位并世少有的伟大教育家,一位独步当代甚至不让古人的大书法家,一位可以说完美继承了中国文人画优良传统的画家,一位才思敏捷而又能入古出新的诗人,一位古书画碑帖全能的权威鉴定家;于我,则从此失去了一位悉心指教关心、爱护我的恩师。"因为古书画碑帖研究是我的工作,更是我的兴趣爱好,我的事业,而我再也不能遇到问题随时向先生请教了,偶有书画碑帖方面的发现心得,再也不能从先生那里得到印证了,每写一篇自认为是有的放矢且有所发现的文章,也再不能如往时先让先生过目把关,得到指教修正了。时间虽然已经过去七年,但我对先生的思念不仅没有消减,反而更加深切。我在古书画特别是碑帖方面的问题向谁讨教呢?!

　　从1979年至先生逝世,我大概是向先生登门请教最勤的人之一。每看到各色人等向先生求字、求画,我便不由地想起元代方回写赵孟頫的诗:"不合自以艺能累,天下善书今第一……小者士庶携卷轴,大者王侯掷缣帛。门前踏破铁门限,苦向王孙觅真迹。"都是旧王孙,都有各方面超人的艺术才能,正缘于此,先生同赵孟頫还有一个非常相似之处,这就是元诗四大家之一的杨载,在赵孟頫行状中说的:"然公之才名,颇为书画所掩,人知其书画而不知其文章,知其文章而不知其济济之学。"所以,我虽然这里谈的是古书画碑帖鉴定,但行文伊始,还是要把先生的学术和教育成就放在前面的。

　　谈先生书画碑帖鉴定方面成就的人比记其为人及其道德文章、书法艺术者,

相对要少一些,而这方面小子则受教益最大,所以我谈这方面的问题,拟从以下几个角度说起:

一、古书画鉴定的通人,即书画碑帖全能的鉴定家

古书画鉴定家在国家经济转型之后,如雨后春笋般地涌现出很多,这之前是很少的,令古书画专业工作者信服的就更少。而且这少数的专家中,还多有侧重,有的长于鉴画,有的偏于书法,有的有名头大小之限;而治碑帖者,多不问书画问题,而又有碑、帖之分,即长于校碑者,多不能断帖之真伪,等等。只有启功先生掩有众长。

启功先生是权威的书画鉴定家是人所共知的,早在抗战胜利后的上世纪四十年代中,他便被聘为故宫博物院的专门委员鉴定书画。新中国成立后,先生更是国家倚重的几位专家之一。当时看画很多,如今天还有专家当作论题的梁楷《右军书扇图》,先生文中言及,早在文物局在团城收画时,就已经断其为"旧摹本"了。我这里只讲一个先生鉴定绘画的例子,以见其鉴定特色。《爽籁馆欣赏》第二辑中,有一本吴历画册,"画法细密,相当精彩,本款是'丙戌年冬至摹古八帧',每页都有清初人对题"。后有陈德大长跋,指出题跋年月有问题,其中王澍跋更是临帖,后又经人挖改。但先生仍定其为伪:"其实这一册的漏洞,并不在于对题的年月,况古代名画拼配题跋的事很多,都无损于名画的真确性。而这册的问题实有以下六点。"先生列的六点分别是,一,画法、用笔、布局、渲染吴历都有其特殊风格,此册与之完全不同;并点明此册是明末武丹的画风。二,吴历书学苏轼而又有自己特点,与此册题字笔法全不一样。三,印章不符。四,款书墨色浮,同画上墨色不同。五,末页吴历款题,原是恽寿平题画语,见《欧香馆集》。六,册中仿李成一页题云"李营邱秋渡图",清代雍正四年为避孔子讳,丘字才改为邱;吴历卒于康熙五十七年。并注明这是其"陈励耘师考出"者。最后,先生点明这一册是用武丹画改造作伪的。读者自能判别,能从上述六条鉴别书画真伪的能有几人呢!何况先生还熟悉并确知此图改款的具体人即善作伪的祁崑祁井西呢?!

先生鉴定古书画的实例之多，不用我多说，书法鉴定我只举一件先生立判真伪的例子。上世纪八十年代初，有专家要为文物局举办的书画鉴定班讲课，要带的讲课用的参考品伪例中，有一件赵孟頫的二体千字文。启功先生碰巧看见，说了一句："故宫真阔呀，这样的赵孟頫都当参考品了，这是真迹！"《赵孟頫二体千字文》故宫只有这一件，印在《故宫博物院文物珍品·书法元代卷》中。

下面主要谈谈先生的碑帖鉴定。"碑帖"，在欣赏和研习书法的人眼里往往视为一类，因古代没有影印复制技术，人们学书的范本又多取拓本，因此碑帖就有了一个绰号"黑老虎"。这一方面指的是黑地白字的捶拓本；另一方面也说明，它是集书法艺术、摹刻传拓技术、综合的文献历史知识于一身的一个专门的复杂学问，没有专门的知识而去动它，是要被"咬"的。所以，碑帖方面真正的专家，要远少于古书画鉴定专家。

古今用心于碑帖考校的大略有三种人：一是金石学家，着眼于文字内容，意在历史的补阙纠谬，重视的是文献资料价值，基本上是重碑而轻帖。二是书法艺术家（包括创作者、研究者），他们则意在书法的高下、刻拓的精粗，字迹留存的多少和清晰程度。两家都要看碑帖的完整程度，但前者要求的是内容的完整明白（主要是碑），后者要求的是字的笔画清楚传神，于是就有了考校碑帖之学的兴起。而所谓的第三者，则是前人所说的帖贾即碑帖商人。他们也注意校碑考帖，而且可能较金石学家、书法家更斤斤计较，不仅缺字残笔要记牢在心，即如石花泐痕亦要死记硬背。因碑帖商人意在于利，对碑帖鉴赏往往轻视甚至置而不论。但这些人中，确实也产生了不少专家，当然其不足是显而易见的。其实，金石家和艺术家也各有偏颇。我有幸看到一位上世纪二十年代就出名的大学问家遗留下来的碑帖，其中有不少伪物，当时颇感奇怪。后见此老笔记，认为晋人书（帖）不如唐人书厚重，便同意友人说的晋人书法都是唐人的伪造，当在晋时，书法只有如魏碑云云。可知，这位历史学家是不懂书法发展历史的。其见解还停留在清代的阮元、包世臣、康有为、李文田等的认识水平上。启功先生《论书绝句》及其注释，对此等见解已批得体无完肤。

相对于上述三种考校碑帖者，启功先生则掩有众长。不仅碑帖相关的金石文献、书画著录、校碑考帖书籍都非常熟悉,而且经史子集,凡相关于中国古代文史方面的知识,亦惊人地丰富。其深谙古文字、音韵训诂之学,又精研历代书法,凡名家墨迹、碑帖摹刻之优劣、鉴藏流传之经过,皆了然于胸。他兼数十年临池的实践经验,特别是对书法字体结构的深入独到研究,用于古书画特别是碑帖鉴定,便有了一种触类旁通、游刃有余、居高临下的优势。这方面的例证很多,仅举几例如下:

上世纪八十年代初,某地发现了一部宋代名帖"潭帖",被推荐到文物出版社出版。启功先生一看,即指出其伪:"潭帖"刻于北宋仁宗庆历年间,不可能刻有宋徽宗、南宋高宗的题和画押。帖贾无知,造出这样的破绽,不足为怪,但要为国家文博单位做专业工作,这样起码的文史知识是不能没有的。而启功先生挟国学大师之博学,来审视碑帖问题,自然就不可同日而语了。

还有一例,日本友人捐赠给故宫一部法帖,帖上有三个题签:清王锋题为《宋米芾帖》,无名者题为《宋名贤帖》,日本宇野雪村题为《宋拓宝晋斋帖》;帖后有清翁同龢两跋,虽言及程兰川《帖考》记有《松桂堂帖》事,但不能断。启功先生过目,即断"此米友仁孙巨容刻其祖所藏《宝晋斋法书》,与夫溪堂手泽一册,即所谓《松桂堂帖》者也"。因为先生不仅熟悉相关的文献资料,而且,这之前就曾留意过《松桂堂帖》的相关问题,如查找《松桂堂帖》的帖目等。

前些年,晚清裴景福曾经收藏的所谓赵子固《落水兰亭》现世,有也被视为专家的人到处喊要国家重金收购。北京师范大学出版社影印的清乾隆内府摹刻《落水兰亭》,有启功先生题跋四十余行,考辨《落水兰亭》的问题,指出裴氏藏本是"伪中之伪,歧中之歧"。先生的题跋对《落水兰亭》的种种问题,如不同本的鉴藏流传,前人的考证得失等等,阐述得极为详实明白,特别是关于《落水兰亭》的真伪判断,相对于那种以耳代目、道听途说、不懂装懂而且到处宣讲要国家重金收购此物(上世纪九十年代初,此物在台湾私人手中)的言论,尤其显得准确和有实际意义。因为呼吁者亦负盛名,在这个问题上,先生的鉴定意见是起了国家收购文物资金的守护神作用的。先生这方面的论著很多,留心者自然了解,所以就不用我做过多的介绍了。

正是由于启先生在书画碑帖三个方面皆通，所以在解决一些相关的问题上就体现出了融会贯通、优势互补的长处。以柳公权《蒙诏帖》墨迹为例，因其既有柳书一些特征，又写得奔放自然，并间有燥笔，因此就有专家学者将之当作真迹。先生首先从文辞上发现问题，又比较出同《阁帖》中所刻柳书《圣慈》等帖体势的不类，进而在宋刻《兰亭续帖》中找出柳书原帖(即《年衰帖》，或连后两行称《紫丝靸鞋帖》。黄山谷赞其"笔势往来如铁丝纠缠，诚得古人用笔意"者)，才得出"乃知今传墨迹本是他人放笔临写者，且删节文字，以致不辞"，从而断其为柳帖的节临之物。

故宫藏有一个兰亭摹本，为明陈鉴陈缉熙藏，后有米芾跋他得到的"苏耆家第二本"的题跋真迹。王世贞至近现代人多认为是陈缉熙作伪。只有启功先生发现他其实是元朝人陆继善的摹本之一(见《论书绝句》七十七)。先生之所以能得此确论，就是因为别人不如先生既注意法书又熟悉碑帖，特别是各种刻帖。陆氏凡摹五本，有陆本人跋者早早南迁离开故宫，能知道的人已很少。先生不仅"昔曾见原本"，因研究碑帖，还知道它曾刻于《三希堂法帖》中，而被改造成米跋苏氏第二本的这一本，曾刻于成亲王的《诒晋斋帖》中。这样，启功先生的视野就比他人宽出了至少一两倍，何况先生是有心的研究者呢！

而先生的《从〈戏鸿堂帖〉看董其昌对书法的鉴定》，从文章题目看，其立论的角度本身就已经是他人所难以企及的了。

二、作为书画家的鉴定家

最近看到一种分类法，将三位鉴定家老先生各自贴上一个标签：徐邦达先生是技术鉴定，谢稚柳先生是艺术鉴定，启功先生是学术鉴定。还有将美国大都会讨论《溪岸图》时的美国的高居翰、方闻和启功先生，也都各给定了一个什么派，启先生大概是经验派吧。但中国古代书画鉴定是一个非常复杂的问题，除需要艺术本身各方面的知识外，还需要其他一切有助于鉴定的学问。术业有专攻，专家各有所长，但绝不能偏废，也不能以此代彼，用简单的名派称谓来区分，是不准确的。徐先生解放初至文革结束确实搁置了画笔，但早在上世纪三十年代就已经是成名的画家了，其书法笔法变化之丰富，亦为当代少有。启功先生早年是为了题画才发愤练习书法的，其画名，特别是书名是无法否定的。

书画家能鉴定，古今有之，但书画临习之广博、考究之精深、参悟之透彻如启功先生者，则是极少的。这里包括书画家技艺的优劣长短，师承的渊源来自，艺术风格特征，对当时后世的影响及古今人的评价得失等等。这是因为大多数人学习书画多由个人兴趣爱好决定，很少有人在临学前人和个人创作中，注意到历代作品的优劣真伪，更少注意到其在书法史、绘画史上的历史地位。而启功先生则不然，我们从他中青年时所作的书画跋语、临写题识，就可以清楚地感到他是艺术与学问并重的。北京师范大学出版了一套《坚净居丛帖》，凡临写、鉴赏、珍藏三辑，可见先生对前贤名迹的临习至老坚持不懈，数量众多。特别是鉴赏卷，加上文物出版社出版的先生的题跋书画碑帖选，更可以看到先生对书画资料收集之广泛，研究之深入和评判鉴别之精确独到。以临帖为例，先生凡临写名帖法书，必有题识评论，从书法的优劣，传本的来历，名实的真伪，摹、临、刻拓的种种问题，皆有鉴别。下面举例说明：

《临竹山堂联句》识云："一九八九年临墨迹一通，其中残笔以意补足之。"后面针对有人因此书称谓"鲁郡公"少了"开国"二字，便加以怀疑，先生特举宋拓《忠义帖》所刻《刘太冲叙》《送辛子序》皆署鲁郡公，指出诗文、笔札与碑版不同。唐书所载，人们口语称鲁公，脱了"郡""开国"三字，难道史官所记皆是伪托吗？但先生特别指出，他这么说并不就是定此帖为真，而是说"辨其真伪，当别有据"，而不在个别字句之有无。这是在临帖之时，已关注到人们真伪的评论，举例辩驳。而从先生《颜书〈竹山堂联句〉》文中，可知先生所针对的是岑仲勉《贞石证史》所论。岑氏据《秋碧堂帖》所刻此帖，具衔无"开国"二字便定此帖为伪。先生引欧阳修《集古录跋尾》《大唐中兴颂》条，"书字尤怪伟，而文辞古雅，世多摹以黄绢为图幛"，指出《竹山堂联句》亦是北宋人"以黄绢摹作屏障之物"，其遗字脱文，剪装为册，也就不言自明了。而在《启功临帖册》节临颜书《祭侄稿》时指出："鲁公真迹今传世者，惟此稿与《刘中使帖》耳。"这样，《竹山堂联句》的真伪不就不言自明了吗？可以说仅此一帖，便反映了先生集临习书法、学术研究、鉴定真伪的各个方面。临《黄庭内景经》，大草书。先生识曰："右上清黄庭内景经，见《云笈七籤》卷十一，世传伪刻王右军书，并伪作柳诚悬跋，实黄山谷书也。余得重翻本，点画更多讹缺，因校以道书，漫临一过……"先生临帖取其精华，融会贯通，完全自运而成为新的艺术再创作。此帖临的是伪刻再翻本，标为王书柳跋，实为黄庭坚书，先生一一点破，不仅是书法的临写创作，而且寻根导源点出伪讹，判明出处，同样是研习、辨伪、鉴真并举。临《兰亭续帖》工夫更在考校碑帖。凡原帖之涂改、刻石之泐损（漫）、标题之缺失、字画之异体错讹、帖文之出处、风格之归属、同他帖他刻（汝帖）之异同、摹刻之好坏等，皆随临逐注。崔浩、沈法会条下注："以下皆此类字体，其文似节《吊比干碑》，待查。以下另一帖字略小于前，当是沈法会。"樊逊、温子升条下："以下字大寸余，乃节齐乾明孔庙碑字。"褚遂良条注："字方板，似木刻书，无笔意。"徐氏《告身》后记："此系录告身之字，较前记稍流动，极似苏东坡，可知宋人谓苏似徐，即指此类。"这段话，实际涉及书法史一大公案。凡言东坡书皆云曾学徐浩，此缘于黄山谷之说："东坡少时规模徐会稽。"苏过则言其父："少时喜二王书，晚乃喜颜平原。故时有二家风气，俗子不知，妄谓学徐浩，陋矣。"东坡最得意的门生和自己的儿子论东坡书都如此意见相左，可见书法师承风格的评论，何等不易。上世纪八十年代中，我为十四卷本美术史写宋代书法，尝与先生论及此事。先生说，东坡学徐浩，从《兰亭续帖》（非印行本中有者）徐氏行书诗文看，确有其事。不是学《不空和尚碑》那类的字。东坡少年学什么，其次子不见得知道。就是知道，因其名不如二王、颜鲁公，也不愿意提了。比如某老先生（已故当代最著名的书法家），人知其书学二王，学圣教，不知其字下半紧收，是学蔡京、蔡卞造成的。老先生帖架上很长时间摆着老故宫影印的《唐玄宗鹡鸰颂》，后有蔡京、蔡卞长跋。二蔡单帖都很短，这跋是二蔡字最多的。老先生时常临写，有客人到书房，便将《集王圣教序盖》在上面。吴玉如先生、李卿云先生亦知此事。盖通人学书和学人是两回事，世俗则不这么看。所以，这位老先生《圣教序》是时刻放在旁边的。

　　启功先生遍临名帖，对新出土墨迹亦不放过，同样是临习与研判并重。如临楼兰残纸字即云："楼兰出土晋人真迹,绝似十七帖。"赞叹其艺术之高,曰："米老见之,又当据舷而呼矣。"甚至说:"索幼安不过如此。"这是赞其书艺。临《奉橘帖》云:"右军此帖,今传唐摹本,胜宋拓石刻多矣。"这是求其笔法清晰。临《鸭头丸帖》云:"此帖每三字为一段,殆为矮纸上书,共五行,摹成两长行耳。此帖成三行,其式更失。"这是考校原帖、刻本、临本对行款形式的改变。临《异趣帖》云:"草书佛家语,遂题为梁武帝,所谓牛必戴嵩也。"这是批评对无款书画的随意定名。先生在谈及此帖后归完颜景贤时,对"异趣"有进一步解释:"梁武帝《异趣帖》中有'永堕异趣之语',因而得名,其语乃沉沦恶道之义。景氏得帖(景氏指完颜景贤,即景朴孙),遂以名其斋,亦见其不学也。"这是在解释帖文的内容含义。

总之,从书法家研习观摩的角度看先生临习评判碑帖,亦可见是书法研习同鉴赏、鉴定、考证紧密结合的,绝不同于一般临习创作书法者,只用意在书法,而并不注意文句内容等。先生则书体、文章、史实、典故、用语、修辞乃至音韵都注意到了,草书多旁注楷字,诗文则校订版本,典故则注明出处;凡临习之碑帖必考辨其传本来历及传刻的种类优劣,都涉及到了真伪的具体问题。而先生《论书绝句》有:"学书别有观碑法,透过刀锋看笔锋。"虽言学书,实则论及书法史上的大真伪问题,这就是王羲之书是六朝新体还是旧体的问题,六朝碑志同书家墨迹的问题,是他写著名的《兰亭考》的直接原因。

同样,先生临画亦同研究鉴定有直接关系。先生尝赐我他早年临王蒙《林泉清集图》的复制品一轴。他告诉我:"临的时候就发现,其实这是一件古人的复制品。因为原件在张学良手中,看不到,临此,不过是望梅止渴。台北故宫博物院有三件黄鹤山樵的《花溪渔隐图》,有人问我是三件都真呢还是都假,我说王蒙真迹看多了,就可以认识。如果临一临,体会一下笔性区别就更容易判别真伪。"先生对很多古代书画家的作品早年都曾认真临学,从题识可知,都与研究鉴定有关。今举董其昌为例。

先生早年曾跋董其昌临蔡书黄米四家字册,因为其中一册不见款署,人或疑之。先生曰:"古法书不尽带名,观唐窦氏《述书赋》可知,此册殆当时一帙中之一册,其款在米册中。然真迹固不待款也。"之所以有这种把握,是先生早年对董氏书画都下过很深的临学研究工夫。《论书绝句》云"先摹赵董后欧阳",可证其很早研习董其昌书,所以于董知之最深。其跋董其昌行书《小赤壁册》可为明证:"香光书不以结构争紧严,不以点画争富丽,博综古法,以就我腕……或有病其滑易者,盖应酬既多,潦草诚或不免。然善观者,必观其率意处,方见其不为法缚之妙也。"其跋董思翁小楷《常清经》亦云:"思翁自负在小楷,晚年之作尤证妙谛,观其摆脱前人蹊径,实能自立门庭,觉赵吴兴书《莲华经》,犹不免仅守格辙,无论祝希哲、王雅宜辈之困于枣石面目矣。书法贵入古,尤贵脱化……思翁自在'灵飞'、'西升'及'女史箴'、'玉润帖'中得之,故摸拟诸家,无不形遗神合。"其评董画云:"生拙取韵,有平天真之趣。"这是认真临学,反复研究,摸清其师承来自,掌握其优劣得失才能得出的真知灼见,而不仅仅是佩服赞美。先生发表很多文章,批评甚至揭露董其昌的理论及鉴定方面的种种谬误,句句中的,入木三分,令人如醍醐灌顶、茅塞顿开。其对董氏书画认识之深、理解之透,从众多对董氏书画跋和先生鉴定董氏书画的实例中可知并世无二人,所以在鉴定董氏书画的真伪方面,其精准也可以说是并世无第二人。这一方面是先生对董氏书画研习日久的功力,另一方面,则是先生实事求是的不盲目崇拜迷信的态度。这在下文还将有讨论。

鉴定古代书画大家之中,赵孟頫、文征明、董其昌问题最多,先生都有精深的研究,有独到的见解。对赵孟頫书画鉴定,先生从艺术的角度临习研究,也是积学功深。下面的事关系到本人,但同先生的鉴定有直接关联。有文章记,1985年全国书画鉴定小组上海看画时,我因说一件赵孟頫画是伪作,引得时为鉴定小组组长的谢稚柳先生大怒。原因是"参加鉴定的专家对上海博物馆所藏明清画多持否定意见……谢先生一肚皮的气无法发作。王连起恰好撞在枪口上。"这件作品是赵孟頫《百尺梧桐图》,因为我研究赵孟頫,所以事先我对此图的看法向先生谈过,得到先生的充分肯定。当看到这件作品时,有先生问:"王连起,你研究赵孟頫,你看怎么样?"我脱口说出:"款印是后加的,题跋的人没一人言及赵孟頫。"傅熹年先生有文章详考此图,精准确定,此画真伪,已是铁案。其实,我真正惹谢老发怒是因为明代唐寅的《牡丹仕女图》。当时我私下告诉徐先生,我认为这张画有些新,可能不对。不想徐先生即刻与谢老讨论,才惹得谢老发怒。当时启功先生不在场,他第二天看过此画,明确指出,此画不但假,而且它是祁崑祁井西造的。启功先生对这件唐寅画的鉴定,当归为艺术、技术、还是学术呢? 上述例中先生的鉴定,又有哪一件离开了"艺术鉴定"呢?

顺便指出,徐、启、谢三位老人家都是旷世少有的鉴定大家,也都是性情中人,他们尽管有时意见相左,但都是鉴定见解的异同,而对于晚辈,都是有大人之量的。1993年在无锡的"倪云林学术研讨会"上,谢老主动找到我说:"你研究赵孟頫,上海的赵书、赵画你没看全。你从这里去上海,要看什么都给你看。"会议结束后,我到上海,果然看到了上博藏的全部赵孟頫书画。我十分感谢谢老的关照支持,但我也知道,这是启先生的佛面起了决定性作用。

信笔写来,不觉说了这么多。还有一点,也同启功先生是书法家有直接关系。就是古人的草书帖,一些已是专家的人认起来都很困难,很多时候,都是很谦恭地向先生请教。

赶紧带住,归纳想法,就是启功先生鉴定,同他作为书画家的"艺术"是有直接重要的关系的,只不过于此之外,还有其他本事应用其中罢了。

三、大学问家的鉴定家

中国书画的一个重要特点,就是除书画本身的艺术风格特点、水平高下之外,还牵扯着各种历史文化的众多问题。绘画中的人物画、特定题材的山水画,就有不少历史文学的内容,而书法中书札涉及的史实典故、诗文作者的归属、文章句读等等,都涉及多方面的知识学问。这是鉴定家经常遇到的有时是非常困难的问题。在这方面,先生以其对经学、史学、古典文学、宗教释典等积学功深的研究,对历代典章制度、民俗礼仪乃至戏曲小说的深刻了解,特别是对与书法紧密相关的古文字学,包括小学音韵和训诂,有着极深厚的学问功底,使得先生在古书画鉴定的本身已具备的燃犀法眼之外,还有这么多偏师可倚,奇兵可用。因此,凡书画鉴定的疑难问题,在先生面前都可以游刃有余地得到解决。

　　对这一点,人们普遍认同。在将先生的鉴定归为"学术鉴定"的文章中,对此也有很详实的评论。上文只是指出,先生鉴定同样靠艺术感悟,同样对著录文献、金石著作及书画材质都很重视而且熟悉,但这些也不是什么"技术"。下面,我只举几个例子以做说明。

　　我在谈书画家的鉴定家时,曾言及很多人对一些法帖草书不认识。同样,很多人对一些法书、碑帖之文不能句读,这还谈什么认识和鉴定呢? 至于帖书古文的用典出处、修辞得失,不通古文、不懂训诂的人,要强作解人,则只是妄赞其莫名其妙而已,反而误读者求知之意而损自己赏鉴之名。以传世《曹娥碑》为例。有名鉴定家介绍云:"《曹娥碑》是东汉元嘉元年(151)上虞长度尚为孝女曹娥建立的。碑文典重,词无虚设,为当时的大文学家蔡邕所称赏,誉为'绝妙好辞'。"启功先生有《"绝妙好辞"辨》一文,详加评论。现简介如下:据最早文献东晋《会稽典录》记,曹娥救父投江,是上虞长命其弟子邯郸子礼为之作碑的。到了唐章怀太子李贤注《后汉书》,这个弟子就变成了邯郸淳,并给邯郸淳起了个字叫子礼。其后蔡邕就题了八字赞语:"黄绢幼妇,外孙齑臼。"蔡邕题在碑上还是碑文草稿不得而知。《世说新语》记这八字在碑上,猜谜的人是曹操和杨修。这个故事经《三国演义》更广泛流传。但最大的矛盾是曹操根本没有去过会稽,怎么解释呢? 在注《世说》的刘峻那里,杨修又变成祢衡,指点曹操的浣纱妇人是曹娥的灵魂。启功先生戏曰:"少女曹娥的灵魂也长大成妇人了!"以上讲的是此碑出处经过。下面讲墨迹文章内容,因为小楷碑汉代没见过,所以这里变成了"度尚设祭诔之"。诔词的乱作比附,先生援《诗经》之例,不"责备本文作者"了。后面详细剖解诔文用典修辞之荒谬。如"哀姜哭市"、"杞崩城隅"的哭夫殉夫与救父殉死毫无关系;"刻面引镜"是节妇毁容,与殉父投江更不相干;"坐台待水"是楚昭王夫人不见符宁待水淹而死的故事,同曹娥事只搭得上一个"水"字;"抱柱而烧"是两个典故,"而烧"指鲁宣公女伯姬事,是节妇被火烧而死,同曹娥事关者仅一"死"字;"抱柱"语出庄子,是说男人尾生守信殉情,则无论如何同曹娥事也拉扯不到一起了。何况把两个典故捏在一起,更是不伦不类。至于"劓耳用刀"、"丘墓起坟"等则全是废话。后面还有谶语,以见事出有灵,还是从《隋唐嘉话》里抄的别人的故事,并把蔡邕题字不是观碑,而改成"手摸"。这种用典不切,胡乱堆积称之为"碑文重典",不令人感到滑稽吗? 而"绝妙好辞"用隐语说出,正好理解为这种不伦不类、废话连篇之文的羞于明说。"词无虚设"几乎就是讽刺的反话了。

看看先生的《丛稿》,可知先生以学问助鉴定解决的实例之多。小到文征明原名"壁"而非"璧"的出处原因,大到《古诗四帖》非张旭的辨证。即便是上述《曹娥碑》文辞内容,亦关乎训诂说文。这确实不是只靠经验眼学甚至艺术鉴定能解决的。限于篇幅,下面只举反正两个文史知识在鉴定中所起作用的例子。

《中国古代书画图目》第八册(时间是1987年秋冬,其编后记注明徐邦达先生没有参加此期鉴定,也没有交代傅熹年先生因赴美访问而缺席),记河南省博物馆有清郑燮《草书七律诗》一轴。这本是唐李贺的名作《金铜仙人辞汉歌》。郑板桥既没注明诗题,后面又少写了后四句,成了七言八句。但律诗虽七言八句但讲平仄对仗,韵也要押平声。怎么可能是郑燮的七律诗呢? 倘若启功先生在场,是断不会被板桥道人这样忽悠的。这方面,诗文声律方面的知识就显出它的重要性了。

1984年鉴定组在故宫看画,上级领导派人送来一件清康熙皇帝的书法大轴,说是海外爱国人士藏品要捐赠国家。六位专家说真伪的正好三比三。认为是真迹的先生要断为伪的先生拿出证据,启功先生指着帖文中的一个"邱"字,说,这就是证据。看着对方茫然的神情,先生说:"雍正四年,为表示对孔圣人的尊敬,要避孔子名讳,凡丘,都要加'阝'。文意中的山丘的'丘',变成'邱',康熙怎能遵此规定呢?""哦,是这么回事!"老先生们意见由此得到统一。

四、作为教育家的鉴定家

这个提法,人们或以为奇怪,教育家与鉴定家有什么直接的关联吗? 有的。教育家固然不必解决古书画真伪的具体问题,但具备教育家身份的鉴定家对鉴定事业会有更广泛、更深远的影响作用,这就是鉴定后备人才培养的问题。因为博物馆的专家,其工作性质是解决自己担负的工作任务和科研课题,配备助手也主要是帮助工作,纵使有旧行业的师徒之份,亦是边干边学。即使是父子,除极特殊者外,亦不会有一个按阶段,循序渐进、有计划、有目标的培养计划。一些经旧社会学徒出身的老先生,对后学请教者常顾左右而言他,是不轻易教人"真招"的。这在博物馆中很多人深有体会。最好的博物馆专家,能做到有问必答毫不保守就非常不错了。这不是个人问题,是旧社会的影响和社会分工造成的结果。而启功先生则不然,他的教师身份,关心后进的情怀,要为国家培养更多人才的愿望使他对后学有着传道、授业、解惑的使命感和责任感。学生从某种意义上讲,就是他的产品,自然也就关乎到其质量。恩师徐邦达先生曾告诉我,他刚到北京不久,元白先生邀他到北大讲课。可能考虑到口音问题,怕学生听不清,元白先生便亲自为他写板书。每言及此,徐先生都露出由衷的感激与敬佩。凡文物系为培养鉴定人才举办的讲习班,启功先生是有求必到。这种讲课始于上世纪五十年代初,最晚直到上世纪末。

　　1995年12月13日,启功先生郑重向故宫博物院致函一封。信的第一行就是:"敬为国家文物机关收藏文物书画去伪存真而呼吁!"先生指出:"现在社会上古今文物流通出现一种很不正常的现象:在价格上日见其高,在质量上伪品充斥。收购者稍有不慎,即堕入做伪者的陷阱……我们自开国以来参加文物鉴定工作,即随时呼吁培养后一代专门人才。虽有不少人有所成就,但从全国讲,并不敷用。"信中,先生在希望老专家继续发挥作用外,还提出培养中青年专家的问题,并提出了具体的可行方案:"倘若常开小型讲座,老专家随时就某几件作品随时讲解,老中青共同发言、辩论,不拘开会形式,方便而容易办到。想老专家们不会不积极指导的……"

　　正是这种以为国家培养鉴定人才为己任的责任感,使得先生对所有用心此道者皆尽心讲授,不论亲疏,有教无类,从不计较回报、名利、得失。今举一例。书画鉴定小组成立以前,故宫一位中年同仁发现库房一件明初大书法家某某的书画合璧卷,已经定为伪品,但他认为是真迹。当时故宫每周有一次书画审查,本院专家外,还请了张安治和启功先生。张先生这时已不参加了。这位同仁拿出这件作品给专家看，并表明了自己想翻案的想法。启功先生看后，详细讲解其书画尽伪。并讲明此作者画的小竹卷真迹只有一卷，与此区别明显，书法是明代松江钱姓兄弟之一作的。这位同仁虚心接受先生的意见后，又经研究，发现了另一件在国外的同样的作品，写出一篇研究文章发表了。过了两三年，先生对我说："有人告诉我，某人写的关于某某的文章，内容是我纠正他以伪为真的话，现在变成他的研究了。我回答，我干的是教师爷，传道、授业、解惑是我的本分职责。我讲了，人家听了就行了，我已经起到了应起的作用。人家不但听了，还找出两个假的来，有研究考证，写出那么长的文章。可惜的是没提那件真迹，但已经比我讲的内容多了。不但自己解了惑，而且已经在传道了。提不提我有什么关系！"这是何等的襟怀！这才是先生的榜样，后生的楷模！

自1979年初，我持徐邦达先生推荐我向先生请教碑帖研究鉴定的引荐信拜识先生以来，二十多年间，我受到先生悉心的指教、持续的关爱和有力的呵护。我只讲两个例子。

1985年秋，先生要带我和王靖宪先生全国阅看碑帖，对先生提出的"我向贵院借王连起，谁管我启功饭吃，就管他饭吃"的要求，但当时故宫主管我所在部门的院领导不仅拒绝，还不同先生商量，就擅自将我换作了他人。先生当时感慨说："我向来以不在编的故宫人自居，不想竟这么没面子！"这次先生鉴定碑帖的活动当然也就此取消。但先生从没有打消过带我阅看碑帖的念头。1998年秋，先生在日本举办"启功书法求教展"，再一次要带我和王靖宪、苏士澍等人去日本，阅看三井家藏的善本碑帖。时值该国经济不景气，先生用"夫子不假盖于子夏"的思路，以展品换路费的方法，终于带我等阅看了三井家的绝大多数碑帖藏品，并且是边看边作讲解，使我获益良多。

从第一次相见，先生就帮助我规划我的研究方向，到病重期间，还为我撰写的《游相兰亭》查找相关资料。先生凡到国外或香港等地，遇有与我研究相关的书籍，必购得送我。从《丛帖目》到《中国绘画总合图录》，无论其价格贵贱。2002年的一天，先生叫我去他家，指着一套日本二玄社出版的《书迹名品丛刊》二十八大册告诉我："有一个人研究法书碑帖，肯定需要这套书。我托人买了送给他。

你猜他叫什么?"我说:"不知道。这得花不少钱!"先生大笑:"告诉你,这个家伙他叫王连起!你找个车拉走。"那慈祥的笑容,那得意的神态如今仍在眼前,戒我懒惰,催我用功!

我在工作、研究的每一个阶段,都得到先生的关心指导,当然这也是先生对从事古书画研究鉴定后辈的关心和期望。二十多年,先生对我的教诲、帮助、保护和提携使我终生难忘。先生百年诞辰之际,我思绪万千,拉拉杂杂写了上面的话,但还是感到言之不尽。比如,我还有一个小标题没写,就是"艺术史家的鉴定家"。从先生早年"晋人草书研究的讲演",到《古代字体论稿》,从《〈急就章〉传本考》《兰亭考》到《论书绝句百首》,从《戾家考》《董其昌书画代笔人考》到《石涛上人年谱商榷》《山水画南北宗考》等等,等等。先生绝不仅仅是书法和绘画的鉴定,而是为书法史、文字史、绘画史、艺术史在做坚实的基础工作。这更深的内涵,更广的视野,即以《论书绝句百首》及其注释而言,那其实就是一部简明的《中国书法史研究纲要》。要说的话还很多,今天就写到此吧。

试论启功先师的论书诗

□ 李 星

启功先生《论书绝句》一百首以诗体的方式讲论书法史和书法艺术,这本身就是应予关注的文化现象,本文试从三个方面就此进行探讨。

一、从启先生的论书诗与前代论书诗的比较
看《论书绝句》一百首的意义

旧体诗是一种文体,一般地说,它饱含丰富的情感、认知和想象,但是其语言之精炼与和谐的程度,特别是在节奏甚至音韵节律方面,则有别于散文体。旧体诗具有反映生活,抒发情感的作用,同时,也具有叙事说理的作用。古人讲"诗言志","文以载道",历代诗话有所谓动情、造境、叙事、明理之说。总之,旧体诗具有抒情叙事、言志明理的功能,是文学史乃至文化史的事实,只不过有的多在抒情叙事,有的重在言志明理罢了,总体看来并无偏废。有人认为写诗不可议论,这其实是一种成见。

《论书绝句》一百首,其主体是论书,论及了自秦汉篆隶直到二十世纪考古发现的书法史迹,包括书法之重要作品,书家人物,典章故事,因而虽多考据论证,但不乏叙事、抒情、言志、明理之因素。诗体则全部为七言绝句,无一例外,严整讲究格律音韵,因题为"论书绝句",显得庄重典雅。

论书之作,代不乏人,魏晋南北朝鲍照即有论书势之诗云:"超工八法,尽奇

六文","君子品之,是最神笔"。以格律诗兴盛的唐代,到宋元明清及近代,略举之就有李白、杜甫、刘禹锡、韩愈、苏舜钦、欧阳修、苏轼、米芾、范成大、陆游、赵孟頫、解缙、李东阳、刘墉、纪晓岚、何绍基、康有为、于右任等,皆可称为时代大家,他们的论书诗涉及书体的演变,书法史上之巨制名作,书坛大家评价,书法流派争论,书艺技法等等,至于诗体则有古风、七律、五律、七绝、五绝等等。如李白《草书歌行》写怀素:"草书天下称独步";杜甫《瘗鹤铭题诗》:"山阴不见换鹅经,京口今传瘗鹤铭";刘禹锡《题贺知章书壁》"高楼贺监尝登临,壁上笔踪龙腾虎";苏东坡自书诗云:"自言其中有至乐,适意无异逍遥游。兴来一挥百纸尽,骏马倏忽踏九州";陆游自书诗云:"临池勤苦今安在,漏壁功夫古亦稀";赵孟頫《论书》曰:"书法不传今已久,楮君毛颖向谁陈";刘墉论书绝句:"晋代风流去不回,米颠笔挽一分来,褚虞习气销除尽,桃李丛中见岭梅";康有为绝句云:"异态新姿杂笔端,行向妙理合为难。谁人解作兰亭序,君起浮图仔细看";更有近代于右任《观石门摩崖》:"朝临石门铭,暮写二十品。辛苦集为联,夜夜泪湿枕"。以上爬梳前人论书之诗,不一而足,然就一人一家以诗论一百首,系统地讲论书法,则少有过启师者也。

二、《论书绝句》一百首作为论书的分类

启师的《论书绝句》一百首的论述概而言之,可分六类:

1. 直切入题立论,展开论述,并得出结论。如第一首的立论,是讲应高度重视出土的简牍隶书并从中研习汉隶:"西京隶势自堂堂,点画纷披态万方。何必残砖搜五凤,漆书天汉接元康"。第二首论述陆机《平复帖》乃为书法史上最早的墨迹:"翠墨黟然发古光,金题锦帙照琳琅。十年校编流沙简,平复无惭署墨皇"。第三十二首讲述龙门《始平公造像记》引出结论:"学书别有观碑法,透过刀锋看笔锋"。第三十九首辨析了书法史上的变态异相之后引出结论:"六朝别字体无凭,三段妖书语莫征,正始以来论篆隶,唐人毕竟是中兴。"这些议论快言快语直截了当,如"透过刀锋看笔锋","平复无惭署墨皇",已成为书法界的名言名语。

2. 以诗的语言展开书家自我的立论。如第九十九首是启师提出的书法的黄金分割率:"用笔何如结字难,纵横聚散最相关。一从证得黄金率,顿觉全牛骨隙宽。"著名的书法书写的黄金率,由此以诗的语言提出来了。

3. 史以展论。以诗的语言展开对书法史上史事的论见。如第二十五首是论魏晋隶书矫揉造作失去汉隶风貌,却是由曹真碑镌刻有诸葛亮之名而展开论述:"军阀相称你是贼,谁为曹刘辨黑白。八分至此渐浇漓,披阅经年无所得。"再如第四十首:"事业贞观定九州,巍峨宫阙起麟游。行人不说唐皇帝,细拓丰碑宝大欧。"这首诗以讲唐太宗的煌煌帝业,立九成宫刻醴泉铭入诗,而论到后世宝重书刻,竟甚于帝业。

4. 夹叙夹议。一首诗的语句中,叙述与议论共生共发。如第十三首论米芾书风:"臣书刷自墨淋漓,舒卷烟云势最奇。更有神通知不尽,蜀缣游戏到乌丝。"这首诗既讲了米芾自言"刷字"的得意,苏轼与米芾对话的风趣,亦论到米书"舒卷烟云"之书风及与王羲之书帖之关系,读来生动有趣。又如第二十八首夹叙夹议唐伯虎书法及其遭遇:"无今无古任天真,举重若轻笔绝尘。何事六如常耿耿,功名愧偏下场人。"读后令人对唐伯虎的诗书才华和不幸扼腕慨叹。

5. 因人因事生感慨而有论述。如第七首写王羲之七代孙僧智永千字文,自传去日本后,今成难得之真迹,不由赋感而论述之:"砚臼磨穿笔作堆,千文真面海东回。分明流水空山境,无数林花烂漫开。"感赋由诗而似入释家空山林泉之佳境。第四十九首写颜真卿:"真迹颜公此最奇,海隅同慰见心期。请看造极登峰处,纸上神行手不知。"由观颜氏行书赋感而论,予颜真卿《瀛洲帖》《祭侄文稿》以极高的评价。

6. 叙事抒情。论书百首中亦有以叙事抒情为主的诗篇,似乎去论已远,实则更深含诗人自身的感受与论见。如第八十九首写启师对其先师的追思与师承王羲之书风的感怀:"拼将血泪报春晖,文伯经师世所稀。禊帖册中瞻墨迹,瓣香应许我皈依。"读之令人感佩涔然。再如第七十八首启师写老友周汝昌敏庵先生游北海阅古楼,遍观三希堂帖石,独昔最爱之陆继善摹刻兰亭叙碑石剥蚀最甚,不由两位红学家诗人以红楼潇湘馆题诗故事,即景生情,启师酬答周汝昌先生所赋诗曰:"丛帖三希字万行,继之一石独凋伤。恰如急景潇湘馆,赢得诗人吊古忙。"此诗因事触景生情,不啻为黄钟毁弃之感伤,亦是对右军书法的赞扬。

三、《论书绝句》百首的修辞

启师的《论书绝句》一百首有丰富的修辞运用。笔者细检《论书绝句》一百首,其中约十首直陈论见,但绝非无文采。如前已引"透过刀锋看笔锋",因其气势及入木三分的深度,与朗朗上口的七言格律"仄仄平平仄仄平"句式,和"刀锋"、"笔锋"同一平声"锋"字的强调反复出现,此句已成为名句。再如第七十五首,写元代诗人书家廼易之:"细楷清妍弱自持,五言绝调晚唐诗。平生每踏燕郊路,最忆金台廼易之。"此诗直抒胸臆,深怀坦诚,恰如李白诗《赠汪伦》未修一辞,明白如话而真切感人。而大量运用修辞之诗,则展现启师题华彩之篇章。

如第二十二首写故宫博物院所藏之《朝侯小子碑》:"笔锋无恙字如新,体态端妍近史晨。虽是断碑尤可宝,朝侯小子尔何人?"诗中巧用问话且把这块汉碑珍品拟人化了,使艰深的古碑考评,显得如此生动风趣。

第五十三首写唐人怀素十四字草书真迹《苦笋帖》:"笋茗俱佳可迳来,明珠十四迈琼瑰。精纯虽胜牛腰卷,终惜裁缣吝袜材。"诗中引用怀素草书帖中字句,与诗浑然一体,宝赏之情跃然纸上,格调轻松明快,转而又以字少而更珍惜。

第五十四首写书法界广传的"心正笔正"之说:"劲媚虚从笔正论,更将心正哄愚人。书碑试问心何在,谀阉谀僧颂禁军。"诗句将笔正心正之语嵌入,又以书碑之事加以反诘,使此诗独具特色。当然诗中书碑事尚有讨论,但此诗的反诘的力度已足撼动"心正笔正"之说。

第九十三首以诗论之语针砭偏执强辞的南北书派论:"惊呼马背肿巍峨,那识人间有橐驼。莫笑研经持论陋,六朝遗墨见无多。"诗以马背肿误以为橐驼,摹状少见多怪、自以为是的持南北书派论者,诗语形象生动,并指明书法之识解资于广闻,是一首关于南北书派碑帖论的重要诗篇。

《论书绝句》百首也有钩沉探微,点评往事,具有史家笔法的诗篇。第四十四首论武则天草书《升仙太子碑》:"草字书碑欲擅场,羽衣木鹤共徜徉。缑山夜月空如水,不见莲花似六郎。"诗中语言摹声、摹色、摹状,并引王子晋升仙之典故,写尽了武则天擅长取媚男宠的丑秽之态,复有窅冥君铭,不见莲花似六郎之事,虽言书史,而迂曲深刻,改朝换代之感慨亦寓于其中矣。

启功先师不只是学者书家,亦是诗人,亦有关于格律音韵的研究和重要论著。论书诗中对诗人之迹更有一番感知。第五十五首写唐代诗人杜牧的真迹《张好好诗》:"诗思低回根肺腑,墨痕狼藉化飞腾。满襟泪溅黄麻纸,薄幸谐谈未可听。"诗中"墨痕狼藉化飞腾"正是诗人主观感受移情于墨迹的描写。唐人杜牧在诗中亦感慨曰:"洒尽满襟泪,短章聊一书。"启师更言"此卷墨迹浓淡相间,时有枯笔飞白,中有点定之字,知非出于他人重录,豁然心胸,丝毫无容置疑若此卷乎!"大唐至今,墨迹再睹,时空旷代,而诗家共鸣,堪为诗坛书坛一段佳话。

再有第六十六首启师论东坡居士《李太白仙诗》书卷:"梦泽云边放钓舟,坡仙墨妙世无俦。天花附处何人会,但见春风绕树头。"此诗饱含对李白、苏轼两位前代诗人古今同游、与日化进的感慨,典故摹状、移情、旁入他意等修辞用于诗中天衣无缝,写到"天花附处何人会,但见春风绕树头"的境界,虽是论书之诗作,但却诗书一体,异代同工,情景交融,又何尝不是绝妙的叙事诗抒情诗呢?

在中国优秀传统文化中,教化有诗、礼、乐。以诗教的方式,讲述书法,提升美育,熏陶品性,启功先生的论书绝句一百首于此堪称一绝。本文探讨初识,祈师友同道,幸垂明教。

一赌而成绝唱①

——启功先生《赌赢歌》的境界

□ 于翠玲

关于《赌赢歌》②的写作背景,启功先生在口述史中说:"到 1989 年冬,离先妻去世已十四年了。我又因心脏病发作住进了北大医院,再次面临死亡考验。在别人都围着我的病为我担心的时候,我忽然又想起了当年和老伴设赌的事,我觉得毫无疑问,是我赢了。于是写了一首《赌赢歌》。"

诗歌的开篇先生就交待了与老伴设赌的事,作为缘起:"老妻昔日与我戏言身后况。自称她死一定有人为我找对象。我笑老朽如斯那会有人傻且疯,妻言你如不信可以赌下输赢帐。我说将来万一你输赌债怎生还,她说自信必赢且不需偿人世金钱尘土样。"一句"妻言",一句"我说",昔日情景历历在目;而对答如歌,仿佛传达出"昵昵儿女语,恩怨相尔汝"的韵律(先生《痛心篇》云:"结婚四十年,从来无吵闹。白头老夫妻,相爱如年少。")"老妻"其实是很宽容的,她"自信必赢",或许只是一种安慰,万一"我"先去了,你也不会孤单无伴的,"我"也不需要你偿还赌债,那人世间的金钱如同尘土一样。(此处应该与先生晚年所作《夜中不寐,倾箧数钱有作》一诗对读:"纸币倾来片片真,未亡人用不须焚。一家数米担忧惯,此日摊钱却厌频。酒酽花浓行已老,天高地厚报无门。吟成七字谁相和,付与寒空雁一群。"③)这次设赌不过是启功先生和"老妻"的一次戏语。不幸的是"何期辩论未了她先行,似乎一手压在永难揭开的宝盒上。"此时先生的悲戚心情如同元稹悼亡诗所言"昔日戏言身后事,今朝都到眼前来"④。或许"戏言身后事"是夫妻厮守时常有的情景,然而"当时只道是寻常"⑤的"戏言",在经历了生死相别之后,便成了难以重复又无法忘怀的纪念。

先生自叙"果然先妻逝世后,周围的好心人,包括我的亲属,都劝我再找一个后老伴"。《赌赢歌》则这样描述当时的情景:"从兹疏亲近友纷纷来,介绍天仙地鬼齐家治国举世无双女巧匠。何词可答热情洋溢良媒言,但说感情物质金钱生理一无基础只剩须眉男子相。媒疑何能基础半毫无,答以有基无础栋折梁摧楼阁千层夷为平地空而旷。劝言且理庖厨职同佣保相扶相伴又何妨,再答伴字人旁如果成丝只堪绊脚不堪扶头我公是否能保障。"这也是一段对话,却是你说你的,我说我的,根本无法合拍。先生以诙谐的语言,寻找各种借口,来抵挡着"热情洋溢良媒言"。而"答以有基无础栋折梁摧楼阁千层夷为平地空而旷",也委婉道出了先生失去老伴后难以弥补的失落与悲哀之情。究竟何人可以为伴,先生在口述史中有明白回答:"我宁愿一个人,也许正应了元稹的两句诗:'曾经沧海难为水,除却巫山不是云'。"先生还采取了断然行动:"更有好事风闻吾家斗室似添人,排闼直冲但见双床已成单榻无帏幛。天长日久热气渐冷声渐稀,十有余年耳根清净终无恙。"其实,"双床已成单榻无帏幛",不仅是为了阻止好事者,也是为了减轻自己"望庐思其人,入室想所历。帏屏无仿佛,翰墨有余迹"⑥的感伤。这里先生融入了古人的诗意,却不露一丝痕迹。

昔日的一句"戏言",为什么要以真实的人生来一赌输赢呢？只有了解先生与妻子患难与共四十多年的经历,才能掂量出这一赌输赢的分量。启先生在口述史中有"老伴之死"一节,令读者感动落泪。先生回忆:"我母亲和姑姑在1957年相继病倒并去世",全靠妻子一人照顾两位老人。"我没有别的能感谢她,只好请她坐在椅子上,恭恭敬敬地叫她一声'姐姐',给她磕一个头。"而在妻子因病去世后,先生只能"念好多遍'往生咒'",感慨"她今生今世跟我受尽了苦,没有享过一天福,哪怕是现在看来极普通的要求都没有实现。我把我的歉疚、祝愿、信念都寄托在这声声经诵中了"。读了这篇文章以及先生写给妻子的《痛心篇》等诗歌,不难理解先生能够与妻子赌赢,完全出自对妻子难以回报的真情至爱。那一声"姐姐",那"声声经诵",也是先生人生中如歌如泣的诗篇,或者说是《赌赢歌》的序曲。

促使先生最终写《赌赢歌》的具体情境是:"昨朝小疾诊疗忽然见问题,血管堵塞行将影响全心脏。立呼担架速交医院抢救细检查，八人共抬前无响尺上无罩片过路穿街晾盘儿杠。诊疗多方臂上悬瓶鼻中塞管胸前牵线日夜监测心电图，其苦不在侧灌流餐而在仰排便溺遗臭虽然不盈万年亦足满一炕。"这诊病中所经历的种种无奈和难堪，只有在事后思量，才能以自嘲的口吻写出来，正所谓"游戏人间又一回"。先生在口述史中写道："她撒手人寰后，我经常在梦中追随她的身影，也经常彻夜难眠。我深信灵魂，而我所说的灵魂更多的是指一种情感，一种心灵的感应，我相信它可以永存在冥冥之中：梦里分明笑语长，醒来号痛卧空床。鳏鱼岂爱常开眼，为怕深宵出睡乡。君今撒手一身轻，剩我拖泥带水行。不管灵魂有无有，此心终不负双星。"很难想象出先生那些咏"失眠"的诗歌，有多少是与"老妻"梦中相见后自然吟诵出来的。这次重病住院，先生又和"老妻"做了一次魂梦相依的对话，"最后写道在鬼门关前证明还是我赢了，为此我不但不害怕，而且发出胜利的笑声"。这种心情形之于诗歌，仿佛脱口而出："忽然眉开眼笑竟使医护人员尽吃惊，以为鬼门关前阎罗特赦将我放。宋人诗云时人不识余心乐，却非傍柳随花偷学少年情跌宕。床边诸人疑团莫释误谓神经错乱问因由，郑重宣称前赌今赢足使老妻亲笔勾销当年自诩铁固山坚的军令状。"从当年为感谢老妻磕头叫一声"姐姐"，到今日在鬼门关前"发出胜利的笑声"，既可以告慰于老妻，也可以自安于内心了，所以，这"忽然眉开眼笑"、"郑重宣称"，使全诗跌宕起伏，又戛然而止，留下了"此时无声胜有声"的回味空间……

这是一首非同寻常的诗，启功先生说"这在我的诗集中体例也是很特殊的一首，颇像大鼓书的鼓词儿"。那絮絮叨叨的长句子，如对"老妻"诉说衷曲，根本不需要任何雕琢，别有一种韵律与节奏。这正如先生在口述史中所说的：这些诗"都是我'掏心窝子'的话，我觉得我对老伴的真情根本不需要通过修饰去表达，最家常、最普通、最浅显的话就能、也才能表达我最真挚、最独特、最深切的感情，这就是'不觉纸有字'吧。很多读者喜欢它，也是由于读出了其中的真感情"。因而这种语言风格也最能表现"启功体"的特征。

这首诗实际上也是一首悼亡诗，似乎可以和古人悼亡的名句相类比。先生平时"把先妻的镜奁作为永久的纪念珍藏着，经常对镜长吟"，有一首诗中写道：

"凋零镜匣忍重开，一闭何殊昨夕才。照我孤魂无赖往，念君八识几番来。绵绵青草回泉路，寸寸枯肠入酒杯。莫拂十年尘土厚，千重梦影此中埋。"⑦这令人联想到苏轼悼亡词《江城子》中的名句："十年生死两茫茫，不思量，自难忘。……夜来幽梦忽还乡，小轩窗，正梳妆。相对无言，惟有泪千行。"先生在口述史中感慨和妻子患难与共的生活，也提到了元稹《遣悲怀》中的名句"昔日戏言身后事，今朝都到眼前来"。

然而，这首《赌赢歌》以"笑"作结，却是出人意料的妙笔，也使其与一般悼亡诗词境界不同。并非人人能够赌赢、以爽朗一笑而与妻子了却一段"戏言"的。陈寅恪曾批评元稹："微之所以弃双文而娶成之，及乐天、公垂诸人之所以不以其事为非，正当时社会舆论道德之所容许"；"但微之因当时社会一部分尚沿袭北朝以来重门第婚姻之旧风，故亦利用之，而乐于去旧就新，名实兼得。然则微之乘此社会不同之道德标准及习俗并存杂用之时，自私自利。综其一生行迹，巧宦固不待言，而巧婚尤为可恶也。岂其多情哉？实多诈而已矣"。⑧参照这段深刻的道德评语，元稹那些感人的悼亡诗句顿时失去了分量，更不能与启功先生的《赌赢歌》相提并论了。这确实如《孟子》所言："颂其诗，读其书，不知其人，可乎？"

启功先生写这首诗，不是刻意要"赌赢"，更没有必要作秀，今天已经是"社会舆论道德"何等宽容的时代了。但相对"少年情跌宕"来说，先生早已心静如水，风过不惊；对于人生世事而言，先生更是洞达明澈，超脱凡俗。这一赌一赢，只是先生与其妻子的心灵对话，却自然表现出先生的仁德修养和人格境界。因此，我们不妨把这首诗看作人生箴言：情是一种承诺，只要心有灵犀，便可以魂梦相依。爱是一种信念，无论人生际遇浮沉，坚守真情，回报亲人。尽管先生的赌赢一笑，未必是其妻当初打赌的真实心意所在，先生却以真实的人生为《赌赢歌》做了最好的注释，也使其笔下善良淳朴、宽厚明理的"老妻"形象凸现出来。因而，这首诗也是一曲琴瑟和谐的绝唱。在这个"爱情"已成为消费符号的社会中，即使生活阅历如先生者，有谁能以如此妙笔写出《赌赢歌》呢？黄苗子先生曾有文章感慨："人都喜欢谈情爱，连圣人都肯定这'人之大欲'，但是如果读了启先生的《赌赢歌》，我觉得才更体会到什么叫真情至爱。我想，受了《赌赢歌》的感动，人

们再也不会有包二奶之类的妄念了。"或许这也是对所谓"学为人师,行为世范"的一种诠释吧!

注 释:

① 此文原写于2005年4月1日深夜,当时启功先生已经因病住院。拜读先生的诗集,感慨系之。

② 《赌赢歌》,见启功:《启功丛稿·诗词卷》,第191-192页,中华书局1999年。

③ 同上,第235页。

④ 《遣悲怀三首》。

⑤ 纳兰性德《浣溪沙》。

⑥ 潘岳《悼亡诗》。

⑦ 启功:《启功口述历史》,第152页,北京师范大学出版社2004年。

⑧ 《元白诗笺证稿》。

妙笔拈来皆锦绣
—— 启功先生随手写的书法小品

□ 金 铢

7月23日,农历节气是大暑,数数日子,也该中伏了,酷暑难熬,人像闷在蒸锅里。前儿才下过雨,虽然地上已无水痕,但空气里仍旧弥漫着潮热。听天气预报讲,明天还要下大雨,但愿能一扫雾蒙蒙的湿气,还大家一个清爽。

北京人讲猫夏,伏天儿伏天儿,是趴着的日子,不动就是最好的避暑。可若真不能动弹,就那么傻呆着,却也无聊之极。农历七八九三个月是僧人结夏居的时间,还有一周的时间吧,僧人们就该每日读经参究,足不出户了。俗人们每日里冰镇的就着,西瓜、冷饮的搭着,还是汗流浃背,苦不堪言。依我看,不如伏天读书祛暑气,既不用花钱又乐在其中,至于灵不灵,大家不妨试试。我选择的方法是读书法,因为书法没情节,不像戏剧、小说,看得你喜怒哀乐一起来,甫两章已经"汗湿薄衫"了。

其实,读书法,其中也要有点知识乐趣,如果没有,仅仅是"天地玄黄,宇宙洪荒"(宋拓《千字文》)"晋故振威将军建宁太守爨府君之墓……"(晋《爨宝子碑》)地一路读下去,"石头书"固能祛暑,但多少有些"老生常谈"。因此,我会看信札、笔记类的书法,而《启功题跋书画碑帖选》正是我的喜爱之一。

毛笔字,人人能写,但能写成书法的人就不多了,再能成为书法家的,古往今来没几个。启功先生是书法家,他就是"没几个"中的几个。他的字有风骨,不媚俗,不是简单的横平竖直。他的字有特点,易学好上手,但难以逼似,不是一句"馆阁体"就可以概括。他的字典雅而不矜持,含蓄而不另类,是真正的不凌势、不作状,平易近人的书法。他的字看似平淡,但其中却蕴藏有极大的魅力,愈看

93

愈有味道,就像古人说的"花生米就豆腐干,能吃出火腿味来",凡能欣赏先生书法者,亦是知其三昧者。这决非玄词儿,看官,仔细读去,自有结论!

《启功题跋书画碑帖选》中的先生书法,有一些都是写在印刷品上的,虽然是硬纸,且又那么戈戈两三行,却特别有意思。说到这儿,我想说一段往事。王畅安先生的书法非常好,但我却发觉他老人家写在洋信纸上的字,往往要比他写在生宣纸上的字要好,二十几年前我就见过他信纸上的书法和生宣纸上的书法,当时我觉得很奇怪,怎么写在滑溜纸上的字要比宣纸上的字更为精神呢?因为当时年轻不懂,固执地认定,只有在宣纸上写的才是"作品",于是好的没留下,"坏的"却留下了。其实到了今天我才懂得,真正好的书法,并不因纸笔而贵,关键是字好,好的字虽片楮寸笺亦当珍视,当年的我甚是无知,以致错失机缘,实在是后悔不已的事啊!

读《启功题跋书画碑帖选》,有许多收获。

一是学习启功先生的书法,从1936年到2003年,将近七十年的启功书法实践尽在其中,从中可知"启体"的来龙去脉。

二是可以获得很多知识。例如"跋董其昌行书小赤壁诗册":"香光书不于结构争紧严,不于点画争富丽,博综古法以就我腕,故不触不背,神存于心手之间。若以唐宋名家面目绳之,则所谓'蚊子叮铁牛,无渠下嘴处'。其敢与赵松雪校短长者,自恃正在于此。或有病其滑易者,盖酬应既多,潦草诚或不免。然善观者必观其率意处,方见其不为法缚之妙也。此金笺上书小赤壁诗,纸滑笔柔,无意求工,而浩然任笔之所之,具见心在得失之外,亦书人之乐境也。"短短几行字便道明了董其昌书法的长短。凡学书法者,古人讲:必观真迹。可这四字之中很多人忽略了观字之外的"观",观什么呢?一句话:观纸。因为不能看到古人的笔,所以观纸尤为重要。

启功先生的题跋中"此金笺上书小赤壁诗,纸滑笔柔",即告诉了我们三点,金笺、纸滑和笔柔。金笺纸滑,显然用的是硬纸,不甚吸墨的那种,所谓笔柔,含有两点,一是笔势柔,指的是书写中非常注意指腕的运用,不谙此技者,书法终生无望,二是用软毫。观纸,告诉了我们学习古人书法时,人家用什么你便用什么,试想拿软笔、生纸写王字，保你一辈子都难知王字的妙处；反之拿硬笔熟纸写伊秉绶的隶书，怎么写都别扭。别小看启先生的这几句话，明白过来，或许终身受益呢！启功先生的这通跋语写于上世纪七十年代，此时"启体"已经定型。

人们欣赏启功先生的书法，大半是从上世纪八十年代开始的，而早先启功先生的书法仅限于圈内人所知晓，其实也写得相当精彩。如他写在《金天王祠题记》扉页上的四行字，既有书法的精彩亦有说理的独到。就理来说，启功先生写道："鲁公题名笔法——可寻，且平易近人，远在煊赫诸碑之上。多宝塔庸俗，麻姑坛妖怪，家庙较精而拓已秃，李元靖更牛鬼蛇神。鲁公可作，必当拊掌轩渠会心而笑也。"世人言鲁公写颜体者不知多少，而鲜有不庸俗、不妖怪、不牛鬼蛇神者。这不奇怪，赏音者众而知音者寡，赏者可以不必是行家，看个热闹就行了，而知者则非行家莫办，因为必须要遍览某家的全部，知其本末，才能做出准确结论。

这四行字是启功先生上世纪五十年代写的，虽然风格不是那么突出，但从字的用笔乃至间架结构来讲，已是纯熟得无懈可击，虽然不如后来上世纪七十年代中期到八十年代末的俊朗瘦硬，但用"人书俱老"来解释，差可理解启先生书法精进的历程。

启功先生在《论书绝句一百首》最后一首这样说："先摹赵董后欧阳，晚爱诚悬竟体芳；偶作擘窠钉壁看，旁人多说似成王。"这应该是启功先生对自己学书之路的小结。明清两代书坛，是赵孟頫、董其昌的天下。时至清末民初，虽有北碑的强劲之势，但依然难改赵、董的积习，作为那时的人，一方面仍有恪守传统的帖派一路，另一方面受包、康学说的影响，立志碑格。启功先生由于出身与社会环境的原因，走的是帖派的路子，但他不墨守成规，虽然有"半生师笔不师刀"的表白，但他还是从碑中汲取了大量有益的东西，诚如他自己在《黄山谷松风阁诗墨迹》扉页上写的几行："黄山谷只是用柳法略加疏散，其所谓字中有笔，亦柳法也。五十岁后好柳书，故亦好黄书，稍识其趣而已。"

学书人常说：颜筋柳骨。所谓骨骼，人之身架，试想若无身架，筋脉便是空话。由此我们可以知道，启功先生的书法，从最初服膺《智永千字文》，取其用笔，到后来五十岁后取法柳诚悬，强其筋骨得其结构的历程。这些都为后来学书者提供了可资借鉴的路子,不是开卷有益吗?

三是明白了一些旧纸的特殊用途。在《启功题跋书画碑帖选》中,常能看到启功先生在旧帖扉页上写字,这其中一类是有暗花的纸,如上海书店、上海古籍出版社上世纪八十年代出版的字帖。另一类是更早的,如民国初年出版的字帖,纸已泛黄,胶性全无。我曾好奇,也找来有几十年历史的旧纸,试着写了写,果然好使,甚至有点过瘾的感觉。由此我恍然大悟,乾隆皇帝之所以古来书画一大题,除了还有其他原因之外,旧绢、旧纸的好用,已令他到了上瘾的程度!我们今天的人,不能这样破坏文物,但在老旧的印刷品上写上几行字,一为"留此存照",二为小过一瘾也,不伤大雅,何乐不为呢?但是千万不要涂鸦,要能和人家的字般配才行。启功先生的书法就能般配,看上去不知道的以为是印刷的呢。

四是知道启功先生的仔细。在《董香光书钱忠所神道碑》的封面上,启功先生写了四行字:"思翁于崇祯四年辛未再起为礼部尚书,掌詹事府事,时年七十七岁,居三年,乞休,诏加太子太保,致仕。此碑有太子太保结衔,实八十以后笔。文称今岁丁卯为天启七年乃撰文之时也。"

这段文字告诉人们一个简单的事实,即该碑撰文时为明"天启七年",成书却在董其昌八十以后,据此推断,《钱忠所神道碑》至少在崇祯七、八年。这种仔细绝非启功先生独有而是别人不肯下这个功夫,那么我们学习启功先生认真负责的精神,就要从一点一滴做起。说来也巧,早上买菜途经小区门口,看到有这么一副对联标语,它是这么写的:"堆物堵道成隐患,一星火源毁于旦。"若说前后看,对联的意思人人都可以明了,但拿出"一星火源毁于旦",恐怕就说不通了,成语中有"毁于一旦"之句,但没有"毁于旦"的说法,毁于一旦,能提起人们的警觉,弄不好一个早晨的事,就毁了数年的辛苦,但生要说火灾一定是起于早晨,过午之后就可以高枕无忧了,岂不滑天下之大稽?!这种不仔细,如果是个人行为,自己遭殃就是了,如果辐射到社会,岂不文化沦丧?学习启功先生的书法,先要学他的认真仔细的地方。

今年的六月三十日,是启功先生逝世六周年的日子。六年前我和一些同事去八宝山送启功先生,天也很热,排在长长的告别队伍中,陶元亮《挽歌行》中的这么几句就一直回旋在心底："亲戚或余悲，他人亦已歌。死去何所道，托体同山阿。"

　　回来之后心里很不平静，想打开墨盒写写字，舒缓一下情绪，但猛地瞥见墨盒上启功先生写的"一路春风"四个字，就愣在那许久……我想，作为一个人，生不足道，死亦不足道，惟可称道的是留给后人丰富的文化遗产，六年过去了，启功先生的音容笑貌还在，看他的字，读他的画，看着他随手写在碑帖上的"书法小品"，真的让我在这酷暑之中，清爽极了。

元白夫子收藏八股制义古籍述论

□ 张廷银

先师元白夫子生前曾撰《说八股》一文①,篇幅虽然不大,但却比较全面公正地论述了八股文的基本形制、源流演变及历史影响,因此备受学界推崇。先生之所以能够鞭辟入里地擘析八股文之要义,一方面得益于他的家学熏陶②和他自幼的仿习,另一方面则是他广泛搜集并认真阅读相关书籍的结果。有关八股制义的书籍,不仅给他提供了直接的八股作品,也让他深入了解八股文的写作过程和发展历史。兹对先生收藏八股制义类古籍的情形作一述说。

一、概 说

先生在世时回忆说,他收集制义类书籍,始于青少年时代。那时他随戴姜福先生学习古文和时文,自然会留心这类书籍。还有一个原因,是民国后因为废止科举,这类书籍在街头地摊上很常见,价格也很便宜。在先生所藏咸丰二年刊本《试帖青云集注释》中,就夹有一张类似名刺的纸片,上写"附生王世荫",估计该书就是从他手里流出的。先生的大部分制义类书籍就是通过街头小摊得来的。另有一部分,书后贴有中国书店的价签,比如《青云集试帖注释》标为15元,《养云山馆试帖注释》标价35元,《关中诗赋合刻》标价20元,《崔兰生汪柳门先生合稿》标价6元,《史学联珠》40元。在光绪八年(1882)秋月文昌书局重刊《小题正鹄》之封面,启先生亲笔题写:"一九五七年夏历三月初八日谒先墓归,得于安定门书摊,价六角,次日手装。训蒙草养正草附后。启功记于寸草厂。"由此可见,到了上世纪五六十年代,先生还在收集制义类的书籍。《说八股》一文撰成于1991年,也许在此之前,先生都一直在留心有关八股制义的古籍。

1994年,在先生的指导下,谢思炜、李山、张志和三位师兄对先生的这类藏书进行了汇集整理,单独存放。先生仙逝后,柴剑虹学长又对这部分古籍做了编目,注明了每部书的准确名称、编著者、册数、刊刻年代等信息,还对其中诸如题记、观款、批注等情况,予以著录,对先生的八股制义藏书作了比较完整的揭示。

据柴剑虹学长所编目录,先生所藏八股制义古籍共有104部。就内容而言,大致分为六类:第一类,关于经义释读,如《漱芳轩合纂四书体注》《增订四书补注备旨》《诗经备旨》《增补春秋备旨精萃》《易经补注附考备旨》《芸生堂春秋备旨》《益友堂书经备旨辑要》等;第二类,关于制义格式方法,如《新增帖式简要》《养云山馆试帖注释》《词馆仪式》《寄岳云斋试帖译注》《分体利试试帖法程》《制义灵枢》等;第三类,关于制义范文或作品集,如《陈大夫全稿》《七家试帖》《精选三山文稿合编》《仁在堂全集》《退复轩诗文未弃草》《注释八铭塾钞》《名家制义》等;第四类,关于科举制义考述,如《制义科琐记》、《制义丛话》、《贡举考略》等;第五类,科举诗赋参考,如《律赋准绳》《应试唐诗类释》《谐声谱》《初学检韵》等;第六类,策诗卷,如《甲辰会墨》《广东闱墨》《河南闱墨》《江南闱墨》《乡试朱卷》《顺天乡试卷》(刘敦谨)、《会试朱卷》(陈祥燕)、《会试墨卷》(李湛田)、殿试举人左绍佐试策文、丁卯年桂月永平子持朝考试卷(鹿传霖)等。

先生所藏这批古籍的刊印年代并不久远,最早的一本是《应试唐诗类释》,乾隆二十四年(1759)刊印。大部分是同治光绪年间刊印的,个别的则为民国间印本。因此,就刊刻年代而言,并不具有十分珍稀的意义。但笔者将其与国家图书馆的藏书目录相比,发现国家图书馆所藏与先生所藏完全相同的仅为12种;大部分国家图书馆虽有收藏,但版本不同;有40种,如《漱芳轩合纂四书体注》《四书条辨》《新增帖式简要》《试帖青云集注释》、戴姜福著《大学直说》《论语类编》等书,则国家图书馆迄未收藏。因此,这些书籍对于丰富和完善八股制义类文献的资料及版本,仍然具有很大的意义。张中行先生《说八股补微》评价先生《说八股》时说:"这要费大力量,单是找资料就不容易,已经是门外有汽车、门内有空调的时代,谁还有兴趣保存马二先生的选批本呢。"③先生收集制义类书籍虽然不始于近年,但他为之所付出的心血以及所收藏这类书籍的价值,从张中行先生的评价中即可以看出。

二、先生对《制义丛话》的批读

先生一生并不刻意收藏古籍,加之早年家境贫寒,无力购求比较珍稀的古籍,因此,凡他所藏之书,大率出于学习和研究之需要。这一点与先生的恩师陈垣先生颇为相像。先生最初收集制义书籍也许并不纯粹是为了日后撰写研究八股的文章,但他一定是想比较深入地了解八股的内在实质。所以,尽管在这类书籍上,并没有留下多少先生批阅的痕迹,但我们相信他应该比较认真地阅读过其中的大多数。在此,我想特别介绍先生对《制义丛话》的批读。

《制义丛话》为梁章钜所撰,二十四卷。书后有吴钟骏咸丰元年序,称敬叔太守道光三十年庚戌校刊工竣,向其乞序,故可推测此书为咸丰元年之印本。杨文荪为该书所做序言评论道:"凡程式之一定,流派之互异,明宗旨,纪遇合,别体裁,考典制,参稽史传,旁及轶事,与夫诸家之名篇隽句,无不备载。盖博采广撷以成斯编,非专于制义中研求者比也。岂独有裨举业,实于源流正变盛衰升降之故,一览瞭然,足以知人论世,俾承学者知制义,非专为弋科名跻膴仕之具。"因此,先生对这部书也特别重视,在他的《说八股》一文中多次引到了梁章钜的《制义丛话》,而在他自己所收藏的该书上,则留下了他当年仔细阅读的印迹。现撷举数例。

先生的大部分批语是对重要文义的摘录或强调,如卷一:"四库总目云:……所录凡宋张才叔",批曰:宋张才叔一篇,为所存宋经义之最早者;"四库总目云:……国初经义一百二十名家,然所录如王安石、苏辙诸人之作,皆不言出自何书,世或疑焉。"批曰:王苏诸人之经义不可靠;"又云《作义要诀》一卷,元倪士毅撰,皆当时经义之体例",批曰:明清经义由元代格式引伸而成;"又云《书义矜式》六卷……特录此一篇,以为程式",批曰:元代经义格式;"前明科举,初场试四书文三篇、五经义四篇",批曰:明代科举试文篇数合作五经卷问题;"至乾隆辛未科,始停五经中式之例",批曰:乾隆十六年停五经中式之例。等等。先生这类批注的用意大概在强调其义、提醒自己和其他人。

还有一些批语,是对原意的概括和进一步解释。如卷六"卫壮谋《文行集》云……试久不利,益治经术。嘉靖丁未会试,揭晓日,无报捷者,自分复刖,疾视其稿,曰:'文如此,何以得隽。'既知在第二名,复取稿视之,曰:'文如此,何以不元。'闻者绝倒。"批曰:举子于揭晓前后之心情;"朱梅崖曰:赵南星'非其鬼而祭之谄也'文,最得圣人言表之意。"批曰:讥张江陵之门客;"天启乙丑科伯夷叔齐饿于首阳之下,叶绍袁闱墨通篇只还他饿字,并不说是饿死,极有斟酌。"批曰:饿于首阳句之分析;"艾东乡有应试文自叙云"一段,批曰:艾南英自叙科场之苦;卷八"胡孳斋曰:《日知录》引陈后山《谈丛》言荆公经义行举子专诵王氏章句,而不解经义……",批曰:顾亭林反对制举;卷二十二"缪莲仙曰:彭文勤公视学浙省时"一段,批曰:彭元瑞出题儿戏;卷二十三"梁素冶学文第一传云:凡作破题最要扼题之旨,肖题之神"一段,批曰:破题作法。

从先生的批语可以看出,他批读该书,对于日后撰写《说八股》一文的重要作用。《说八股》所涉及的问题及观点,在其批注中多能见到。如卷二"李雨村曰:乾隆四十四年",即批曰:"磨勘问题。"而《说八股》第四节"八股文的基本技巧和苛刻的条件"中,就有一小节专讲磨勘。卷二"乾隆甲戌会试……上以言孔孟言,不应袭用《汉书》语",批曰:"言孔孟言,不应袭《汉书》语。"《说八股》在论述磨勘问题时,即有"代孔子说话时,用了秦汉宋人的典故或成语,就不算合格,理由是孔子怎么能说出或运用他死了以后的人的话呢?"[④]卷六"王巳山曰:……'欲有谋焉则就之'墨,评家谓其只演得一出雪夜访普,与孟子当日语意全不合。"批曰:制义似戏文。此与先生《说八股》"清代学者焦循曾把科举八股比作演戏"[⑤],"尤侗的文章,代《西厢记》的张生立言,岂不是剧本外的一出小品戏吗!"[⑥]等论述一脉相承;卷二十二"学使者出题之巧,莫过于彭文勤公"一段,批曰:出题儿戏。其中所讲事情以及具体例子,在《说八股》中儿戏题一节,均有引述[⑦];卷二十四"道光中,时文家揣摩之法,愈出愈奇。近有所谓且夫调者"一段,批曰:且夫调。这个问题以及原书中所提到的有人就凭"且夫"一词居然获隽,在《说八股》中也有论述。《说八股》中涉及的其他问题,如"承题、起讲"、"八股文的罪责"等,在《制义丛话》中都有讨论,并且都为先生所关注。

卷二十四"余四叔父太常公视学……是日试题为'周公谓鲁公曰'"一条,先生批曰:按此与卷廿三十一页背谐录一条相类。"张船山太守在登州府试"一条,先生批曰:按此亦见《两般秋雨庵随笔》。"陈午桥参议……其词云:榜大莫能容,所不得者进士",批曰:按此亦见《两般秋雨庵随笔》。可见先生阅读《制义丛话》时,把它作为一个整体,很注意前后的联系。同时也把它与其他著作中的相关记载联系起来。在第八册的封面,先生朱笔题道:"一九五六年岁次丙申十二月三日读毕第一遍。"此后先生是否再次认真地读过此书,现在不得而知。但就他第一遍阅读留下的批注,可以看出他当时的确是非常仔细的。

三、妄测《说八股》的意义

对于先生《说八股》之意义,张中行先生《说八股补微》已有比较多的评说。作为对于八股一无所知的晚辈学生,实无资格对先生的八股文研究妄加评论。然就当下的学术研究和文化建设而言,有两点则似乎应该引起我们的注意。

其一,先生生前所设计的各种学术题目,都非常具体,但所关涉的问题,则十分深刻。他所讨论的是若干具体的现象,而透出的则是一些很宏观的实质。具体地说,他总是在关心某些现象背后的文化传统与特点。《汉语现象论丛》是这样,《诗文声律论稿》是这样,《说八股》也是这样。先生在不同的场合,针对不同的问题,却都关心同一个问题,即汉字和汉语的特点。先生从"一字一音"、"一个词只用一字或两字"、"一词多义,多词同义"[8]、"声律、格律本于生活"[9]口头和书面语言本来就是轻重搭配等汉字及汉语的特点入手,分析律诗、词及其他各种文体的构成与表现形式。起处只讨论砖头木料的材质,渐渐地则进入对一座房子的分析。这种由小到大、由浅入深的方法,表面上显得很和缓,却更能比较充分地触及实质。就象先生曾经引用一句俗语"老鼠儿子打地洞"所形容的,"愈挖愈深"⑩。体现了一种大智慧。八股文的出现固然有封建统治者的倡导和王安石等人的推动，但未始不与汉字自身的特点有关。金克木先生就说过："八股文正是把这种汉文文体特点发挥到极端的典型。若没有汉文的这些特点就不会有八股文。"⑪张中行先生也说："八股文体兼骈散，继承了战国策士的言论，汉魏六朝的赋，唐宋的文。"⑫所以，元白先生之所以选取八股文这个题目，正如同他选律诗题目一样，是因为其中比较集中地包涵了汉语和汉文体的主要特点。八股文本身有八股或六股，但这并不是八股文的创造，而是中国的汉字特点以及文化传统之某种特殊引导，就象元白先生所说的，文化的传统就好比一个"模槽"，任何人、任何事物到了那里，就不由自主地掉进去了。八股文的特点在其他文体中都有反映，只不过八股文把它集中和扩大了。所以，先生对八股文的讨论并不是为其翻案，或复旧，而恰恰表现了强烈的现实精神。

其二，近代以来的中国文学研究及教学，常常分析作家的生平、心理，分析作品的主体与风格，新中国成立以后则曾经在一段时间去挖掘作品的人民性和斗争性，涉及的问题似乎都很宏大。然而，如果要问一个很简单的问题，这些作品都是这么写成的，怎样去写这样的作品，研究者和教学者都无言以对。因此，讲来讲去，还是浮在皮面上，没有能够进入到真正的作品里面去。虽然有时也分析作品或者鉴赏作品，但这样的分析和鉴赏仍然没有从写作层面进入，于是，所谓的鉴赏就是自说自话。不少人读了几十年的文学专业，还是不会写文章，包括写评论文章，就是没有得到文章学的训练。虽然也有各种各样的文章学论著存在，但由于写这书的人自身就不会写文章，没有弄清楚文章的写法，于是这些书也是隔靴搔痒。桐城派主要的内涵是讲究文章考据、义理、词章三者的有机结合，这分明就是文章的写法问题，可是我们讲了一百多年，很少有人能非常清晰地说出怎么写才算三者的有机结合。因此，研究桐城派的论著论文出现了很多，至今也无法准确地学习桐城派的文章。我们都说中国是一个诗的国度，这倒不假。只要是念过书的，甚至没念过书的，都能够吟出几句来。这除了诗的合辙押韵、对仗等要求更接近汉语的自然特点，还因为介绍写诗技巧的书籍和文章也很多，特别是押韵、对仗，有许多实用而且流行的书籍在提供着指导。相比而言，关于散文的写法,就较少有专门的书籍。所以,在中国写散文的反倒比较少,把散文写得较好的人更少。明清两代出现了许多介绍八股文写作方法的书籍,但毕竟离我们较远,不好理解,元白先生《说八股》以一个曾经的实践者的身份,站在今天人的角度,向现代人——说明八股文的形制及写法,不仅仅触到了文章的内里,而且现身说法,深得其中之玄妙。先生讲文学而不浮于作品之外的做法,值得我们今天研究和教授文学的人学习。

注　释:

① 原载《北京师范大学学报》1991年第5期、第6期,后由中华书局1994年出版。

② 先生的祖父就曾由进士而做过翰林。

③ 启功等著:《说八股补微》,第74页,中华书局1994年。

④ 启功:《汉语现象论丛》,第125页,中华书局1997年。

⑤ 启功:《汉语现象论丛》,第124页,中华书局1997年。

⑥ 启功:《汉语现象论丛》,第143页,中华书局1997年。

⑦ 启功:《汉语现象论丛》,第128页,中华书局1997年。

⑧ 启功:《汉语现象论丛》,第8页,中华书局1997年。

⑨ 李山:《〈汉语现象论丛〉中的学术智慧》,见《启功学术思想研讨集》,第110页,中华书局、北京师范大学出版社2000年。

⑩ 启功:《汉语现象论丛》"前言",第7页,中华书局1994年。

⑪ 金克木:《八股新论》,第120页,中华书局1994年。

⑫ 张中行:《说八股补微》,第92页,中华书局1994年。

附：

元白夫子藏制义书书目①

001 校正增订图像二论引端详解（卷一——卷四） 一函四册（有函套）
桐柏刘忠荩侯辑 上海锦章图书局印行 石印本

002 应试唐诗类释（闻式堂唐诗类释） 六册（无函套）
清乾隆二十四年（1759）重镌本 金陵三乐斋发兑
有"王□乐斋之印"及原收藏者印章

003 增订四书补注备旨 六册（无函套）
（江南）李光明庄自梓 清乾隆己亥（1779）江宁杜定基序

004 漱芳轩合纂四书体注 一册（无函套）
苕溪范翔登参订 （存孟子卷之四、五）

005 诗经备旨（啒凤详解） 四册
文富堂藏板 新昌陈百先先生辑解
雍正十一年癸丑年（1733）冬十月吴启昆序

006 江苏试牍（一十四卷） 四册（无函套）
光绪甲午（1894）仲夏江阴使署开雕

007 四书补注备旨 六十四开本一函六册（有函套）
光绪丁酉（1896）孟春点石不记二次重印
有乾隆己亥（1779）杜定基序

008 李厚庵先生稿 二册（无函套）
李光地著 金谷园梓行 乾隆二十六年（1761）重锓
有"民国七年由清监移藏图书馆"朱印

009 陈大夫全稿（五家合稿之卷） 存第十三至二十三册 共十一册
吕晚村评校艾刻四家足本 按：陈大夫为陈际泰

010 谐声谱（武进张氏稿本） 十四册
武林后学叶景葵印行 封面有甲戌（1874?）孟秋章钰题署

此系启功先生的老师戴姜福校录本

011　临文便览　一函二册(有函套)

封面题籤为"左宗棠署检",另钤"吴兴沈氏家藏"朱印

道光庚子(1840)朱琦序(重刻本)

012　书经体注图考大全　四册(无套)

范紫登先生参订　大文堂梓　同治五年(1866)重刊

013　增补春秋备旨精萃　64开袖珍本　一函十二册(有函套)

邹梧冈先生纂辑　京都善成堂发兑

014　易经补注附考备旨　一函六册(有函套)

善成堂藏板　光绪辛丑年(1901)冬镌

015　芸生堂春秋备旨　一函八册(有函套)

邹梧冈纂辑　首册钤有"书业堂自在江浙苏闽拣选古今书籍发兑印"朱印

016　益友堂书经备旨辑要　一函四册(有函套)

周村益友堂藏板　光绪乙巳(1905)新镌

序页钤"孙竺之印"

017　书业堂增补书经备旨　一函五册(有函套)

文玉堂藏板　钤有"存仁堂自在江浙苏闽拣选古今书籍发兑印"

018　四书条辨　一函二册(有函套)

卧雪草庐藏板　同治己巳(1869)新镌

019　新增帖式简要(上、下卷)　一册

香港文裕堂有限公司函印　光绪三十年(1904)活字版

020　(原板)小隐斋课蒙草　四册(无套)

京都同雅堂藏板　光绪丙子(1876)秋镌

有李鸿逵序、王振纲记(第一册封面书"王振纲作",第二册封面书"王振纲拟作")

021　试帖青云集注释　四册(无套)

晋祁书　叶德梓　咸丰二年(1852)春月新镌

022 (经余厚)青云集试帖注释　一函四册(有函套)
同治六年(1867)新镌本

023 养云山馆试帖注释　一函四册(有函套)
扫叶山房藏板　光绪癸未(1883)重镌

024 顺天乡墨　一册
按:书中缝有"庚午乡墨"四字(1750? 1810? 1870?)

025 词馆仪式　一册
懿文斋藏板(封面为张建勋题署)　光绪甲午(1894)初春印本

026 大学直说　论语类编　合刻一册
戴姜福　著　(封面为唐淮源题署,书首有曹岳峻撰姜氏生平事略状)

027 朱批增注七家诗选　四册
峨眉张熙宇评选、简州张昶注释　双门底藏板　咸丰七年(1857)新镌

028 七家试帖　七册
道光庚戌(1850)序
澹香斋一册　桐云阁试帖辑注(上下)二册　尚絅堂一册　柽花馆一册
修竹斋一册　西沤一册　简学斋一册

029 诗经备旨　三册(无套)
邹梧冈小时纂辑

030 左传备旨　六册
按:无镌刻年月,卷末有原藏者"王传福印"

031 精选三山文稿合编(摘股附后)　一函八册(有函套)
光绪丙子(1876)长沙易润坛署首
按:"三山"者:勾山、韫山、犊山

032 抗希堂稿　三册
方望溪稿、长洲韩慕庐先生评选　光绪甲午(1894)孟春上海文盛堂印

033 增注管缄若全稿　一册(与《抗希堂稿》合一函)
光绪十九年(1893)序

034　兰言诗钞　二册(无套)
　　　扫叶山房藏板　光绪丙戌(1886)重镌

035　寄岳云斋试帖译注　二册(无套)
　　　张眉山先生笺(甲子1804春戴衢亭序)　嘉庆丁丑(1817)新镌

036　仁在堂全集　全八册
　　　螯厔路闰生评选　壬辰(光绪十八年1892)春积山书局石印

037　增补正续矮屋必须　一函八册(有函套)
　　　敬业堂藏板　光绪庚辰(1880)新镌

038　增订临文便览　四册(无套)
　　　怡云仙馆藏板　光绪丙子(1876)春月镌

039　临文便览汇编——字学举隅续编　一册
　　　丙子孟秋荣洲汪叙畴序

040　真爪编　一函八册(有函套)
　　　咸丰四年(1854)新镌

041　五经备旨　一函十二册
　　　光绪十五年(1889)石印本　东璧山房发兑

042　四书味根录　(夹板装)一函六册
　　　光绪丙戌(1886)孟冬　上海积山书局石印

043　制义科琐记　常谈　一册
　　　丛书集成本

044　分体利试试帖法程　一函六册
　　　通德堂藏板　己未冬季镌
　　　按:此己未年为1739? 1799? 1859?

045　贡举考略　一册
　　　姑苏经义堂藏板　道光二年(1822)仲冬月镌

046　词科掌录　四册
　　　道古堂藏板　按:杭州乾隆丙辰(1736)词科

附:词科余话　一册　仁和杭世骏编

047　注释八铭塾钞(八铭塾钞初集　卷一至四)　四册一函(有函套)

　　光绪己丑(1889)竹素书局刊

048　注释八铭塾钞二集　四册一函(有函套)

　　海盐吴兰陔先生编次　同治庚午(1870)重镌

　　榴红书局较刊

049　退复轩时文未弃草二卷(上、下)　二册

　　光绪六年(1880)永新龙文彬序

050　制义纲目　一册

　　蜗庐收藏

　　按:书封面在"光绪庚寅(1890)巧月朔子……"栏原有"同治四年九月二十
三日"印记

051　明文传薪　一函六册(有函套)

　　封面有"鹤洲藏书"墨题　山左臧括斋译释

　　宝仁堂藏板　道光癸巳年(1833)秋镌

052　小题正鹄　全集　八册

　　光绪八年(1882)秋月　文昌书局重刊

　　按:封面有启功先生题注:"一九五七年夏历三月初八日谒先墓归得于安定
门书摊,价六角,次日手装。《训蒙草》《养正草》附后。启功记于寸草厂。"

　　李氏家塾课本

053　儗赋稿　(手钞稿本)一册

054　新刻文坛博钞　(袖珍本)六函二十六册(有函套)　萃英堂藏板

　　同治甲子(1864)夏镌

055　习时文钞(拟名)　一册(首尾残缺)

056　有正味斋试帖详注　一册(残破)

　　按:有"嘉庆八年(1803)岁在癸亥夏五月泾吴敬恒书于学灌圃之东塾"之
叙

057　初学检韵　一函四册(有函套)

　　澄海姚松阴先生署　嘉定钱辛楣先生鉴定

　　澄海姚文登辑　男炳章较　长沙杨式金意钦重校刊

　　慎诒堂藏板　光绪乙亥(1875)季冬重刊

　　按:封套内有某外国购书者1802年英文题署

058　关中书院课士诗　一函四册(有函套)

　　同之堂梓　光绪丙戌年(1886)镌

059　关中诗赋合刻　一函四册(有函套)

　　仁在堂诗赋合刻　文秀堂藏板　道光甲辰(1844)新镌

060　周犊山稿　一函二册(有函套)

　　着易堂仿聚珍版印

061　崔兰生汪柳门先生合稿　一函四册(有函套)

　　本宅藏板　同治甲戌年(1874)春镌

　　按:同治十二年(1873)癸酉秋七月仁和吴宝镕序于攒花小堂

062　江汉炳灵集　一函四册(有函套)

　　南皮张香涛先生鉴定　长沙徐树铭题

　　光绪甲午(1894)季春海上复古书轩校印

063　四书味根录　六册(无函套)

　　按:小字袖珍本,残存《论语》《孟子》

064　四书文钞本　二函十册(有函套)

　　影印金镶玉钞本　函套上有张伯英题签　内有张伯英印

065　名家制艺　共六函,一至五函各八册,六函七册(一函缺套)

　　有康熙己卯(1699)孟冬朔日张希良拜题并序

066　名家制义　二册

　　可仪堂刊本　存陈君举、汪六安、文文山、于廷益、薛敬轩、商素庵等人稿,
疑为明刻本

067　制义灵枢　一函四册(有函套)

光绪庚寅(1890)正月刊于湖南书局　刘昆署首

有道光己酉(1849)仪征张集馨原序,光绪壬午(1882)重钞

068　原版明文小题传薪　一函六册(有函套)

濮阳臧括斋评选　张桐孙序　本衙藏板

按:有"琅环书屋"朱印

069　文德堂重校增注八铭塾钞二集　一函四册(有函套)

海盐吴兰陔编次、榕城李文山注释

乾隆壬寅年(1782)五月汪如洋序

070　韫山堂时文　一函四册(有函套)

刘昆题署　长沙同文书局梓　光绪庚辰(1880)九月刊于湖南书局

071　注释日耕斋初集(上)　一函六册(有函套)

道光十八年(1838)钱塘沈拱辰拜序

072　初学行文类语　一函四册(有函套)

蒋拭之序　又:乾隆三年戊午(1738)孙埏序

073　制义丛话　一函八册(有函套)

道光癸卯(1843)杨文荪序

按:天眉有启功先生朱批

074　钦定正嘉四书文　残存第一册

075　塾课分编注释　二函二十册(有函套)

金坛王　皆论次、于惺公注评　三元堂梓行

有乾隆五年(1740)王步青屯于竹里草堂序

076　小题三万选　(夹板装)二函四十册

古越沈祖燕署　光绪十四年(1888)沈氏序

戊子(1888)秋鸿宝斋书局西法石印

077　大题文府　四函二十四册(有函套)

袖珍小钞　光绪辛卯(1891)上海书局石印

078　国朝元墨正宗　二函十一册

第一函:康熙元墨　癸卯至辛未(1663—1691)尚文堂梓行

第二函:(7—12册)

079　钦定化治四书文　八册(无函套)

　　　光绪甲午年(1894)上海古香阁石印

080　史学联珠　十册(无函套)

　　　光绪十二年(1886)胡文炳序

081　珠圆玉润　一册钞本

　　　按:封面题注"乙未二月在顺治门小摊得之京铁八十文雨初记"

082　论语笔略　一册

　　　许珏　辑　壬戌夏五无锡许氏刊版

083　律赋准绳　一册

　　　光绪十年(1884)甲申缪裕绂自序　见真堂刊本

084　东乡试题名录　一册

　　　光绪己卯(1879)科　封面题:"张冶秋翰林赠"

085　甲辰会墨　一册

　　　道光甲辰(1844)科　大总裁签订　聚奎堂刊版

086　广东闱墨　一册

　　　光绪壬午(1882)科　典试使者萧吴鉴定　聚奎堂镂板

087　乡试朱卷　二册

　　　(白恩佑)

088　顺天乡试卷　一册

　　　(刘敦谨)

089　会试朱卷　一册

　　　光绪己丑(1889)科　　(陈祥燕)

090　会试墨卷　一册

　　　光绪甲辰(1904)恩科　　(李湛田)

091　湖南闱墨　一册

同治庚午(1870)科　衡鉴堂藏板

092　顺天乡试朱卷　一册

同治甲子(1864)科

093　西厢制义　一册钞本

玉珍氏藏

094　浙江闱墨　？册

道光己酉(1849)科　聚奎堂藏板

按:署"章璧田师赠"

095　河南闱墨　一册

咸丰辛亥(1851)恩科

096　同门录　一册

同治壬戌(1862)恩科　补咸丰之末

097　四川乡试闱墨　二册

衡文堂镂板　光绪壬寅(1902)补行庚子(1900)恩科并庚子正科

098　成均课士录　六册

乾隆六十年(1795)法式善序　乾隆乙卯(1795)镌　本衙藏板

099　江南闱墨　一册

光绪癸巳(1893)恩课　图书集成局仿袖珍板印

100　殿试举人左绍佐试策文　考卷一份(有残)

按:该生光绪二年乡试、六年会试,时年三十三岁

101　道生堂小题制艺　一册

奉贤锺西庄着　意忍堂刊　同治五年(1866)三月刻本

102　丁卯年桂月永厅子持朝考试卷　一份

103　制策朝考试卷

正德堂　制

104　后冶堂制艺　一册

(首尾残)

注 释:

① 此目为柴剑虹学长编制。此次除改正极个别讹字外,其他一仍其旧。

黄金分割律在书法中的应用

□ 钟建仁

启功先生首创以黄金分割法分析讲解书法。黄金分割法大概是源于西方的美术家研究绘画和雕塑时的发现,他们发现要使作品协调优美,则各部分之间的比例应在8:5左右,最精确的比率是0.382:0.618,而不能是5:5或者接近5:5。值得强调一下的是,他们是在研究静态中的物体构图而非动态物体的构图时发现这一规律的,因而这一规律从一开始就不足以涵盖人和物的一切状态。

启功先生发现这一规律,也是在分析楷书结构之时,而楷书正是书体中的"静物"。传统上分析书法结构,用的是田字格、米字格、九宫格,这三种格子的共同点,就是重心都在格子正中央,用这种格子很容易误导人认为汉字的结构重心是在正中的,从而会把字写得过分的平稳,甚至僵硬死板。但楷书其实也需要"活",要静中有动,要楷而有草意,要"以点画为形质,以使转为情性"。因此,优美的结字,重心其实是不在正中间的,或偏左,或偏右,或偏上,或偏下,这样才会奇正相生。启功先生尝试把四方形的各边分成十三等份,这样在各方向的5:8位置形成四个交叉点,而字的重心就大约在这四个点上。

当然,汉字形态复杂丰富,要把所有汉字都机械地套上这个方格去讲黄金分割,不免变成作茧自缚。其实黄金分割律(注意,这里用的是"律"字)的精神,在于破除5:5的取向,破除单调雷同重复的习惯,所有的对应、交接、角度、距离、位置、量度关系都要尽量处理得微妙丰富,达到"阴阳不测之谓神"的化境。王羲之云:"书者,玄妙之伎也,若非通人志士,学无及之。"

黄金分割律不仅可以用于分析结构,也可以推而广之用于研论章法,上下字

115

之间、左右字之间，大小、轻重、长短、疏密、欹侧向背、穿插迎让等等关关系处理，都可以遵循黄金分割律的精神而得解牛之妙。比如楷书或行楷书，无论竖写或横写，也并非串在绝对的一条直线上，而是允许或干脆说是鼓励在每个字的四个5：8的点上作左右或上下的摇摆，也就是说，即使是楷书或行楷书，也应该在一行字的连贯上有十三分之三的摇摆度！

在正体与草体的书写中，黄金分割律的应用也有所不同。楷书显得庄严些，对比不宜太夸张，可以在5：8左右，行书、草书活泼狂放些，对比可以更夸张，对比度可以达到3：7、2：8、1：9甚至更大，怀素所书《自叙帖》就有一个字占三行的情况，即"戴公"之"戴"字。

所以，理解启功先生的黄金分割律，应理解为"活黄金分割"或是"泛黄金分割"，其中强调的不光是要有对比，更重要的是要有最恰当的对比度，这个"度"，才是其中关键。中国哲学讲"和为贵"，"和"就是阴阳的对比与和谐，而"太和"则是达到了对比与和谐的极致。

所以，启功先生的黄金分割律，其实就是"无过无不及"的"中庸之道"，就是"阴阳不测之谓神"的"阴阳之道"，也是被称为"宇宙间的普遍规律"的"对立统一"规律，名殊而实同！

启功先生和古文献学

□ 刘 宁

启功先生在北京师范大学招收的硕士生和博士生,都属于古典文献学这个学科方向,同时他也讲授这方面的课程。在他博大精深的学术成就中,古文献学的成就十分引人注目。

启先生讲授文献学,有很独特的方式,他不太同意将自己讲授的内容称为文献学,认为这提得太高太大,而自己所讲不过是古代文化的一些常识,不如叫"文史典籍整理"更恰当。他借用北京谚语"没吃过猪肉,还没见过猪跑吗?"的说法,把自己所讲的内容,称为"猪跑学"。他在1982年9月至1983年6月最初为北师大中国古代文学和中国古典文献学专业的硕士生讲授"猪跑学"时,他的讲课目录是这样的:一、目录、版本、校勘;二、文体;三、音韵;四、文字;五、诗文声律、对偶;六、文与史的关系;七、官制;八、行文;九、学和派;十、典故;十一、对联、联语;十二、考古①。这个讲课计划,在先生多年讲授"猪跑学"的过程中并没有太大的变化,我在先生门下求学时,曾在1998年的上半年,与几位同门一起,在先生家中听先生授课,先生讲授的内容仍然围绕着上述题目。

现在,高校古典文献学的课程设置,一般是以目录、版本、校勘、文字、音韵、训诂等科目为核心,在此基础上涉及辑佚、辨伪、注释等古籍整理的基本内容。启先生的"猪跑学"与这种授课结构相比,更加关注三方面内容:第一,古汉语基本语言现象;第二,官制;第三,学术源流。古汉语基本语言现象,包括文体、行文、诗文声律、对偶、对联、联语、典故等内容,这在"猪跑学"中占了很大的比重。在目前流行的学科设置中,这些内容无论是古典文献学,还是古代文学,都很少涉及,在日趋专门精深的音韵学研究中,也较少关注,但这却是阅读古书的重要基础,先生特别予以关注,是深具会心的做法。对于官制的关注,也见出先生对古籍和传统文化的深入理解。读懂古书,需要对历代制度多有了解,但制度庞杂繁多,而官制则是最基本和切要的。中国古代士人的社会生活,和官僚体制息息相关,不了解官制,读书便寸步难行。邓广铭先生提出治史四把钥匙,职官便居其一。启先生对官制的重视,亦是抓住了阅读和整理古籍的关键所在。中国古代的学术源流,在"猪跑学"中也受到特别的重视,学术史和思想史、哲学史有联系,也有明显的区别,它与文献的整理、注释、传承有极为密切的关系,是理解文献学史的重要背景,章学诚认为,目录学目的在于"辨章学术,考镜源流",启先生不太同意提得这样高,不必摆这样大的架子,因为目录学毕竟只是提供治学之门径,而不能等同于专门的学术研究。但他还是强调,对学术史的了解,是从事古籍整理的重要基础。在现在的学科设置中,学术史并没有获得独立的地位,文史哲各个学科虽然都承认学术史的重要,但其课程体系里并没有学术史的位置,因此在具体的教学中,就往往缺少系统的讲授。在我听先生授课的时候,先生对学术史的内容,就讲解得尤为详细,提出许多精辟的见解。这些见解有不少经过整理,记录在《启功讲学录》中。先生对学术史的特别关注,对于我们思考古文献学的教学内容和课程设置,很有启发意义。

可见,启先生虽然说自己讲授的不过是一些常识,但这绝不是泛泛的常识,而是对于阅读古籍,整理古籍最为必要的知识;所以先生自己说,这门课应该叫"文史典籍整理"。这些内容的挑选、抉择,包含了先生对古籍整理的深入理解。先生反复提倡,从事古籍整理的人,要有尽可能丰富的知识和修养,但面对广博无涯的知识,为学者要有次第,教学者要示人以津梁,否则只能泛滥无归,事倍而功半。先生"猪跑学"正包含了他对这个次第与津梁的思考。

启先生讲"猪跑学",还非常强调实践性。他在讲各种字体时,曾在课堂上发给学生草书作品让其识读,帮助学生提高读草书的能力。他留的作业,要求学生用文言文来完成,比如要求学生用文言文复述讲课内容。这对学生掌握文体、行文都有很大帮助。先生认为,自己会写才能加深对古人的理解,古人行文中有许多隐微的、旁敲侧击的地方,自己有写作的经验,就更容易体会古人的那些笔法。启先生讲课透辟、活泼,略显枯燥的文献学知识,经他的讲解,便生动醒豁,而他对古文献教学的独特想法和做法,都是和古文献学的精深造诣分不开的。作为一代学术大家,启先生的学术成就宽博无涯涘,人们不会把他局限为一个文献学家,但他对文献整理的巨大贡献,在文献考证上所取得的辉煌成就,都值得我们深入思考和研究。启先生谦虚地将自己讲的课称为"猪跑学",不愿意提得太高太大,但他在文献整理与研究中所取得的成绩,的确是又高又大,代表了我们这个时代在文献学上所取得的最精深的成就。

上世纪七十年代,启先生参与了中华书局二十四史的点校工作,具体参与《清史稿》的点校。和启先生一起负责点校《清史稿》的还有刘大年、罗尔纲、孙毓棠、王钟翰等先生,其中刘、罗、孙三位先生因事因病提前退出,只有启先生和王钟翰先生坚持到最后。在此之前,马宗霍等人对《清史稿》做过初步的整理,但遗留了很多问题,最大难点有两个:第一,满清入关前,即满清建立初期——努尔哈赤时代,很多典章制度都不系统明确,很多记载也比较简略凌乱,整理起来很困难;二是清史中的很多称谓,如人名、地名、官职名,和历朝历代有很多不一样的地方,特别是人名,本来就挺复杂,再加上后来乾隆一乱改,很多人一遇到这种情况,就拿不准。启先生因为对满人的风俗习惯和历史沿革都很熟悉,所以对上述疑难可以准确地排纷解惑,使点校工作得以顺利地进行,点校后的《清史稿》,成为最准确和通行的本子。②

启先生对《红楼梦》的注释和研究,也令人瞩目。1952年,作家出版社邀请俞平伯、华粹深、李鼎芳、启功先生对《红楼梦》的程乙本进行校注整理。1957年,人民文学出版社对于作家出版社的《红楼梦》重新加以整理,新版印行,邀请启功先生独立对《红楼梦》加以注释。根据此书的《出版说明》可知,启先生的新注,相对于作家出版社的旧注而言,注释的数量明显增加,原有的注释,也大都经过纠正、补充、修改、删汰和重新编排。启先生的注释的最大价值,"在于以其丰富的文化知识,尤其是对于满族生活的熟悉和理解,为我们提供了他人所不能或很难提供的说明。"③在问世后的半个世纪中,启先生的注释沾溉了无数读者,产生了巨大影响,也必将传之久远,成为我们这个时代留给后人的不朽的学术成果。

　　谈到启先生在文献学上的成就,就不能不谈他在书画鉴定与书画文献整理方面为世人所景仰的巨大贡献。启先生一生鉴定过大量书画文物,早在四十年代,他便担任故宫博物院的专门委员,负责为故宫征集收购文物;解放后,继续留任此职。八十年代初,国家文物局先后组织了两次全国性的书画巡回鉴定小组,对全国的书画文物进行了鉴定。启先生是国家文物管理局中国古代书画鉴定组的成员之一,1986年被任命为国家文物鉴定委员会的主任委员,全面参与了书画文物的鉴定工作。在全国书画鉴定小组工作的基础上,文物出版社出版了《中国古代书画图目》,启先生做出了突出的贡献。经他亲自鉴定的书画文物以十万计,可谓前无古人;其中对《平复帖》的释文,对《急就章》的考证,对《千字文》《兰亭序》《自叙帖》的考证,对南北宗的考证,对董其昌代笔人的考证,在书画鉴定史上,都具有划时代的贡献。而像对柳公权《蒙诏帖》、黄庭坚《千字文》以及所谓孙过庭《景福殿赋》的这样见解超卓的考订鉴别,更是不胜枚举。

　　启先生在书画鉴定上的精见睿识,是和他深厚的文献学修养分不开的。书画鉴定既需要鉴定者有深厚的艺术素养以体认各家笔墨与时代的书风、画风,同时也要有文献、文化的多方面修养,以探幽入微,澄清疑难。启先生是书法、绘画大师,同时,由于特殊的时代机缘,他有机会亲见大量的书画作品原迹,因此对笔墨特点以及书风、画风的体认,自然目光犀利,经验丰富。杨新先生曾经回忆说,故宫博物院收藏有石涛《悬崖墨竹图》,启先生一看,就说:"这是横着画出来的。"果然,把条幅横过来欣赏,便笔笔顺畅,作伪者在技巧水平上达不到,就采用横着画、竖着题款的方式来作伪。④

　　启先生目光之犀利令人叹服,但他更注重从文献考证入手,结合书画本身的内容,以及历史上的相关记载,进行考辨。启先生对于书法的认识是很辩证的,他一方面指出,书法是文辞以至诗文的"载体",对于有人试图将书法"从文辞中脱离出来而独立存在",他感到"百思不得其法"。他举例说:"纸上写的'佛'字,贴在墙上,就有人向它膜拜,所拜并非写的笔法墨法,而是这个字所代表的意义"。但是,另一方面,"书法作为载体,也不是毫无条件的,文辞的内容与书风,也不是毫无关联的。不同的文辞内容,会影响书写者的情绪,进而影响书法的风格。⑤所以,对任何一幅书法作品的把握,都要兼顾书写形式与书写内容两个方面。启先生的书画鉴定,正是艺术素养和深厚的文献考证功力的完美结合。例如,他对于旧题唐张旭草书四帖的真实年代,做过很令人信服的考证。这件狂草书古诗卷,宋人题为谢灵运书,载入《宣和画谱》,明代董其昌改题为唐张旭书,清代收入乾隆内府。启先生从书风判断它应为宋人所书,而更令人信服的,则是指出帖文所书古诗中"北阙临丹水"一句,庾信原诗为"北阙临玄水",改"玄"为"丹",为有意避改"玄‘字,启先生又根据宋人李攸《宋朝事实》指出"玄"字为赵宋始祖"赵玄朗"名讳之一,而宋真宗追定其祖名为"玄朗",且下令避讳事在真宗大中祥符五年闰十月,因此,启先生认为,此帖当写于此年之后。此外,启先生对《平复帖》的释读和研究也反映了这方面的特点。《平复帖》虽然首尾完整,未经割截,但用字、用笔都非常古奥难辨,启先生详细研读了陆机的史传和文集,以及相关的史料,不但释出全文,而且把残损的五个字补出了三个,还对帖中出现的三个人名作了一些考证。启先生在书画鉴定上所取得的划时代成就,也是他古文献学精深造诣的集中体现。

启先生的文献整理与文献考证,有一些非常突出的特点,给人以深刻的启发:

首先,他对文献证据的搜求,有着常人难以达到的广度。陈垣先生提倡文献考证要"竭泽而渔",启先生深入发展了这个传统。他不仅对传世典籍有广泛的了解与掌握,而且充分发掘了碑帖书画的文献价值。开拓文献领域,一直是提高文献考证水平的重要途径,王国维的"双重证据法",提倡将出土文献与传世典籍结合起来,而书画碑帖文献,虽然一直为文献学家所重视,但真正将其文献学价值充分发挥的并不多。启先生在这方面的成就是十分卓越的。在写于1961年的《碑帖中的古代文学资料》一文中,他将古代碑帖资料分为三类:一,文学家所书自己的文学作品;二,书家所书他人的文学作品;三,有关作家和作品的考证资料。他认为这些资料,可以发挥四方面的作用:一、作品的校勘;二、集外作品的补编;三、作家、作品的史实考证;四、创作技巧的研究。⑥这些意见出之于丰富的实践经验。启先生利用书画碑帖文献,不仅与传世文献相互参证,而且揭示出许多传世文献所不及见的问题,例如,启先生从《红楼梦》作者曹雪芹祖父曹寅所藏《楝亭图咏》上的题咏,探测出许多有关曹寅家世、生活和当时曹家政治地位及社会地位的信息。他指出,曹家作为内务府人,是皇帝的亲信,在社会上属于"暴发户"一类,在他收藏的《楝亭图》上,题咏者既有当朝的名公巨卿如徐乾学,也有操行不可谓不坚定的明代遗民如恽寿平、陈恭尹、杜濬、余怀等人。"恽寿平尽管画的非常潦草,不题上款,从画上几乎听到他说'爱要不要!'但究竟还得写上'楝亭图'三个字"。"这些可以见到曹寅的势力,如果深一步推测,这些书画的背后,也即透露着曹寅拉拢这般人的痕迹"。启先生进而指出,题咏者中,最可笑的是王士禛,他本人的字并不坏,但在此画上的题咏是出之以代笔,而且他还在自己流行的著作中揭明这一点,由此可见,王并不愿意应酬曹寅这样的人,但同时他又指出,与王同时的尤侗曾在诗序中记载,曹寅是王的座上宾,可见王与曹一方面私室燕欢,一方面在赋诗题字上,又要煞费苦心地保持"距离",这个矛盾的人格,正是透过画上的题咏透露出来。先生通过书画碑帖,发历史之隐微,令人叹为观止。

启先生对文献的掌握既如此广博,而他对文献的理解也是十分深入,我们在听启先生讲课时,觉得他的讲解是如此透彻,许多人所共知的材料和现象,经先生讲过,便更清晰、仿佛一下子就能刻进脑海一样。读先生的著作,相信很多人,都有类似的体会。这主要是因为启先生在许多领域有开创性的、功力深湛的研究,这使他能对文献看得深、讲得透。启先生关注汉语基本现象,他对诗文声律等重要的汉语现象做了极为深入的研究,其《诗文声律论稿》《汉语现象论丛》受学界的高度肯定;在文字学方面,他深入探索了汉字字体的演变规律,其《古代字体论稿》对汉字学和汉字史的研究有重大的贡献;在书法史、绘画史、书法理论的研究上,他也有巨大的开拓,他所提倡的碑帖并举,"结体为上"的书法理论体系对书学的发展做出了巨大的贡献⑦,其《论书绝句百首》、《论书札记》集中反映了他的创获;在中国学术史、中国古代文学方面,启先生也多有创见,对于中国古代诗文,先生的见解十分发人深省,例如,他在比较李白和杜甫之差异时,认为"李白是'继往',是'往'的总结。……(李白)还没有完全脱离事和物的特点。六朝多玄言诗,也还是由具体的事物(景、人、事)才归入到玄言"。"杜甫的诗歌创作的路子虽然是旧的,但他所走的和李白并不是一条路。以诗人的感情、思想为主,事物均为我用,其咏事咏物均为表达思想感情的材料"。"在风格上,李白是继承的多,杜甫则是开创的多。在思想上、政治上,李白是通过古体曲折的方法来表达自己的爱憎、批判,而杜甫却是直抒胸臆。但在理想的表现方面,李白却是直率的、公开的,杜甫却是曲折的"。⑧这个意见,对李杜艺术肌理的差异,分析得鞭辟入里,绝无陈腐肤泛之语。类似这样见解,在启先生关于古代诗文的研究中在在可见。启先生在注释《红楼梦》的同时,对"红学"也有深入的研究,其《读〈红楼梦〉札记》、《〈红楼梦注释〉序》,细致分析了《红楼梦》令人扑朔迷离的虚构手法,在此基础上探索了对《红楼梦》如何进行注释的原则。虽然由于种种客观原因,启先生对《红楼梦》的研究没有继续下去,但这两篇论文,足以奠定他在'红学"研究上的重要地位。此外,他对八股文、子弟书的研究,也极具开创性。正是这些专精深湛的研究,使启先生能充分发掘文献的内涵,触类旁通,形成开阔的文献考证格局。

在进行文献考证时,启先生是很勇于裁断的,例如对苏轼诗"与君世世为兄弟,共结来生未了因"之语,他怀疑其中"世世"当作"此世",后检核常熟翁氏所藏宋本《施注苏诗》,果然作"此世"。另外,他怀疑苏轼《书鄢陵王主薄所画折枝》"赋诗必此诗,定知非诗人"之"此诗",当作"此语",但传世诸本,皆无作"语"者。启先生仍然坚信自己的意见,他说"东坡此诗,又安知他日不遇善本如嘉靖闵刻《后汉书》者乎? 即使天壤众本,皆刻'诗'字,亦难释其可疑之理焉。"⑨启先生的意见,正是陈垣先生所总结的"理校"一法,这样的校勘之法,清代如戴震、王念孙父子等识见精深的朴学家,经常加以运用,排疑解惑,多所创获。启先生对这一校勘之法的运用,正体现出他勇于裁断和精于裁断的特点。启先生在学术上决不盲从,他常说自己的研究是"捅马蜂窝"。他在文献考证上所留下的无数精辟的见解,正来自这种敢于怀疑、独立思考和精神和犀利的裁断之力。

当然,在勇于裁断的同时,启先生也充分遵循了多闻阙疑的科学态度。例如,他指出,书画鉴定有一定的"模糊度",无论是书画本身,还是鉴定者自身,情况都是很复杂的，因此"真伪"二字，"很难概括书画的一切问题"。他说："我听到刘盼遂先生谈过，王静安先生对学生所提出研究的结果或考证的问题时，常用不同的三个字为答：一是'弗晓得'，一是'弗得确'，一是'不见得'。……我现在几乎可以说：凡有时肯说或敢说自己有'不清楚'、'没懂得'、'待研究'的人，必定是一位真正的伟大鉴定家。"①

从文献学史的经验来看，文献考证要取得比较突出的成绩，一方面要有无征不信、多闻阙疑的态度，另一方面，也离不开文献学者本人对于历史文化所具有的"通识"。所谓"通识"是针对研究对象基本问题、基本现象的通贯性理解，这是在文献考证中，对于不同文献证据之内在联系能做出深入发掘和认识的基础。一个优秀的史学家，所以能对史事有深入的考证，一方面在于他可以全面地掌握文献证据，另一方面，也在于他对该史事所处的历史背景有深切的把握，具有历史的"通识"。单纯强调材料证据，缺少深厚的"通识"作为支撑，材料和证据之间的深层联系就难以被发现。启先生的通识，是在沟通了众多学术领域的基础上获得的，比起那些只专通某一领域的文献学者来讲，更加通达平正。我们读启先生的考证，常觉得他的分析入情入理，复杂的纠葛，能够怡然理顺；他面对人所共见的文献材料，总是表现出敏锐的感知力、触类旁通、活泼不居的联想力，以至于让我们感到不可思议、难以名状，甚至要将其神秘化。这就是启先生之"通识"的过人之处，但应该说，这固然包含着天分、才情，但更主要的是在广博的阅历、长期的沉潜以及精深的思考中所形成。

无论从天才，还是学力来讲，启先生的"通识"都难以企及，但如果从事文献整理与研究的工作者，都能够在知之广与思之深的基础上，尽可能培养一种"通识"，那么，对文献的整理与研究无疑会深有裨益。

注　释：

① 郭英德：《海纳百川，有容乃大——启功先生与中国古典文献学》，《北京师范大学学报》，2005年第4期。

② 启功口述、赵仁珪、章景怀整理:《启功口述历史》,第143—144页,北京师范大学出版社2004年。

③ 于天池:《润物细无声:谈启功先生对于〈红楼梦〉研究的贡献》,《北京师范大学学报》2005年第4期。

④ 杨新:《中国历代书画鉴别文集·序》,紫禁城出版社2000年。

⑤ 《谈诗书画的关系》,启功:《启功丛稿·论文卷》,中华书局1999年。

⑥ 启功:《启功丛稿·论文卷》,中华书局1999年。

⑦ 叶鹏飞:《论启功先生的书学和书法》,《启功书法学国际研讨会论文集》,第1—8页,文物出版社2003年。

⑧ 启功著、赵仁珪等编:《启功讲学录》,第14—15页,北京师范大学出版社2004年。

⑨ 启功:《启功丛稿·题跋卷》,第183页,中华书局1999年。

⑩ 启功:《启功丛稿·题跋卷》,第98—99页,中华书局1999年。

启功先生的古书画鉴定

□ 王照宇

　　由于时代和生长环境使然,启功先生自幼过目古书画数量浩繁,更兼其长期浸淫于古书画的创作活动,这都为他以后从事古代书画的鉴定研究提供了绝佳的条件。如果严格从学理角度来讲,真正能体现启功先生古书画鉴定水平和学术成就的事件,毋庸置疑当属20世纪80年代的全国范围内的古书画鉴定工作。在1983年至1990年长达8年的时间里,启功和其他几位专家不仅过目了我国大部分地区的古代书画藏品,而且出版了许多具有重要学术价值的著作,这些著作基本体现了20世纪中国古书画鉴定研究的最高水平,而且成为后人研究古书画鉴定的重要文本。在这场史无前例的鉴定活动中,启功先生不仅身体力行参与了对这些存世古代书画作品的鉴定研究工作,而且留下了许多珍贵的鉴定意见和研究文章,它们从实践和理论两个方面集中映现了启功先生的古书画鉴定成就。

一、七人书画鉴定小组

　　对全国博物馆馆藏文物的鉴定实始于20世纪60年代。1961年前后,在国务院总理周恩来的关怀下,文化部文物局组成张珩、谢稚柳、韩慎先、刘九庵四人鉴定小组,先到广州进行鉴定;复到东北(遗憾的是出发前,韩慎先先生因突发脑溢血病逝在北京),鉴定组从北京出发,经天津、哈尔滨、长春、沈阳、旅大,跨越四个省市,过目书画万余件。张珩1963年去世后,鉴定工作因而中辍,文物局指派文博研究所副所长王辉重新组织专家继续进行此项工作,然而,不久因"文化大革命"而归于停顿。上世纪80年代初,国家文物局决定分清轻重缓急,有计划有步骤地在全国范围内对馆藏文物分门别类地进行鉴定,从而更有利于馆藏文物的保护和利用。文物巡回鉴定工作首先从书画开始。谢辰生先生在《中国古代书画图目·后记》记述:"首先提出这个建议的是谢稚柳同志和王冶秋同志的夫人高履芳同志。他们分别写信给当时在国务院分管这方面工作的谷牧同志,呼吁恢复对全国古代书画的巡回鉴定工作,得到了谷牧同志的积极支持。他曾多次要求文物局尽快恢复这项工作,并指出开展这项工作的重要意义。遵照谷牧同志的意见,经文物局研究决定由我负责组织。为此我专程去上海向谢老报告这个好消息,并征求他的意见。谢老非常高兴,谈了许多如何开展这项工作的意见,使我感到当时他已经对这项工作有了比较全面地设想。"

1983年4月,文化部文物局在北京召开了"全国古代书画巡回鉴定专家座谈会"。当时的中共中央书记处书记、中宣部部长邓力群和文化部代部长周巍峙出席会议,邓力群决定由中宣部发文件作为国家的任务下达,要求各地有关部门都在各自的职能范围内给予支持。此次会议正式成立了由上海博物馆顾问、书画家、古代书画鉴定家谢稚柳,北京师范大学教授、书法家、古代书画鉴定家启功,故宫博物院研究员、古代书画鉴定家徐邦达,辽宁省博物馆名誉馆长、研究员、古代书画鉴定家杨仁恺,北京故宫博物院研究员、古代书画鉴定家刘九庵,中国建筑科学研究院历史研究所高级建筑师、古代书画鉴定家傅熹年和文化部文物局顾问谢辰生组成的中国古代书画鉴定组,鉴定组在全国范围内对存世的古代书画进行全面而系统的考查、鉴定,并编印目录、图录以及大型画册。谢稚柳和启功先生被推举为组长。

此项工作于1983年的8月正式开始,鉴定组首先从北京、天津着手,进而旁及东北三省、上海、江苏、浙江以及四川、广州等地。大凡藏有古代书画的博物馆、艺术馆、大专院校以及文物商店等场所,均一一进行考查鉴定。在至1990年5月的8年时间里,这个平均年龄70岁以上的"七人"书画鉴定组本着对文物、对后人负责的原则,兢兢业业,一丝不苟,偕同一批编辑出版和摄影工作人员,每年两期,行程数万里,对除西藏、内蒙古、青海、海南以及港澳台以外的全国26个省、自治区、直辖市121个市县的208个单位(包括文物部门和其他文化教育机构团体)及部分私人收藏的中国古代书画作品进行了认真的鉴定,过目古代书画作品61596件以上,制作了编目卡片34718张,基本清楚了中国大陆收藏的古代书画状况。发现了一批时代久远、艺术价值很高的中国古代书画珍品,如辽宁省博物馆藏宋代马远《寿松图》轴,四川省博物馆藏宋代刘松年《雪山行旅图》轴、元代唐棣《双松高士图》轴、明代杜琼《叠岭松溪图》轴,四川大学博物馆藏元代黄公望、王蒙《合作山水》轴、明代仇英《右军书扇各》轴,黑龙江省博物馆藏宋人《蚕织图》卷,云南省博物馆藏元代黄公望《剡溪访戴图》轴等等。鉴定组专家还对北京地区一些个人收藏的"文化大革命"期间被查抄的应予落实政策退还物主的部分古代书画作品进行了鉴定,从中挑选出了北宋祁序《江山牧放图》卷、唐人集字勾摹本《王羲之古本千字文》卷、元代黄公望《溪山雨意图》卷、元代倪瓒《水竹居图》轴、明代文徵明《真赏斋图》卷等书画精品40多件。鉴定工作完成之后,当时党中央主管这方面工作的政治局常委李瑞环同志专门在钓鱼台宴请了鉴定组的全体成员,充分肯定了这项工作所取得的显著成绩。

这项中国文物保护史上的重大基础工程,对整个文博事业的发展产生深远而积极的影响。在巡回鉴定过程中,鉴定专家充分发扬学术民主。鉴定时,专家各述己见,求同存异,实事求是地分析研究,对少数有不同意见的作品,将各位专家不同的鉴定意见认真地记录下来,以供后人继续研究。更重要的是,这次书画巡回鉴定过程中培养了一批书画鉴定人才。国家文物局特意从全国文博单位抽调了具有相当专业知识的中青年业务骨干,组成随同学习小组随同专家们一起进行鉴定活动,不少省、自治区、直辖市的文物部门专门成立了学习小组随鉴定专家组活动。这些中青年业务骨干在鉴定专家的指导下,通过对各种真迹和伪作的分析比较,加深了对不同时代、地区、流派和书画家个人风格的理解,增加了对各种伪作和作伪方法的理解。特别是在各地由各位专家对挑选出的古书画实物和资料进行的讲解,使中青年业务人员积累了更多的鉴定知识。这种由专家和中青年业务人员共同参加鉴定活动的做法,不仅对培养中青年鉴定人才是一种极好的方法;同时,对于大多数年事已高的著名书画鉴定专家的宝贵鉴定实践也是一种抢救。

此后,从鉴定成果中挑选出中国古代书画各流派著名书画家和地方书画名家的代表性作品34362件,编成册装本文字目录(帐目式书画目录)10册;选出佳品18543件,编成多卷本黑白图版目录(带图的书画目录)24册;选出精品3430件,适当增补台湾和国外博物馆收藏的中国古代书画珍品,编成大型多卷本中国古代书画彩色精印图集,计有《中国古代绘画全集》30册,《中国古代书法全集》约20册。而历经十几年出版的24卷《中国古代书画图目》是中国古代书画巡回鉴定成果的最高体现。《图目》收录了20117件作品,制作35700幅图版,是一部集国内(港、澳、台除外)现存古代书画作品之大成的图典。它首次向社会公布了全国各收藏单位的古代书画藏品,而且经过去伪存真,去粗取精,向读者提供了全面、系统、准确的信息,是迄今为止收录古代书画作品最多的一部极有价值的资料性工具书,对研究中国美术史具有重要意义。

对于这些成绩,它们的确不易被人忘记。然而,鉴定小组所留下的丰厚书画鉴定方法、治学之道以及成才之路却是一条永远取之不竭的知识之源。他们中的谢稚柳、启功、徐邦达、杨仁恺、刘九庵、傅熹年先生,具有丰富的实践经验和宏富的著作。由于几位先生的出身和求学经历各不相同,尔后的工作环境与职务要求也各异,于是形成了他们不同的治学理念和鉴定方法。这些理念和方法鲜明地体现了他们不同的学术取向,从各个方面丰富与完善了这门新兴的专门之学,使之日益完备,逐渐形成一套科学的书画鉴定体系。这对于中国书画鉴定学以及中国美术史的研究,都具有重要的学术意义。这六人不仅在书画鉴定方面各自成家,而且在治学道路上也自成一格,综合起来可谓旁收广绍,集为大成。

二、启功的鉴定方法——以唐人张旭《古诗四帖》的鉴定为线索

传张旭①的草书《古诗四帖》,该帖通卷采用五色笺,共分六段接合,现藏辽宁省博物馆。书帖第一段右边钤有北宋徽宗宣和内府双龙印②,该印今存左半边月

牙痕；第五段上钤有"政和"、"宣和"二印，亦仅存半印；卷后黄绢隔水上也钤有此二印，也仅存大半。书帖内容是庾信的《步虚词》两首："东明九芝盖，北烛五云车。飘飖入道景，出没上烟霞。春泉下雨霤，青鸟向金华。汉帝看桃核，齐侯问棘花。应逐上元酒，同来访蔡家。北阙临丹水，南宫升绛云。龙泥印玉简，大火炼真文。上元风雨散，中天哥吹分。虚驾

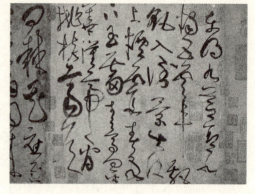

《古诗四帖》局部，纸本，29.1厘米×195.2厘米，辽宁省博物馆藏。

千寻上，空香万里闻。"③谢灵运的《王子晋赞》和《岩下一老公，四五少年赞》两首："淑质非不丽，难之以万年。储宫非不贵，岂若上登天。王子复清旷，区中实嚣諠，既见浮丘公，与尔共纷繙。""衡山采药人，路迷粮亦绝。过息岩下坐，正见相对朔。一老四五少，仙隐不别椷。其书非世教，其人必贤哲。"④该帖入藏辽宁省博物馆后，由于它是传为唐人张旭的唯一存世墨迹，但却并无作者款印，自明代董其昌1602年将其定为唐人张旭墨迹以来，迄今一直争执不休⑤。现将当今各位专家们的鉴定意见和传为张旭的主要传世作品整理附表：

《古诗四帖》之宋徽宗宣和印玺，辽宁省博物馆藏。

《古诗四帖》之宋徽宗双龙印玺，辽宁省博物馆藏。

表1:20世纪鉴定家们关于《古诗四帖》的鉴定意见表⑥

鉴定家	鉴定意见
徐邦达	此帖非谢灵运书,是否为张旭所书,仍可研究。书写时间不能早于北宋大中祥符五年壬子。
谢稚柳	此卷为张旭真笔。
启 功	该帖的书写时间,下限不会超过宣和入藏;而上限则不会超过北宋大中祥符四年。
杨仁恺	非张旭之笔莫属。
刘九庵	同意傅熹年的意见。
傅熹年	北宋人书,"玄水"改"丹水",避宋讳。

表2:张旭传世主要作品一览表⑦

作品名称	作品形式	作品藏地	创制时间	有关著录
《郎官石柱记》	楷书刻石	旧在西安碑林,久佚。现藏上海博物馆为宋代拓本	唐开元二十九年(741)	《金薤琳琅》《集古录》《东坡题跋》
《严仁墓志》	楷书刻石	河南偃师商城博物馆	唐 代	1992年出土
《古诗四帖》	草书墨迹	辽宁省博物馆	争议颇大	《宣和书谱》《云烟过眼录》《珊瑚网》《式古堂书画汇考》《平生壮观》《石渠宝笈》
《肚痛帖》	草书刻石	陕西西安碑林	宋嘉祐三年(1058)刻石	《清一阁题跋》,一说为彦修书,附于彦修草书《入洛诗》的碑阴。
《千字文》	草书刻石	陕西西安碑林	唐代刻石	《宝贤堂帖》
《晚复帖》	草书刻石	陕西西安碑林	唐 代	《淳化阁帖》《大观帖》《宝贤堂帖》
《心经》	草书刻石	陕西西安碑林	争议颇大	无款,与《肚痛帖》《千字文》刻在一处
《自言帖》	草书墨迹	现藏日本长尾雨山处	唐开元二年(714)作	此帖很早就流入日本
《疾痛帖》	草书刻石	陕西西安碑林	有款、无年月	《淳化阁帖》
《十五日帖》	草书尺牍	陕西西安碑林	无 款	《淳化阁帖》《大观帖》《宝贤堂帖》

上述研究,虽然从不同角度有效地解答了作品中许多重要的问题,但对于其真伪是非依旧是各执一词,莫衷一是。对于《古诗四帖》的鉴定,颇能体现各位专家的鉴定家数,本节主要以鉴定方法为研究视点,探讨启功与他同时代鉴定家们的不同之处。

(一)谢稚柳鉴定《古诗四帖》

1988年5月上旬至7月下旬,以谢稚柳[⑧]为组长的中国古书画鉴定小组过目了辽宁省博物馆等27家文博单位的书画藏品,嗣后谢氏撰文发表了他对《古诗四帖》的辨识意见[⑨],其鉴别思致大抵如下:

谢稚柳在张旭书法墨迹已经绝迹的史实上,依据《宣和书谱》[⑩]、《怀素论笔法》[⑪]、倪瓒对张旭《春草帖》的跋文[⑫]以及杜甫的《张旭草书歌》[⑬]和詹景凤对张旭《宛陵诗》的鉴评等文献资料[⑭],建构了张旭的草书风格,以此作为该帖的鉴别标准。

谢稚柳认为此帖:"在用笔上直立笔端逆折地使锋埋在笔

鉴定中的谢稚柳(孙之常摄)

划之中,波澜不平的提按,抑扬顿挫的转折,导致结体的动荡多变。而腕的运转,从容舒展,疾徐有节,如垂天鹏翼在乘风回翔。以上述的一些论说来互相印证,都是异常亲切的。"[⑮]

在书法史上,颜真卿的书法初学褚遂良,后又得笔法于张旭[⑯];释怀素亦间接悟得张旭笔法,自称"真出于钟繇,草出于'二张'"[⑰]。据此,谢稚柳将怀素的狂草《自叙卷》[⑱]和颜真卿的《刘中使帖》(纸本,28.5厘米×43.1厘米,现藏台北故宫博物院。该帖乃是公认的颜氏真迹,用笔雄健富于变化,多得张旭笔意)与《古诗四帖》进行比较,得出如下结论:《自叙卷》与《古诗四帖》具有明显的渊源关系;《刘中使帖》所运用的逆笔如"足"字,"完全证实与此卷书势之一脉相承"。其中的许多字,"不仅在形体上,即在意态上也是完全一致的","董其昌所援引的《烟条诗》、《宛陵诗》绝迹人间,怀素《自叙卷》和颜真卿《刘中使帖》从渊源而言,显示了它追风接武,血脉相连的关系,以此辩证此卷为张旭的真笔,是唯一的实证。"⑩

 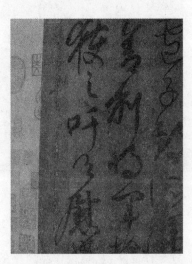

《自叙帖》局部,纸本,28.3厘米×　　　《刘中使帖》局部,蓝纸本,28.5厘
775厘米,台北故宫博物院藏。　　　　　米×41.1厘米,台北故宫博物院藏。

　　谢稚柳出于严谨,又援引了私淑张旭的五代杨凝式《夏热帖》(纸本,23.8厘米×33厘米,现藏故宫博物院。该帖与《神仙起居法》均为公认杨氏真迹)和《神仙起居法》(纸本,27厘米×21.2厘米,现藏故宫博物院);北宋黄庭坚的《李白忆旧游诗卷》(纸本,37厘米×392.5厘米,缺80字,现存52行,340余字,现藏日本有邻馆。徐邦达和杨仁恺均认为该帖是上好的真迹,著录于《石渠宝笈重编》,上世纪二三十年代溥仪在天津张园时售出)、《诸上座帖》(纸本,32.9厘米×738厘米,现藏故宫博物院,该帖是公认的黄氏真迹)和《刘禹锡竹枝词》(绢本,30厘米×182.1厘米,现藏浙江省宁波市天一阁文物保管所,此帖是公认的黄氏真迹)与《古诗四帖》比较,得出"它们之间处处流露着继踵蹑步的形迹与流派演变的时代性","尤其是《诸上座草书卷》,许多行笔,可谓形神俱似,服膺追踪,情见于毫端了"的结论㉑。显而易见,上述研究符合谢稚柳一贯"主要以风格流派断代的辨伪取向"的书画鉴定取向㉑。

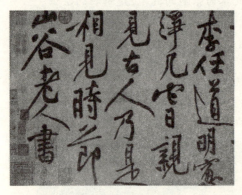

《诸上座帖》局部,纸本,32.9厘米×738厘米,故宫博物院藏。

《神仙起居法帖》局部,纸本27厘米×21.2厘米,故宫博物院藏

　　立足作品本身,重视作品风格的渊源流变,是谢稚柳书画鉴定方法的突出特点。他认为一幅书画的归宿是"风骨与气韵",同时也是"欣赏的原则,欣赏的终点";欣赏的主旨在于"理解所谓笔法、墨法、各种不同的技法,理解所谓结构,理解时代性的变化;理解历来作者的宗尚与他们客观体验的表达意图"㉒。这种认识,实基于他对敦煌壁画的研究。1942年至1943年,谢稚柳和张大千同去敦煌,他在1955年8月回忆道:"我去敦煌,纯为研究壁画,因此记下了'石窟艺录'","当我到敦煌,经过了一段时间之后,我逐渐惊心于壁上的一切,逐渐发现个人平时熟悉于一些明、清的以及少数宋、元绢或纸上的绘画,将这种眼光来看壁画,一下子是无法妥洽的。这正如池沼与江海之不同。平时所见的前代绘画,只是其中的一角而已。今天要论祖国的传统艺术,循着当时的历史与社会背景,来认识和辨析它的变迁和盛衰之迹,因而莫高窟自北魏到赵宋,这惟一的、有系统的人民艺术,是更能寻求得较全面的理解的。"㉓

　　对敦煌壁画的研究,不仅影响了谢稚柳对中国书画史的看法㉔,而且影响了

他的鉴定思想,遂形成了异于他人的鉴定思路。他认为:"鉴别的原理,是唯物辩证的,既然鉴别的是书画,就不应该抛开了书画本身为它的先决条件,而听任旁证来独立作战。不掌握书画的内部规律,反映书画的本质,这个鉴别的方法所产生的结果,是书画不可认识论"[25]。他认为;"最切实的办法是,认识从一家开始,而后从一家的流派渊源等关系方面逐次地扩展。一家认识了,开始与书画结下了亲密的关系,其他就比较容易过关了"[26],这是把握书画内部规律和本质的办法。三十年后,谢稚柳这种对书画鉴别的认识并无明显变化[27]。在20世纪几位书画鉴定大家中,谢稚柳在书画创作方面用力尤多[28],这种鉴别家数,明显与他的书画创作活动具有密切关系。

(二)杨仁恺鉴定《古诗四帖》

《古诗四帖》在1945年8月被清朝逊帝溥仪携往日本未遂,后被辽宁博物馆收藏,杨仁恺对此帖撰文相对较多[29],但大义相近,兹看他的辨伪过程:

杨仁恺先归纳现行的几种意见[30],尔后各个分析,遂得出自己的结论:《古诗四帖》乃是张旭真迹无疑。

首先,他将五代释彦修的狂草书《入洛诗帖》与《古诗四帖》进行比较,认为"《诗帖》的狂怪有的离开草书的基本法则,堕入魔道。如'残秋入洛谒明君'七字,'残秋'二字的偏旁写成'系'、'禾','谒'近符篆;'仍向□师斋院往'句中的'师斋'失笔,'院往'点画欠妥,'师'前一字尤为荒诞不经。所有这些,说是狂,也够狂,说

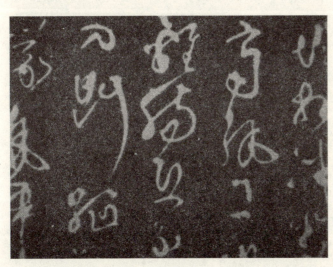

《入洛诗》局部,见《中国书法艺术·隋唐五代》。

是怪,真够怪"㉛。而张旭的草书却是虽颠,但却入法度㉜,据此否定了该帖出自彦修之手㉝。

其次,杨仁恺认为"北阙临玄水,南方生绛云"一句源自《初学记》刻本㉞,自不能与墨迹相比,因为它"距第一手材料未免太远了"㉟。再者,宋人对"玄"字的避讳,没有以"丹"字代

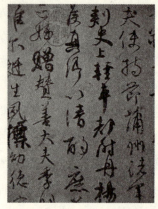

《祭侄文稿》局部,纸本,28.2厘米×75.5厘米,台北故宫博物院藏。

《苦笋帖》局部,绢本,25.1厘米×12厘米,上海博物馆藏

替的例子,依据《水经注》发现"丹水"原本存在。所以,"北阙临丹水,南方生绛云"应为原诗所固有的内容,"玄水"相反则是刻本所误,杨仁恺据此否定了该帖出于宋人之手的观点。

最后,杨仁恺依据唐代颜真卿、怀素以及五代杨凝式的书法都受到张旭的影响的史实,遂将颜真卿的《祭侄文稿》(纸本,28.2厘米×75.5厘米,现藏台北故宫博物院,公认为是颜氏真迹)、怀素的《苦笋帖》(绢本,25.1厘米×12厘米,现藏上海博物馆,公认为是怀素真迹)和《自叙帖》、杨凝式的《神仙起居法帖》以及黄庭坚的《诸上座帖》等公认较为可靠的传世法帖与之比较,得出"所有这些真迹,都与《古诗四帖》有着千丝万缕的联系。其中最突出之点,就是用笔"的结

杨仁恺与王己千

论⑧。上述诸帖的用笔都具有相同的特点——圆头逆入,笔锋居横竖画正中,接近篆书用笔,《古诗四帖》亦具有上述特点。而这一特点肇始于张旭,所以此帖就可定为张旭所作。

20世纪的几位著名古书画鉴定家中,杨仁恺关于古书画鉴定的著述亦极为丰富,尤其对清宫散佚书画的研究颇有影响。究其古书画鉴定方法,其独特性似稍嫌不足,却较为综合。尤其2000年出版的《中国书画鉴定学稿》一书,显示了他对书画鉴定这门学问的综合研究与创造思考。

(三)徐邦达鉴定《古诗四帖》

徐邦达对《古诗四帖》的研究,考辨过程大致如下:首先考订书帖的名实关系。其次梳理历代鉴藏家们的鉴评,补苴罅漏,得出如下看法:"此帖非谢灵运书,根据《步虚词》为庾信所作一条,已可确信无疑,不待深论了。但是否为盛唐人张旭书,则我以为仍可研究"⑨。他首先将《古诗四帖》纳入到草书的发展序列中,认为它"狂猭怪异,惊心骇目,有些字甚至点划狼藉,结构松散,其书法艺术水平颇为低下";其次它的笔法中有许多字"如第三行'出'字的落笔转侧,第七行'齐'字的点和长划,第九行'元'字的首划(特粗)与末'乚',二十一行'淑'字的'氵',第二十二行'采'字的下部,二十三行'储'字的'亻',又'贵'的长划,第三十四行'息'字的末一横("心"的草写),无不丑恶异常"⑩。而其结体,有些字"大都形态逼仄,或脱骱落节,不成章法";其书体和传世刻本《肚痛帖》有些相近,"而艺术水平还等而下之"⑪。对书帖的笔法和结体分析后,徐邦达又利用文献资料来构建张旭的书法风格。张旭素有"张颠"之称,徐邦达借助颜真卿和黄庭坚等人对张旭的书法评论,认为张旭的草书并非"狂猭之书",用图像文本如怀素的《苦笋帖》、古摹善本《食鱼帖》(纸本,29厘米×51.5厘米,现藏青岛市博物馆)以及《律公帖》(该帖刻石,140厘米×59厘米,共92字,现藏陕西西安碑林,刻于北宋元祐八年,不在《淳化阁帖》之内)等,与《古诗四帖》相比,远不及该帖狂猭。同时唐代窦暨的《述书赋》和杜甫的《饮中八仙歌》以及颜真卿和黄庭坚等诸多说法,表明张旭的草书风格应该是豪纵,而并非狂猭⑫。

（四）启功鉴定《古诗四帖》

启功对《古诗四帖》的鉴定，主要依凭他在文史研究领域的精深造诣。其辨识文字如下：

"按古代排列五行方位和颜色，是东方甲乙木，青色；南方丙丁火，赤色；西方庚辛金，白色；北方壬癸水，黑色；中央戊己土，黄色。庾信原句'北阙临玄水，南方生绛云'，玄即是黑，绛即是红，北方黑水，南方红云，一一相对。宋真宗自称梦见他的始祖叫'玄朗'，命令天下讳这两字，凡'玄'改为'元'或'真'，'朗'改为'明'，或缺其点画。这事发生在大中祥符四年十月戊午。所见宋人临文所写，除了按照规定改写之外也有改写其他字的，如绍兴御书院所写《千字文》，改'朗曜'为'晃曜'，即其一例。这里'玄水'写作'丹水'，明是由于避改，也就不管方位颜色以及南北同红的重复。那么这卷的书写时间，下限不会超过宣和入藏，《宣和书谱》编定的时间；而上限则不会超过大中祥符四年十月戊午。"[41]

既不谈论法书本身，也不考订相关辅助材料，仅从一些避讳字的分析入手进行鉴别，实与启功本人的知识背景有关[42]。他是20世纪一位著名的学者，对古典文学、文字学、音韵学、训诂学、历史学、文献学、版本目录学、宗教学以及红学等都有广泛的涉猎与研究，堪为通学博儒，更兼其书法自成一家，这都使得他的书画鉴别方法自与其他人不同。在《鉴定书画二三例》一文中，启功明确表示了自己的看法："古书画的鉴定，有许多问题是在书画本身以外的"[43]；《书画鉴定三议》一文则是他对古书画鉴定的一些思考[44]。就启功本人而言，书画本身以外的内容大抵上偏重于文史研究。在《戾家考》和《董其昌书画代笔人考》等具体问题研究的文章中[45]，显示了他深得考辨之学要领，运用文献竭泽而渔的特点。

无论生前还是身后，启功先生的书法造诣

"丹水"

享誉海内外,2000年文化部为他颁发了"兰亭终身成就奖",以彰其在这一领域的高深学术造诣。同时他于文献学、版本学、金石学、史讳学、诗词学、文字学以及红学等都有较深的研究,是为当代巨擘。尤其在对古文献的爬梳与索隐探微方面,其精深的学术功夫与能力至今难有出其右者,堪称学林绝响。他以书法研究为突破口,旁及绘画等领域,这些都使他成为以精密考据著称的书画鉴定大家。我们从《古诗四帖》的鉴定中可见一斑。

注　释:

① 张旭:生卒年不详,唐代著名书法家。字伯高,今江苏苏州人,官至金吾长史,史称"张长史"。擅真、草,尤以草书名世。张旭存世作品较少,其草书除藏于今陕西西安碑林的刻石《草书千字文》《晚复帖》和《肚痛帖》外,《古诗四帖》为其传世的唯一墨迹,但都争议颇大。其存世楷书有《尚书省郎官石记序》,原石刻于唐开元二十九年,已佚,今存宋代拓本,现藏上海博物馆。1992年,河南省偃师县出土了张旭的一方楷书《严仁墓志》,学界认为是较可靠的真迹,参见樊有升、李献奇:《河南偃师唐严仁墓》《文物》,1992年第12期,第34—35页。

② 谢稚柳、启功、徐邦达和杨仁恺等学者对于北宋宣和玺没有疑义,嗣后牛克诚的《宣和御府印格式研究》一文,又通过对"宣和印玺"所钤位置和《宣和书谱》、《宣和画谱》的著录研究认为该帖确是北宋宣和御府旧藏。见牛克诚:《宣和御府印格式研究》,《故宫博物院院刊》2005年第1期,第53—76页。谢稚柳认为该帖曾经过后人割裁,见谢稚柳:《唐张旭草书〈古诗四帖〉》,《鉴余杂稿》,第59页,上海人民美术出版社1989年。

③ 庾信(513—581):字子山,小字兰成,南朝南阳新野人。庾肩吾之子,极富文才,著有文集二十一卷。

④ 谢灵运(385—433):小名客儿,南朝陈郡阳夏人,谢玄之孙,工书画,文章与颜延之齐名。

⑤ 参见启功:《旧题张旭草书古诗帖辨》,《启功丛稿·论文卷》,第90—100页,中华书局1981年。徐邦达:《古书画伪讹考辨》,第94—97页,江苏古籍出版社1984年。谢稚柳:《唐张旭草书〈古诗四帖〉》,《鉴余杂稿》,第59—63页,上海人民美术出版社1989年。杨仁恺:《唐张旭的书风和他的〈古诗四帖〉》,《杨仁恺书画鉴定集》,第227—234页,河南美术出版社1999

年。也有学者认为该帖乃是出于北宋初期书家李建中之手,但是对于李氏书写时间的假设却难以服人,其研究方法也并未超出上述几家窠臼,此不赘述,参见王公治:《〈张旭草书古诗四帖〉作者考辨》,《复旦学报》(社会科学版)1989年第5期,第56—61页。刘九庵和傅熹年虽无专门文章刊行,但留下了鉴定意见。见中国古代书画鉴定组:《中国古代书画目录》第八册,第1页,文物出版社1993年。

⑥ 该表根据谢稚柳的《鉴余杂稿》、启功的《启功丛稿》、徐邦达的《古书画伪讹考辨》、杨仁恺的《国宝沉浮录(增订本)》、中国古代书画鉴定组的《中国古代书画目录》制成。

⑦ 该表根据《碑林集刊》和《西安碑林博物馆藏碑刻总目提要》制成。

⑧ 谢稚柳(1910—1997):名稚,字稚柳,号壮暮翁,江苏常州人。曾为上海市文物管理委员会顾问、上海博物馆顾问、上海市书法家协会主席等职。他是1983年七人书画鉴定小组的组长,其自传见郑重:《谢稚柳》,文物出版社2004年。郑重:《谢稚柳系年录》,上海书店出版社1991年。

⑨ 谢稚柳:《唐张旭草书〈古诗四帖〉》,《鉴余杂稿》,第61页,上海人民美术出版社1989年。

⑩ 《宣和书谱》记张旭"考其平日得酒发兴,要欲字字飞动,圆转之妙,宛若有神,是可尚者。"见佚名:《宣和书谱》卷十九,第147页,上海书画出版社1984年。

⑪ 该段文字简略,记述怀素、张旭和邬彤三人谈论笔法,提出了"圻墙路"、"屋漏痕"等概念。见佚名:《历代书法论文选》,第283页,上海书画出版社1979年。

⑫ 《春草帖》已佚,倪瓒跋文如下:"右张长史草书春草帖,锋颖纤悉,可寻其源。而麻纸松煤,古意溢目,真足为唐人书法之冠,晋迹不可复见。得见此迹,亦末世之希世珍乎?颜平原书家之集大成者,独言杜诗韩文,颜法亦出于此也"。见张丑:《清河书画舫》,卢辅圣:《中国书画全书》第四册,第196页,上海书画出版社2000年。

⑬ 该诗描写了贺知章、李琎、李适之、崔宗之、苏晋、李白、张旭以及焦遂等八人嗜酒后的旷达性格。其中描写张旭的三句如下:"张旭草圣三杯传,脱帽露顶王公前,挥毫落纸如云烟"。见佚名:《唐诗鉴赏辞典》,第435页,上海辞书出版社1983年。

⑭ 詹景凤说《宛陵诗》:"其笔法圆健,字势飞动,迅疾之内,优闲者在豪纵之中",见詹景凤:《东图玄览》卷一,卢辅圣:《中国书画全书》第四册,第7页,上海书画出版社2000年。

⑮ 谢稚柳:《唐张旭草书〈古诗四帖〉》,《鉴余杂稿》,第61页,上海人民美术出版社1989年。

⑯ 张旭"其名本以颠草,而至于小楷行书,又复不减草书之妙。起草字虽奇怪百出,而求其源流,无一点画不该规矩者,或谓张颠不颠是也。后之论书,凡欧、虞、褚、薛皆有异论,至旭无所短者,故有唐名卿传其法者,惟颜真卿云。"见佚名:《宣和书谱》卷十八,第139页,上海书画出版社1984年。颜真卿:《述张长史笔法十二意》,佚名:《历代书法论文选》,第277页,上海书画出版社1979年。

⑰ 杨仁恺:《中国书画》,第116页,上海古籍出版社2001页。

⑱ 笔者疑是《自叙帖》,纸本,29cm×755cm,现藏台北故宫博物院。该帖共计一百六十二行,六百九十八字,历来均认为是他的真迹,惟前六行久佚,后为北宋苏舜钦所补写。但也有专家认为是宋人临本,见徐邦达:《重订清宫旧藏书画录》,第3页,人民美术出版社1997年。

⑲ 谢稚柳:《唐张旭草书〈古诗四帖〉》,《鉴余杂稿》,第62页,上海人民美术出版社1989年。

⑳ 谢稚柳:《唐张旭草书〈古诗四帖〉》,《鉴余杂稿》,第62—63页,上海人民美术出版社1989年。

㉑ 薛永年:《20世纪古书画鉴定名家方法论》,《故宫博物院院刊》2002年第4期,第3页。

㉒ 谢稚柳:《水墨画》,第3页,上海人民美术出版社1957年。

㉓ 谢稚柳《敦煌艺术叙录·后记》,上海出版公司1955年。

㉔ 谢稚柳:《中国古代书画研究十论》,第281—285页,复旦大学出版社2004年。

㉕ 谢稚柳:《论书画鉴别》,《鉴余杂稿》,第149页,上海人民美术出版社1989年。《论书画鉴别》一文,早自1966年4月3日起由香港《大公报》开始刊载,共分五次刊完。

㉖ 谢稚柳:《论书画鉴别》,《鉴余杂稿》,第168页,上海人民美术出版社1989年。

㉗ 1996年夏,谢稚柳为上海大学首届美术史本科专业的学生上了一次课,嗣后被整理刊发在《朵云》第52集和《中国古代书画研究十论》一书,通过该文我们既能发现。

㉘ 谢稚柳的书画创作早年学陈洪绶,中年以后上窥宋元,直溯盛唐五代,工花鸟、人物、山水以及走兽,设色雅艳,用笔隽秀。他的书法得力于张旭、怀素一路狂草,亦为别调。

㉙ 最早的一篇发表在上海人民美术出版社于1963年所复制的《古诗四帖》图版之后;一篇发表在1978年的《书法》杂志创刊号上;另一篇收在他的《书画鉴定集》中,题名为《唐张旭的书风和他的〈古诗四帖〉》,见杨仁恺:《杨仁恺书画鉴定集》,第227—234页,河南美术出版社1999年。

㉚ 对于《古诗四帖》的创作时间大致有四种说法:一是五代,参见徐邦达的辨伪文章;二是

唐人作品,但既非唐僧人彦修之笔,亦非张旭之作,参见明人丰坊《古诗四帖》题跋;三是北宋作品,参见启功:《旧题张旭草书古诗帖辨》,《启功丛稿·论文卷》,第99页,中华书局1981年。徐邦达:《古书画伪讹考辨》,第97页,江苏古籍出版社1984年。刘九庵和傅熹年均赞同北宋说的观点,见中国古代书画鉴定组:《中国古代书画目录》第八册,第1页,文物出版社1993年。四是唐人张旭真迹,参见谢稚柳:《唐张旭草书〈古诗四帖〉》,《鉴余杂稿》,第62页,上海人民美术出版社1989年。

㉛ 彦修:五代后梁僧人,乾化(913—914)中人,能草书,与亚栖、巩光齐名。评者谓其书如淮阴恶少年,风狂跳浪俱非本色。所书草字诗,李丕刻之石,笔力遒劲,"在宋末甚有名,书法豪纵似张,但乏古意"。詹景凤:《东图玄览》卷二,卢辅圣:《中国书画全书》第四册,第23页,上海书画出版社2000年。

㉜ 杨仁恺:《唐张旭的书风和他的〈古诗四帖〉》,《杨仁恺书画鉴定集》,第231页,河南美术出版社1999年。

㉝ 对于"法度"的理解,杨仁恺和徐邦达存在着巨大分歧,前者认为张旭的书法入的并非传统的"二王"法度,而是草法结体的基本准则;徐邦达则认为张旭的书法绝不可能不入"右军父子绳墨"。二人认识相差甚远,使各自采用的参照系列和标准完全不同,必然导致鉴定结论的相差甚远。

㉞ 《初学记》现存最早刻本是明代嘉靖年间的本子,该本所据母本是否为真宋本尚有争议。参见司义祖:《初学记·点校说明》,第3—4页,中华书局2004年。

㉟ 杨仁恺:《唐张旭的书风和他的〈古诗四帖〉》,《杨仁恺书画鉴定集》,第233页,河南美术出版社1999年。

㊱杨仁恺:《唐张旭的书风和他的〈古诗四帖〉》,《杨仁恺书画鉴定集》,第233页,河南美术出版社1999年。

㊲ 徐邦达:《古书画伪讹考辨》,第95页,江苏古籍出版社1984年。

㊳ 徐邦达:《古书画伪讹考辨》,第96页,江苏古籍出版社1984年。

㊴ 徐邦达:《古书画伪讹考辨》,第96页,江苏古籍出版社1984年。

㊵ 窦暨的《述书赋》下卷云:"张长史则酒酣不羁,逸轨神澄,回眸而壁无全粉。挥笔而气有余兴。若遗能于学知,遂独荷其颠称。"见张彦远:《法书要录》卷六,第202页,人民美术出版社1964年。杜甫作诗说张旭写字"挥毫落纸如云烟"。这些来自古人文集中的文献资料,经常被用来印证某一书画家的艺术风格,张旭书法真迹绝世的事实,使得对其作品的鉴定往往借助

文献的帮助。这种研究所带来的问题,台湾的石守谦在其《中国绘画史研究中的一些陷阱》一文中谈到,见《朵云》,2000年第52期,第46—58页。

㊶ 启功:《旧题张旭草书古诗帖辨》,《启功丛稿·论文卷》,第99页,中华书局1981年。

㊷ 侯刚:《启功》,文物出版社2003年。佚名:《启功先生生平》,《北京师范大学校报》,2005年第7期、第6期。

㊸ 启功:《启功丛稿·题跋卷》,第92页,中华书局1999年。

㊹ 启功:《启功丛稿·题跋卷》,第93—102页,中华书局1999年。

㊺ 启功:《启功丛稿·题跋卷》,第139—164页,中华书局1999年。

禅通画谛高

——论佛教对启功绘画的影响

□ 石 英

启功曾在《画蒲桃二首之一》中道:"闻道温和尚,禅通画谛高。小园珠满架,灌顶有蒲桃。"①诗中高度赞扬了道温和尚不但禅修通达,而且画境也高。从该诗可看出启功认为画与禅一脉相通,互为表里。但学界对其绘画与禅境之关系研究甚少,本文尝试论之。博雅君子,幸斧之正之。

一、学画经历与宗教信仰

据启功自述,启功为满族皇室,雍正支系第九世孙,其绘画渊源来自家学,祖父毓隆善绘画。启功在《启功口述历史》中道:"他(毓隆)经常让我看他画画。我至今还清楚的记得当时的情景和我感触:他随便找一张纸,或一个小扇面,不用什么特意的构思安排,更不用打底稿,随便的信手点染,这里几笔,那里几笔,不一会就画好一幅山水或一幅松竹。每到这时,我总睁大眼睛,呆呆的在一旁观看,那惊讶、羡慕的神情,就像所有的小孩子看魔术表演一样,吃惊那大活人是怎么变出来的? 在我幼小的心灵里,我觉得这是一件最令人神往、最神秘的本领。因此从小我就萌发要当一个画家的想法。"②受此熏陶的启功,很小就开始了正规的绘画学习。"大约从15岁到25岁,我有幸结识了一些当时知名的艺术家、诗人、学者,如贾羲民、吴镜汀、戴姜福、溥心畬、溥心斋、齐白石等先生,并向其中的一些人正式拜过师。在他们的教诲下,我日后比较见长的那些知识、技艺才打下基础"③。由于父亲早逝,家境逐渐窘迫,启功曾靠卖画维持生计。他追述道:"那时我刚中学肄业,还没找到工作,只能靠临时教些家馆,维持生计,偶尔卖出一两张画,再贴补一些。"④启功还曾在辅仁学校美术系任教,其转到大学国文的教学工作时,仍没放弃绘画创作和研究。他在《启功口述历史》中道:"对绘画的爱好始终痴心不改,在解放前后,我的绘画达到了有生以来的最高水平,在国画界已经产生了相当的影响。……在1951~1952年期间,文化部还在北海公园的漪澜堂举办过中国画画展,我拿出了四幅我最得意的作品参展。"⑤但不幸的是,启功也正是因为绘画于1958年被中国画院划为了右派。所谓"一朝被蛇咬,十年怕井绳",从此以后的启功对绘画总是心存畏惧。再加上后来他书名远胜画名,关注他绘画的人愈来愈少。正如黄苗子所言:"启先生工画,山水兰竹,清逸绝伦,但极少露这一手,因为单是书法一途,已经使他尝尽了世间酸甜苦辣;如果他又是个画家,那还了得?"⑥

其实,绘画占了启功治学中很重要的一部分,他在《仿郑板桥兰竹自题》中道:"当年乳臭志弥骄,眼角何曾挂板桥。头白心降初解画,兰飘竹撇写离骚。"⑦该诗是启功一生绘画经历的真实写照。从幼年的志气满胸,到老来头白时回首,才懂得绘画的真谛:画家笔下的兰竹都不过是心境起伏的写照罢了。启功诗中的"离骚"是和他的宗教信仰分不开的。因为家庭原因,启功三岁就在雍和宫正式归依了喇嘛教⑧。佛教的独特观照世界的方式对他产生了很大的影响,其弟子李山称其为"老禅和子"甚为恰当。故而启功常用禅境来表达艺术境界。他在《谈诗书画的关系》中道:"从探讨诗书画的关系,可以理解前人'诗禅'、'书禅'、'画禅'的说法,'禅'字当然太抽象,但用它来说诗、书、画本身许多不易说明的道理,反较繁征博引来的概括。"⑨由此可见,启功的艺术思想与其宗教思想融为一体、互为表里。

简言之,由于家庭熏陶,启功很小就开始对绘画的喜好,并长期接受了技法的学习与训练。虽在解放后,一度中断,但其深爱之情并未被阻断。晚年画名被书名所掩,故而学界很少专门研究。但他的绘画属于其学术生涯的一部分,其画与禅相融合。因此,我们要深入了解他的绘画内涵,必须对启功的佛学思想作进一步探讨。

二、禅境与画意

关于禅宗,启功师从陈垣,对之研究颇深,他给《少林寺一千五百年纪念征题》中道:

> 一苇来台城,梁皇意扞格。北上嵩高山,九年甘面壁。
>
> 受衣命悬丝,远走莫迟留。寂静宗门中,何以生戈矛。
>
> 一部《楞伽经》,一卷《金刚分》。行者不识字,换却祖师训。
>
> 德山棒其徒,南泉斩其猫。既秉具足戒,杀气一何高。
>
> 口头公安禅,积来如山苴。何如马大师,磨砖坐不动。
>
> 一千五百年,相去如朝暮。多习安般禅,少计檀施数。⑩

启功在诗中对禅宗史进行了概括,从达摩一苇渡江,到德山棒喝、南泉斩猫传法,再到后来一千多年的流传,从而得出要"多习安般禅"的结论。对禅宗独特的传法系统,他在《担当书禅语》中道:

> 禅宗之禅,尤重机锋,一言之契,可以彻悟,此固非门外汉所能领略。然其机锋语言,则常有可喜者。禅灯诸书中,有可喜可解可以会心者,亦有不知所云无理取闹者。
>
> 诗文中用禅语,机趣得宜者,每为增色。而古德法书中,有时摘书一二语,尤多隽妙精炼者,惟出处则殊难考耳。
>
> 近见担当禅师普荷书条幅云:"一下被他搔著后,半生痒处一时消。"惜前此所见尚多,未即记录,后有所遇,当续书此后。⑪

该文中的担当禅师普荷为明末清初云南僧人,虽出家为僧,但并不坐禅,不上堂说法,唯以诗词书画自娱,绝口不谈世事。其文中所形容"一下被他搔著后,半生痒处一时消"意指禅家机锋是进入佛法的关键,所言很少,但却能一语中的,让人幡然醒悟。如果在诗文中采用得当的话,会大为增色。此外,启功认为方外人士多通书画,他在《苏士澍大野宜白书法展览贺词》中道:"方外人士多通书画,自古而然。"⑫画境和禅意本自相通,《偶赠》中道:"诗人嘉兴壮林泉,健笔临池合自然。一语欣闻真法乳,人间艺事本通禅。"⑬以禅喻画的方式让启功多用禅家语言去阐释绘画中难以言传的道理。他在《无款雪景牧牛图,古媚可爱,因题》中道:"禅家机锋每拈水牯牛,画家点染好写林塘幽。"⑭水牯牛是禅家著名的公案,《抚州曹山元证禅师语录》曰:"南泉病时,有人问:'和尚百年后向什么处去?'泉曰:'我向山下檀越家,作一头水牯牛去。'"⑮其意是指佛家常用平常之物比喻深奥难懂的佛理,就像画家常爱画林塘的幽静之处一样。他在《苏州寒山寺联》中道:"佛祖传心如指月;诗人得句在闻钟。"⑯月在佛教里常用来比喻佛法,所谓"千江有月千江月"指的是佛法存在一切事物中,佛家传心指月是让弟子明白这个道理。而诗歌的境界在追求含义隽永,就像钟声一样余音袅袅,让人回味无穷。绘画也一脉相承,启先生在《冬心画本一卷,首写西湖圣因寺罗汉,以下分写唐宋名家诗文为图,俱有小字长题。友人杨君先世所藏,劫后复得,属为题咏》中道:"水墨山前般若僧,丹碧笺中菩提树。唐宋群贤金石篇,东西诸天曼陀雨。"⑰般若僧指佛教中得道高僧,菩提树更是佛家的代名词,启功在这里用佛家事物比喻绘画中景象,还认为唐宋名家诗文如同佛家曼陀雨,可见其对佛教与绘画的热爱。因此,他常在题画诗中用佛家语言给绘画画龙点睛。如在《松泉图拟梅花道人》中道:"长松发狮子吼,怪石坐金刚禅,若问梅花消息,道人一指天外。"⑱诗中的狮子吼和金刚禅都来自佛经,狮子吼喻佛教威神,发大音声,震动世界也。《传灯录》曰:释迦佛生时,一手指天,一手指地。做狮子吼,云:天上天下,惟吾独尊。从以上大量的佛家典故与绘画关系的讨论中,我们可以得出,启功绘画中画境与禅意互为一体,他还用佛家义理对绘画进行阐释,足见佛学对启功的绘画影响巨大。认为禅艺相通,常用佛家典故说明其绘画中难以言传的深奥道理,对其绘画品评与绘画创作影响尤见深远。

三、画禅理论与绘画风格

正是有这样禅艺相通的思想,故而启功绘画品评中也常引用佛家典故来说明绘画中的道理。他在《提云山图》中道:"画禅共说华亭董,教外别传无法统。任他精鉴看牛皮,挂壁只图遮眼孔。"⑲诗用佛家典故来说明董其昌的绘画来源于禅境,不属于传统的画法,而是教外别传,别是一家。诗中"任他精鉴看牛皮,挂壁只图遮眼孔",指的是惟俨禅师,他解释道:惟俨禅师属唐代青原派下僧人,他不准人看佛经,说你们不要看佛经,如果你们要研究佛经里面那些很深奥的意思,只可以意会不可以言传。要是笨人,死看字句,那就完全失去佛经里面那些很深奥的精神了。他徒弟就问他,你不许我们看,你自己怎么看上了。药山惟俨禅师就说:'老禅止图遮眼'——我看经只是用它遮眼,'若汝曹看,牛皮也须透'——如果你们看,就钻进字面去,连牛皮都可以把它钻透。讥笑别人是死看,自己是活看。⑳由此可以看出,启功认为绘画不可死学,如果墨守陈规,就会走入死胡同。他在《题画白莲》中道:"江湖入手鱼脱渊,高吟早证虾蟆禅。"㉑其"虾蟆禅"为禅林用语。大意是说,蛤蟆只会跳,而没有其他能力,以喻认一知半解为是,就像不活脱不自由之死禅。所以用虾蟆的这种特点比喻我们在学习时不能够做到融会贯通,以至于死板不自在。启功还常用佛理去品评历代绘画作品,其在《画蒲桃二首之一》中道:"闻道温和尚,禅通画谛高。小园珠满架,灌顶有蒲桃。"㉒诗中所说的道温和尚不但通达禅理,而且绘画也很高妙,他的绘画就是其佛学思想的反映。画中的蒲桃即喻有佛理,就像佛家灌顶仪式一样,能把佛法传输给人,让人增长知识和思想。他在《题黄胄画驴五首》中道:"我手何如佛手黄,我脚何如驴脚长。要识老僧无妄语,横看成岭侧成岗。"㉓就是引用了古德的机锋语:"我手何如佛手,我脚何如驴脚"的典故,来说明绘画中的道理。他于一九八五年夏日对《题董其昌叠秋云图》题画诗评价道:"此画禅室绝句,极符画境,因录于此。有清画派,胥出华亭,淡墨轻烟,令人玩味无穷。"㉔启功认为董其昌的绘画与题诗都很符合禅意,引人遐思。《没骨山水》:"一乘寺门凹凸花,僧繇于此擅名家。遂教惜墨如金手,解向江山画晚霞。"㉕张僧繇,吴(苏州)人。梁天监中为武陵王侍郎,直秘阁知画事,善画佛像。他曾在建康一乘寺门上用天竺(古印度)画法,在绘画中首选采用凹凸晕染法,画出的人物像和佛像栩栩如生,传神逼真。概言之,这种融禅境与画意为一体的品画方式正是佛教对启功绘画境界影响所致,在启功的绘画创作中也有体现。

关于启功的绘画风格,他在《启功口述历史》中道:"我的画属于传统意义上典型的文人画,并不意在写实,而是表现一种情趣、境界。"㉘启功所表现的情趣与境界,是和其画禅思想分不开的。其画空灵洒脱,如《蒲桃多紫色》㉙中的笔墨与题诗中"蒲桃多紫色,不上破袈裟"的禅意相得益彰。《元白居士戏笔》图则疏朗萧瑟,寒鸦阵阵,意境深远。其册页题道:"幕道人以逸笔,写晓风残月之景。"㉚笔墨清润,淡远萧散,让人回味无穷。尤其是晚年画的竹兰,更是风韵独特,清俊脱俗。在《胸中水镜清》图中,启功以书入画,在点点朱砂竹下,草长石静,水泠波远,其气韵生动,只可意会不可言传。其画构图多变,笔墨灵动,来自传统,但又不拘泥于传统。关于为什么画朱竹,启功在《启功口述历史》解释道:"'省得别人说我是画黑画啊!''黑画'一词,从广义上说可以泛指一切能供上纲批判的画,如反右时的'一枝红杏出墙来'之类的画;狭义的是说'文革'后不久,有些人画了一批画,如猫头鹰睁一只眼、闭一只眼,被正式冠名为'黑画'。听我这样解释的人无不大笑。其实这里面也牵扯到画理问题。难道画墨竹就真实了吗?谁见过黑得像墨一样的竹子?墨竹也好,朱竹也好,都是画家心中的竹,都是画家借以宣泄胸中之气的艺术形象。"㉛这正是禅家主张活学不拘于外在形式和传统的书画理论在他绘画中的体现。正如黄苗子所言:"启先生工画,山水兰竹,清逸绝伦。"㉜《人物周刊》2010年6月号载《启功诗书画鉴流美名》上评其绘画:"构图严谨,手法生动,色彩鲜明,韵味悠长,尤其擅长山水竹石,极富传统文人画的意趣。……作兰、竹,构图平中寓奇,以书法之笔入画,明净无尘,清劲秀润,充满书卷气。"㉝其画明净无尘处,正是启功长期接触佛学的熏陶所得。

总　结

综上所述,启功一生对绘画爱之甚深。由于家庭原因,他很小就受到绘画的熏陶和训练。在年青时曾画下大量作品,并任辅仁学校的美术老师。尽管后来他因为绘画被划为右派后,一度中断,但其对绘画的热爱之情依然。启功常用佛典喻画理,并在很多题画诗中大量引用佛家机锋言语为其创作增辉。其画受其佛家独特审美观的影响,画风典雅清逸,常于平淡中见其山高水远,构图平中寓奇,以书法之笔入画,明净无尘,清劲秀润,这正是佛家独特审美观在其绘画中的体现。

注 释:

① 载《启功全集》第6册,第173页,北京师范大学出版集团2009年。 按:以下注释中的《启功全集》版本均与此同。

② 启功口述、赵仁珪、章景怀整理:《启功口述历史》,载《启功全集》第9册,第52页。

③ 启功口述、赵仁珪、章景怀整理:《启功口述历史》,载《启功全集》第9册,第65页。

④ 启功口述、赵仁珪、章景怀整理:《启功口述历史》,载《启功全集》第9册,第88页。

⑤ 启功口述、赵仁珪、章景怀整理:《启功口述历史》,载《启功全集》第9册,第135页。

⑥ 启功口述、赵仁珪、章景怀整理:《启功口述历史》,载《启功全集》第9册,第179页。

⑦ 启功口述、赵仁珪、章景怀整理:《启功口述历史》,载《启功全集》第9册,第181页。

⑧ 启功口述、赵仁珪、章景怀整理:《启功口述历史》,载《启功全集》第9册,第43页。

⑨ 启功:《谈诗书画的关系》,载《启功全集》第3册,第272页。

⑩ 启功:《少林寺一千五百年纪念征题》,载《启功全集》第6册,第214页。

⑪ 启功:《担当书禅语,载《启功全集》第4册,第93页。

⑫ 启功:《苏士澍大野宜白书法展览贺词》,载《启功全集》第4册,第271页。

⑬ 启功:《偶赠》,载《启功全集》第7册,第58页。

⑭ 启功:《无款雪景牧牛图,古媚可爱,因题》,载《启功全集》第6册,第151页。

⑮《大正藏》卷47,大正一切刊行会印刷所,大正十三年四月八日发行。第533页下。

⑯ 启功:《苏州寒山寺联》,载《启功全集》第6册,第235页。

⑰ 启功:《冬心画本一卷,首写西湖圣因寺罗汉,以下分写唐宋名家诗文为图,俱有小字长题。友人杨君先世所藏,劫后复得,属为题咏》,载《启功全集》第6册,第142页。

⑱ 启功:《松泉图拟梅花道人》,载《启功全集》第6册,第91页。

⑲ 启功:《提云山图》,载《启功全集》第6册,第188页。

⑳ 启功:《启功口释论书绝句第77》,载《启功全集》第2册,第278页。

㉑ 启功:《题画白莲》,载《启功全集》第6册,第173页。

㉒ 启功:《画蒲桃二首》,载《启功全集》第6册,第173页。

㉓ 启功:《题黄胄画驴五首》,载《启功全集》第6册,第117页。

㉔ 启功:《题董其昌叠　秋云图》,载《启功全集》第5册,第128页。

㉕ 启功:《没骨山水》,载《启功全集》第6册,第177页。

㉖ 启功:《启功口述历史》,载《启功全集》第9册,第179页。

㉗ 启功:《蒲桃多紫色》,载《启功全集》第11册,第210页。

㉘ 启功:《册页》,载《启功全集》第12册,第42页。

㉙ 启功:《启功口述历史》,载《启功全集》第9册,第179页。

㉚ 启功:《启功口述历史》,载《启功全集》第9册,第179页。

㉛ 启功:《启功诗书画鉴流美名》,载《人物周刊》2010年6月号,第85页。

诗文声律源流暨启功"竹竿律"平议

——谨以此文纪念启功先生诞辰一百周年

□ 柯继红

欲研究格律,必先确定律句观念。律句观念经历了漫长的演变历史,在不同时期具有不同内涵,看似简单,实则复杂。本文试对中国诗歌律句观念漫长的演变历程作一勾勒。本文认为,律句观念,肇于文心,始于永明,蔓衍于诗、词、曲,规模于清,概括于王力,升华于启功。

一、肇于文心

刘勰并未提出具体律句概念,但声律原则之总结,莫早于刘勰。声律观念之通透,亦莫过于刘勰,故曰律句观念,肇自文心。《文心雕龙·声律第三十三》云:

> 凡声有飞沉,响有双叠。双声隔字而每舛,迭韵杂句而必睽;沉则响发而断,飞则声飏不还。并辘轳交往,逆鳞相比。迂其际会,则往蹇来连。其为疾病,亦文家之吃也。夫吃文为患,生于好诡,逐新趣异,故喉唇纠纷;将欲解结,务在刚断。左碍而寻右,末滞而讨前,则声转于吻,玲玲如振玉;辞靡于耳,累累如贯珠矣。是以声画妍蚩,寄在吟咏,滋味流于下句,风力穷于和韵。异音相从谓之和,同声相应谓之韵。韵气一定,则馀声易遣;和体抑扬,故遗响难契。属笔易巧,选和至难,缀文难精,而作韵甚易。虽纤意曲变,非可缕言,然振其大纲,不出兹论。[①]

此段文字,讲了声律三个方面的内容,即声律的构成要素、声律的发生原理、以及声律学的研究重点。第一,"凡声有飞沉,响有双叠。双声隔字而每舛,迭韵杂句而必睽。沉则响发而断,飞则声飏不还",指出构成声律基础的要素是不同性质的语音;第二,"并辘轳交往,逆鳞相比……是以声画妍蚩,寄在吟咏,滋味流于下句,风力穷于和韵。异音相从谓之和,同声相应谓之韵",指出声律形成的两个基本原则"和"和"韵";第三,"韵气一定……和体抑扬……属笔易巧,选和至难,缀文难精,而作韵甚易",点明声律形成的两个原理"和"与"韵"在创作实践中的不同地位,指出今后作家应该努力的方向。

此段文字虽纠结于骈文,用词务求属对而时失于精确,逻辑上亦未为周严,但大约无损于句意,实乃前后千年中国声律原则的纲领性文字。它既是对同时永明四声八病实践的概括;此后,律诗、律词、律曲的实践,清人的归纳,王力的概括探讨和启功的理论简结,亦皆沿此文所指的方向,将中国声律实践与研究推向纵深。

二、始于永明

刘勰并无微观律句概念。永明体倡四声八病,首将声律探讨引入具体实践,律句探讨一时蔓延,蔚为壮观,故曰律句观念,始于永明。

(一)倡四声

永明之倡四声,实以平上去入比附宫商角徵羽,即以声调之四声比附音乐之五声,故所得律句规则皆为四声相配之规则,其律句观念为四声观念。

四声在当时文人中,也还是一个相当了不起的发现,并不如我们现在一样童幼皆知,观记载当时情形之文献,其初创情形约略可知。

《南史·周颙传》载周颙:

> 颙音辞辩丽,长于佛理……每宾友会同,颙虚席晤语,辞韵如流,听者忘倦……转国子博士,兼著作如故。太学诸生慕其风,争事华辩。始

著四声切韵行于时。②

《南史·沈约传》则载沈约：

> 又撰四声谱，以为"在昔词人累千载而不悟，而独得胸衿，穷其妙旨"。自谓入神之作。③

中唐《文镜秘府论·天篇》录《调四声谱》，所列四种声调，其知识即今日幼儿园亦已普及，然中唐记载则仍珍重其事，可见声调之发现在周颙、沈约当日实为理论界之大事。

然沈约的发现，不止于知四声，而在于倡导四声之相配以成文，并比附于乐律之宫商角徵羽。

《南齐书·陆厥传》载：

> 永明末，盛为文章。吴兴沈约、陈郡谢朓、琅邪王融以气类相推毂。汝南周颙善识声韵。约等文皆用宫商，以平上去入为四声，以此制韵，不可增减，世呼为"永明体"。④

又载沈约与陆厥声律之辩：

> 厥与约书曰：
>
> 范詹事《自序》："性别宫商，识清浊，特能适轻重，济艰难。古今文人，多不全了斯处，纵有会此者，不必从根本中来。"沈尚书亦云："自灵均以来，此秘未睹，或暗与理合，匪由思至。张蔡曹王，曾无先觉，潘陆颜谢，去之弥远。"大旨钧使宫羽相变，低昂舛节。若前有浮声，则后须切响，一简之内，音韵尽殊，两句之中，轻重悉异。辞既美矣，理又善焉。但观历代众贤，似不都暗此处。而云"此秘未睹"，近于诬乎？案……自魏文属论，深以清浊为言，刘桢奏书，大明体势之致，岨峿妥帖之谈，操末续颠之说，兴玄黄于律吕，比五色之相宣，苟此秘未睹，兹论为何所指邪？故愚谓前英已早识宫徵，但未屈曲指的，若今论所申。……

论者乃可言未穷其致,不得言曾无先觉也。

约答曰:

宫商之声有五,文字之别累万。以累万之繁,配五声之约,高下低昂,非思力所举。又非止若斯而已也。十字之文,颠倒相配,字不过十,巧历已不能尽,何况复过于此者乎?灵均以来,未经用之于怀抱,固无从得其仿佛矣。若斯之妙,而圣人不尚,何邪?此盖曲折声韵之巧无当于训义,非圣哲立言之所急也。是以子云譬之"雕虫篆刻",云"壮夫不为"。自古辞人岂不知宫羽之殊,商徵之别?虽知五音之异,而其中参差变动,所昧实多,故鄙意所谓"此秘未睹"者也。以此而推,则知前世文士便未悟此处。若以文章之音韵,同弦管之声曲,则美恶妍蚩,不得顿相乖反。譬由子野操曲,安得忽有阐缓失调之声?以《洛神》比陈思他赋,有似异手之作。故知天机启,则律吕自调;六情滞,则音律顿舛也。士衡虽云"炳若缛锦",宁有濯色江波,其中复有一片是卫文之服?此则陆生之言,即复不尽者矣。韵与不韵,复有精粗,轮扁不能言,老夫亦不尽辨此。⑤

又沈约于《宋书·谢灵运传》后论宫商:

夫五色相宣,八音协畅,由乎玄黄律吕,各适物宜。欲使宫羽相变,低昂互节,若前有浮声,则后须切响。一简之内,音韵尽殊;两句之中,轻重悉异。妙达此旨,始可言文。至于先士茂制,讽高历赏,子建函京之作,仲宣霸岸之篇,子荆零雨之章,正长朔风之句,并直举胸情,非傍诗史,正以音律调韵,取高前式。自《骚》人以来,而此秘未睹。至于高言妙句,音韵天成,皆暗与理合,匪由思至。张、蔡、曹、王,曾无先觉,潘、陆、谢、颜,去之弥远。世之知音者,有以得之,知此言之非谬。⑥

观沈约所论,似并未将声调之四声平上去入与乐律之五声宫商角徵羽作机械对应,然至唐,则有人明确将二者对应相配。

唐协律郎元兢《诗脑髓·调声》直接指明了一种相配关系：

> 声有五声，宫商角徵羽也，分于文字四声，平上去入也。宫商为平声，徵为上声，羽为去声，角为入声。⑦

唐徐景安《新纂乐声》卷四三《五音旋宫》亦云：

> 凡宫位上平声，商为下平声，角为入，徵为上，羽为去声。⑧

四声、五声（又称"五音"，此等概念相混用，古人行文不避，须仔细辨析，其它如"声"、"音"、"律"等概念俱如此）是否可以如此机械对应，当时语音与乐律情形俱阙，今不能知。但以常理推，四声乃声调，五音乃乐调，性质根本不同，以旋律粗略相配则可，机械相配则为欺人，况方音随时、地变化，乐律变化当较小，如何能固定相配？但四声自身相配以成一种格律，粗可通于五音旋律梗概，且将二者相通作为一种原则，则并不算错。

（二）言八病

永明讲四声声律，初未讲出一种成熟格律，而是研究出种种格律避忌，是为八病。

古今言八病之资料衍缺，众说纷纭。然据钟嵘《诗品序》言及"蜂腰、鹤膝"二病，初唐李延寿《南史·陆厥传》言及"平头、上尾、蜂腰、鹤膝"四病，隋王通《中说·天地篇》称"四声八病"，盛唐殷璠《河岳英灵集·集论》、中唐皎然《诗式·明四声》、封演《封氏闻见记·声律》称及"八病"，中唐时期日本僧人遍照金刚《文镜秘府论·西卷》载"文二十八种病"前八种病犯及具体解释，则"八病"不为虚有。又据初唐卢照邻《南阳公集序》语"八病爰起，沈隐侯永作拘囚"，王应麟《困学纪闻》卷十引北宋李淑《诗苑类格》语"沈约曰诗病有八：平头、上尾、蜂腰、鹤膝、大韵、小韵、旁纽、正纽。唯上尾、鹤膝最忌，余病亦通"，南宋魏庆之《诗人玉屑》卷十一类似用引，则八病之说创自永明，大约可定。虽有南宋阮逸《中说·天地篇》注释之狐疑、清纪昀《沈氏四声考》之迷惑（《畿辅丛书》），其实难以更改。近人郭绍虞撰《永明声病说》（见《照隅室古典文学论集》上篇），罗根泽撰《魏晋南北朝文学史》，刘大杰编《中国文学批评史》(上海古籍出版社1979年10月新1版),皆持此见,则声病归属之讨论,已渐趋一致。⑨

关于八病之详细探讨,下文还有细说。

四声八病是中国诗人首次将声律原则应用于声律实践的开山之作,其重要性和影响不言而喻。自四声八病起,论界虽间有异议,但律句观念渐沁入人心,律句调声实践一发而不可收。永明之后,调声腾跃,风气延至中唐。观中唐《文镜秘府论序》:

> 沈侯、刘善之后,王、皎、崔、元之前,盛谈四声,争吐病犯,黄卷溢箧,缃帙满车。⑩

《文镜秘府论·天序篇》记:

> 贫道幼就表舅,颇学藻丽,长入西秦,粗听余论。虽然志笃禅默,不屑此事。爰有一多后生,扣闲寂于文囿,撞词华乎诗圃;音响难默,披卷函杖,即阅诸家格式等,勘彼同异,卷轴虽多,要枢则少,名异义同,繁秽尤甚。余癖难疗,即事刀笔,削其重复,存其单号,总有一十五种类:谓《声谱》《调声》《八种韵》《四声论》《十七势》《十四例》《六义》《十体》《八阶》《六志》《二十九种对》《文三十种病累》《十种疾》《论文意》《论对属》等是也。配卷轴于六合,愚不朽于两曜,名曰《文镜秘府论》。⑪

《文镜秘府论·西卷》记:

> 颙、约已降,兢、融以往,声谱之论郁起,病犯之名争兴;家制格式,人谈疾累;徒竟文华,空事拘检;灵感沈秘,雕弊实繁。窃疑正声之已失,为当时运之使然。洎八体、十病、六犯、三疾,或文异义同,或名通理隔,卷轴满机,乍阅难辨,遂使披卷者怀疑,搜写者多倦。予今载刀之繁,载笔之简,总有二十八种病,列之如左。其名异意同者,各注目下。后之览者,一披总达。⑫

诸种探讨，名目繁多，约略可以想见两百年间消息。当然，永明声律属于"四声系统"（迄无资料说明永明声律属于平仄二元系统），其律句观念复杂而多变。四声二元化和更简洁的声律规则，大概要待其后两百年的努力了。

三、蔓衍于诗、词、曲

自永明始，声律实践经唐、宋、元而臻鼎盛。律句探讨大约经历了从五言、五七言、六言、到三四五六七言，从齐言到杂言，从四声系统、平仄系统、到四声平仄系统合流⑬，从诗律到词律曲律，从粘对律到词曲律（粘式律消失，而增加其他规律，本文将就此作详细研究）等各个层面的不同发展阶段，并在一定阶段形成各自成熟的律句体系。律句观念也因此从五言、齐言扩大到杂言，并最终涵盖整个汉语言诗歌所能允许的各种句式。故曰律句观念蔓衍于诗、词、曲。

这个阶段大约又可以分为三个小的阶段：（一）从八病（齐言四声系统）到粘对（齐言平仄系统）；（二）从粘对（齐言平仄系统）到词律（杂言平仄系统）；（三）从词律（杂言平仄系统）到曲律（平仄四声系统合流）。

（一）从八病到平仄系统的扬弃

八病者，"一曰平头（或一六之犯名水浑病，二七之犯名火灭病），二曰上尾（或名土崩病），三曰蜂腰，四曰鹤膝，五曰大韵（或名触绝病），六曰小韵（或名伤音病），七曰傍纽（亦名大纽，或名爽绝病），八曰正纽（亦名小纽，或名爽切病）"⑭（见《文镜秘府论·西卷·文二十八种病》）。观此八病，极为细致，然论律自是越详细越好，为文则不能若是之琐碎。八病的扬弃，成为后代诗人必须的工作。此间琐碎反复的细节，自然难于为后人所知，但约略分析，亦不难看到其中演变的轨迹。

【平头】按《文镜秘府论·西卷·文二十八种病》，"五言诗第一字不得与第六字同声，第二字不得与第七字同声。同声者，不得同平上去入四声，犯者名为犯平头。"⑮平头提出一六字不可同声调，实质要求联内声调相对，讲的是对仗原则问题，据后来衍生出的水浑、火灭、木枯、金缺诸病，要求一六、二七、三八、四九字俱不可同声调,可以很清晰的看到这一点。四声二元性被发现之后,这一规则自然就演变成要求联类平仄对仗,五言二二一节奏被发现或者说偶位的重要性被发现后,字字对仗遂有了弹性,严格者讲字字相对,宽松者讲偶位相对即可,遂演变成了律诗中的联内对句。

【上尾】按《文镜秘府论·西卷·文二十八种病》,"五言诗中,第五字不得与第十字同声,名为上尾。"[16]上尾实质上是更严格的隔句用韵原则,其形象解释就是突出一联之尾,务使联联韵气相连,不被一三五句同声母、同韵母或同声调之字割断韵脉。这一原则甚至被应用于文章:

> 或云:其赋颂,以第一句末不得与第二句末同声。……沈氏亦云:"上尾者,文章之尤疾。自开辟迄今,多惧不免,悲夫。"若第五与第十故为同韵者,不拘此限,即古诗云:"四座且莫喧,愿听歌一言。"此其常也,不为病累。其手笔,第一句末犯第二句末,最须避之。……凡诗赋之体,悉以第二句末与第四句末以为韵端。若诸杂笔不束以韵者,其第二句末即不得与第四句同声,俗呼为隔句上尾,必不得犯之。……刘滔云:"下句之末,文章之韵,手笔之枢要。在文不可夺韵,在笔不可夺声。且笔之两句,比文之一句,文事三句之内,笔事六句之中,第二、第四、第六,此六句之末,不宜相犯。"此即是也。[17]

后来这一原则得到扬弃,除首句故意押韵者不遵守外,其它联则严格贯彻此原则,并变四声为平仄,最终成为律诗中的模样。

【蜂腰】按《文镜秘府论·西卷·文二十八种病》,"五言诗一句之中,第二字不得与第五字同声。言两头粗,中央细,似蜂腰也。"[18]蜂腰病实质讲的是节位相对原则,关系永明人对诗歌节奏的基本认识,其演变意义重大。《文镜秘府论·西卷·文二十八种病》引刘善经言:

> 刘氏曰:"蜂腰者,五言诗第二字不得与第五字同声。古诗曰:'闻君爱我甘,窃独自雕饰'是也。此是一句中之上尾。沈氏云:'五言之

中,分为两句,上二下三。凡至句末,并须要杀。'即其义也。刘滔亦云:
'为其同分句之末也。其诸赋颂,皆须以情斟酌避之。如阮瑀《止欲赋》
云:"思在体为素粉,悲随衣以消除。"即"体"与"粉"、"衣"与"除"同声是
也。又第二字与第四字同声,亦不能善。此虽世无的目,而甚于蜂腰。
如魏武帝《乐府歌》云"冬节南食稻,春日复北翔"是也。'刘滔又云:'四
声之中,入声最少,余声有两,总归一入,如征整政只、遮者柘只是也。
平声赊缓,有用处最多,参彼三声,殆为大半。且五言之内,非两则三,
如班婕妤诗曰:"常恐秋节至,凉风夺炎热。"此其常也。亦得用一用四:
若四,平声无居第四,如古诗云"连城高且长"是也。用一,多在第二,如
古诗曰"九州不足步"此,谓居其要也。然用全句,平上可为上句取,固
无全用。如古诗曰"迢迢牵牛星",亦并不用。若古诗曰"脉脉不得语",
此则不相废也。犹如丹素成章,盐梅致味,宫羽调音,炎凉御节,相参而
和矣。'"⑲

显然,从沈约到刘善经,关于诗句有分节且节尾字声须相对的看法基本一
致,关于五言诗的具体节奏其看法则已有显著变化。沈约认为五言"上二下三",
即五言为"二三"节奏,包含二三两节,两节尾字为第二第五字,故第二、五字须声
调相对;刘善经虽不反对沈约,喻其为一句中之上尾,但更强调"又第二字与第四
字同声,亦不能善。此虽世无的目,而甚于蜂腰",并引刘滔言论作为佐证,则显
然已将五言看成"二二一"节奏,因此才有对偶位两字重要性的特别强调。从中
可以看出,蜂腰原则在实际律句探索中已发生明显的意义变化。在四声二元化
的催生下,蜂腰原则最后为更根本的二字节节位相对原则所替代。当蜂腰原则
演变为二字节节位相对原则,律句的观念便发生了实质性的飞跃,成熟律句的生
成已为期不远了。

【鹤膝】按《文镜秘府论·西卷·文二十八种病》,乃"五言诗第五字不得与第十
五字同声。言两头细,中央粗,似鹤膝也,以其诗中央有病"⑳。鹤膝强调的仍然
是严格隔句用韵原则,即诗中奇句句尾固不可以乱韵,就是同声调亦须避忌,其
作用与上尾略同。鹤膝原则在律诗中虽未强调,但实质上仍被保留:

【大韵】"五言诗若以"新"为韵,上九字中,更不得安"人"、"津"、"邻"、"身"、"陈"等字,既同其类,名犯大韵。"㉑

【小韵】"除韵以外,而有迭相犯者,名为犯小韵病也……就前九字中而论小韵,若第九字是"潒"字,则上第五字不得复用"望"字等音,为同是韵之病。元氏曰:"此病轻于大韵,近代咸不以为累文。""㉒

大韵小韵目的都是为了突出韵的存在,大韵讲十字中不能出现与韵脚韵母和声调均相同的字,小韵讲十字中不能出现韵母与韵均相同的字。由于过于烦琐,大韵小韵实际上在律诗中已不过分强调了。

【傍纽】"五言诗一句之中有"月"字,更不得安"鱼"、"元"、"阮"、"愿"等之字,此即双声,双声即犯傍纽。亦曰,五字中犯最急,十字中犯稍宽。"㉓

【正纽】"五言诗"壬"、"衽"、"任"、"入",四字为一纽;一句之中,已有"壬"字,更不得安"衽"、"任"、"入"等字。如此之类,名为犯正纽之病也。"㉔

傍纽讲一句之中避免声母相同之字,正纽讲一句之中避免声母、声调均相同之字,实质上都是为了强调"异音相从"的错落美,避免音韵上的单调,然而却忽视了诗歌另一种更为优美的声音原则"同声相和",故而这个病犯其实不仅不为诗人所反对,倒常常成为高明诗人追求的目标。复沓、双声、叠韵、顶真、连环等技巧所造成的优美诗歌如《西洲曲》《春江花月夜》《代悲白头翁》《春江花月夜》《葬花词》等,足可以说明这个问题。后来律诗,很少在这个问题上纠缠的。

由以上分析可知,八病到律诗粘对,是很复杂的过程,有扬有弃有转化。蜂腰原则所蕴涵的句内节节相对观念,平头原则所蕴涵的联间对仗观念,上尾所蕴涵的隔句押韵观念,皆被律诗所继承。大小韵的烦琐,傍纽、正纽的偏颇,则被律诗实践所抛弃。惟律诗形成过程中的四声二元化和粘式律两大发现,则非八病所能涵盖,当属永明后的新发现。粘的规律,现今最早最完整叙述当为《文镜秘府论·天卷·调声》引元兢《诗髓脑》遗文之所论"换头术",该段文字复现于托名王昌龄《诗格》中,颇为重大发现;杜晓勤在《齐梁诗歌向盛唐诗歌的嬗变》中,对粘式律的演变轨迹有较为详细的讨论㉕。至于四声二元化的演变历程,则仍属迷团,尚须大力发掘,而对于律句的形成而言,四声二元化的重要性,远比粘的规律来得重大。

(二)从齐言平仄系统到杂言平仄系统的演变

四声二元化起于何时,迄于何时,迄今尚无定论。但至迟至沈宋律诗完成,四声二元化应已接近完成。四声二元化的直接结果就是形成后来启功书所总结的竹竿律。竹竿律与齐言粘对规则相结合,形成的是成熟五七言律诗及六言律诗;竹竿律与杂言结合,则形成多种多样的长短句体系。从齐言律诗到杂言长短句,这个过程相当漫长,从中唐一直延续到宋末。关于长短句声律体系的性质、类型和各种规律,正是本文研究的重点。

(三)从杂言平仄系统到平仄、四声系统合流

从元曲开始,入声渐渐消融,上去从严,律句体系也从杂言平仄系统逐渐转变为与四声系统合流。从杂言平仄系统到平仄四声系统合流,此中的演变细节,尚须作进一步研究。元周德清著《中原音韵》,已是结果。明王骥德著《曲律》,论及曲律之平仄、阴阳、韵、闭口字、务头,所论甚细,然略止于经验,于律句的理论概括尚然有亏。

律诗、词、曲,是汉语律句实践逐渐深化扩展的阶段。这一阶段形成了四种成熟的律绝、四种成熟的律诗、两千余种词体以及若干曲体,律句观念也因此逐渐深化扩展。但整个律句观念仍处于零散的经验阶段,真正的总结,要等到清人完成。

四、规模于清

清代先后出现了带有总结性的描述诗律体系的若干诗谱、描述词律体系的若干大型词谱以及描述曲律体系的大型曲谱,这些描述皆带有理论研究和探讨性质,律句观念在这些诗谱、词谱、曲谱中得到了空前广泛的展示,故而说律句观念规模于清。

清的诗律谱,清初王士祯及其弟子论诗律,形成《律诗定体》、《王文简古诗平

仄论》,是为首创;赵执信求王说不成,发奋排比唐人诗集,著为《声调谱》;翟翚编《声调谱拾遗》;翁方纲著《五言诗平仄举隅》、《七言诗平仄举隅》,皆为初步研究诗律之著作;其后董文焕据赵氏之说增订为《声调四谱》,讨论平仄拗救,蔚为详瞻,允为总结。词则自明代以来,任意为长短句,张綖著《诗余图谱》、程明善著《啸余谱》,用意纠订词调,有开拓之功,但错误良多;清万树遂发奋著《词律》,收词660余调、1180余体,徐本立为之作《词律拾遗》,增至调825、体1670余,词律遂有可靠版本;康熙年间陈廷敬、王奕清复等以词律为基础编成官方大型词谱《钦定词谱》,清末秦巘则独立编成大型词谱《词系》,词律遂备。㉖曲谱则有王奕清等因朱权《太和正音谱》、沈损《南曲谱》编成《钦定曲谱》,收北曲曲牌335个,南曲曲牌811个。又有李渔《闲情偶记·词曲篇》,视词曲于一辙,辨填词之难、制谱之误、词韵之守、曲谱之遵,并拗句、上声、入韵、务头等各种律句相关观念,律句研究达到一定理论水平。

诗谱、词谱、曲谱的相继完成,是以平仄系统的律句声律为基础的,曲谱则略杂有些许四声律句。丰富而复杂的杂言律句的审定,表明律句观念已进入到一个系统化的阶段。

五、概括于王力

王力作《汉语诗律说》㉗,第一次以一人之力系统考察诗、词、曲三大诗歌样式的句式及格律特征,并对三言、四言、五言、六言、七言、八言、九言句式的格律特征及律句的可能情况做了详尽分析,较之清人诗谱、词谱、曲谱的分立考察又前进了一步。故曰律句观念概括于王力。

遗憾的是王力的律句观念尚有拘束,虽已归纳三、四、八、九言的律句形式,但出言谨慎,并未从系统上提出统一的律句概念。这一理论上的最后突破是由启功完成的。

关于王力的律句观念的讨论详见下节。

六、升华于启功

启功撰《诗文声律论稿》②,以"竹竿律"和"竹竿三字脚律"(我的概括)概括诗(广义的诗歌,包括词曲)文中大量出现的纷繁复杂的律句现象的本质规律。这一理论概括是建立在清人对诗律词律曲律所进行的大量基础研究的基础之上,沿着王力诗词曲律句系统全面考察所指引的研究方向,对汉语诗律所进行的一次具有深刻洞察力的理论总结,是对王力律句系统考察的升华,既具有理论上的深刻性,又具有实践上的巨大指导意义,同时又因其通俗形象而易于被理解。至此,汉语诗歌律句有了明确而统一的判断标准,汉语诗律观念遂达到了一种透彻明晰的理论高度。故曰律句观念升华于启功。

从清初王士禎刊布诗律首论之作《律诗定体》,到1958年王力出版诗律通论之作《汉语诗律说》,到1976年启功发表声律总结之作《诗文声律论稿》,可以看出三百年以来律句观念发生了明确演进,概括起来约略有以下几点:

(1)律句观念涵盖的文体范围逐渐扩大。王士禎尚只能就诗论律句,依据的是经验;王力已经论词和曲的律句,依靠的是比附的方法;而启功则从逻辑上,将律句范围扩大到了所有诗文,真正使汉语律句具有了普遍意义。

(2)律句观念涵盖的句式对象亦逐渐扩大。王士禎只能就诗歌论五七言,王力依据比附的方法论及词曲的一至九言律句,启功则依据逻辑的方法抛开文体备论一至九言律句。启功最终完成了对汉语诗文律句所有形式的理论概括。

(3)律句观念由经验走向理论,由繁复走向概括,由芜杂走向简洁。王士禎并无明确律句概念,只谈各种合律与拗救;王力以三四六言比附五七言,关注对象扩大了,讨论却走向明晰化和类化,以五言完美律句为核心,其它皆定为拗,渐次讨论诗、词、曲各种句式的律和各种层次的拗,理论上给人一种通贯严明的感觉;至启功,则高屋建瓴,淘沙拣金,次第考察律句的平仄、节、平仄交替、三字脚,拈出平仄竹竿律统帅所有律句现象,直入律句本质。律句观念从二王到启功,关注的范围是空前扩大了,得到的结论却空前简洁了。

(4)对具体律句现象的看法,如一三五不论、二四六分明、孤平、拗句、拗救等,也随着律句观念的深化而逐渐走向深入,渐趋于理性与客观。王士禛的看法可以说完全是经验上的归纳;王力则开始对大量归纳的经验进行理论分类并尝试解释,他以节奏点解释一三五的不论,以长短律解释二四六的分明,以更明白的方式提出孤平概念,以更果断的态度区分律拗,对拗句进行详尽的归类和讨论等等,其归类虽未必妥当(如对律拗),其解释虽未必尽正确(如长短律),但比之晚清,其看法无疑更深入一层,其认识无疑更具有客观价值。而到了启功,则是以一种理论大家的态度来剖析格律规律,得到诸如一不论三有条件五必论、二四六务必分明、孤平实指两平夹一仄等更符合实际更精到的结论,其对具体律句现象的看法无疑在王力的基础上又前进了一大步。

(5)对律句本质的认识,发生了飞跃。王士禛谈不上对律句本质有什么认识;王力则以"长短律"解释律句的本质,提出平仄递变的规律;至启功又发生了变化,以"扬抑律"来解释律句的本质,并提出虽然通俗却极具理论穿透力的"竹竿律"。王力和启功的认识显然比王士禛要高明许多。

相对于王力,启功的"竹竿律"具有明显的突破。

第一,坚持"平仄递变"规律的基础性地位,并予以理论解释。

我们知道,王力在平仄递变上是矛盾的。它一面在理论叙述中模糊地将其作为一个声律原则,一面又在实际讨论中说"二四六不一定分明"的话,它的态度始终是游移的,不坚定的,可见他对这一原则的声律意义认识不足。而启功则在所有讨论中都坚定不移地贯彻了这一规律,并从理论角度予以了坚决肯定。"平仄递变"规律是受到当代"双音词后重"实验结果支持的。

第二,发现不平等原理的两个具体规律:"节尾平仄严于节首","尾节格律严于首节",并将其运用于解释特殊声律现象。

启功发现了"节尾重于节首"的事实,将其运用到律句中,形成"节尾平仄严于节首"的观念,并发明"平节"、"仄节"概念,来解释"一三五不论"背后隐含的合理性。虽然启功那时候尚无实验证明"双音节后重"的音节重音规律,但启功仍然敏锐觉察到这一现象的理论意义,举"盒底重于盒盖"来概括这一现象,并将它提升到理论高度,实际上承认了"一三五不论"隐含合理性。"一三五不论"的存在,实际上巩固了"平仄递变"合理性。而在王力那里,模糊提出"一三五不一定不论"的观念, 更多的是将"一三五不论"作为反面经验严加讨论的。

启功发现了律诗"各节宽严不同"的事实,将其运用到律句中,形成"尾节格律严于首节"的观念,并依据这一观念,结合事实,提出"五则没有不论的"的观点,并提出"三字脚"必须严守平仄(结果是形成各种符合完美竹竿规律的三字脚,启功只是罗列了几种三字脚,没有给予名称,我把它命名为"完美三字脚"或"竹竿三字脚")。

"节尾重于节首"的认识,也许只是传统的发挥;而"各节宽严不同",则完全是启功的发现,这两个发现对于律句理论是关键性的。

第三,发明"竹竿律",以"竹竿律"统帅各种律句现象,将"竹竿律"运用到分析所有诗文句式(启功只有比方和实际应用操作,没有给予明确命名,这个名称系笔者概括)"竹竿律"总结各种声律现象:双音节奏、平仄重复递变、三字脚、押韵等,组合多重声律要素:节(步、顿)、节重音、韵、句重音、平仄等,集合诸种声律原理:"节奏原理"、"复现原理"、"协对原理"、"侧重原理",在这些原理作用下形成了一个完整的体系。"竹竿律"不仅仅只是一条声律规律,而是关于声律规律的一个非常丰富完备的理论体系。

如果非要指出启功的"竹竿律"还有什么不足的话,那么也可以在这里吹毛求疵找到几点。首先、启功先生将竹竿律的平仄解释为"扬"和"抑",恐怕仍需商榷;第二、启功并没有明确提出"竹竿律"、"完美三字脚"、"竹竿三字脚"等理论概念,这些概念需要后人从他的著作中自己体会;第三、在个别细节的讨论处还可商榷,如关于"孤平"的认识,关于律句合律问题的具体判断,以及各种拗句的具体归类等等。其中有些问题,如竹竿律的本质,孤平的评价,拗句的认识,仍然是悬而未决的问题,大有进一步研究的余地。

遗憾的是,迄今为止,理论界对启功的理论概括反响寥寥,或者以为所持皆为常识,不过经验之谈,不足一论;或则以所论至简至省,遂归为一隅之理论,皆未能重视、洞察其于中国诗歌声律的关键意义。洛地著《词体构成》,所持律句理论与启功接近,表述略有不同,迨始以相类理论观念研究文学,所得颇能引人侧目,可以预见此一理论在文学研究和实践领域的广阔前景。

最后,我们对律句观念演变的六个阶段作一总结,以诗歌形式表示如下:

> 律句精神始永明,诗词曲律蔓生成。
>
> 规模建具清群匠,通于王力结于功。

注　释:

① 范文澜:《文心雕龙注》,第552–553页,人民文学出版社1958年。本文所引文字的加点或加粗,除非特加说明,皆系笔者所加,以下皆同,不再出注。

② 参见《南史》卷三十四"列传"第二十四。

③ 参见《南史》卷五十七"列传"第四十七。

④ 参见《南齐书》卷五十二"列传"第三十三"文学"。

⑤ 参见《南齐书》卷五十二"列传"第三十三"文学"。

⑥ 参见《宋书》·《谢灵运传》。

⑦ 张伯伟:《全唐五代诗格校考》,第93页,陕西人民教育出版社1997年。

⑧ 王应麟:《玉海》,第七卷,四库全书本子部十一。

⑨ 以上关于"八病"资料演变,参看袁行霈主编《中国文学史》(高等教育出版社1999年版)第二册P140,本文略作总结,断以己见。

⑩ [日]遍照金刚撰,卢盛江校考:《文镜秘府论汇校汇考》,第14页,中华书局2006年。

⑪ [日]遍照金刚撰,卢盛江校考:《文镜秘府论汇校汇考》,第24页,中华书局2006年。

⑫ [日]遍照金刚撰,卢盛江校考:《文镜秘府论汇校汇考》,第887–888页,中华书局2006年。

⑬ 略论从四声系统、平仄系统、到四声平仄系统合流——此是中国声律演变之大流,然亦是诸家众讼纷纭之焦点。其源皆出于不明四声、平仄、宫商之异同。三者异同,大致在于:(1)四声之平上去入乃"声律",平仄乃声律之分类简化,宫商角徵羽乃"乐律",三者性质根本不同,不可相混;(2)四声声调,可以附会宫商角徵羽,然只有大略,并无确切关系,一则二者只有"音高走向"或曰"调形"上的模糊关联,二则此一关联随时代、地域声调相异而随时异;(3)四声附会乐律之法有二,一为"以字行腔",或曰"声依永",即四声变为音乐宫商之法,《诗经》、原始

乐府歌、早期民歌形成及地方戏曲形成多用此法,然非天才润色不能成腔;一为"以腔填词",宋词音乐家偶然附会此事,如姜夔、周邦彦者,次者之流则将依此所填之"词牌"作腔,逐字填入四声,矜之曰知音律,然宋词大流皆不主用此二法,前一法至元明清曲学则略有复兴;(4)四声可简化为平仄,然平仄律则宛然独立于四声,实乃诗歌中卓然独立之形式规则,此规则至唐齐言与长短句大盛,此后笼罩中国诗歌一千四百余年;(5)平仄律虽渊源于永明四声八病之究,然平仄分立与永明四声论无涉,与宫商相去更其已远,性质已全异,若再作附会,便已不通,然历代论家,于此处皆彷徨莫定,附会滋多。以三者论于永明以来中国诗歌格律大势,则永明体主讲四声,而有若干以四声附会宫商;律诗主讲平仄,而常以四声讽诵以作润色、词主讲平仄,先付之口耳以改定偶有不谐者,后则专讲平仄以迄于今;曲主平仄而旁及四声与宫商。自永明至律诗至词至曲,声律夹淆于乐律,此间消息变化,内行不能通了,外行益加猜测,诚恳之言杂于隔膜之语,真知之论间为讹误之说,历代明晦之论,鱼龙混杂,再以沈约、李清照等人之偶然夸饰,附会者之推波助澜,真相遂致淹没。关于中国四声与宫商关系的资料,以吴相洲之《永明体与音乐关系研究》所萃最为宏富,可资参看。吴通四声与宫商之纽,于四声与平仄之别则欠研究,行文颇杂四声、平仄,虽较稳妥,然亦有缺憾,取其资料,以本文观念庖丁解之,则四声、平仄、五声的关联区别,皎然在目,古人正讹猜测,正判然可别。关于平仄之研究资料,向无集萃,则本文重点于此。

⑭ [日]遍照金刚撰,卢盛江校考:《文镜秘府论汇校汇考》,第907页,中华书局2006年。

⑮ [日]遍照金刚撰,卢盛江校考:《文镜秘府论汇校汇考》,第913页,中华书局2006年。

⑯ [日]遍照金刚撰,卢盛江校考:《文镜秘府论汇校汇考》,第931页,中华书局2006年。

⑰ [日]遍照金刚撰,卢盛江校考:《文镜秘府论汇校汇考》,第939–940页,中华书局2006年。

⑱ [日]遍照金刚撰,卢盛江校考:《文镜秘府论汇校汇考》,第949页,中华书局2006年。

⑲ [日]遍照金刚撰,卢盛江校考:《文镜秘府论汇校汇考》,第956页,中华书局2006年。

⑳ [日]遍照金刚撰,卢盛江校考:《文镜秘府论汇校汇考》,第973页,中华书局2006年。

㉑ [日]遍照金刚撰,卢盛江校考:《文镜秘府论汇校汇考》,第1000页,中华书局2006年。

㉒ [日]遍照金刚撰,卢盛江校考:《文镜秘府论汇校汇考》,第1008页,中华书局2006年。

㉓ [日]遍照金刚撰,卢盛江校考:《文镜秘府论汇校汇考》,第1015页,中华书局2006年。

㉔ [日]遍照金刚撰,卢盛江校考:《文镜秘府论汇校汇考》,第1038页,中华书局2006年。

㉕ 杜晓勤:《齐梁诗歌向盛唐诗歌的嬗变》,北京大学出版社2009版。

㉖ 关于明清格律谱演变过程,参看刘永济《(刘永济集)宋词声律探源大纲 词论》,第71

页,中华书局2007年。

㉗ 王力:《汉语诗律学》,上海教育出版社1962年新版。

㉘ 启功:《汉语现象论丛·诗文声律论稿》,中华书局1997年。

启功先生谈文化与美术史

□ 薛磊 整理

咱们亚洲的文化,据我所知道,印度中国最早。

夏我们不知道,夏朝的文化现在在河南那里挖,不知道怎么样。商就是甲骨文字和青铜铸的鼎彝。传说周朝有九鼎,后来说没在水里了,那说是政权的标志,事实上周朝在平王东迁之后已经没戏了。现在讲古代文化就是周鼎商彝,再往上是甲骨文字。广东容庚有《商周彝器通考》,他为研究商代文字,就研究商周彝器,很有成绩。现在竹简帛书越挖越多,对于古代文化弄得比较清楚点。

现在让咱们最为难的是四川的三星堆,铜像比人还高,金脸。盖了个博物馆全陈列在那里。那是巴蜀的文化。李白《蜀道难》说:"蚕丛及鱼凫,开国何茫然。尔来四万八千岁,不与秦塞通人烟。"可见早在李白的时代,对于巴蜀的文化也都只是估计之辞了。

汉代初年窦太后开始讲黄老之学。然后就是董仲舒那套公羊学。这些东西与其说是学,不如说是文化,讲什么尊王攘夷,什么大一统这一套。这是它的思想基础。汉代有了五经。后来又有七经九经,到了后世的十三经就没有什么意思了。《尔雅》是一本字典,却列入经,这不是笑话吗?汉代让人念《孝经》。《孝经》就是让人孝父母。这个不用人教,谁不知道父母是养育自己的人?这是人为的念儒家的东西。到了汉末熹平,那已经不行了,它就立石刻的儒家经典。到了曹魏的正始,又立三体石经,古文小篆隶书三种字体。

中国的文化,商周以下,我们现在说构成美术条件的一套东西。文化到哪里,随着文化表象的外在装饰性的东西就是美术。礼乐那些虚荣的表象我们就不知道了，表现出来就是铜器或者其他东西。比如说马王堆轪侯夫人的服装被褥，都是绣的，很讲究。还有帛画也非常好，是出殡时用的幡，那是它的艺术品，都在坟里。这种东西汉墓出土的还有，但是很多都腐烂了。过去研究汉代文化，有形象可看的，就是石头上刻的一些字，文人比如洪适的《隶释》《隶续》所研究的，就是那些隶书的字，大伙觉得了不起了。立《西岳华山庙碑》已经是东汉末年，现在有华阴本藏在故宫。王宏撰（华阴本原藏者——整理者注）对他儿子说，非得我的允许，不得请朋友来题字。宝贝得不得了。其实这不过是东汉末年祭西岳华山的碑，能算什么呢？大多数真正算美术的东西在颠颠倒倒的革命和战争中全完了。后来熹平石经也只剩点碎块，有人搜集这些碎块，也凑不起整碑来。正始石经也就是残块。真正汉朝人的服装生活制度不知道。书上说那时威仪什么样子，车什么样子，朝廷的宗庙礼节什么样子的，谁也说不出来。到了六朝唐代，才能知道一些人的生活。《历代帝王图》（藏美国波士顿美术馆——整理者注）画得好极了。《世说新语》里说一个人出来能掩映多少人，我觉得人怎么能掩映别人？《历代帝王图》里皇帝出来，好几个人驾着胳膊，那当然挡了好些人，那就是"掩映"。

现在我们讲东亚文化和美术，离不开佛教。这是个大轮廓我们心里要有个数。东亚和东南亚全被佛教掌握。朝鲜让唐朝打了一回，打败了，他们信的程朱这套，因为与中国离太近了，但是也有佛教。日本传了由印度来的唐密，空海传到日本，叫东密，也称真言宗。还有一个是最澄传的智顗天台宗。那些个仪轨太难记，念阿弥陀佛最简单，后来就有了日本的净土宗。日本的美术很大一部分是佛教美术。研究佛教美术史还要掌握东南亚的部分。东南亚的艺术全是佛教。现在我们要研究东南亚，只能参考外国的美术史。东南亚传去的都是小乘上座部，讲阿含经。东南亚以前全用汉字，现在都消灭了。但是有汉字也不见得是汉文化，是汉字写的佛教文化。泰国仍然是小乘佛教统治。柬埔寨有吴哥窟，纯粹就是拈花微笑之类的佛教故事，就跟敦煌墙上的一样，但是是南方热带人的服装。研究东亚的美术，离不开佛教的流传这把钥匙。要抓住佛教的发展。佛教走到哪，一片文化生活美术作品全有。

中国到了汉末,佛教传进来,本国的文化就让佛教占去一大半。最厉害就是梁武帝时期,自己舍身同泰寺。北魏崔浩则用道教这套东西把佛教举出来。老子就没有这套东西,这套全整抄佛教来的。佛教的这套办法让道教人用来装饰,摇身一变就成了道教。从前只有道家,没有道教。道教是打北魏才开始树立的。

研究中国的美术,六朝以后就离不开佛教。传说后汉摩腾和竺法兰带来《四十二章经》,到了洛阳,在白马寺住下(现在有人说不是那时的东西,是后人编造)。后来玄奘取经回来,在长安轰动民众。唐太宗征高丽,走到洛阳,玄奘去见他。皇帝说你跟我去,不放心他。他要在都城里有那么多信众。玄奘推辞说年岁大了,就在这庙里翻译佛经,请皇帝派人看着门,不让人进来干扰我。于是皇帝很高兴,派人来把守着白马寺。玄奘最早就在这里译佛经,后来才移到其他地方。这里头所出现的情形就是中国文化跟佛教文化的交战。

这个时期出现的现象就有许多值得研究的东西。许敬宗修《晋书》,唐太宗给四个人的传写赞:司马懿、司马炎、王羲之、陆机。这四个传后面都是“制曰”,说明是皇帝亲自写的。司马懿、司马炎是影射李渊和他自己。他喜欢王羲之字,有《温泉铭》。他的文章学陆机。这就是唐朝初年的文化。所以要讲书法,要把书法列入中国美术的重要组成部分,打唐初开始。唐初唐太宗起就厉害了。唐初的书法很精很美。到了武则天的时候则全是草书。写《升仙太子碑》,全是草字,不认得。孙过庭《书谱》也是草书写的。武则天还改了文字,改了十几个字。人家越改越简单,她越改越复杂,弄不清。酷吏是她用的,可是文化她也用。

美术离不开文化,文化离不开政治。我们要讲美术史不追溯到政治的兴衰和统治者的意图,要弄不清这个,美术文化没法讲。宗教那一套东西也复杂得很,老百姓到那里磕头,保佑自己长生不老或者死了之后到极乐世界。这个的影响太大了,皇帝也没法办。五几年有个牙科医生,有朋友去世,他告诉人家孩子要传“幽冥戒”。这人都去世了,传戒怎么遵守?大伙就乐。有人说,现在讲马列主义,你怎么传“幽冥戒”?他说马列主义能管活人,但是管不了死人,我这管死人。这两句话是非常可笑的,但却是统治者最怕的。宗教就捏着死后的。统治者只能管活着的时候。我觉得不管研究什么文化,什么时代的美术,也不管哪个国家或者部落的美术,离开这个框架没法下手。

刺绣、建筑、文字、图画。那些东西可以知道有些书可以查。建筑傅熹年先生知道得透彻极了。挖出地基多少,高度一定多少,坡度都能知道。但是这不是外行所能知道的。我听过梁思成讲过中外建筑,不懂,只是看热闹,看图片。瓷器、玉器、纺织、铜器,到了文字就是甲骨周鼎商彝碑版。书法文字也表现文化。我有一本碎块,唐朝人写的佛教。那看得清楚,越早越难瞧,越写越漂亮。文字和绘画是我比较熟悉的部分。其他的不懂就是不懂。我可以知道那东西有意思,但是说不出所以然。古文字我可以知道它怎么变迁来的,我有《古代字体论稿》讨论这个。但是怎么就变成那样,我说不出来。笔出现时就一撮小毛,精细得跟一根竹筷子一样,怎么写的? 不知道。

(以下部分为先生关于唐代以后文化与政治关系的谈话,因与美术史没有直接关系,且可单独成章,特从上文中抽出,单列于此——整理者按)

宋儒的那套东西他们口头说是孔子,事实上讲的理气性命都是华山道教那里来的,用的那套办法则全是佛教来的,程颐结果反而骂佛教是夷狄之学。邵康节(雍)老老实实挑着道家的旗号。周敦颐又给蒙上一层儒家的东西。程颢还是跟着周敦颐张载。濂洛关闽中的关就是张载,闽就是朱熹。佛教所以能在中国兴盛的缘故,实在是因为理学不行。可是程朱理学说我们是中国的宗教,四书中说,子程子曰:"大学孔氏之遗书,而初学入德之门也。"子程子就是程颐。四书把《大学》《中庸》压在《论语》之上。《大学》《中庸》是孔子的孙子子思编的,孔子的孙子作的书压在孔子头上,这叫尊孔啊?《论语》和《孟子》说的内容很清楚,《大学》《中庸》绕了半天都是虚空的东西。

朱熹与张浚的儿子张栻关系很好,宋孝宗时就鼓吹这一套。朱熹到了庆元时期被禁了,等韩侂胄倒了之后又起来了。之后中国就让朱熹垄断了。金朝就挑出朱熹来。曲阜孔庙都是金朝盖的,"杏林"两字就是金朝的翰林承旨党怀英写的。中国的文化打金以后全是程朱的理气性命这套东西,用四书来麻醉人民。佛教不管在民间多盛,我这儿就用《四书》考试,考上了就有官做。就这么回事。元朝正式提出八股。科举考试拿《四书》作教科书,在《四书》里出题,作八股文。(金朝许衡刘英这些人投降元朝,说是帮着元朝来治理中国,大伙就骂,说你不是说尊王攘夷吗?怎么投降了。到现在国子监还有据说是许衡种的柏树。金朝许多遗民也称自己是理学家,元好问就是其中一位。崔立立功德碑,元好问也跟着敷敷衍衍。元好问提出李屏山是纯儒,其实就是迷信程朱这一派。)明代王阳明又抬陆九渊,完全就跟禅宗几派的争执一个样。

咱们说中国是儒家的思想文化,其实是程朱的文化。真正的孔子打金朝就变了。我们要把这个底子一明白,讲文化,中国在宋以前的文化是中国的文化,到金以后都是程朱的文化。所谓打倒孔家店,孔子倒霉透了,全是打倒程朱店。这个看法我很自信。宋儒先讲道学。明朝讲心学。清朝用程朱。康熙觉得心学不行,就用程朱,用李光地作的《性理精义》。(康熙曾派他去福建看耿精忠,回来后大家怀疑他投降三藩。后来李光地死了,康熙给他加了谥号文贞公,特别说明他没叛变,就是派他刺探敌情。)康熙是真正的政治家,做的事情全是为自己的政治服务,哪招合适用哪招。康熙一瞧光提倡四书不行,就去拜孔林,之后又拜明孝陵。给朱元璋磕头,统战政策特别好。这下汉文臣佩服得不得了,打那以后天下什么话都不说了。康熙四十年以后天下大定。

乾隆时期,清代学者用考证方法,戴震作《孟子字义疏证》,某一个字怎么讲,朱熹怎么讲,把朱熹驳倒。但是无论学者怎么研究,动不了科举制度。你还得念《四书》,这个厉害。一直到光绪末年先废八股,再废科举,也没用。清朝政府就是攥住了《四书》,你们都得念。我小时候就是念四书,但是那时已经不听这套了。先念《三字经》,再念《论语》《大学》难念极了。我祖父给我讲几句《孟子》。这是文化的脊梁骨,跟几个爪子。乾隆三十七年修四库。他这边修四库,那边还考八股念《四书》。三十九年川楚白莲教就起来了。所以乾隆三十几年以后,文字狱的手段很厉害,就是怕民族矛盾起来,想要压制,但是已经无效了。控制舆论不行,它的煽动力大得很。到了嘉庆时期有刺客行刺。最核心的统治都统治不了了。清朝真正完不是宣统,到道光就完了。到了咸丰,英法联军打进北京,他逃到热河,就衰微到极点。

整理者附记:2000年夏天,我正在启功先生门下攻读古典文献学博士。在先生的影响下,开始考虑由文献学转攻美术史,希望能借此扩充自己的学术视野,探索文献研究与视觉文物材料相结合的途径。当我惴惴地向先生表达这个不自量力的愿望时,却得到了先生的称许和支持。秋天开学不久,先生就提到希望找时间系统地讲述中国美术史,并嘱咐我录音记录。可惜讲了一次,就因先生事务繁忙中辍。次年我在先生的推荐和资助下,远赴纽约,到美术史研究的重镇哥伦比亚大学求学。这次讲话的录音带则由我一直珍藏至今。值此先生百年冥诞之际,将这段讲话录音整理发表,谨以此寄托我对先生的深深怀念。

先生自名"杂家",并不专治美术史,也没有大部头的美术史通论。但是所作的美术史个案考证研究(如《书谱》《自叙帖考》《董其昌代笔人考》《杨妹子考》和宏观论文(《谈诗书画的关系》《书画鉴定三议》)都是治中国美术史的必读篇目。诗词题跋的片言只语中蕴含的学养和卓识,更是值得读者反复琢磨。先生曾在辅仁大学和北大讲授过美术史,五十年代院系调整之后,就没有机会再正式开课讲授。不过从这段提纲挈领的讲话,不难窥见先生希望系统整理美术史论、嘉惠后学的心愿。

这段讲话计划是给初学者听的,听众又只有我一个,所以虽然有中心话题,内容却是由先生兴之所至随意发挥。有意思的是,先生虽然自我命题为美术史,这段开场白却着重在政治与宗教这两个层面。窃以为先生的深意在于强调美术是政治文化关系的表征。先生一生经历多次时代动荡,当然对此更加有切身体会。等我稍窥美术史的门径,再重听先生这段录音,才恍然大悟:从商周的青铜礼器到当代的实验美术,从敦煌石窟到日本的佛教雕塑,何尝不是与当时的宗教或世俗权力关系相为表里的呢? 美术的内涵,何尝独立于现实政治? 政治与宗教力量的冲突和互动,更是或幽或显地贯穿了美术史。会通视觉材料与文献记载,把握其中曲折微妙的关系,是当代美术史研究的核心内容之一。目前方兴未艾的以墓葬为中心的早期中国艺术研究,以视觉文化为出发点的宗教美术研究,

都是在某种程度上超越传统的审美视角,把美术纳入更复杂的政治和宗教关系中,从空间、观众、赞助者等多元的角度来考察。正所谓"汝果欲学诗,功夫在诗外"。先生当年的提醒,对于初学者来说,无异于醍醐灌顶,使我之后的学习少走了很多弯路。

另外值得提出的是先生的讲话并不局限于中国美术,而是以"亚洲"的概念贯穿始终。尽管历史上中国与周边地区的美术交流不乏其例,但是中国美术史经常还是被假设成一个自足的整体来理解。近年美术史研究的热门话题之一,就是在检讨欧洲中心主义的"亚洲"概念的同时,如何重塑"亚洲"的视角,探讨中国和其他地域间的互动,并把美术置于这个更大的图景中来理解。先生并未特地关注过这些问题,但是对于美术史高屋建瓴的了解使他对学术的发展方向具有很强的敏感性。随着自己见闻稍广,重读先生著作,这样的体会更深,方知"仰之弥高,钻之弥坚"并非虚美之辞。

先生的美术史研究中最为人所熟知的文章可能是《书画鉴定三议》。当年我读过不止一遍,但是始终不甚明白,严谨的学术研究为什么要掺和"世故人情"?孰料不久以后,第一次在国外重读到先生的论著,就是与几位纽约大学乔迅教授的博士生翻译讨论这篇文章。乔教授的研究理论性很强,我很好奇他为什么会让学生研读先生这篇趣闻多于说理的文章。后来略涉书画研究,才渐渐体会到先生所谓的"世故人情"在美术史研究中的重要性:有时只看题跋的表面恭维文字,不能把握作者的微言大义,由此而生发的理论研究就岌岌可危了。更有意思的是,先生处世外圆内方,自己的题跋文字,也常常不得不为"人情世故"所囿。了解了这段夫子自道,再读先生文字,就会特别留意其中的春秋笔法,甚至是故意留下的破绽。每有心领神会之际,欲向先生求证,斯人已逝,四顾怅然,是我最怀念先生的时刻。

"皮薄"与"皮厚"

——启功先生诗学观之一隅

□ 李　鹏

2001年,我幸运地考取了启功先生的博士研究生。开学初,我和同一级的四位同门(包括一位日本留学生)一起来到启先生家里问学。在谈到古典诗词曲时,我第一次听启先生说到"皮薄"与"皮厚"的问题。记得当时李鸣师兄还问启先生:"那先生您是喜欢皮儿薄的呢,还是喜欢皮儿厚的?"启先生微微一笑,诙谐地说:"我牙不好,喜欢皮儿薄的。"一句话,把大家都逗乐了。后来,我反复拜读启先生的诗作,印象最深刻的恰恰也是那些用日常语言写现代人日常生命体验的诗歌。依我粗浅的理解,启先生在诗歌创作中这种被王一川老师称为"旧体文学传统的现代性生成"①的有益探索,显然和他对于文学的看法有关。因此,我拟根据启先生的论诗(词)诗作、有关论著以及讲学记录等,将相关表述作一番排比,这样我们也许会对启先生在这方面的诗学观点有更清晰的印象。需要说明的是,这只是我拜读启先生论著及诗作的一份读书笔记而已,仅仅是希望通过这种学习能够重温一下当年向先生问学的温暖记忆,并借此略微发抒一下对先生的无比思念。由于仅就管见所及加以纂述,挂一漏万处及领会错讹处还请专家学者指正。

一

所谓"皮厚"、"皮薄",启先生在其《创造性的新诗子弟书》一文中有解释:"艺人称易懂的唱词为'皮薄',难懂的唱词为'皮厚'。"②一个人创作诗歌等文学作品,归根到底是为了自我表达,用启先生的诗来说,即"平生学为文,无非表现我"③。自我表达,除了自我宣泄外,一般都希望有读者,因为从哲学的角度来说,没有他者的存在与注视,自我也无从谈起。因此,完整的文学活动应该是对话,即作者通过文字表达他所体认到的世界,而读者通过阅读作者写下的文字,与作者进行跨越时空的对话,或理解作者的世界,或与作者同情,甚或激发出与作者所述风马牛不相及的感悟。对话寻求的是沟通理解,因此所用的语言应该是另一方能够弄懂的,否则就成了破解不了的密码或天书,对话因此宣告失败。同样,诗歌等文学作品如果运用的是拒斥读者理解的语言,也就是说"皮"过于"厚",读者自然也就很难接近、进入作者的世界,作者因此有可能陷入自说自话、无人应和的尴尬中。

在给学生上课讲到樊宗师时,启先生说:

> 唐人樊宗师被韩愈吹捧为"惟古于辞必己出",其实语言是交流思想的工具,樊宗师文章的弊病正在于此④。

倘若一个作家的语言真的做到"辞必己出",那就是用大家都认识的字组合出除了他自己明白外其他人谁也不理解的词和句子。这样写,压根不考虑读者能否读懂,是"安心不给读者看"⑤。启先生认为樊宗师等人这样做是因为想复古却又驾驭不了古文,才走上这样一条失败的路,其结果是樊宗师的《樊绍述集》即使"后人作注,也读不懂"⑥。

古文之外,启先生在论诗词时,对于那些遣词用语晦涩难解、似乎存心不让人读懂的作家也进行了揶揄。例如,《启功韵语》卷三《论词绝句二十首》其九论周邦彦:"美成一字三吞吐,不是填词是反刍。"启先生解释说:"我之所以不喜欢周邦彦的词,是因为他在表情时总是吞吞吐吐,把没味道的东西嚼来嚼去。"⑦其十三论史达祖:"顾影求怜苦弄姿。连篇矫揉尽游辞。史邦卿似周邦彦,笔下云何我不知。"其十四论吴文英词:"崎岖路绕翠盘龙。七宝楼台蓦地空。沙里穷披金屑小,隔江人在雨声中。"

与此相反,启先生对用语明白如话的作家进行了褒扬,例如《论词绝句二十首》其十论李清照:"清空如话斯如话,不作藏头露尾人。"启先生说:"李清照的词之所以可爱是因为她敢于用明白如话的语言写自己的真情实感,而从不隐藏。"⑧

造成古典诗文"皮厚"的首要原因是用词太生僻、用典太多。为了区别于口语的通俗,古代有的文人在进行文学创作时有意使用生僻字词,大量用典,以此让诗文在外观形式上显得极古雅。启先生并不一味反对在诗文中使用典故,实际上,他认为典故在诗文中有其特有的作用,虽然新文化运动时就有人主张废除用典,可直到现在,无论是在人们日常生活用语中还是在书面行文中,到处都还有典故的存在⑨。但是,启先生反对"好用偏僻的典故,故意使人看不懂,以显示自己学问和所读古书的丰富和渊博"⑩。所以,在给学生讲到白居易的诗歌时,启先生说:"白居易较韩愈作诗文更重口语化。能不用典,便尽量不用典,这在作诗中极不容易。"⑪他认为,虽然见于《南部新书》中说白居易作诗用大众口语、"求解于老妪"的说法并不可靠,而且可能是有人故意编排此事来讽刺白诗的浅俗,"但作诗令老妪都懂,也是他的成功之处"⑫。

与文人创作好用典不同,来自民间的文学作品要更为通俗易懂。这些"皮薄"的作品受到启先生的青睐,例如他极为推重清代的子弟书,甚至认为它可以与唐诗、宋词、元曲、明传奇媲美,成为它们各自时代在韵文方面的一"绝"⑬。启先生说:"那些半文半白的语言,无可多用的典故,正帮助了作品形成一种通俗而又新鲜的风格。"⑭启先生认为,子弟书这份浅俗,加上"它在古典诗歌四言、五言、七言、杂言等等路子几乎走穷时,创出来这种'不以句害意'的诗体"⑮,成就了它作为"新诗"的地位。

其次,造成作品"皮厚"的原因,除了作者主观追求、有意造成者外,有的和古代文学作品文体自身的客观限制也有一定关系。启先生说:

> 文言文,尤其是骈文、韵文和旧体诗词,由于句中字数有一定的限制,作者不得不常用些典故来压缩他所要说的话,于是缺头短尾的古代成语,也被默许使用,甚至还另成了合法的词汇。如"友于兄弟"、"微管仲",后来"友于"成了兄弟和睦的代用词,"微管"成了管仲的别名⑯。

因为文体有字数限制而硬捏的词汇,除了一些因为用的人多而逐渐为人们所熟悉的语词,绝大部分对于一般读者来说都构成了一定的阅读障碍。

除了字数有限制外,古典诗词还有押韵的要求。有的诗人为了押韵,甚至不惜将所用人名中的末一字去掉,结果冒出来一个读者一时摸不着头脑的人名,启先生在讲课时提到白居易的诗偶尔也有这样的毛病⑰。我大略翻检了一下白诗,《和梦游春诗一百韵并序》中有"秦家重箫史,彦辅怜卫叔"句⑱,这是为了押入声"一屋"韵,将卫玠的字"叔宝"省掉"宝"字称"卫叔"。除启先生提到的这种情况外,在白诗中还有因为对仗的字数限制而去掉人名末一字的,例如《读史五首》其四有句云:"弘恭陷萧望,赵高谋李斯。"⑲这里的"萧望"就是把萧望之名字中的"之"字去掉,这样才能与下句的李斯对仗。如此一来,虽然符合诗体在押韵、对仗方面的要求,但诗句却变得"皮厚"起来了。

二

在启先生看来,除非因为特殊原因(例如时代因素、个人身世等)导致有所避忌而有意艰涩其词,否则"皮薄"是诗歌等文学作品容易被读者接受、让读者了解作者所思所想进而与作者同情的首要条件。但是,好的诗歌除了"皮薄"之外,里头还得有充实的思想内容,富有诗歌的意蕴。只有这样,整首诗才具有极高的诗境。

例如,《启功韵语》卷三《论诗绝句二十五首》其十二论白居易诗:"境愈高时言愈浅,一吟一上一层楼。"白居易诗歌浅俗易懂,唐以来多有人对此不以为然,但启先生认为白诗语言的浅显并不意味着诗歌所达到的境界低下,恰恰相反,白居易不乏境界愈高而语言愈浅的诗作。在讲课时,启先生举了白居易两首诗作为例子,一是《勤政楼西老柳》:"半朽临风树,多情立马人。开元一株柳,长庆二年春。"另一首是《华州西》:"每逢人静惝多歇,不计程行困即眠。上得篮舆未能去,春风敷水店门前。"启先生分析道:

> 前首四句,谁也不挨谁,仅是并列的四种景色,但组在一起就兴味无穷。后首"上得篮舆未能去",不等于白说吗?但把那踟蹰的心态表

现得淋漓尽致,这都可视为最高境界的诗⑳。

白居易这两首诗都没有用典故,并没有在语言上给读者设置障碍,但在明白如话的语言背后,却有着极深的意蕴可供读者品味,经得起反复咀嚼。这就是启先生所说"善于用浅显语写深意境"㉑,是写诗的最高境界。在《启功口述历史》中,启先生又对此加以申说:

> 我觉得诗的最高境界是:"佳者出常情,句句适人意。终篇过眼前,不觉纸有字。"——让读者不必在文字上费工夫就能领略作者的情意㉒。

倘若有充实的思想内容,加以极高的表达技巧,语言的浅俗不但不会影响诗歌所能达到的境界,反而会因此更容易赢得更多的读者。因此,启先生认为文人其实不妨学习"皮薄"的民间文学,靠近"俗"并不可怕。《启功韵语》卷三《论诗绝句二十五首》其十论杜甫诗:"'昔有佳人公孙氏,一舞剑器动四方。'便唱盲词谁敢议,少陵威武是诗皇。"杜甫《公孙大娘舞剑器》开篇这两句像民间盲人说唱文学唱词一样,只是由于杜甫是诗中皇帝,就没有人敢说他俗。启先生认为同样的情况在李白诗中也有,诸如"桃花潭水深千尺,不及汪伦送我情"之类,跟大鼓词也没什么区别,虽然过于直白,缺乏诗的韵味,但反映了李白诗敢于用民间语言,启先生认为这是"李白诗好的一面"㉓。又如,《论诗绝句二十五首》其二十一论吴伟业:"昔人曾议梅村俗,我谓梅村俗不足。"启先生认为吴伟业的诗在艺术上颇像鼓子词,但用词典雅。清代有人针对吴伟业的诗用了鼓子词的路数,认为他不够雅,可启先生认为:"其实吴梅村的缺点不在于不雅,而在于还不够彻底。他的用词正是显得太雅,'皮儿太厚',因而不好懂。"㉔吴伟业虽然学习鼓子词,但在用语方面并不浅俗,显得"皮厚",这是因为他特殊的人生际遇使得他不得不借助大量典故来表达不便直说的内容。启先生说:

> 吴氏的《吴诗集览》注释很精很细,典故多,注释繁。他用典的目的,恐怕是想以晦涩躲过当局的眼睛。袁枚说《长恨歌》只有一个典故,而吴梅村的诗离开了典故就无法去作。这正是他学"长庆体"而不如

"长庆体"的地方㉕。

不过,在这里需要再次说明的是,以上排比的仅仅是启先生诗学观的一个方面。在《启功口述历史》中,启先生就自己一生不辍的诗词事业有如下总结:

> 首先,我认为作古典诗词就应该充分发挥古典诗词的优点和特色,这首先体现在优美的格律上。

> 其次,我认为反映现实、表现生活应有多种形式。……而我则认为诗不应太直接地叙写时事,不应太就事论事,而要把它化为一种生活感受和思想情绪加以抒发,写的时候应更多地采取寄托、象征的手法,也就是借助写景咏物等手法来委婉含蓄地加以表现。

> 还有,我主张"我手写我口",或者说得更明白、更准确些"我手写我心",即一定要写出真性情、真我。

> 最后,我认为应该把继承传统与勇于创新结合起来㉖。

显然,启先生从自己创作实践中得出的体会与他对古典诗词的深入研究相互结合在一起,其诗学观内容极其丰富,我在这里所述的,只不过是管窥蠡测而已,既非启先生诗学观整体,也未必是启先生诗学观中最精粹的那一部分。

三

启先生不仅仅是论诗时有上述主张,他自己在做诗时也对此予以践行。在启先生的旧体诗创作实践中,他成功地创作了一批不仅"皮薄"而且诗境又高的旧体诗词,人们称其为"启功体"或"元白体"。这些诗作在受到众多读者普遍欢迎的同时,也受到不少研究者的高度评价。在我看来,这些"皮薄馅厚"的诗作具有以下一些极为鲜明的外在特征:

首先,最明显的特征是不避讳语言的"浅俗"。在启先生那些广为人知的诗词中,不但多有诸如"真要命"(《沁园春·美尼尔氏综合症》)、"熬白菜"(《贺新郎·烤鸭》)、"还不赖"、"真奇怪"(《贺新郎·癖嗜》)、"完蛋"(《贺新郎·咏诗》)、"瞎子点灯白费蜡"(《渔家傲·就医》)、"轻松愉快"(《西江月·就医》)、"天知道"(《渔家傲·就医》)、"急坏了"(《痛心篇二十首》其五)、"高不成,低不就"(《自撰墓志铭》)、"摆事实"、"讲道理"(《古诗四十首》其二十)等俗语,甚至有日常口语对话,例如《痛心篇二十首》其十六记其亡妻病中话语云:"把你折腾瘦了,看你实在可怜。快去好好休息,又愿在我身边。"又如《题〈负暄琐话〉二首》其一:"一句最凄然,'过去由它罢'!"

其次,在押韵上不拘限于韵书对韵部的规定,更看重如何将意思表达得清晰、准确。旧体诗押韵有韵书的限制。由于韵书对韵部的限制,押韵时为了不出韵,有时不得不改变原来已经选定的字词,这就可能会造成作者原来要表达的意思发生歪曲。启先生在自己的旧体诗创作实践中,对这一弊病深有体会。他在《启功丛稿·诗词卷》总序中说:

> 我大约从二十岁懂得作仄仄平平仄起,又得知要合乎韵部时,常出现"因噎废食"的事,譬如四句押韵的诗,第二句押"东"字,第四句押了"冬"字,一查韵书,坏了,必须改掉一句,如果觉得"东"字句好,或是主要的,就必须改掉"冬"字句。结果韵部合了,诗中所说却并非都是原意了。又如果一首入韵的八句律诗,误押了支、微、齐、佳、灰五个韵脚,若要改归统一的一韵,就必须换掉四个韵脚,又要改掉四个对偶的上句。这样韵部统一了,内容则一定驴唇不对马嘴了。

这就是启先生在另外的文章中谈到的由于韵部的限制而破坏了正确的修辞,出现了"以韵害辞,以辞害句",甚至严重到"以韵害全首诗"的情况[22]。一旦破坏了诗句的正确修辞,整首诗因此也可能会变得不容易读懂。鉴于韵书已经成了旧体诗创作最大的一块绊脚石,启先生主张回到陆法言《切韵》序所说的"欲广文路,自可清浊皆通;若赏知音,即须轻重有异"上去,也就是"想要行文路子广阔,韵部可以通融不拘泥;想要使知音者赞赏,平仄是不可混淆的"[23]。在给自己创作的诗词写序时,启先生也一再声明自己理解的韵并非韵书规定的韵部,"只是北京人所说的'合辙押韵'的辙和韵,也就是念着顺口、听着顺耳的'顺'而已矣"(《启功韵语》自序)、"用韵率通词曲"(《启功絮语》自序)。

最后,主动向民间文学学习,探索诗体新形式。这方面最成功诗作就是脍炙人口的《赌赢歌》,该诗除了情感真挚感人外,在形式上迥异于人们熟悉的旧体诗。在给《启功絮语》写自序时,启先生自己也说:"像《赌赢歌》等,实与'数来宝'同调,比起从前用俚语入诗词,其俗更加数倍。"启先生这种探索,和前文所引他论子弟书在诗体形式方面的探索目的是一样的,就是在旧体诗固有的诗体形式规范之外,引入新的形式,反倒可能给旧体诗注入新的活力。

可见,与不少论艺者能言不能行不一样,启先生既能言,又能行。因此,不仅是他在诗学方面就"皮厚"、"皮薄"所作的有关论述令人深思,他在旧体诗方面的有关实践,更是为旧体诗如何在当代文化语境中焕发新的魅力做出了有益的探索,他的成功经验足资后人借鉴。

注 释:

① 王一川:《旧体文学传统的现代性生成——启功的旧体诗与汉语现象研究》,《传统文化与现代化》1998年第2期,第56—68页。

② 启功:《汉语现象论丛》,第160页,中华书局1997年。

③ 《启功赘语·古诗四十首》其二七,启功:《启功丛稿·诗词卷》,第249页,中华书局1999年。本文所引启先生诗作均出自该版本,为避繁琐,以下引诗仅标卷数及题名,不另出注。

④ 启功著、赵仁珪等编:《启功讲学录》,第5页,北京师范大学出版社2004年。

⑤ 启功著、赵仁珪等编:《启功讲学录》,第5页,北京师范大学出版社2004年。

⑥ 启功著、赵仁珪等编:《启功讲学录》,第5页,北京师范大学出版社2004年。

⑦ 启功口述、赵仁珪、章景怀整理:《启功口述历史》,第199页,北京师范大学出版社2004年。

⑧ 启功口述、赵仁珪、章景怀整理:《启功口述历史》,第199页,北京师范大学出版社2004年。

⑨ 《比喻与用典》,启功:《汉语现象论丛》,第95—102页,中华书局1997年。

⑩ 《比喻与用典》,启功:《汉语现象论丛》,第96页,中华书局1997年。

⑪ 启功著、赵仁珪等编:《启功讲学录》,第24页,北京师范大学出版社2004年。

⑫ 启功著、赵仁珪等编:《启功讲学录》,第24页,北京师范大学出版社2004年。

⑬ 《创造性的新诗子弟书》,启功:《汉语现象论丛》,第149页,中华书局1997年。

⑭ 《创造性的新诗子弟书》,启功:《汉语现象论丛》,第151页,中华书局1997年。

⑮ 《创造性的新诗子弟书》,启功:《汉语现象论丛》,第159页,中华书局1997年。

⑯ 《从单字词的灵活性谈到旧体诗的修辞问题》,启功:《汉语现象论丛》,第82页,中华书局1997年。

⑰ 启功著、赵仁珪等编:《启功讲学录》,第24页,北京师范大学出版社2004年。

⑱ 谢思炜:《白居易诗集校注》,第1132页,中华书局2006年。

⑲ 谢思炜:《白居易诗集校注》,第207页,中华书局2006年。

⑳ 启功著、赵仁珪等编:《启功讲学录》,第24页,北京师范大学出版社2004年。

㉑ 启功口述、赵仁珪、章景怀整理:《启功口述历史》,第202页,北京师范大学出版社2004年。

㉒ 启功口述、赵仁珪、章景怀整理:《启功口述历史》,第199—200页,北京师范大学出版社2004年。

㉓ 启功著、赵仁珪等编:《启功讲学录》,第13页,北京师范大学出版社2004年。

㉔ 启功著、赵仁珪等编:《启功讲学录》,第51页,北京师范大学出版社2004年。

㉕ 启功著、赵仁珪等编:《启功讲学录》,第51—52页,北京师范大学出版社2004年。

㉖ 启功口述、赵仁珪、章景怀整理:《启功口述历史》,第196—202页,北京师范大学出版社2004年。

㉗ 《从单字词的灵活性谈到旧体诗的修辞问题》,启功:《汉语现象论丛》,第71页,中华书局1997年。

㉘ 《从单字词的灵活性谈到旧体诗的修辞问题》,启功:《汉语现象论丛》,第86页,中华书局1997年。

二王的用笔 欧柳的结体

——管窥启功先生书法的根源

□ 于 乐

启功先生的书法在取法上坚持习古,博览百家,最终入古出新,自成一派,世称"启体"。关于对古人的取法,启功先生曾多次谈及,如"先摹赵董后欧阳,晚爱诚悬竟体芳",这是说取法赵、董、欧、柳。此外,还经常提到自己摹写唐人写经、智永《千文》、《张猛龙碑》等。现今我们能看到启功临帖作品更是囊括了众多古代名家法帖,如二王、怀素、颜真卿、米芾、苏东坡、黄庭坚等。在这个取法众多先贤过程中,我们会问,究竟是哪家哪派对"启体"的形成起到了最根本、最重要的作用呢?

这个问题,启功先生自己给出了答案:我写的是柳公权架子,是《九成宫》架子,这笔墨里是赵孟頫的笔画,是董其昌的笔画①。笔者认为,这句话概括了启体取法的根源。在用笔(笔墨)上,源自赵孟頫、董其昌;在结体(架子)上,源自柳公权、欧阳询。下面,本文将就此问题展开,探讨启功先生书法的取法过程,其中包含的书学思想,以及由此而产生的影响。

一 二王的用笔

先看用笔。启功先生说他早年并不解用笔:"我习字,最初学欧阳询的碑,学颜真卿的碑,不懂他们怎么下笔,怎么转折。连下笔都不明白,更不论怎样使用笔毛,怎样转折。②"先生回忆那时不懂用笔,一方面与碑刻有关,另一方面也与当时人们的学书思想有关。就碑刻来说,因为无法出毫锋墨彩,笔锋的出入、行笔的轻重快慢都看不到，所以一上来就学习碑刻无法获得自然、活泼的笔法。而就学书思想而言，在清代碑派书风的影响下，当时许多人追求"金石气"，机械地模拟碑刻上的点画形态。但"金石"学习思路指导下的用笔造作不自然，并非传统的笔法，这都困扰着启先生的学习。

在20世纪30年代，启功"受教于陈援菴先生门下，初到初中教书，批改学生作文，又有字迹的像样的要求了"。当时，"影印碑帖已较风行"③，"得到赵孟頫写的《胆巴碑》，觉得好得很，学习比较久"④。通过学习，启功先生逐渐感受到了碑刻中所没有的笔墨情趣，"才懂得'笔法'不是什么特别神秘的方法"⑤。正如先生所说："二十几岁的时候，我学唐碑，苦于不了解笔锋出入的方法，我就学赵孟頫、学米芾，渐渐地了解了笔的情墨之趣。"⑥

除了赵的《胆巴碑》，唐人写经对启功先生书法笔法的影响也是很大的。先生在手写简历中提到，"遇到一些唐人写经，发现它的用笔用墨之法非常明显易见，才恍然明白唐碑的字在没刻时是什么情况。又得见日本所传智永千文墨迹，于是努力临写，用笔结体，大有灵活而又精密的趋势，才知道石刻和墨迹的差别"⑦。还"有一回把写经里面的精美的字照了相放大了，与唐碑比着看，笔毫使转的地方，墨痕浓淡的地方，一一都可以看得出来"⑧。

通过对唐人写经的学习，启功先生深切感受到了墨迹笔法的可贵，于是极力收藏唐人写经并用心揣摩研究，这些我们可以在启功先生1939年购得的一段唐人写经残本四种合装卷的题跋中窥见：

> 己卯春日，偶过厂肆，见装潢匠人，裁割断缺，将以背纸作画卷引首，谐价得之，合装一卷。……其确出唐人之手，好事家不视为难得之货者，惟写经残字耳。此卷饰背既成，出入怀袖，客座倦谈，讲肆暇晷，寂寥展对，神契千载之上，人笑其痴，我以为乐也。⑨

启功先生对于董其昌的学习也是从《胆巴碑》之后开始的。先生当时正在学画，由于觉得"题字非常板滞，也不成行款。后来就学董香光董其昌的字"⑩。他评价说："董其昌书画俱佳，尤其是画上的题款写得生动流走，潇洒飘逸"⑪。

通过学习董其昌的行草书和楷书,研究其用笔,启先生的字也表现出了相应的特色,用笔变得流转圆活,体势也显得灵巧生动。加之那个时期(20世纪40年代)先生同时还学画,在钻研董其昌书画的同时对其许多作品进行了题跋⑫,可见先生对董艺之关注和研究,正如先生所说:"专心学过一段董其昌的字"⑬。

总的来说,启功先生20世纪40年代及以前,对赵孟頫、唐人写经和董其昌用笔的学习是最主要的,这是启功先生最有体会并一再强调的部分,同时,这些学习也构建起先生用笔的根基。而赵、董、唐人写经这些根基的用笔又是否单独孤立呢? 又自何处而来呢? 在启功先生看来,这些不同用笔之间有着密切的传承关系,赵孟頫、董其昌的笔法无不受了唐人写经的启发。先生曾说:"赵孟頫也是从唐人写经中写出来的。世人多不知道这一点"⑭。先生还曾记道:

> 董其昌早年曾经学石刻小楷,如《宣示表》《黄庭经》这一类。后来他见到唐人墨迹,这才悟出笔法墨法的道理,这些道理屡次见于他论书法的文章和题跋中。我就找敦煌石室唐朝人所写的佛经等,看唐人的墨迹,临习玩味,我自己在学书法的过程里,就这样一次一次有所提高,有所进步。我懂得用笔的意思,实在是受唐朝人墨迹的启发,我追求唐朝人的墨迹,来加以研究探索,这是受到了董其昌的启发。⑮

可见,启功先生如此重视唐人写经,其实是受了董其昌的启发。先生认为董的笔法自唐人写经悟得,董其昌与唐人写经的笔法是传承关系。先生说:

> 余于楷法,颇好唐人墨迹,虽经生之笔,亦具典型。宋元以来,鲜能追步,而心印一灯,独华亭克绍,盖千古不易之笔决。思翁自在《灵飞》《西昇》及《女史箴》《玉润帖》中得之,故模拟诸家,无不形遗神合。⑯

启功先生认为,宋元以后,很少人能学到唐人的笔法——除了董其昌。在启功先生看来,董、赵皆传承自唐人笔法,而唐人写经的笔法其实就是传统的笔法,是以二王为代表的晋人笔法的传承,书法的笔法传统在启功先生那里是一以贯之的。正如先生所说:"我的诗说'万古江河有正传',董其昌的字实在具有传统的精神。……董其昌由晋唐规格以至于放笔挥洒……"⑰,"赵孟頫能够运用晋唐流利的笔法"⑱。另外,据陈荣琚教授回忆,启功先生曾明确说到自己的"用笔是二王"⑲。因此我们也可以说,启功先生的笔法是以二王为传统的一脉相承。启功先生曾重点学习过的董其昌、赵孟頫、唐人写经都是沿袭这种传统的笔法。此外,还有秉承家法的智永,先生自言对智永《千文》的学习"为最久,功亦最勤"⑳,更不用说直接对王羲之墨迹以及晋人墨迹(如《万岁通天帖》)的临习了。

那么,这种"二王的用笔"究竟具有什么样的特质,有何与众不同之处呢?只要我们对古代书论有所了解,再结合自身的实践经验,就能慢慢感受到这种笔法的丰富特质,如:生动自然、阴阳变化、沉着有力、连贯顺畅、有骨有肉、有刚有柔、有动有静、温润清净、圆浑立体等。

这些特质也是历代书家所强调的。传颜真卿《述张长史笔法十二意》言:"自兹乃悟用笔如锥画沙,使其藏锋,画乃沉着。当其用笔,常欲使其透过纸背,此功成之极矣。"㉑这里提到了用笔要沉着有力。董其昌《画禅室随笔》:"用墨须使有润,不可使其枯燥,尤忌秾肥,肥则大恶道矣。"㉒这说的是用墨讲究温润。现代美学家宗白华说:"书画的神采皆生于用笔。用笔有三忌,就是板、刻、结。'板'者'腕弱笔痴,全亏取与,状物平扁,不能圆混'(见郭若虚《图画见闻志》)。用笔不板,就能状物不平扁而有圆混的立体味。……中国字若写得好,用笔得法,就成功一个有生命有空间立体味的艺术品。"㉓这说的是笔法要浑圆立体、刚柔相济、动静结合、生动活泼。又如传为蔡邕《九势》言:"夫书肇于自然,自然既立,阴阳生焉,阴阳既生,形势出矣。"㉔这是说笔法的阴阳变化。张怀瓘《书诀》云:"骨丰肉润,入妙通灵。"㉕这是说笔法要有骨有肉,只有骨肉丰润才有灵气。苏东坡《论书》:"书必有神、气、骨、肉、血,五者阙一,不为成书也。"㉖宗白华先生有段绝妙的总结:"中国古代的书家要想使'字'也表现生命,成为反映生命的艺术,就须用他所具有的方法和工具在字里表现出一个生命体的骨、筋、肉、血的感觉来。"㉗中国书法的艺术魅力就在于一个骨肉丰满又蕴含生动变化的生命通过连贯笔法的再造和展现,而这一点也正是从二王以来历代传统书法传承之中的精神和灵气所在。

这些笔法上的特质既是实在的,也是抽象的,需要艺术上的感悟,更需要长期的实践方能获得。对于这些特质,我们看"二王"的笔法如此,唐人写经的如此,后来的赵孟頫、董其昌如此,启功也是如此。虽然他们的点画用笔外在上形态各异,内在的构成上却是一致的。赵孟頫曾提出"用笔千古不易"也是这个道理。而这千古不易的用笔,也就是以"二王"为经典的传统笔法。除了一以贯之,启功先生在笔法的学习上还很重视博采众长,类似董其昌所说的"博综古法以就我腕"[20]。先生曾详细论及他对董书笔法的体会,说到:

> 回头再看董其昌的字,这才知道他确实有甘苦有得的地方。原来董其昌曾经熏习于诸家之长,就像用香味熏衣服、熏食品、熏茶叶一样,他用古代书家的长处,对自己加以熏习,使自己受到熏染,而出之自然。他绝不特别在哪点用力,如果他偏重用力,某一点就会突出,强调某一点,别的地方就会有不足之处,可是董其昌没有这个毛病,就是顺其自然写的。我后来学草书,临《淳化阁帖》,越发知道董其昌对阁帖功力之深,并不在邢子愿、王铎(王觉斯)之下。[21]

董其昌倡导"用古代书家的长处,对自己加以熏习",但"绝不特别在哪点用力"。这种学书思想也深深地影响了启功。后来先生一直在揣摩古人笔法之中精进自己原有的风格,并没有因为学习某一家就直接模仿某一家。比如,先生自言对智永千文墨迹的学习"为最久,功亦最勤,论其甘苦,惟骨肉不偏为难"[22],但我们发现即便是先生临智永千文的作品,也看不出与笔法外形上刻意模仿的痕迹。这便是"熏"的学习方式。"熏",不是改头换面式的主动变化,而是一种被动的、不知不觉中所获得的内在一致,这正是启功先生的高明之处。启功先生在长期的学习古人中,正是通过"熏",让自己慢慢地、逐步地获得古人各家各派笔法的妙处,与它们在笔法的本质、特质上获得了一致,从而既有了"传统的精神",又有自己笔法外在形态上的独特面貌。

二 欧柳的结体

再看结体。总的来说,20世纪60年代以前,启功先生在结体上,楷书以赵、董、唐人写经为主，又融合智永、欧阳询等，而行草书则以赵、董为主，融合智永、二王等。习董字之后，启先生曾重点学习过《九成宫碑》，这一点在《论书绝句》中有清楚的记录：

> 后来我就学董香光董其昌的字，虽然得到行气的联贯，一个字不像样子，得在一行里互相衬托才行。后来我得到上虞罗氏精拓的《九成宫碑》，有刘权的跋，清润肥厚，觉得这个跟墨迹一样，我并不知道这是南宋翻刻的最精的一本。我就每个字逐字用蜡纸钩拓，把每个字钩下来，放在底下，拿一个透明纸，再在上头描着写，照写仿影似的，这样行笔虽然很钝，但是结构可以差不多。用很笨的办法来描，细细的，一点一点的来临摹，这是我当时写字打的基础。[31]

除了《九成宫碑》，启先生还学《张猛龙碑》《皇甫诞碑》。《张猛龙碑》字帖的封面上，分别有1938年、1952年、1961年的三处题跋，可见先生对其学习已经历了很长的时间。先生说那一段时间中对《张猛龙碑》和《皇甫诞碑》还没有特别的领悟和喜爱，随着后来学习的深入和眼光的提高，开始从这些碑帖中探索结体的奥秘。期间，先生还曾勤学智永，说自己通过努力临写智永千文，结体"大有灵活而又紧密的趋势"[32]。

上世纪六七十年代是启功先生钻研结体的重要时期。此时，先生在笔法上已有了较深体会，从而把重点放在了结体的学习上。这时期先生钻研的碑帖主要包括《张猛龙碑》《玄秘塔碑》《皇甫诞碑》等，特别是对后二者的钻研，更是直接影响到"启体"书风的形成。

启功先生二十多岁就开始接触《张猛龙碑》，但真正对其发生巨大兴趣还是在60年代初。先生1962年对自己收藏的《张猛龙碑》明拓善本的题跋中记到："此册去岁见之于厂肆，几经周折，时逾一年，始以旧帖七种易得之。……竟使余心动经年，夜寐不着。"[33]题跋的末尾，还有6首关于《张猛龙碑》的论书诗，后收录在《论书绝句百首》中。这其中记录先生出于对这个拓本的极大喜爱，最终以旧帖七种换得拓本，并通过讲述南宋赵孟坚"落水兰亭"的故事来抒发自己得到此

拓本的不易和喜悦。先生看重《张猛龙碑》与当时自己书法艺术追求上的需要密切相关。对此,先生有详细的记述:

> 后来又学董其昌,又学米芾。可是单提一个字,还是不能成形状,而且骨力疲软,不挺拔,没有振作的气概和个性,我又再看《张猛龙碑》就有所领略了。③

> 我从前摹赵孟頫(号松雪),后来学董香光,可以说离开了赵孟頫又掉进了董香光,这是自己学写字过程中看出的流弊。"如今只爱张神冏,一剂强心健骨方",这是一剂强心健骨的良方。③

启功先生说自己由于长期追求墨迹的灵活和连贯,疏于结体的学习,发现自己骨力不足,间架不挺拔,而《张猛龙碑》具有骨气洞达、舒展挺拔的特点,于是先生"如今只爱张神冏",在获得《张猛龙碑》明拓善本后,便"心动经年,夜寐不着",求其骨,求其振作的气概和个性。启先生还曾评价《张猛龙碑》"'骨格权奇',充满豪迈之气且有新的变化。将今天的形状和古代的风韵,这两方面都结合在这个碑里"③。这也是先生的审美取向和追求,并对先生书法日后的发展产生了很大的影响,后来成熟的"启体"也具有这样的特点。

先生题跋中所说:"余十岁见《多宝塔碑》,初识笔意。壮年苦欲探索墨迹,且好行书。于唐碑中最恶《皇甫碑》及《玄秘塔》。今渐老矣,于此二碑始知其精严处。"③对启功先生晚年书法影响最大的法帖是《玄秘塔碑》。先生在自述的学书经历中谈到了学习《玄秘塔碑》的起因:

> 后来,杂临许多碑帖和历代名人的墨迹。再后来影印本多了,有照片,我就学习智永千文的墨迹,时间很久,功夫也最勤。论甘苦,这里头酸甜苦辣主要是什么呢?就是"骨肉不偏为难",或骨强,或肉多。这怎么办呢?为了使骨力、间架撑得起来,我又临柳公权《玄秘塔碑》临了好些遍。③

柳公权素来被认为骨力健强,并有"颜筋柳骨"之誉,所以先生"为了使骨力、间架撑起来",通过学习柳公权来增强骨力。在启功先生收藏的明拓《玄秘塔碑》

上有题跋:"余获此帖临写最勤,十载以来已有十余本。平生所学无恒,渐老自励,庶以补过。此册'超'字未损,拓时可及明初,往时或号宋拓矣,以完好之字校之,固丝毫不逊宋拓。一九六五年购得,手自粘装,补以近代所拓碑额,后九年记于小乘巷寓舍……"[39]还有临《玄秘塔碑》的落款:"1965年得明初拓此碑日益习之至今已临五本矣,1972年夏启功记。"[40]此外,在得到此碑明拓后,启功先生对其还做了长跋,就拓本情况、碑的内容等相关情况做了详细研究,见解独到,并称《玄秘塔碑》为《僧端甫塔铭》,"喜此铭多清疏之致","赏其体势劲媚"。[41]另外,陈荣琚教授曾回忆:1974年拜见启功,就见他用透明的食品袋盖在《玄秘塔碑》上反复摹写,而且看来已经有一段时间了,之后天天摹《玄秘塔碑》,用了很长时间,花了很大功夫去琢磨柳字。启功先生自己也说:"我到了六十多岁,特别喜欢柳公权。"[42]并且"临写最勤,十载以来已有十余本",从未间断,直到1995年,还通临了一遍,正如题跋中所记:"今距得此册时已三十周岁。目力渐衰,小于此字则须用眼镜矣。一九九五年九月七日临一本毕,此余八十岁后所临第一通。"[43]俱可见先生对《玄秘塔碑》用功之勤之久。另外,启先生在谈到赵孟頫时也说道:"他得到柳公权最要紧的方法,'刚健婀娜,无懈可击',点画上很有姿态,很美。"[44]

在对《玄秘塔碑》及其他重要楷书碑帖的悉心研究和实践中,启功先生还收获了重要的理论成果,发现和总结了包括楷书结体"黄金率"在内的一系列书法结体规律。对于结体"黄金律"的理解,其中的四个点,是"结构所注重的地方"[45],既包括点画的相聚处,相交点,也包括点画经过的点,总之,是说一个字中的点画尽可能地经过这四个点或聚向这四个点,让这个字所占据的方形大小的范围内更多地出现符合"黄金律"五比八的空间分割,从而给人以美感。先生说,汉字结构最重要的规律就是中心的确定,中心点在字正中央偏左偏上的位置。中心部位笔画紧凑、穿插匀称,而后向四方扩展,必然好看。此外还有一些辅助规律。[46]此外,先生还总结了其他一些重要规律,如:

各笔之间,先紧后松。[47]
字的整体外形,也是先小后大。[48]

关于这个问题，还有些个笔画的"副作用"的问题，就是说左紧右松，上紧下松。[49]

总结这些内容，我们看这些规律一是"三紧三松"，即左紧右松、上紧下松和内紧外松；二是黄金率阐述的字的中心不是在正中央，而是在中间偏左上方[50]。这些规律对于"启体"的形成起到了至关重要的作用。

通过上世纪60年代后期和70年代重点对柳公权长期的临摹和研究，在艺术认识和研究成果的影响下，启功先生的书法也吸取了柳公权的特点，有了明确的发展方向，一方面增强了用笔的骨力，使得字的间架更为挺拔，同时结构也更为精严；另一方面，就是以字的中央偏左偏上处为中心点，笔画向中心部位收缩，而后向四外扩展，从而显得既舒展又挺拔。先生自己也"感觉字立起来了"[51]，先生书法"竟体芳"[52]。我们通过启功先生1972年所临的《玄秘塔碑》，可以明显看出对柳公权"内收外放"这个特点的取法。启功先生对柳公权的喜爱和学习从未间断，直到1993年，他还说，"柳公权字写得真好，我很尊重，我学过，我也临过，我现在还是非常喜爱柳公权的字。"[53]

除却《张猛龙碑》《玄秘塔碑》，还有《皇甫君碑》。目前所见，在启功先生所藏《宋拓唐皇甫府君碑》影印本上，有先生1964年的题跋及用朱笔或蓝笔做的注释。注释有关于结体的说明是启功先生按张效彬底本过录的。对此本，王靖宪先生有着较为详细的介绍：

> 欧阳询书法险劲，规矩法度森严，此碑可为代表。先生常谓：此碑之结字，是研究欧书结体的关键，因此广为搜集各种印本和拓本。……《皇甫府君碑》则出奇致胜，充分发挥了欧字险峭的特色，可藉以了解书法结构的审美法则。对这种奇险的结构处理，清人多有批注，并有多种批本流传。先生曾借张效彬过录本数本，并过录于印本中，但各本稍有不同，有详有略，有的几乎每字都有批注。此本为翻印文明书局影印本，先生用粉笔过录。[54]

启功先生对《皇甫君碑》非常重视，认为此碑的结字是研究欧书结体的关键，并且广为搜集各种印本和拓本,亲笔过录前人的批注,加以研习。《启功谈艺录》中记载说:"先生拿欧阳询的《皇甫诞碑》字帖指给我看,说此碑比《醴泉铭》好,《皇甫诞碑》有活劲儿,《醴泉铭》写得太庄重严肃。"[⑮]另外,启功先生还通过测量用"黄金律"的规律来研究,对《九成宫碑》和《皇甫君碑》进行了比较,提到欧阳询《皇甫君碑》比《九成宫》好,前者结构灵活巧妙,上下比例为5:7.5,而后者为5:7[⑯]。先生并评诸帖云:欧阳询的《醴泉铭》,字体下短上长,不合黄金分割律5:8的要求,只有5:6多一点,所以显得端庄、严谨;他写的《皇甫君碑》好就好在符合黄金分割率的比例。《张猛龙碑》的有些字上下结构可达到5:9,但也好看。可见,写字下边宁长勿短[⑰]。

我们看启功先生在研究《皇甫君碑》同一时期中所临写的《玄秘塔碑》就会发现,先生并未按照《玄秘塔碑》的字临写,而是在收紧中宫的同时极力将这些字的下部伸长,先生的字较之原碑中的字显得下部更为舒展和放纵。这种放纵下部的取法主要就是通过《皇甫君碑》以及与之相关的一些对比研究而来的。

此外,欧字对启功还有一个重要影响,那便是纵向取势。我们看以《皇甫君碑》为代表的欧字,许多斜向点画尽量趋向竖直方向,且较为平直,尽量向上、下两方向去放纵,字形瘦长,从而取得一种纵势的顺畅和挺拔。再看启功先生的楷书:在五十年代及以前,受唐人写经、智永及赵孟頫等的影响,还是以扁形为主;但到了六十年代,字形逐渐拉长,并在以后的发展中字形变得更为修长,这便是自习欧而来。除却字形修长,还有纵向取势:一方面采用较为直的竖画,另

《玄秘塔碑》与启功临本对比

一方面将竖画拉伸,并且在走向上尽可能地趋向竖直,使得整个字在纵势上显得非常顺畅和挺拔。正是这些特点成就了"启体",也成为了"启体"的风貌。

总之,在上世纪六七十年代的这段时间,启功先生通过学习以上碑帖,从《张猛龙碑》《玄秘塔碑》得"骨",得"间架";从《玄秘塔碑》得"中心紧收,四外放纵";从《皇甫君碑》得"纵向伸展,纵势挺拔"。这些结构上的理论指导与取法,使启功先生的字逐渐与众不同,有了自己的结体个性,在二十世纪七十年代中后期,形成了较为明显的个人独特风貌,也就是人们所熟知的"启体"。

启功先生以其勤勉、才智和悟性,从二王的用笔、欧柳的结体这源头活水之中不断汲取营养,融合各种技法,逐渐地由"多"归为"一",以简约的技法不断发掘"启体"本身的精神内涵,使得"启体"不断完善并最终成熟,进入了炉火纯青的巅峰时代。

注　释:

① 启功:《启功全集》(第二卷),第201页,北京师范大学出版社2009年。

② 启功:《启功全集》(第二卷),第218页,北京师范大学出版社2009年。

③ 启功:《启功丛稿·艺论卷》,第211页,中华书局2004年。

④ 启功:《启功全集》(第二卷),第310页,北京师范大学出版社2009年。

⑤ 启功:《启功丛稿·艺论卷》,第211页,中华书局2004年。

⑥ 启功:《启功全集》(第二卷),第209页,北京师范大学出版社2009年。

⑦ 1981年1月启功手书简历。

⑧ 启功:《启功全集》(第二卷),第202页,北京师范大学出版社2009年。

⑨ 启功:《启功书法丛论》,第159页,文物出版社2003年。

⑩ 启功:《启功全集》(第二卷),第310页,北京师范大学出版社2009年。

⑪ 启功:《启功口述历史》,第173页,北京师范大学出版社2004年。

⑫ 启功:《启功题跋书画碑帖选》(下),北京师范大学出版社、文物出版社2006年。

⑬ 启功:《启功口述历史》,第173页,北京师范大学出版社2004年。

⑭ 张志和:《启功谈艺录》,第66页,中国社会科学出版社2007年。

⑮ 启功：《启功全集》（第二卷），第209页，北京师范大学出版社2009年。

⑯ 启功：《启功题跋书画碑帖选》（下），第68页，北京师范大学出版社、文物出版社2006年。

⑰ 启功：《启功全集》（第二卷），第209页，北京师范大学出版社2009年。

⑱ 启功：《启功全集》（第二卷），第274页，北京师范大学出版社2009年。

⑲ 来自陈荣琚教授接受笔者的采访。

⑳ 启功：《启功全集》（第二卷），第188页，北京师范大学出版社2009年。

㉑ 《历代书法论文选》，第280页，上海书画出版社1979年。

㉒ 董其昌：《画禅室随笔》，见《历代书法论文选》，第542页，上海书画出版社1979年。

㉓ 宗白华：《中国书法里的美学思想·艺境》，第98页，北京大学出版社1999年。

㉔ 《历代书法论文选》，第6页，上海书画出版社1979年。

㉕ 《历代书法论文选》，第228页，上海书画出版社1979年。

㉖ 《历代书法论文选》，第313页，上海书画出版社1979年。

㉗ 宗白华：《中国书法里的美学思想·艺境》，第259页，北京大学出版社1999年。

㉘ 启功：《启功丛稿·艺论卷》，第220页，中华书局2004年。

㉙ 启功：《启功全集》（第二卷），第209页，北京师范大学出版社2009年。

㉚ 启功：《启功全集》（第二卷），第188页，北京师范大学出版社2009年。

㉛ 启功：《启功全集》（第二卷），第310页，北京师范大学出版社2009年。

㉜ 1981年1月启功手书简历。

㉝ 启功：《启功题跋书画碑帖选》（上），第2页，北京师范大学出版社、文物出版社2006年。

㉞ 启功：《启功全集》（第二卷），第218页，北京师范大学出版社2009年。

㉟ 启功：《启功全集》（第二卷），第221页，北京师范大学出版社2009年。

㊱ 启功：《启功全集》（第二卷），第216页，北京师范大学出版社2009年。

㊲ 启功：《启功题跋书画碑帖选》（下），第122页，北京师范大学出版社、文物出版社2006年。

㊳ 启功：《启功全集》（第二卷），第311页，北京师范大学出版社2009年。

㊴ 启功：《启功题跋书画碑帖选》（下），第122页，北京师范大学出版社、文物出版社2006年。

㊵ 启功：《启功临〈玄秘塔碑〉》，见《坚净居丛帖·临写辑》，第88页，北京师范大学出版社2005年。

㊶ 此跋系后来抄录，只是时间注明为1963年，与1965年不符，鉴于启功先生前两处较为详细的题跋和落款所记时间，我们以1965年为主。而且，王靖宪先生也说启先生："一九六五

年一个偶然机会,他在庆云堂见到此本旧拓《玄秘塔碑》。急购回。"参见启功:《唐柳公权书僧端甫塔铭》,第13页,北京师范大学出版社2006年。

㊷ 启功:《启功全集》(第二卷),第311页,北京师范大学出版社2009年。

㊸ 启功:《唐柳公权书僧端甫塔铭》,第69页,北京师范大学出版社2006年。

㊹ 启功:《启功全集》(第二卷),第274页,北京师范大学出版社2009年。

㊺ 启功:《启功书法丛论》,第270页,文物出版社2003年。

㊻ 启功:《启功行书千字文》,第70页,北京师范大学出版社2009年。

㊼ 启功:《书法概论》,第48页,北京师范大学出版社1986年。

㊽ 启功:《书法概论》,第48页,北京师范大学出版社1986年。

㊾ 启功:《启功行书千字文》,第270页,北京师范大学出版社2009年。

㊿ 记得启先生向我们讲:每个字都有一个中心,这个中心并非在正中央,而是在中间偏左上方,他也称作"黄金率"理论。说只要掌握了这个理论,字就容易写好了。见启功.启功楷书千字文[Z]. 北京:北京师范大学出版社,2009:71。

51 "是说全体都有了芳香的气味。"见张志和:《启功谈艺录》,第83页,中国社会科学出版社2007年。

52 启功:《启功全集》(第二卷),第311页,北京师范大学出版社2009年。

53 启功:《启功全集》(第二卷),第248页,北京师范大学出版社2009年。

54 启功:《宋拓唐皇甫府君碑》,见《坚净居丛帖·鉴赏辑》,第16页,北京师范大学出版社2006年。

55 张志和:《启功谈艺录》,第14页,中国社会科学出版社2007年。

56《启功书法学国际研讨会论文集》,第69页,文物出版社2003年。

57 张志和:《启功谈艺录》,第75页,中国社会科学出版社2007年。

一 纪 念 文 章

我家和启先生

□ 刘乃中

那当是1935年的夏天,长我三岁的哥哥乃隆,当时正上汇文中学的初中,而我则是小学六年级的学生。哥哥从学校拿回一本年刊,汇文中学的年刊是年年有的。编得引人入胜,印得也很考究,每期都是我抢着先看。在这一期形形色色的画面中,署名启功的国画吸引着我的眼神——尽管当时还是童稚之年,可能受些家庭环境的影响吧,对书画之类,却是情有独钟的(我还记得上一期的年刊里,有翁传庆、翁兴庆兄弟的山水画作),"欣赏"之余,"启功"两个字一下子就深深地印在脑海中。

我的二伯父贡扬公(名毓瑶)酷嗜金石、雅善书法、尤长篆书,在20世纪20、30年代已是北平"冰社"的成员。

"冰社"成立于民国10年(1921),是一部分研究金石文字的学者和古文物爱好者,为了发扬国粹、研究学术、交流观摩藏品等而成立的。最初社长是易大庵,副社长为齐宗康、周康元,秘书为孙壮、柯昌泗。据我所知,随后还有些书画家、印人等参加,如寿玺、金禹民、胡佩衡、徐宗浩、汪霭士、丁佛言等。我的二伯父也是成员之一。后来知道,比我大8岁的启功是其中最年轻的成员。这里,不知谁带的头,年轻些的都叫我二伯父为"二大爷",启功先生也随众人的称呼。我于1939年考入辅仁大学国文系,不久就见到启先生。他亲切地谈起我们间的世交,也就是共同的"二大爷"。这样,我们好像成了平辈,师生间的"隔膜"一下子打消了。但在我心目中,由于早就仰慕汇文年刊中的"某学前辈"(我从小认为能画那么好的画,尤其是画山水画的人是很了起的),此时又是那么平易可亲。因此,随着交往日深,我们之间的师友之情与日俱增。

大约自1939年秋季开学不久,我就邀集了同班嗜书爱画的同学王大安、金凤林、郭崇元、李年生、乐芝田等,再加上美术系的梁敬莲、张瑾、袁小舟、张学礼等,或则数人邀集,或则个人行动,反正启先生(当时都这样称呼,一直延续至今)家有着无穷的凝聚力,每到星期天,尤其是我和王大安很少缺席。我们向先生请教和谈论范围很广,大体上以书画为中心,兼谈艺术界和学校琐事等。当然,每次谈论总有一个无形的学术核心,那就是传统的文化艺术。话题也常扯到琉璃厂,先生于琉璃厂颇熟,当时的文人,大多与琉璃厂的书画文物商相交甚洽。先生知识丰富、幽默善谈,更多的时候是桌上铺着纸,陈着笔墨,大家看着先生命笔挥毫、或画或写。有时谁带了自己的书画作业,有先生留的,也有自己拿去请教的,先生总是一边动笔一边"闲"聊,在边写或边画中边讲,既有书画理论,又有文化知识,或是文坛掌故,或是各处趣闻……经常是一个礼拜天的上午或下午,就这样极度愉快而充实地过去了。这种日积月累、潜移默化的言教身教,使我们受益终身。这样快乐的时光,也是我们终生难忘的最美好的日子。

先生家里人口简单:母亲和姑姑、先生夫妻二人。一家雍雍睦睦、和谐愉快。那时大家都不富裕,仅有一二同学的家境较好,但是如此常年累月地向先生请教,我们谁也没有想到还要拿点什么和"束修"之类,也没有一点点酒食馈赠先生。相反,我们跟先生求张字、求幅画,求个扇面,先生从来没有拒绝过。回想起来,我求的先生这类字画不下十几件,六十年来,经过历次劫难,今天留下仅剩下二尺小联一副,山水扇面一件,背面是溥侗写的(溥侗字西园,别署安处斋,艺名红豆馆主,擅书法、词曲,是清末民初著名京剧、昆曲票友),这让我已足堪欣慰了。

我入辅大前的1938年,已对篆刻有了"半仙之体",入大学后也颇得师友称赏。在此时期,也为先生刻过印章若干方。由于印章的钤本也遭到过劫难,检点幸存的,只剩下八方了。到我毕业后的1944年,由于事务庞杂、行踪不定,与先生见面机会明显见少。北平解放后,人们沉浸于建设新中国、新事业的兴奋匆忙之中,而书画篆刻却日渐"不景气"。这些艺术在一时间好像成了旧文化的代表,琉璃厂一片萧条,琉璃厂书画店成堆成垛的古书名画无人问津,到了"给钱就卖"的地步。对于我,书法刻印本来就属业余自遣的性质,此时也只有放一放了。

一系列的"运动",直到"反右"、"文革",种种浩劫,无法也不必细说了。总之,1979年才一切开始恢复了正常,与先生三十年的睽违,才又恢复了来往。可惜的是,这时的我早已失掉了北京户口,而是远在东北的"化外之民"。然而,毕竟"日月换新天"了。只要是有机会到北京去,第一件必办的事,就是向他老人家登门请安。而我在启府所遇到的第一件遗憾的事,就是原来的四口之家,那样雍雍睦睦的完美家庭,两位老人陆续凋谢,原属意料之中,然而,那位轻易不出一语而又随时显露出善解人意的笑容的章氏师母,竟然也撒手人寰弃我的恩师而去了,呜呼!

一、重叙笔墨缘

应该说清楚的是,与先生睽违三十年后的第一次再沟通,是通过我妻子孙贤舒到北京出差之机,找到先生当时的住处小乘巷实现的。我妻子以前没见过先生,是带着我的"介绍信"去的。时间是1979年的9月。先生看到我的信,这是三十年来第一次通音问啊!高兴异常,随即答应在我托妻子呈上的一幅旧纸上写字,同时谦逊地说:这么好的纸让我写,非写糟塌不可。其实,就是今天看来,这幅中堂也确属至精之品。但先生复信一封,回绝了我同时求对联的要求。他在信里推说写不好,这当然是托辞。事后我才觉察到,我让妻子带去的对联纸虽也是旧品,但图案是木刻水印的折枝花卉,一左一右,上下联各七枝,五彩缤纷,不免有点俗气,领悟之下,才觉出自己的孟浪。然而,这次仍是我收获最丰的一次。在以后的趋谒中虽然并非毫无机会,但由于受人之托较多,而先生这位有名的来者不拒的长者,在满足了我替人家提的要求后,我哪还忍心再多占先生宝贵的时间和精力!

1981年的6月,我和妻子同到小乘巷去看望先生,正在倾谈中,来了一位客人——日本某书道代表团的团长。只见先生向这位贵宾递过两幅日本产的裱成宣纸面的方形卡纸，上面是先生画好的砾竹、梅花各一幅。先生示意这位客人选择其一作为赠给他的纪念品，而选剩下的，就表示将题赠给我们。对先生的砾竹，我早已心向往之，今天佳作当前，可是只有二分之一的机会啊！那幅梅花也很好，我也已做好了舍弃"熊掌"的精神准备。

只见这位贵客一手拿着一张反复谛视，终于，像是下了决心，把那幅砾竹放下。我可打心里高兴了，心说，你这外行可便宜了我——说他外行，一点也不屈心。他把自己谛视的一端，转了180，恭恭敬敬地双手递过去，这是请求题款。先生接过来，再转了180冲着自己，然后濡墨题上款识——原来这位先生看了半天，竟然一直在倒着看！这对我们，真是喜从天降，而且还得到了"俩赏"的双款。

从上个世纪70年代后期开始，我的书作在当地不断受到重视而求书者日多。这使我想起隋代书僧智永"铁门限"的故事——人家喜欢你的字，上门来求，把门限（今称"门坎儿"）踩破，竟然拿铁皮把门限包上，成为"铁门限"。这种拒人千里之外的态度不为我所喜。因之灵机一动，即自名我的书斋为"无门限斋"。求老师题额是无庸置疑的。我当即按照书房的门楣尺寸大小裁就纸张，请先生赐题。先生特在纸尾跋了这几句话："汉宽大兄世大人，乐意近人，海涵地负，余事以铁笔自娱，瞩题此额，何让《西铭》。"应该说明一下：这里的"汉宽"是我的表字，而"大兄世大人"一称，是和前面谈到的"二大爷"一称一脉相承的。此前，先生还给我们夫妇写了一幅"金石佳好"。

二、不耐烦的需索

随着先生知名度的与日俱增，随着我和先生的师生关系日益为人们所知晓，来找我代为求字，求题跋，求匾额的络绎不绝，虽然我也尽量回避，但还是麻烦先生许多。我所供职的"吉林市图书馆"近水楼台先得月，首先得到了题名。近年图书馆迁入新馆，拟把原竖式的题名改成横式，可惜当年（1981年）先生的原迹因经手人保管不善早已不存了。我只好拓下原木刻的成品（与原作有出入），照先生的笔意修改放大后交工刻成横式。这种"亵渎",也确实出于无奈,不知"下真迹"几等了。

为吉林市代求而得到俯允的主要有吉林市档案馆、吉林市致和门立交桥、北山画院等题额,还有为吉林市名胜北山补题"文革"被破坏的前人联语,原联语为某名家所拟:"一畦杞菊为供养,半壁江山入画图。"先生看了说:"此联不妥,'半壁江山'是山河破碎,我把它试改一下",就随手写成"盈畦杞菊堪颐养,满目江山即画图"。真是点铁成金,也给我以很大启发。

吉林市的雾凇是全国有名的自然景观。1993年初,我曾衔吉林市政府之命,请来了中国人民政协副主席、中国佛教协会主席赵补初夫妇一行,在雾凇节期间莅临吉林市,参加了节日游览及笔会等活动。朴老游兴甚豪,在笔会上步东坡原韵写了自作咏吉林雾凇的《水调歌头》,这是吉林市的一大收获。

对于吉林市,有了朴老这件墨宝,当然就想到了另外一件有可能求到的墨宝,那就是通过我的"门路"请启老来游,并予赐墨。对此,我当然有愿望,也确实奔走过几次。先生因为这也是一次登长白亲履祖先遗迹的机会,也想成行。但每到这个季节,他不是有重要活动,就是身体不适,所以一直停留在愿望上。1993年1月,内子陪同吉林市党政领导一行人到启府,邀请先生参加吉林的"雾凇节"。对于远行,启先生还是婉辞了,只答应写几个字。于是提笔舒纸,几乎是不假思索地写了一首描写吉林雾凇的七绝:"雾凇木稼实奇观,南土希逢北地宽。雾岭冰川增异景,森林竞作玉壶看。"

纪清远是我亲姑母的孙子,是清代著名大学者纪昀(晓岚)的六世孙,是北京市政协委员。2001年,他获知北京宣武区的晋阳饭庄占用的原址是纪晓岚在北京做官时的故居。这时北京市为修筑两广大道,需拆除若干旧建筑,而晋阳饭庄就在拆除之列。为了保护下这一文物古迹,他四方奔走,在诸多有关人士的支持下,终于得到北京市领导的同意和批准,把两广路线稍作移动,同时将晋阳饭庄的一部分(原故居)开辟为纪晓岚纪念馆。为此,纪清远通过我,得到启先生的慨允,在目疾未瘳中赐题了"纪晓岚纪念馆"的匾额。但目前因实物资料尚在搜集中,内容还比较单薄,暂定名"纪晓岚故居",此匾尚未正式悬挂。

三、瘦硬通神

"戊寅暮春(1998年4月)余偕内子贤舒往北京医院病房拜谒赵朴翁。翁精神健铄,谈兴甚浓,见元白师所题徐青藤手卷时,除亲为该卷题写"青藤墨妙"引首外,复赞元师书法之精到,谓惟老杜"瘦硬通神"一语足以当之。贤舒问所以,翁乃书之于纸,因再求署名用印,居然成一小幅。不志颠末,何以喻后人乎?"这是一幅小品,小到只有纵18厘米、横13厘米的尺幅,上面的跋语是我补题的。值得一记的是启先生为手卷题的两首诗,其一:"道人醉后自含毫,墨海平添酒一瓢。卉木不随群动息,欹斜竹石倚甘蕉。"其二:"昔年南国访天池,户外青藤似故知。更自名贤同老屋,梅迟曾此再樆迟。"

四、金石之缘

前面谈过,和先生相识不久,我的还不成熟的印章就逐渐钤印到先生的作品上。这种不动声色的奖掖,真胜似千万句的褒语!先生多年的艺术生涯中,已经积累了不少名家所制印章,先生不怕玷污了自己的书画,而使我的拙作居然能够僭入,我岂能不孜孜以求,尽量刻得精到些。然而,技止此矣!我为先生所刻印作,可分为两期:一是1940年至1948年之间的:"启"、"元伯"(联珠印),苑北书前贤句(细朱文),元白居士(细朱文),启功印信(朱文),启功之印信(白文),青山一发(细朱文),启功之印(白文小印),简靖堂藏(白文)。二是1979年至2004年之间的:立式"启功"(钟鼎·白文),启功七十以后作(元朱文),启功八十以后作(钟鼎·白文),启功九十后作(钟鼎。白文),启功九十后作(钟鼎·白文较小),"壬子生''(钟鼎朱文小方章与前一方(5)成对),视思明,干支纪年印(包括公元纪元),甲子(1984年),乙亥(1995年),乙丑(1985年),丙子(1996年),丙寅(1986年),丁丑(1997年),丁卯(1987年),丁丑(方),戊辰(1988年),戊寅(1998年)边款,一九八八年,已卯(1999年),已巳(1989年),庚辰(2000年)边款,庚午(1990年),辛巳(2001年),辛未(1991年),壬午(2002年)边款,壬申(1992年),癸未(2003年)边款,癸酉(1993年),甲申(2004年)边款,甲戌(1994年)。其中,第4印"启功九十后作"一印,刻于辛巳(2001年),这一年先生生第90年,即所谓虚岁九十。为此,先生特以小诗一首,跋语一通,分别书于扇面相赠如下:"筵叶临窗晓日初,失眠病目不堪书。平生一售滔滔是,九十年来记已无。 不佞生于壬子仲夏,今年始周八十又九。汉宽仁兄世大人惠制此印,钤此志谢。弟功谨识。辛巳仲秋。"又在印章钤盖之侧跋曰:"汉宽先生每年赐制。此其近作也"。

五、提掖后进

首先是对我的《书法篆刻集》的出版问题,先生付出了极多关照。首先,为我题写分册(篇)书名。我的集子本打算分成书法集和篆刻集两册出版,就敬请先生分别题写《刘乃中书法集》和《刘乃中篆刻集》。先生欣然应允。等题好了一看,先生在落款上竟然都写了"敬题",这可把我难为坏了。"责问"先生,则答曰:"当然得这么题!"那种不容置疑的口吻,使我只有敬领致谢。我听说先生给黄苗子先生题写书名,也用了"敬"字,被黄先生做了手脚,运用现代科技,轻松地把"敬"字处理掉了。我是否也照此办理呢?经反复思考,觉得并不甚妥,就原样未改,印在书里,并在《后记》中说:"想来想去,还是姑仍其旧吧。一以保留原貌;二则可以昭示后人,前辈们是如何提掖晚生的拳拳之意的。"其次,为书印集题诗鼓励,这是先生在目疾中的力作。第三,为我出书事宜费心出力。我曾跟先生提到自己出书还没有找到门路之事,不料,先生听说,立即答应帮忙想办法。他连续找了好几位熟人,商洽了几家出版社。虽然该书最后的出版落在弟子鞠稚儒肩上,但我对先生的感念,却是更难释然的。

弟子鞠稚儒天姿颖悟,且学习刻苦,由书法篆刻入手,而逐步进窥诗古文辞、金石考据、书画鉴定之门。他曾持印篆拜谒先生。听了我的介绍并看了他的作品,先生对他非常肯定、器重,介绍他加入西泠印社。先生对后辈的提掖之举,让我们至今感念不已。

七十年师生琐碎情

——纪念启功老师百年冥诞

□　来新夏

    1942年秋,我考入北平辅仁大学历史学系,得到当时齐聚在辅仁大学的多位名师的教诲,如陈垣、余嘉锡、张星烺、朱师辙等。他们大多是高年硕德,为我所仰止;但因年龄的代沟阻隔,大多是维持一种敬而不亲的师生关系。独有一位正在壮年的老师启功与学生融洽无间,性格又很幽默,平易近人。他比我大十一岁,教大一国文,尚是讲师职称。但他的书画造诣与成就,已是名满故都。一个偶然机会,我与启功老师相识,他也像待其他年轻人一样,命我周日可到他在后门外黑芝麻胡同的家去做客聊天。每周日总有不少年轻人在启先生家聚集,绝大多数是来请教画法、画技的。启先生善谈,说古道今,谈说旧事掌故,有时兴至,谈到午时,启先生就留饭,饭后继续谈。我初去启府,怕打扰过甚,常是隔周去一次,有时提前辞去,不常蹭饭。后来走熟了,就每周去启府,经常蹭饭。

    我去启先生家渐多,对启先生的家人也逐渐熟悉。启先生的家庭很简单,上有寡母和姑母。她们历尽艰辛,抚养幼年失父的启先生成长。启母是一位慈祥和善的老人,对青年学生颇多关注,不辞烦琐地随时为学生们缝连补绽。姑母因未嫁丧夫,终身陪伴寡嫂,性格豪爽直率,像个壮汉子,家人和我们都亲昵地叫她"二爷"。她见到我们举止失当时,都当面指斥改正,有时甚至骂两句轻量级的话。我棉袍罩有三个多月未洗,大襟上有饭嘎巴和一些污渍,大概让她老人家看不过,就大骂我"懒虫",愣从我身上扒下来,为我洗熨晾干让我穿上走,我情不自禁地向老人鞠了一躬,眼里滚动着泪珠,老人拍拍我肩膀说:"注意点卫生!"启师母是一位时带微笑而不多说少道的温顺女子。尤其是启先生与学生们交谈时,师母从不插话。启先生没有子女，一家四口过着恬静和谐、令人羡慕的日子。每逢周日，总要多开一桌饭，而且都是美食。启老太太总说学生们吃食堂，油水少，该调剂调剂生活，十几口人的饭，统由师母一人承担，两位老人从旁协助，让这帮年轻人得到家的温暖。饭食都很好，饺子、面条、米饭，交替供应，让我们尽量饱餐。有一次，启先生十分高兴地宣布说，大家都别走，今天吃煮饽饽。我以为饽饽就是窝窝头，我暗自思量，今天可能吃不到美食，但不知启先生为什么如此高兴。等到上饭桌，却是几大盘三鲜饺子。原来"饽饽"在满人话中就是饺子。旧式结婚，夫妇在洞房中吃子孙饽饽就是吃饺子，吃时房外有童子问："生不生？"明明是煮熟的饺子，新郎必须按事先的排演，连声说"生……生！"以示多子多孙的吉兆。

启先生周围的年轻人，多是向启先生学画的，有求画稿的，有请改画的，启先生逐一满足他们的要求，并借此讲些画理、画技以及文史界的掌故轶闻。我虽不学画，但亦侧坐旁听，丰富了许多文坛见闻。渐渐地，我对书画也兴趣日增，但自知资质不够，未敢贸然陈请。直到升入大二的某一天，我在无其他人在场的时候，鼓足勇气向启先生提出想学画的要求。启先生当即毫不迟疑地同意收我为弟子，并从抽屉里拿出几张元书纸，画些枯枝、山峦和简单的皴法，让我回去练习。并嘱我每天摹写《黄庭经》和《乐毅论》小楷各一页。启先生作画稿时，潇洒自如；而我临摹时，愈画愈不象，手亦不听指挥。经过两周，始略见近似。启先生看过我的习作后，又动笔改了几处，使我原来的丑陋画面稍见生气！光这些枯枝与山头，我就画了三个多月，虽然画稿的内容有所丰富，我的习作也有些进步，但我一直不满意自己的进度，甚至有些厌烦地画不下去了。后来我曾按启先生的扇面样本，摹写过两个扇面，虽勉强成画，但连自己都不满意。启先生看后，用笔略加点染改动，才大致像个初学者的习作。我的这两件习作，于1943年冬在天津举办的"启功个人画展"上夹带进去，居然被不识货者因有"启功补笔"字样而购去，我得到足够两个月饭钱的报酬，当时非常喜悦。直到晚年，我愈想愈后悔当初卖掉两个扇面的蠢事，否则留存至今，当是多么珍贵的纪念品啊！我学画一年多，虽然增长了一些画学知识，但画技一直进展不大，自己对成功信心不足，也担心消耗启先生的精力。终于有一天,我提出不再学画的要求,启先生似乎也看出我缺乏信心,只是不好中断,现在既然我提出要求,启先生略加沉吟,没有任何责怪语言,就微笑地答应了。这次辍画行为是我一生最大的遗憾,我固然难以成为名家,但如掌握一定的画法,亦可作为陶冶身心的渠道,不负启先生当年教诲之劳。我虽辍画,但启先生和二位老人依然热情呵护,我也照常每月去一二次,向启先生请教文史知识,直到1946年我大学毕业由京返津止。

1949年,全国解放,我进华北大学接受南下培训。不久留该校历史研究室工作,还能不时去启府串门。1951年,我分配到天津南开大学历史系任教,两地分隔,事务繁忙,只能在有事去京时,顺路去探望一下。当时政治运动频繁,有点假期,不是学习,就是政治运动,人际交往自然日少。虽然经历过一次政治大变动和历年的政治运动,但启先生依然保持原有的幽默豁达性格,对人直率坦诚,随意谈笑。他不善周旋于人事漩涡,竟然误蹈陷阱,在1957年被戴上"派属右"的帽子,蜷居于西直门里小乘巷陋室,深居简出,潜研学术,但对故人却交往如旧。我每到北京,总要留出时间到启府小坐,而启先生每见必邀我到附近餐厅饱餐一顿,笑谈往事而不涉当代是非。1960年,我因接受政治审查而被挂起来(内控),个人行动有某些不便,而又不想写信相告,以免被小人见缝插针,因此与启先生的来往,几乎隔绝。"文化大革命"时期,更不待言。直至上世纪七十年代末,社会恢复正常,师生间又开始比前更亲密的交往。1978年,当启先生获知我落实政策被启用后,不时在见面和通信中常说"王宝钏寒窑十八年,终有这一天"(见《启功书信集》),既贺且慰,令人感动。我暗自一算,从1960年通知接受政治审查,到1978年落实政策,整整十八年,足见启先生关注之细,用情之深。

启先生对自己的遭遇,亦持一种淡然的态度,《启功韵语》中的许多诗词就是明证。也许我能遇事不惊,也是在启府几年间的熏陶所致。我感谢老师和他的两位老人平和处世的身教。启先生由于少年孤露,中年坎坷,对富贵利禄早就视如敝屣。他是民国元年生人,自称姓启,从未以清室贵胄自炫。启是清宗室的谱序,"溥毓恒启"是最后四个字,启功是名字,如果他能在启功名字上冠以"爱新觉罗"字样,作为满族代表人物,据说可能被安排在相当高的位置上。他早年诗书画皆有极高的造诣，但从五十年代后，他即以书法名，很少画作。我曾问过启先生左右的人，据说启先生有求必应，字比较简单，而画太费时间，所以回应书法多。启先生对求字，虽然有求必应，但也有拒写的时候，如有某权贵曾以现金来买字被拒；有无聊之人屡次求字，被启先生写信拒绝。他曾给我讲过有人设宴，说是请他吃饭，旁边却准备好笔墨纸张，席间一定要请启先生当场挥毫，启先生对经办人说，你准备饭，我吃，你准备纸笔，我可以写。那你要准备棺材，我就得躺？惹得满座哄堂，经办人赧颜而退，终席未写一字。

启先生生性豁达，好谈笑，但仔细体会又多含哲理。他给学生讲"猪跑学"，并解释说，没吃过猪肉，还没见过猪跑吗？用以启示学问不仅要贯通、还要旁通、横通。他为了婉拒无聊的来访，就写了"大熊猫病了"的门帖，希望人们照顾呵护，让人无奈而退。1996年夏，我去北京探望，启先生执意要我和他挤在一张二人沙发中坐，忽然问我，"今年多大岁数？"我很诧异，因为他比我大十一岁，这是几十年前就已熟知的，但不知今天是什么意思，就回答说："七十三"。他突然哈哈大笑说："你七十三，我八十四，一个孔子，一个孟子。七十三、八十四，是个坎儿，这一挤碰，把咱俩都挤过坎儿了。这不值得笑吗？"说罢，又大笑，我也领悟到其中的道理，跟着大笑，真想不到七十多岁的老学生又一次受到八十多岁老师破除世俗观念的教育！

2002年夏，我八十初度，亲友们为我祝寿，当时启先生已90周岁，久已不大动笔，知道后还特用硬笔为我写贺诗一首，并托柴剑虹师弟专程送津，令我惶恐不已。诗是这样写的：

> 难得人生老更忙，新翁八十不寻常。
>
> 鸿文浙水千秋盛，大著瓠园世代长。
>
> 往事崎岖成一笑，今朝典籍满堆床。
>
> 拙诗再作期颐颂，里句高吟当举觞。

壬午三春拈句奉祝，新夏教授八旬大庆。启功再拜，时年九十，目疾未瘳，书不成字。

这首诗中的匏园,是先祖的别号,曾著有《匏园诗集》。启先生喜读先祖诗,故在其诗中推崇先祖学术,并激励我奋进,内容令人感动。

2012年是启先生的百年冥诞,与先生有七十年师生情的我,在思念中想写点纪念文字,大面上的事已经有不少人写过,但许多日常接触中的琐碎细事,未必是人所共知,历史是由若干细节组成,而日常的琐碎细事,常常是深情流露的地方。因就记忆所得,写这些琐碎细事,并将此文临空焚告老师:他的老学生在思念他!

追忆陪侍启先生

□ 白化文

陈寅恪先生有诗云："贞元朝士曾陪侍,一梦华胥四十年。"所谓"贞元朝士",陈先生原意,似指清季光绪、宣统时期的,以北京为轴心的受朝政影响的文士集体。窃以为,这"贞元朝士"可以扩大泛指与借用,某一沧海横流、社会变动巨大,而一代文士流徙的时代中人,那是又一时代的"贞元朝士"了。启先生这一代,可说是新时期的"贞元朝士"。我的一梦,若从二十世纪七十年代末期陪侍启先生算起,也有三十多年,接近四十年了。当然,我焉敢窃比陈先生,陪侍的人有各种层次,可以很多的,此处不过借用,作为本文引子罢了。

我亲近并偶或陪侍启先生,还是在小乘巷时期。是由我的大学同班沈玉成学长带我晋谒的。启先生那时偶尔有闲,愸爱聊,我爱听,愸聊的多为"积古"(《红楼梦》中贾母所言)的话,不涉及时务。沈玉成对启先生说"有白无害",证明我不会传播是非。得到启先生首肯,此后我就常常独自到启府,得聆绪论。我还相当乖觉,一有别的我不熟悉的生人抵达,就告辞。启先生越来越满意我了。

为了助谈锋,好好学习,我还经常提点问题。例如,一次我提问:《红楼梦》第六十五回,尤三姐说:"咱们清水下杂面,你吃我看;提着影戏人儿上场儿,好歹别戳破这层纸儿。"后两句我懂,前两句不懂,我以为都是歇后语,就提出来问启先生,因为愸既是老北京,又是红学大专家。不料此时来了不速之客,我赶紧告辞。没有再问过,至今,我还是不懂。现在,有哪位明白人,点拨点拨我吧。

熟了,有时推门就进。一天下午,我推门进入,启先生正睡午觉呢。我悄悄坐在角落里,不敢吭声。一会儿,启先生翻身起来,从床下拽出一个尿盆就小便,接着翻身再上床,又睡了。待一会儿,草堂春睡觉,爬起来,发现了我,说:"什么时候来的?"

启先生和沈玉成聊天,偶尔问到我的家世。过几天,沈玉成告诉我说,启先生说,与我的外家的一位"老祖",即我外祖父的叔叔认识,似乎还是"口盟"。也就是相约为把兄弟,但没有正式到关帝庙内磕头换帖。沈玉成说,白某乃曾孙一辈。我说,给启先生当"搭拉孙"(北京土话对曾孙的谑称),还算我的光荣呢。大约沈玉成对启先生讲了。启先生原来管我叫"老白",我称"启先生"。这次又见面,神情大变,什么也不说了,远远伸出左手,五指分开,在空中作爬行状,说:"谁再提,谁是这个!"我说:"没事,我愿意认您当老祖。"启先生说:"绝对不行!"最后,我说,您的老同事周燕孙(祖谟)先生、陆颖明(宗达)先生全是我的业师,您肯定是我的长辈,我用模糊性的称呼,称呼您"老爷子",总可以吧。启先生有点首肯。从此,我就称启先生"老爷子",启先生也不叫我"老白"啦,干脆什么也不叫了,只是唯唯应答而已。

我有烧冷灶不烧热灶的积习,不怎么愿意到人多之处凑热闹。启先生移居师大后,我就不怎么来晋谒了。为筹备2003年王有三(重民)先生百年纪念,北大信息管理系,也就是我们系,派我几项任务,一项是请王先生的老友,一请编纂《敦煌变文集》的启先生题写《王重民先生百年诞辰纪念文集》题签。当时,启先生已经不怎么写字了,我怕碰钉子,转托柴剑虹先生去打探。启先生一口答应,说:"非写不可! 马上就写!"我理解:这是对老友的同情与追思,启先生是极有感情的人呐! 据柴先生说,用一把尺子比着,硬笔书写才写下来的。我听了挺感动的。

2003年9月,我住院半个月,出院翌日即参加王先生的纪念会。此会有两个会场,分别在北大和国家图书馆举行。会后,计议给启先生送印好的纪念文集去,实际上应该早就送去的,就因为我住院耽误了。我系新上任的系主任王馀光亲自出马,约请柴剑虹先生为先容,提前问给启先生送什么礼物,老爷子一口拒绝。柴先生说,老爷子爱毛绒玩具,送一个许行。转问,答应了。于是派博士生许欢(现为我系讲师)去买。我说,老爷子和熊猫都是国宝,送一个熊猫得了。不料,许欢买来一个像是圆脸耷拉耳朵大肥兔子形状的东西,说是最流行的造型了。包裹的玻璃纸还破了,无法退换。这时,系里会计说,为开会造的预算早已用光,拒绝再付出任何款项,连出车的车费都没有了。可是,我们得从北大开车到中华书局接上柴剑虹,再上师大,再回中华书局,请柴先生吃饭,再回北大。这一天车费起码百余元(按现在得三百元),无处可报。王餗光有办法,叫来他的在职博士生韩芸女士(当时任职于中国人民大学图书馆),她仰慕启先生已久,无缘拜识,得知有此美差,兴奋异常,自己驾车,携带高级相机,拉着我们,于10月8日前往。到了老爷子家,一切如仪。启先生抱着毛绒玩具,爱不释手。我这才放心了。众人陆续与老爷子合影,鞠躬告退。这是我与老爷子唯一的一次合影,颇觉宝贵。

启功先生二三事

□ 郭志刚

　　上大学时,我曾有幸听启功先生给我们讲古典文学课,他在讲台上的神态和语调,至今还浮现在我的脑海里,有一次讲《西厢记》,说"碧云天,黄花地,西风紧,北雁南飞。晓来谁染霜林醉,总是离人泪",短短二十五字,天上,地下,东西南北,都写到了。"东"字虽未出现,那"晓"字已托出东方气象。那堂课距今半个多世纪,我已记不起原话,但"二十五字景"的效果图似乎就是那时形成,我也就从此记住了这段脍炙人口的曲子。此情此景,在天地之间究竟产生了什么呢? 他说,那是泪。什么泪? 离人之泪。有多少? 把大片霜林都染红了,你看有多少? 古往今来,该有多少男男女女因凄伤离别而流出的眼泪,才能把这里、那里的霜林染红? 随着他入情入理的讲解,台下聆听的学子们,自然也不难驰骋青年人的想象力,坐收老师举一反三之功。但下面他说的话,却是我至今不忘的,大意是:二十五字,字字用得准确无误,最后将重心落到"泪"字。泪能把霜林染红,像喝醉了酒那样吗?"它为什么不用个血字,说总是离人(颈上)血?"但那样一来,就会大煞风景,就破坏了草桥送别整场戏的抒情气氛。因为醉的不是霜林,是人,是人在此时此地的心境都凝结成了泪。只能是泪,别的都不是,换一字就差之毫厘,失之千里。这是艺术必须要的"准","准"是真实和美感的必备元素。一字之索解,使我听到的不单单是一堂生动的文学课,也看到了他在治学上的严谨性。启先生在课堂上有时很幽默,会把我们逗笑。当时还穿着夏装,他讲到高兴处,会用小臂夹夹裤带(手上有粉笔末),微做上提状,其实,他衣服穿得好好的,这个看似多余的小小动作,无意间传递了我国传统知识分子那种落拓不羁的精神气质，和人们见惯了的有欧美风的知识分子不太一样。

启先生的学术成就不仅关乎时代，也关乎个人的特殊经历和生活背景。举例来说，他的家族背靠王室，他所看到和读到的古代器物和文化典藏，固为后来者难见，就是在同代人面前，他也占得了先机，更不要说在日常生活和各种社会关系中的耳提命面、耳濡目染了。他在自己的书里说过，要见识上代人的面目，看照片还不如看他健在的兄弟，因为前者展示的是静止的平面图，而后者却可在举手投足、謦欬言笑间尽显传神之妙（大意）。同样，对于我们大多数人来说，面对遗产，看到的是照片，而他则有机会看到亲兄弟的真容，这是他在学术上的一个优势和特点。

启先生的幽默有时表现为一种智慧，使他在面对争议时，可以谁也不得罪地表达自己的看法。在上世纪九十年代，我担任中文系学术评议组召集人的时候，需要请他投一票。因为当时评议组内部存在意见分歧，票数不易集中，每人的投票都有可能影响到评定的最后结果。当时启先生正在住院，我和研究生院的一位同志带上未开封的票箱来到医院，向他说明来意。评议组内的分歧，系里人大都清楚，启先生是评委，自然也明白，不待我们多说。他也先不说什么，只随手拿出一本漫画册，给我们看里面的画。我好奇地凑近一看，原来是老虎给羊羔喂奶、猫给耗子梳头之类。再抬头看启先生，他也笑眯眯地正看着我，似乎等待我的反应。我不假思索地说："画得真好，人和人反而不能这样友善相处。"说完后我才省悟，这也许正是他想要的结果。一次例行的投票就这样结束了，不管怎样，我第一次领教了启先生如此幽默而形象的启发式教育，在这里，语言反而显得不那么重要了。那天，启先生的话确实不多，但给我看的东西至今还清晰地留在脑际，至于如何实现画中的境界，就算一时无答案，想一想不是也很好吗？

启先生和我不在同一教研室，加之他平时客多，听说他因苦于应付而不得不在门上贴条婉拒贸然来访的客人。这样，我也就不敢再去打搅他，一般都是在每年春节时，约上王德宽师兄去看望他一次。因为这一天是拜年，常常是坐下或者还没有坐下，就在前后客人的"夹击"和欢声笑语中离去。但在他去世前的那个春节，却给我留下了难忘的印象。这一年，我照例和王师兄同去。到后，谦和的王师兄执意让我前面走，还没进启先生会客的房门，我边走边说："启先生，我想你了。"不料，这竟让他十分动容，他温和地让我们坐下，轻声问我："学生怎么样？"我说："都有了工作，不少人就在北京。"他见我没听懂他的意思，就说："不是，我问的是孩子。"我这才明白过来，他是在用"老北京"拉家常的语气和我谈话，赶紧笑着回答："挺好的，在美国好几年了。"气氛是这么好，我竟不记得后来是怎么离开的了。期间，他的一句话曾触动了我的神经："这些年来，有些因素影响了我们的接近。"一向态度和善、且吐属谨慎的启先生何出此言？我一时茫然无对，只说："我读启先生的书。这些年您出的书我基本上都读了。"这回答看来还不算偏离轨道，他笑了，并以无论对谁都会用的谦逊口吻说："请多指教。"

我没有想到，这是我最后一次直面启先生的音容笑貌。等下次单独面对他的时候，他已躺在医院的重症病房。那天我和老伴一起去的，每次只能进入一人，我便先进去了。启先生已不能说话，我只和站立一旁的护理人员交谈几句。这时，启先生忽然张动眼睑，露出一线目光。我知道在他生命的最后时刻，他也是清醒的。

1996年春天，我在北京日报发表了六首词，其中有《好事近·师颂》一首，是写启先生的，现在重录如下，作为我对启先生百年诞辰的永远纪念：

师寿八旬奇，华发沧桑无际。承领弦歌两度，算丹青余事。　　寄言"坚净"见精神，非此生自诩。人瑞百年不老，缘桃红李碧。

点点滴滴忆启老

□　庄寿仓

　　我常置案头的有两本书：一是侯刚先生著的《启功》，由文物出版社出版发行；另一本是赵仁珪、章景怀整理的《启功口述历史》，由北师大出版社出版发行。闲时便读，信手翻开任一篇章，百读不厌，越读越有滋味，越读越感到启老的音犹在耳，笑貌依然。我所知有关他的往事轶闻，也件件浮现在眼前，不吐不快，不写在纸上不足以表达对启老的道德文章的崇敬之心，不足以抒发身受启老谆谆教诲的感激之情。

结识启老

　　启功先生是我国的大学问家、大书法家。自上世纪五十年代闻其大名以来，便仰慕至今。

　　认识启老，已是"史无前例"以后了。那时的接触，无论是拜望、聚餐、贺年或敬求墨宝，目的都在于聆听老人讲学问，谈往事。启老的学问浩若瀚海，无论是三坟五典、四书五经、文史子集，还是书法绘画，他无所不晓，无一不精。老人家的记忆力更是惊人。八十多岁的老人，别说是唐诗宋词，连三字经、千字文都能随口背诵。

　　有次与启老小聚，谈到上世纪三十年代的书坛名家，有"南张北溥"之说。"北溥"即皇室宗亲溥心畬先生，是启老的前辈，以书画闻名于世。而那天启老谈的是诗，说溥心畬论诗，讲究空灵。说着说着，便吟起了溥的"空灵体"《落叶》："昔

219

日千门万户开，愁闻落叶下金台……"一口气背诵了两首，笑说："还行，没有忘记。"老人家的这段背诵，让在座的晚辈惊呆了。溥心畬并不以诗传世，这样不相干的，七十多年前曾经接触过的诗句，启老居然能背诵的一字不差，又遑论唐诗宋词。

聆听启老闲谈往事，品书论画，是一种精神享受，犹如品尝一顿美味的文化大餐，香甜可口，回味无穷。几个小时过去，轻松愉快，总觉得时间太短，渴望着有朝一日能够与启老朝夕相处，尽情的聆听启老说古道今，神聊天外。

这个期盼终于到来。

海外寻宝

1996年秋，在智建先生的安排下，由我伴随启老一行四人访问美、英、法著名博物馆。其他三位是：博学大师王世襄老人和中国工程院院士、古建专家傅熹年先生及其夫人李良娥。还有章景怀兄，启老的内侄。这一意想不到的旅行，令我大开眼界，大长知识，终身难忘。

我们于九月上旬，从香港直飞纽约。那时启老已年过八十，行动虽还可以，但毕竟是上了年纪，长途旅行难免消耗体力，伤精劳神。一路上，景怀兄照应启老，真是无微不至，胜过亲生子女。近十六小时的飞行，奇怪的是，启老一路并无倦意，到达后也无时差反应。我猜想，这要缘于启老对这趟远行的期盼。他要去目睹失散海外多年的中华瑰宝。听景怀兄说，老人写作不分昼夜，有时半夜忽生灵感，想到佳句隽文，随即披衣下床，伏案书写，事毕躺下照睡，毫不影响次日正常工作与生活。

老人在这以前到过日本、韩国，还未去过欧美。在常人眼里，访问美国，定要亲身体会美国的现代化文明；游览欧洲，必要欣赏璀璨的西方文化，尤其是文艺复兴以来的巨型雕塑、著名油画和建筑艺术。而在启老则不是。老人自幼即耳闻，中华文物瑰宝多有流失异国他乡。他是醉翁之意不在酒，而在亲眼目睹收藏于欧美的这些精华极品。

所以纽约的高楼大厦、繁华景象、大都会艺术博物馆的宏伟建筑等等，都不吸引老人的注意，只不过是曾经到此一游而已。在华盛顿，也曾去瞻仰过华盛顿、林肯纪念堂，那也只是匆匆一走而过。但是，在国会大厦外的草坪上，启老倒被几只小松鼠迷住了。这些浑身散发着银蓝色闪光的小精灵，肆无忌惮的窜来窜去，实在越看越有趣。老人驻足不前，不愿离去。老人生肖是鼠，一生极爱小动物，幼时喂养过小松鼠，藏在袖里怀里，乱窜爬动。上了年纪后，这种喜爱兴趣更为浓烈，所以看得乐不可支。

在美国主要是看书画。老人清楚地知道，哪幅名画在哪个博物馆。在纽约大都会、华盛顿弗利尔和波士顿等地的博物馆，主持中国文物部门的汉学专家们，久仰启老、王老的大名。所以当二老抵馆时，都在门外阶下迎候，毕恭毕敬地让入内厅。

他们预料启老想看的书画，早已准备就绪。宽大的长方展台，洁净的台布铺盖于上。手带白手套的展示人，轻舒画卷，用木制镇尺压住两端，静听启老评说，那份恭敬犹如蒙童学子在塾师面前。这时的启老，已进入人生艺术的极大享受之中。遇到真迹神来之处，启老总是轻叩案台，竖起大拇指连声道好。展示人大都是懂汉语的专家，听到启老的赞评，显得十分激动和得意。有时主人就书画的疑点向启老请教，启老总是不厌其详地向他们一一解答。这时的宾主，都进入了忘我的艺术境界。连我这个不懂书画的槛外人，也听得津津有味。偶尔也会见到一、两幅大家名作，但其真伪存疑。此时，启老则不多言语了。主人会意，轻收画卷，另取他作。

启老一行在纽约、华盛顿、波士顿、费城所看的书画，多半是宋元明和清初大家的极品精品。还在著名收藏家王已千先生家，观赏了北宋武宗元绘制的《朝元仙仗图》绢本白描水墨长卷，启老为之神往，赞赏不已。这幅长卷，与徐悲鸿大师的得而复失、失而复得的至爱——《八十七神仙卷》齐名，是举世闻名的。闲谈之中，启老既感叹我中华文物流失异国他乡之可悲，又十分赞赏"洋人"对我中华文物瑰宝之尊重爱护，几无微而不至。启老，悲耶？喜耶？

跟随启老参观访问，长知识，开眼界，又是乐趣和享受。老人极其风趣。当老人进入大都会艺术博物馆的大厅,见到壁上悬挂着幼时过年家中才供奉的,披挂朝珠的老祖爷和凤冠霞帔的祖奶奶之容像时,竟说起了笑话:"我们的老祖宗不要了,倒被洋人捧回家当了'祖宗'"。话虽调侃,却发人深思。

<h2 style="text-align:center">了却宿愿</h2>

在伦敦大英博物馆和大英图书馆,启老一行主要看敦煌秘藏的唐人写经卷。由于藏量丰富,馆方的收藏、保管及展示,都不如美国博物馆那样精心。但启老还是为这些1400多年前的纸墨笔砚工艺之精湛叫绝不已。没有那样的好纸好笔好墨,绝对写不出能保持千百年完整而又不变质的墨迹。同样,若没有那些虔诚的以毕生精力专一写经的佛门弟子道家信徒、无名书法家,也写不出那么隽逸入神的小楷书法。唐代大书法家辈出,冠绝后世,为后代书法家奉为楷模,是盛唐经济的繁荣昌盛和宗教文化的高度发展的证明。

访问英国之后,来到巴黎。启老到法国的目的是,专注于两件"黑老虎"。它们是老人家自幼学书便心仪已久、渴望一睹的碑拓,众所周知珍藏在巴黎国家图书馆已近一个世纪。

"黑老虎"之名,是书法家们对碑拓极品之称谓。这两件是唐太宗《温泉铭》和欧阳询书《化度寺塔铭断简》之碑拓。这两件碑拓其实并不稀奇,书店坊间都能买到。但巴黎图书馆所藏的,却是世上孤本,即是唐代最早刻碑上石的拓本。后来原碑毁于兵火,照其拓本重刻。一千多年来,被毁重刻,再毁再刻,已失其真髓。独此二件是原拓。千年来藏在敦煌,封置于密室,未遭兵火,兼之窟洞干燥,拓本保存完好,成了稀世珍宝,也成了启老毕生梦寐以求一睹的墨拓。

记得是周四到达巴黎。入住罗浮宫酒店后,即电我国驻法大使馆文化处,请他们协助联系巴黎国家图书馆。因为这样的文物,通常不对外展览。我们利用等待通知的空闲,于次日上午驱车赴罗浮宫参观。罗浮宫对一般来法国观光的游客来说,是首选必去的地方。那时我们公司有个驻巴黎代表处,代表是车耳夫妇。这对夫妇也是文化人,特别欢迎启老一行的到来。但当时公司还有另一代表团在法。车耳夫妇既得接待他们，又不愿意失去这一亲近启老的机会。于是，两夫妇轮流陪伴启老导游。

罗浮宫，名不虚传。间间展厅，金碧辉煌。四壁悬挂着在世界名画集上见过的大师级巨幅名作，像大卫的拿破仑加冕、安格尔的大宫女等等。展厅中间，则是一个接一个的大理石雕像，或存放在玻璃罩内的小展品。琳琅满目，目不暇接。

展馆太多太大，车耳怕老人行走乏力，特地向展馆租了一辆轮椅，供启老乏时坐坐。但被启老婉拒，只好空推轮椅跟着我们走。眼看快到中午，偌大的罗浮宫才看了一小部分，我们不得不请启老坐上轮椅，这样可以快速前进。幸好此时启老并不拒绝。这倒不是因为老人家走乏，而是对展品的兴趣不大，坐上轮椅反倒可以跑马看花。我向启老建议再看两个景点：一是达·芬奇的蒙娜丽莎油画，一是希腊维纳斯雕像。启老说好。车耳则是熟门熟路，领着我们很快到了油画和雕像前，还为启老照了相。启老说："行了，我们完成了任务。"我心里明白，启老是身在罗浮宫，而心向"黑老虎"。

事后闲聊，方知启老看得并不马虎。这里展出的那些巨型大幅油画，相当部分是人体写实。老人家说，终于明白了：徐悲鸿先生大幅作品以愚公移山、傒我后、伯乐相马、田横五百壮士为主题，只有这些主题，才能体现人体绘画的技巧，才能展示他在法国学得的学院派风范的心得和功力。寥寥数语，启老真的把我们心中模糊的认识点明了。而我们几次参观罗浮宫，怎么都没有领悟到呢？

周末的巴黎，街上车少人稀，巴黎人都去了乡间度假，我国驻巴黎使馆文化处杳无音讯，连人都找不到了，看来拜观"黑老虎"将成泡影。无奈之下，只好唬弄启老，说我们仍在积极联系，请老人家静候佳音，并建议先去凡尔赛宫散散心。于是兵分两路：车耳驾车陪同我们去凡尔赛宫，而其妻小金留在酒店与各方联络。

车行一路，启老面色凝重，一言不发，我们也不敢多话。一路沉默，到了凡尔赛宫。王老、熹年先生夫妇先后下了车，准备随车耳进入参观。但启老不下车，说要留在车上等我们。多亏车耳善于应变，嘱我陪同王老一行参观，他则留在车上陪伴启老,等候小金的回音。看来只能如此。

我陪着王老、熹年先生夫妇匆匆游览了宫内主要景点,不足两个小时就返回车场,惟恐启老等得心烦。说也奇怪,车上一老一少,谈得津津有味。启老面带微笑,很满意有这样一个知书识礼、讨人喜欢的小伙子与他作伴。后来车耳跟我说,这次车上对话太有意思了,太长见识了,是他终身难忘的机缘。

我们回到酒店,仍无头绪。小金十分焦急,启老再度陷入沉思,大家坐在酒店大堂咖啡厅不再言声。

其实,收藏"黑老虎"的巴黎国家图书馆,与罗浮宫酒店近在咫尺。人到了巴黎,却无缘得见,好不让人失望。车耳要招待另一代表团,而熹年先生夫妇眼看无望,不想丧失这拍摄巴黎名建筑的机会,都先后离去,就留下启老、王老、景怀兄和我。小金仍在作最后无望的努力。午饭大家不想吃,也没有胃口,天又下起了毛毛细雨。绝望了,完全的绝望了。

那年小金到法国不久,法语并不熟练。她跟我商量,直接打电话给巴黎图书馆中国部,试试最后的运气。人说绝路逢生,从这件事上说我信。小金用结结巴巴的法语,通过查号找到图书馆,跟着接通了中国部的电话。我想这是一锤子买卖了,亮出底牌试试看。我让小金直接讲,有位从中国北京来的教授想看碑帖。对方用汉语问,是哪位教授。我跟小金说,"说,说,快说,启功教授"。片刻间,愁眉苦脸的小金面上绽露笑容,说:"成了! 对方欢迎,下午三点在图书馆等候启先生。"话音甫落,启老也裂开嘴笑了,王老也乐了,景怀兄和我如释重负。这时已是下午二时,大家方感饥肠辘辘。我建议立即午餐,准备出发。启老说,午餐不吃了,现在就走。我说时间还够,吃了去不迟。启老同意。在罗浮酒店旁一家日本小餐馆,一行五人每人要了一碗乌冬面,匆匆吃完。那个香甜,远胜过鱼翅汤。跟着向酒店借了两把雨伞。景怀兄搀着启老,我撑伞护着王老,小金着风衣在前引路。从酒店右侧沿着人行道,淋着细雨走了不足廿分钟,便到了赫赫有名的巴黎国家图书馆。

这是星期六下午,馆门已闭。小金通过传达室再次与中国部通上电话。等了约五分钟,里面走出一位年约五、六十岁,中等身材的法国妇人。她用不纯的汉语问:"是启功教授吗? 早就听说过您。欢迎,欢迎。"引着我们进入楼馆地下一间收藏室。这时,图书馆内已经空无一人。这位穿着朴素,举止文雅的老妇人,让我们围坐在一张圆桌旁,讲了几句很得体的欢迎的话。并抱歉的说,同事们都下班了,连杯咖啡都不能招待诸位。我心里话:能给看,已经感激不尽,还那么客气。接着,她慢条斯理地,从内室取出了启老期盼了大半生的两片"黑老虎"拓片,一一展开。启老一见,双眼放出了十分喜悦的光彩。见他再次频频以指叩桌,竖起大拇指,连声叫好。《温泉铭》和《化度寺塔铭》的上下边纸,已呈暗黄。拓片上端,有法文编号 Pelliot chinois 4508.TOUER-HOUANG(大概是敦煌);下端纸上,还有几处儿童乱涂的毛笔字,但帖身黝黑有光泽,白字清晰呈暗黄。《化度寺塔铭》是两张 14×10 厘米的方块拓片,共 39 字,其中有三、五个字已模糊不清。上端暗黄纸上,有 Pelliot chinois 4510 编号。启老、王老反复看《温泉铭》和《化度寺塔铭》,爱不释手,惊叹不已。那位法国妇人侍坐一旁,默不一语。她哪知道,这两件"黑老虎",此时在两位来自东方的学者胸中,会激起五味杂陈的心潮。

时光飞逝,一会儿已是午后四点半钟。王老提示启老,时间不多了。启老这才猛然醒悟,连声道谢。起身时,仍目不转睛地看着那两片"黑老虎"。像在告别自幼被他人收养的亲生儿女,乍见又别,依依不舍,个中滋味,难于言喻。那位法国妇人面带微笑,徐行慢步把启老一行送到门口。其时已近下午五点。归程途中,启老余兴未尽,连声说:"不虚此行,不虚此行!"

次日启老一行即搭乘国泰航班返抵香港,在港又逗留数日。其间,始终保持着愉快欣悦的心情。在与智健先生会晤时,谈到了观赏"黑老虎"的过程和感受。此外,还提到在智健先生的安排下我们一行从纽约飞伦敦,乘坐了二倍超音速的协和式飞机。七个多小时的航程,缩短到三个小时,领略到上一世纪最先进的空中交通工具之快捷舒适。

王世襄老人回京后来信说:"环球一周匝,飞莅三大洲,饱览美英法都城名胜,谛观唐宋元书画剧迹,恣意赏心悦目,尽兴尽情,人生快事,孰胜于斯。"

我想加一句自己的话:"有幸做陪,得近前辈,敬听教诲,受用终身。

"大的快乐来自对美的作品的瞻仰"。启老和王老此行溢于言表的喜悦,生动地诠释了古希腊哲学家德谟克里特的这句名言。这一路之上,我总是在想:启老同辈学者,勤奋终身,锲而不舍地学习、研究中国文化,探索华夏文明,必有其动力与根源。

我曾经看过一本书,提到清末民初文化怪杰辜鸿铭老先生。他生于南洋,长于西方,自幼在西欧读书,遍历欧美诸国,精通近十国文字。三十岁以后回国,从识汉字起,最后精读四书五经,并把四书译成英文。他曾用比较法谈到中国文化。他在《中国人的精神》书中写道:"要懂得真正的中国人和中国文明,那个人必须是深沉的、博大和纯朴的。因为中国人性格和中国文明的三大特征,正是深沉、博大和纯朴。"

接着,辜老先生又用他的比较法进一步阐述,写道:"美国人发现要想理解真正的中国人和中国文化是困难的,因为美国人博大、纯朴,但不深沉。英国人也无法懂得真正的中国人和中国文明,因为英国人有一般说来的深沉、纯朴,却不博大。德国人也不能理解真正的中国人和中国文明,因为德国人特别是受过教育的德国人,一般来说深沉、博大而不纯朴。"辜老先生曾经在日本讲学三年,但他没有分析日本人的特性以及日本人对中国文明的态度。这只是辜老先生的一家之言。

我没有学识和胆识阐述中国文化,只能借用辜老先生的这六个字,即"深沉、博大和纯朴",来解释启老和同辈人的为学做人了。

扬州情结

凡与启老有过接触的人,都愿意亲近他,敬重他、喜欢他。上了年纪之后,登门拜访他的人几至门庭若市。有的是慕名只求一见;有的则是索求墨宝,进了门,死乞白赖,不达目的誓不罢休。老人不胜其烦,无可奈何,只好在门上贴一纸:"大熊猫病了,谢绝参观。"但是,在2002年春,扬州市领导邀请启老和另几位专家到扬州作文化旅行,启老则欣然应承。因为,老人对扬州有特殊情结。此行的重头戏是启老讲学,我建议他谈谈"中国文化与扬州"。

那天上午九时,宾馆大厅已是座无虚席。启老徐步登上讲坛,没有讲稿,没有卡片,在热烈的掌声中启老开讲。首先自报家门:"我名叫启功,无姓,说姓启名功也可以。"一阵笑声与掌声引来了听众情绪的活跃和专注。接着说:"我是满族人。在中国,过去满族和其他民族都被统称之谓胡人。所以我是胡人,我今天的讲话就是胡说。"又时一大阵笑声掌声。启老微笑,摆摆手,全场寂然。于是启老从扬州在五千年历史文化上的地位入手,很自然地进入春秋战国,先秦文化,楚汉相争,东西两汉、两晋、隋唐……。谈史中,夹叙文字、文学、经史之演变。这时厅内鸦雀无声,坐席上和两侧站立的听众,静听启老以生动而又通俗的语言,叙述中国文化的演变,全神贯注地徜徉在历史的长河中。一个小时过去了,启老还在阐述历朝历代的文史的演变。我担心,什么时候老先生的话题才能回到扬州。接着清王朝入主中原,话题一转到了康乾盛世,书画界出现了标新立异的"扬州八怪"——启老在不经意间,把听众带回了扬州。

说起扬州,无人不知有"八怪"。启老的演讲,对八怪只一带而过。而着重讲,18世纪嘉道年间的著名哲学家、文史学家、经学家汪中容甫先生。推崇其对史学的贡献,赞赏其敢于肯定荀墨学说,批判独尊孔孟之道治世的得失。顺便提到,被称之为扬州学派的阮元和高邮(属扬州市)的王念孙、王引之父子在文史和经学训诂方面对中国晚近文史方面的学术贡献。启老的讲学终于回到了扬州,把中国文化与扬州紧密的联系起来了。近两个小时的演讲至此结束,听众报以热烈的经久不息的掌声,似乎还没有听够。演讲期间,启老一直站立。主持人请他坐下,还引起了老人的不高兴。讲台上放的一杯茶水,没有动过。足见其演讲之专注,逻辑之严密,语言之生动,功力之深厚。

次日,启老又请扬州市委宣传部长赵昌智先生向导,在一偏僻的乡间找到了汪中先生墓,亲去拜谒,鞠了三躬。

前些时我又读《启功口述历史》,才知道启老之钟情扬州,还有一段隐情。原来启老青年时,从挣来的第一份薪水中,拿出一圆银洋买下的书,便是汪中著的《述学》。汪中少孤,在《述学》一书中有很多遗孤思亲的诗词,引发了具有同样人生经历和感受的启老的共鸣。启老曾给我写过一个横幅，正是汪中的诗"颂父琴台铭"。由此可见，我们扬州先贤汪容甫先生，在启老心中的地位。

启老自扬州回京后，送了我一件墨宝——粉红洒金宣纸横幅。横幅上，以行楷体书写了他的旧作七绝二首，书法他几次到扬州的感慨。诗曰：

> 千里南来访鹤铭，长桥飞跨大江横。
>
> 河声岳色寻常见，一到金焦眼倍青。
>
> 巍然歌吹古扬州，历历名贤胜迹留。
>
> 劫火十年烧未尽，绿杨丝外夕阳楼。

启老墨宝已经裱装成横幅，挂在家中客厅正中，作为我京寓的镇宅之宝。

自撰墓铭

启老爱说笑话，言语生动、风趣、幽默又富哲理。爱调侃，更爱自我调侃。老人家于六十六岁时写下《自撰墓志铭》：

> "中学生、副教授。博不精，专不透。名随扬，实不够。高不成，低不就。瘫趋左，派曾右。面微圆，皮欠厚。妻已亡，并无后。丧犹新，病照旧。六十六，非不寿。八宝山，渐相凑。计生平，谥曰陋。身与名，一齐臭。"

这一自撰墓志铭，即是别开生面，又是自我调侃，更是道尽了老人辛酸的一生和受到的不公平的待遇。铭中的"派曾右"得从老人的画作说起。

读《启功口述历史》，见到启老小学三年级时绘制的一幅设色双钩"秋菊"图，已是意想不到的令人惊讶。以后启老师从两位著名山水画家，更临摹溥心畬画作，成年后的青绿山水画，完全宗法四王。其布局、笔墨、色彩、皴法乃至意境，已经到达相当高的职业画家水平。所以叶恭绰先生请他参加北京画院。启老对前辈的推荐敢不从命，到头来却惹来了大祸。

截至反右运动开始,启老在北京师范大学教学已经多年,循规蹈矩,兢兢业业,照启老自制的箴言"学为人师,行为世范"教学处世,与右派沾不上边。而在画院,由于领导未能完成上级下达的划右派指标,竟拿客座的非职业画家启功先生凑数,完成了任务。这真是天大的荒唐与冤屈!

为此,叶恭绰先生对启老怀有十二分的歉意。从此启老不再作画。改革开放之后,偶尔应友人请求只画松、兰、竹、石,以松喻其劲挺,以兰示其孤芳,以竹比其节操,以石之坚来表明自己的心迹。

宅心仁厚

启老谈书画,从不议论当代书画家的作品,都说好,很好。老人的笑话、调侃从不失其忠厚的天性。有次在建外大街某大厦餐毕,见到大堂一家文物精品商店,门列几幅书画,最醒目的便是署名启功的条幅。连我这样的外行人都能看出,这是假冒伪劣的赝品。同行人跟启老说,这儿有您的条幅。启老瞥了一眼,并不计较,莞尔笑道:"他写的比我好。"大家更是一笑。

在巴黎,有很多温州人开设的中国餐馆。有天中午,我们选了一家洁净、宽敞的餐馆。进门迎面高悬一大横幅,从其气势雄浑,结构张扬,笔画时断时续的字体,一望而知是当代一位著名画家的手笔。横幅上书白底黑字"中国妥"三个大字。我们几个看了无不哈哈大笑。启老也乐,连声说:"妥、妥,真的是妥。既然妥,何必出走;既然妥,就早点回来吧!"话虽调侃,却流露出怜才惜才之意。

几年前的一个春节,我和车耳去北师大红楼给启老拜年。车耳此时已是单身。原来他父母到加拿大探亲途径纽约,在儿子家里小住而为儿媳不容。车耳不忍父母受辱与小金理论,双方互不相让,推推搡搡。车耳在情急之下挥以老拳。谁先动手,清官难断。小金即时报警,找来了警察,车耳被捕,带上手铐,关了两天两夜,尝到了美国的铁窗滋味。几个月后法院判决,妻子得到了一纸"保护令",从此车耳再也不能回家,婚姻就此解体。可怜的车耳在"保护令"的法威下,只能在学校门外含泪遥望女儿的背影。启老一听哈哈大笑,说:"我亲笔给小金写封信,包你小两口重归于好。"我们听了都乐,未曾想到启老的心地是那么的天真、善良、纯朴。老人家总是以自己的心态来衡量世人,以为世人都是与他老人家同样的心态对人对事。

《启功口述历史》中,有相当的篇章谈到他那位贤德的章佳氏夫人,还有多首悼亡诗,情真意切,催人泪下,其中尤以《赌赢歌》最为出色动人。诗句都是大白话,又都是至情至性的大实话。老人家以为,世上夫妻都应该像他与夫人一样相敬如宾,相濡以沫,一生一世,甘苦与共,即有小小口角也是床头吵架床尾和。老人家以为,他亲自出马,便可以让车耳夫妻重归于好。殊不知美国的现代化文明,在短短一年多时间,已经把文静纤弱的小金改造成了无情无义、天良殆尽的所谓现代女性,把丈夫送上法庭,把公公婆婆赶出家门,险些流浪街头。也正是这样的标榜民主、崇尚人权的新思想,把中国的传统文化、伦理道德、行为规范,冲击得所剩无几了。

后来车耳告诉我,他为此还又去拜见启老,请他老人家千万别写。若已写,把信交给他,由他复印寄出,原稿作为墨宝自己留下。因为他已无法追讨启老当年为他写的,留在纽约寓所的条幅。

遗泽人间

启老带着世人对他的崇敬、仰慕、爱戴离开了人世。他带走了满腹经史子集,智慧才华,却留下了高尚的人品,渊博的学问,大量的著作、书画、手稿和后代人对老人家不尽的缅怀。

启老是二十世纪中国文化人的苦难历程的缩影。他的高寿给他迎来了如《启功口述历史》第五章所讲的"迟到的春天"。毕竟启老是有福的。他晚近的三十年里,创作出了他所学所知的一篇又一篇的光辉作品,岂是一个著作等身能以概括。老人家生前得到了应有的尊敬,也享受到了天伦之福。

老人家的内侄景怀、郑喆夫妇,照中国传统美德为启老养老送终,竭尽人子之责。景怀夫妇未照老人家自撰《墓志铭》所示的"八宝山,渐相凑",而是将老人家安葬在万安公墓，与曹禺、常任侠、陈半丁、王雪涛、孟森、姜椿芳等名人、画家为邻。景怀、郑喆夫妇还为老人营造了一座十分别致的墓冢，一方黑色大理石，横卧在三平米见方的墓地上。石上镌刻启老自撰自书《墓志铭》。竖碑，则是一方大石砚，砚心刻有启老手书"启功"二字，下列横书启老生卒年月。再下为夫人章宝琛名及生卒年月。砚之背面，右刻启老先祖康熙皇帝手书"一拳之石取其坚，一勺之水取其净"。左刻启老恩师陈垣校长手书"元白用功之砚"。

相传这方名为净坚居的砚，是康熙皇帝用过的。老人家半辈子用坚净居之砚的浓墨，道尽了人世沧桑，酸甜苦辣，也谱写了平实卓绝的诗词文章。

这样的墓葬安排，应该是符合老人心愿的，也让子孙后代知道：这里长眠的是，二十世纪中国文坛的一位风华绝代而又默默耕耘的大学者、大文人。

景怀夫妇在老人生时，人前人后习惯地称老人为"老头儿"。这一年来与他们在电话上交谈，每提及启老，他们既不称姑父，也不称"老头儿"，而是称"启先生"。旗人讲究礼数，景怀是满族章佳氏。启老生时，称老人家为"老头儿"，是亲；老人谢世后，称老人家"启先生"，是敬。

景怀兄已经提前退休。他和启老的众多弟子，眼下正忙于老人遗下的大量手稿、题跋、文章、诗词、绘画、图籍的整理、编辑、出版工作。他们认为，以这样的方式才是对启老最好的纪念。

学者、文人的称号不足以概括启老的学识、为人。一般闻启老大名的人，只知道启老是书法家，因为启老是中国书法家协会会长，他的墨迹在各大城市都可见到。稍有文物知识的人又都知道启老是国家文物鉴定委员会主任委员，是大鉴赏家。一般人多认为，书画鉴定就是鉴别书画的真伪，像"家有宝物"电视栏目，先判真伪，再估价目。实际上，文物鉴定是一门涉及多学科的学问。启功先生真是一位集古典文学、文献学、古文字学、书法史于一身的大学者，又是一位杰出的书画家，而且浏览过大量古书画精品，熟悉历代书画家的笔意技法和时代风格，所以启老的鉴定文物已是一门独特的学问，连他本人都承认在自己众多成就里他最看重的便是文物鉴定。没有深厚的文化功底，鉴定文物充其量也只是一名书画商人。文物反映时代的经济、政治、文化的面貌和特征，是众多知识、技

巧、艺术、学问的结晶，是无可取代的，所以启老鉴古从不谈价。已故的前上海博物馆副馆长老同学汪庆正兄和老朋友王立梅女士都跟我谈到过成功地从美国收购《淳化阁帖》存世最善本的故事，他们说启老于1996年见到的《阁帖》，喜出望外，鉴定为存世最善本，说一定要抢救回来。至于要花多少钱，这不是他的事。

从启老现正出版的著作看，其题材涉及面之广，举凡古文字学、古汉语、经学、史学、古典文学、文献学、哲学、宗教、语言、书画、诗词、歌赋几无所不晓，无一不精。统而言之称为国学大师，当之无愧，而且在当代又是绝无仅有的国学大师。

仰之弥高，钻之弥坚。后生晚辈想写点东西缅怀启老，如涓涓细流之望大海，沙丘土阜之仰泰山，是很不自量的。所以只能点点滴滴地追忆一些趣闻往事，记下来留在心底。

文章翰墨　师友平生

——从几件史料看启功先生与台静农先生的友谊

□　侯　刚

曾听启先生讲过，他1933年初出茅庐时认识的第一位朋友是牟润孙，比他年长4岁，第二位即是时任陈垣先生秘书的台静农，比他年长10岁，在辅仁大学曾得到过台先生"非常艺术的指教"，"谊兼师友"。先生也曾回忆，台先生曾对他的一本书、一首诗、一幅画发出轻松的批评，当时听着觉得不过瘾，而过后仔细体会，则觉得很中肯、很深刻，甚至感到是"耳提面命"的教导。这番话说明先生和台先生情谊之深。近两年在整理《启功年谱》的过程中，承蒙先生生前友好的热情支持，得到几件鲜为人知的史料，更加具体地见证了两位先生几十年来真挚的友谊、深厚的感情。

一

上世纪30年代初，台静农先生离开辅仁大学，先后去厦门大学、山东大学任教，1937年7月由济南回北平度暑假。7月7日发生卢沟桥事变，抗日战争爆发，启功先生和几位挚友十分悲愤，曾聚会于同和居饭庄，《柴德赓纪念集》有记载：

> ……与静农、建功、润孙、元白诸兄小集同和居，醉后建功出高低，嘱元白挥毫作画分别留念。……

> 当时柴德赓得《云林小景》，台静农得《荒域寒鸦图》。此后不久，几位好友分别各奔东西，台静农去四川白沙女子师范学院任教。

二

自1937年分手以后,两位先生多有书信往来,但都散失,目前在台湾大学图书馆仅存启功先生致台先生手书一通。抗日战争胜利后,台先生应许寿裳邀请,赴台湾省编译局任职,后执教台湾大学。1947年北大教授魏建功赴台湾推行国语,返平后给启先生介绍了台先生在台大的消息,先生非常高兴,即将刚刚完稿的论文《〈急就篇〉章草本考》寄给台先生,并附此信:

> 倭乱虽平,依然离阔。建公归来,藉悉尊况胜常,为之欣慰。今夏闻公从有北来之讯,而又不果,为之怅怅。弟教书之外,惟以涂抹骗钱,所画致无一笔性灵。诚可哂可叹!前青峰传达雅命,见索拙笔,苦无惬心之作以付知己,不尽关懒惰也。弟前因临摹《急就章》学其草法,遂集众本,较其异同,材料渐多,不觉成篇,发表于《辅仁学志》,谨附函寄上一份,致希破格指正,勿稍客气。今春多暇,作诗数首,容别写呈;拙画即当著笔续寄。日日停电,油灯昏黑,小窗秋雨,倍增怀人之念!建公处亦有一书,霁野、诗英两公想常晤面,希为致声。讲授之暇,何所遣兴,至盼时惠宝翰,以代晤语。

(此信落款为"中秋前一日",经查,系1947年9月28日)

前信中有"前青峰传达雅命,见索拙笔苦无惬心之作,以副知己,不尽懒惰也……拙画当著笔续寄",先生为践承诺,于1948年趁北大教授魏建功再赴台湾之机,作《米家山水》立轴一幅,托魏先生带给台先生,并在画上题跋:

> 与吾伯简先生别十二年矣,于拙画之嗜,不减曩昔。嘱写云山小幅,稽迟未报者,又将三载。适见檀园真迹,有二米遗韵,因天行先生东行之便,临以奉鉴。拙笔无足赏,惟云树苍茫,聊以纪白云苍狗之变,并以寄暮云春树之思云尔。

此跋落款"戊子中秋后三日,元白弟启功识于蒸市北城之紫幢寄庐",当为

1948年9月19日。

四

1949年以后，多年中断联系。

进入20世纪80年代以后，海峡两岸的民间交流日渐增多。1982年启功先生应香港中文大学邀请，去香港讲学，又通过朋友许礼平先生打听到台先生在台湾的消息，并托朋友将两件书法作品辗转带给台先生，而作品落款很有意思：

> 一幅落款"苑北书于香港旅寓"，苑北即元伯。
> 一幅落款"开绩"，"开"寓意开启，"绩"寓意功绩，即启功。

看来先生当时与台先生联系还是小心翼翼，有顾虑的。

五

1985年，启功先生得到了台湾出版的《静农艺集》，又见到台先生晚年的作品，开阔的隶书，顿挫的草书，苍劲的行书，从中看到作者书写时的健旺精神，心情激动而又欣慰，称赞台先生"从人品、性情、学问以至他对文学艺术的兴趣和成就，可以说是综合而成的一位完善的艺术家"。自此他们又在朋友的帮助下通过诗、书、画隔海交流，倾诉40多年来的离别之情。

六

1989年《启动韵语》出版，先生托朋友带给台先生请求斧正，台先生读后说："他还是那么淘气。"台先生临写了台北故宫收藏的苏东坡《黄州寒食诗》二首回赠先生，特在手卷后加跋语说明：

> 东坡此书去年私家以钜金收故宫博物院，试临一通，即希苑北兄存念。

启先生收到后,感到自己比故宫还富了许多,即在卷尾作跋并装裱后珍藏,跋曰:

> 刮犀笔势倪鸿宝,踵武才学台龙坡。
>
> 写得眉山绝世句,虹光腾上九霄多。

1990年春,启功先生辗转将辅仁大学校友会的邀请信带给台先生,希望他在适当时机回北京看看,与老友相聚,不久接台先生的亲笔回信:

> 苑北吾兄赐鉴:转来校友会函谨悉,弟近年(今年八十八矣)衰老日甚,平日居家不出门,犹不免跌倒,更不能远行也。草草即询珍重,弟静农顿首。

随信托人带来他的文集和书法集等三本书,每本书上都有亲笔题字,不是写留念,而都是写"永念"。先生感到他拿到的不是三本书,而是三块沉重的石头。

(七)

1990年6月,启先生为募集励耘奖学金,去香港筹备书画义卖展,再次拜会了"翰墨轩"主人许礼平,经许先生与台湾一位篆刻家联系,终于拨通了台先生家的电话。两位至交分离半个世纪,始能在电话中申诉衷情,可见现实社会多么残酷,对话的情景催人泪下。

当时,台先生因患食道癌,已经不能进食,希望启功去台北看他,在电话中对启先生说:"我几个月不能吃东西了,咱们一块折腾的没有几个人了,就剩下你了,你快来吧,再晚我们就见不到了。"

不料通电话后不久,台先生就病逝了,启功先生十分悲痛,亲笔书写挽联,托人转给台先生的家属,以表哀悼:

> 河岳日星风期无忝,
>
> 文章翰墨师友平生。

令孤本化身千亿

□　屠式璠

我本来没有结识元白①先生机会。直到1998年退休之后,因编辑出版外祖父张伯英②先生的书法作品的需要,才与表弟张济和③一起找到元白先生做我们的指导。

当时先生已是86岁高龄,除师范大学的本职工作之外,又任了多项社会职务,再加上大大小小的附庸风雅的闲杂人等围追,早已不堪重负。于是师大设下了藩篱,在先生的家门上贴上了告示。若要拜访启先生,须经系里批准。据说先生自己也写了:"大熊猫④病了,不能见客!"的字条贴在旁边。

我虽然只在公共场合与先生有一面之交,但一想到您老人家那一副好好先生的模样,又仗着外祖父的余荫,就爹着胆子直接闯到家里去了。那天是1998年9月17日,不巧家里没人,幸亏我预先写了一封恳请先生指导我们编辑出版外祖父遗作的信,就请启先生对门的邻居刘女士转交,这样总算绕过了系里批准的一关。

想不到5天之后我就接到了先生从邮局寄来的复信⑤,写信的时间竟然是我送信当天的晚上,这无疑是对我们兄弟极大的鼓励。

信中洋溢着对"得悉铜山张勺翁遗墨遗稿搜集有获"的喜悦情绪;并表示自己存有勺翁编印的全本《右军书范》,可以提供照片;指出徐州博物馆藏有勺翁笔记草稿。精神上的鼓励和在收集资料方面的具体帮助,让我们兴奋不已。先生还表示了身后将捐献全部遗物的想法。

说及"捐献"是因为我在送信的同时还作为礼物送上了一副荣宝斋制作的铜

镇尺,尺上是我外祖父书写的联语:"胸中锦绣三都赋,笔底烟霞五岳云。"所以先生在信中写了:"承赐勺翁书铜镇尺盛谊至感! 但敝箧诸物终将捐献,见面时再敬璧。"先生还指出了信中的错字。我的信中有"儜望復示"四字,以表示我延颈以待盼望回信的心情。先生指出"儜"字乃"伫"之误,并没有繁简体转换的过程,繁体字就应写作"佇望復示"。耳提面命如沐春风,使夙失庭训的我如同直面父兄。

元白先生在为《二十世纪书法经典·张伯英》卷所做的《序言》中谈到,他从十岁之前就听到祖父介绍勺翁大名,稍长陆续接触到勺翁的书法作品,以后认识了勺翁的哲嗣宇慈先生,才得以当面向勺翁求教碑帖理论,对老人产生了深厚的感情。他还深知勺圃先生墨迹的艺术价值和碑帖理论著作的学术价值。这些作品如果都被"文革"毁坏,其在文化上的损失将是不可估量的。

当先生见到我们拿去的《说帖》《阅帖杂咏》以及《右军书范》校记本、《魏志录文》等材料时说:"人民大学有一位胡绳武先生曾拿了一些勺翁的单页作品让我看,好象是受了徐州张氏后人之托。我也曾在徐州博物馆看了馆藏的大部份勺翁作品,两部分加起来也没有多少,以为世存勺翁遗作仅于此矣。今天看到这麼多东西真是非常欣慰。"先生认为这些劫后幸存的作品仍然非常脆弱,最好的保护方法就是及时把它们印刷出版,存之于广大读者之中。这种想法的实质,用他在《张伯英碑帖论稿》序言中的话来概括,就是:"令孤本化身千亿。"

我们拜访先生的目的恰与"令孤本化身千亿"的精神不谋而合,所以从此到先生去世,在长达七年的时间里不断得到先生的指教。

有了力争出版的前提,就要盯紧元白先生给书作序。先生说:"你不要老是盯紧我,要盯紧出版社。"先生还说:"此事不仅张氏后人有责任。你们还是先与出版社商量。"元白先生已经把这件事引为己任,我就放心了。先生又说:"要看了清样再动笔不迟,否则没有针对性。到时候您吩咐我干什么,我干什么不就得了么。"我只能连说岂敢岂敢。请写序的事总算有了定论,于是我工作的重点转到寻找出版社上。

经多方联系,1999年12月29日我们与河北教育出版社签订了出版一本书法集的合同。这就是后来被纳入《二十世纪书法经典》丛书中的《张伯英》卷。接着我们继续与河北教育出版社合作,又出版了《张伯英碑帖论稿》®。

从签订出版合同到书籍正式出版,还要走一条艰难曲折的路,中间任何环节出问题都会影响书的质量。我就对启先生说:"书法非我所长,先生能给推荐一位顾问吗?"启先生没有合适的人选。就说:"你是谦虚也好,真的不懂书法也好,反正你和那位宇慈公的少君,叫什么来的?"我回答:"叫济和。"元白先生接着说:"对这些材料还有谁比你们更熟悉?你们就是编这本书的最好的编辑。"我们所做的努力换来了先生的初步认可,也增强了我们的信心。

接着,元白先生又谆谆嘱咐,提出了质量上的基本要求,他说:"对勺翁的后人而言,当然希望能出一本学术性强的、艺术价值高的、不同时期的代表作品。但是出版社一定会有经济方面的考虑,我们也不得不接受他们的意见。如果能补助他们一些出书经费,自主权会大一些。"后来我们一直抓住学术性、艺术性两个重点,在编排上尽量体现出外祖父书法艺术的发展过程,保证了《二十世纪书法经典·张伯英》卷的质量。

与此同时,元白先生还帮我们处理了一些具体问题。出版社要求每一件书法作品都要有释文,而且要求用现代标点。一般的诗文或对联比较容易释文和标点,而对于碑文或经文,我们这点水平就难以应付了。我们只好先按自己的理解标点,再把稿子交给先生,请先生纠正。

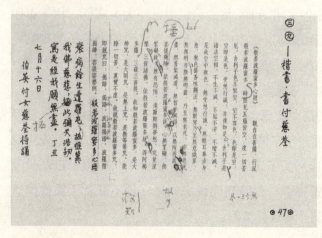

下面是《般若波罗蜜多心经》的标点稿。先生不但用铅笔将错误的标点认真改正,还对在读音上与汉字习惯读音有较大差异的字词,用汉语拼音注出了梵文的读法。并且神情凝重地领着我诵读了几遍。

写经是一件很辛苦的事。不仅不能写错字,写经者还必须怀着敬畏的心态以工整的楷书一笔一划地抄写,努力做到字字珠玑、篇篇玉璋的要求。勺圃先生有坚实的写碑功底,他所写的经文篇篇都是书法艺术的珍品。

从丁丑年(1937)七月之后到当年年底,已经67岁的勺圃先生写了不少以经文为内容的扇面,这让他的身心极度疲惫。我们选择出版的《般若波罗蜜多心经》扇面,就是写于"丁丑七月十六日",阳历当是"1937年8月21日",是"七·七"事变之后北平沦陷不久后的事。在经文的后边老人还写道:"衰病余生遭羼屯,故惟冀我佛慈悲,拯此弥天浩劫。写是经我愿无尽。"

在二十九军撤出北平,以及勺圃翁在抗日将领中的朋友如宋哲元⑦等也撤离之后,忧国忧民的老人只有寄希望于佛陀的保佑。他写的每件扇面都写了"付某某持诵",这是给众子女为减灾诵经而准备的读本。我们无法准确地说出当时您一共写了多少件这样的经文,但时至今日在"七·七"事变70多年后,仍能见到3件这样的扇面,可见当年所写的数量一定更多。我们可以透过这"字字珠玑,篇篇玉璋"的经文,体会到那"字字血泪,篇篇甲胄"的实质。更为特殊的是,它们是在日伪眼皮之下,经数月加工而完成的抗日艺术品。元白先生也因此特别珍视这件写经扇面。

更为让人感动的是元白先生写这第二篇序言的过程。在2001年为《二十世纪书法经典·张伯英》卷写序时,先生手眼虽有疾患,但用硬笔书写尚无问题。待到2003年要为《张伯英碑帖论稿》作序时,他的记忆力已经大大降低。由于影印文稿的释文需反复厘定,又因增加了国家图书馆和北京大学图书馆所藏碑帖题跋等内容,使编辑进程推延,时日一久,先生竟记不起有写序这回事了。到了万事俱备,只差一序时,大家都非常无奈,又不敢催促。

下面是我对当时情况的简单记录:2004年2月19日,赵仁珪⑧来电话云,已经三次向启先生谈到写序的事。辽宁博物馆的杨仁恺先生来看启先生时,先生说勺翁手札正在编辑中,待出版后买了送您。仁珪插话说编辑的工作已完成,只等您的序言了。先生听后未置可否。仁珪建议说您如果安排不开就干脆推掉这些。两天后,启先生忽然说这个序还是要写。

2004年2月21日星期六,晚十一时赵仁珪来电话报喜,说启先生的序言已写好,千余字。因为眼睛不好,用硬笔书写的底稿中有部分字无法辨识,先生自己也说不清,只好先打印出来,空出格子,问清楚后补上。等过几天弄清楚后再给你。

2004年2月24日上午10时,启先生亲自来电话说,把写序的事忘了,经赵仁珪提醒现在已经写好,赵仁珪正在打印,题目叫做《铜山张勺圃先生论书全集读后感》②。并说我还曾和张中行先生讨论过,不管这类文章安排在书前书后,都得先读完了才能写,都是读后感①。晚上赵仁珪来电话,说把打印稿寄给我。

在把勺圃翁遗作编辑出版的过程中,我对"令孤本化身千亿"的提法也曾有过疑问。书法艺术在民间已有相当的基础,这使勺翁书法作品存在潜在的市场。那么像碑帖理论这样冷僻的学术作品是否也能出版流传呢? 随着时间的推移,我逐渐认识到,先生的想法体现了一种还文化于百姓的精神。把这些孤本公之于世,给需要者阅读欣赏的机会,这的确有助于推进大众的文化水平。否则,那些孤本或捐给文博单位,或侥幸拍得高价装点了"盛世藏宝"的门面,然而传播的也只能是文化的皮毛。只有让传统文化活起来,提高了研究者的水平,孤本才是真正发挥了作用。

2006年《张伯英碑帖论稿》出版后,很快就有人把这本书全文公布在网上,此书936页、墨迹图版达553版,扫描上网工程浩大,但是还是有人愿意无偿地做这件工作。这就是可以"令孤本化身千亿"的明证。

注 释:

① 启功先生字元白,北京师范大学教授、博士研究生导师,中国人民政治协商会议全国委员会常务委员会委员,国家文物鉴定委员会主任委员,中央文史研究馆馆长,中国书法家协会名誉主席。

② 张伯英(1871—1949)字勺圃,晚号东涯老人。江苏铜山人,光绪二十八年(1902)中举。民国时期著名帖学家和书法家,著有《法帖提要》七卷、《阅帖杂咏》等。

③ 张济和,勺圃先生第十一孙。对编辑出版《二十世纪书法经典·张伯英》卷、《张伯英碑帖论稿》起到了决定性作用。

④ 启先生自比"大熊猫",知识分子骤成国宝,不无调侃之意。

⑤ 见《启功书信选》,第174页,第247页,北京师范大学出版社2008年。

⑥ 两书由河北教育出版社分别于2001年9月,2006年2月出版。

⑦ 就在七七事变之前数月,勺翁于1936年为冀察政务委员会委员长、第29军军长宋哲元写了《陈寿上诸葛氏集表》,含有以诸葛亮比宋哲元以激励其抗日的意思。

⑧ 赵仁珪,北京师范大学中文系教授,启功先生的大弟子,晚年的主要助手。

⑨ 印书时,序言的标题随书名改为《铜山张勺圃先生碑帖论稿读后记》。

⑩ 这段话是针对张中行先生不同意元白先生把"序"谦称为"读后感"而发。

回忆作为语言文字学家的启功先生

□ 董　琨

启功先生的人品风范,堪为一代师表;才情学问,举世罕有其匹。《世说新语》叙郭林宗评黄叔度:"汪汪如万顷之陂,澄之不清,扰之不浊,其器深广,难测量也!"(《德行》)启先生足以当之。关于启功先生方方面面的话题,是写不尽,说不完的。

作为北京师范大学的一名普通学生,我有缘与启先生相识并承教整整三十五年,是我此生至大之福。先生对我影响綦大,恩重如山,我应该写出先生的教泽与我的感念。只是由于多年来囿于"课题"不断,事务缠身,一直没能着手,也不敢率尔操觚。先生虽已仙逝有年,然而在我的心中永远活着,音容笑貌,历久弥晰。

也许是我后来从事语言文字工作的关系,对启先生这方面的感受会多一些,深切一些,同时与先生谈话后我也时常略有所记以备忘。值此先生百年诞辰之际,仅就语言文字方面与启功先生的接触与受教,分几个小题目谈谈。

关于古文字与文字学研究

启先生与多位在古文字学界享有盛名的前辈大师交往颇深,——大抵与他具有辅仁大学的同事之谊,一般都比他年长,当时他只是"小字辈",却因了自己的才华和学养,得到大师们的欣赏与关爱。启先生在他们面前,也显出"小弟弟"的模样。例如他与于思泊(省吾)先生都喜欢收藏,有时得到"好东西",不免"显摆"一番,一次他不无得意地跟我说:"中华(书局)汇印《论语》各种版本,洋洋三大册,但漏收一种日本的,年代相当于我国清代道光年间吧。我早年在海王村用六角钱买到,是全二册,跟于思泊先生一说,他说:'你尽管捡去吧!'说我'捡漏'。这部书他是花了整整三十块大洋买的,所以这么说我。"

他和唐立庵(兰)先生,则经常在一起鉴定古代书画。唐先生非常重视启先生的意见。一次,在对一册宋人书札进行鉴定时,唐兰、徐邦达、刘九庵等先生都在场,"意见不完全一致",听了启先生意见,"他们几位以为理由可取,……最后唐先生说:'你这一言,定则定矣。'"(《启功丛稿·题跋卷·书画鉴定三议》)这足以见出启先生在这些前辈学者中的分量了。

我于1978年考上中山大学研究生,见到容希白(庚)先生,谈起启先生时,他很深情地说:"元白是我三十多年的好朋友啊!"次年中大主办第二届中国古文字研究会年会,启先生莅穗参加,抽空要我陪他看望容先生。多年未见的老友重逢的一幕,是我作为后辈的旁观者难以忘怀的。

古文字研究"四堂"之一的郭沫若(鼎堂)先生,在发起"兰亭序真伪之辩"时,也主动托人请启先生撰文支持自己的观点,这种作法当然不足为训,却也表明了启先生在学界的举足轻重。那时他还只是年逾五旬,就年资而言,在学界不过是个"晚生后辈"而已。

启先生以一部《古代字体论稿》奠定了作为文字学(包括古文字学)大师的地位。这部著作篇幅不大,却是专门就古代文献中关于汉字字体的繁多杂乱而且相互不无抵牾的记载,进行爬梳剔抉,品题评定,得出一家之言,是典型的"以少少许胜人多多许"的著作,影响所及,可以说现今每一篇与汉字字体有关的研究论著、文章,都无不以之作为参考和引用的文献。

我个人则是因为反复研读这部著作,同时通过不断向先生求教请益,从一个生物系本科学生,走上文字学的学术道路。虽然所成有限,但我是始终流连于它给予我的嘉惠和营养的。

《古代字体论稿》1963年才由文物出版社出版,当时启先生51岁,这是他的第一本专著,也是长年用功积累、厚积薄发的成果。古文字学会邀请他参加年会,就是基于他具有这方面的深湛研究。他在这方面也从不满足而固步自封。上个世纪七十年代之后,出土的古文字材料日见其多,启先生不断补充到他的这部《论稿》中。1999年3月,文物出版社出了此书的新版,他亲自增加了河北满城出土的战国中山刻石和湖北云梦睡虎地的秦律简,用新的出土材料充实、证成汉字字体发展的更为完整的环节和准确的轨迹。

不过他自己说起这部著作,却是轻描淡写。已经是新世纪初年了,一次与他谈起此书时,他说:"我的那本只是个'稿',不能算正式著作。"我说:"不是后来又补充了不少材料吗?"他说:"哪能补得完呢? 新出土的东西那么多,'九店'、'郭店',……"我说:"现在还有'上博',听说要出六本。"他说:"是啊,真多。还有'里耶秦简',真不得了。"

还有一次谈起古文字考释、甲骨文之类。启先生认为:"上古巫、史合一,司马迁说的'究天人之际,通古今之变',说的确是实情:前一句指巫,后一句指史。这种职业是世袭的,所以他犯了事,汉武帝对他施以宫刑,就是要他绝后,中断这一职业。由此我想到甲骨文中的'贞人',有没有可能是带家族性质的,一个家族只用一个名字?"我说:"这个问题可太大了,涉及甲骨文的分期问题。"他接着很认真地说:"这个问题我想了几十年了。以前也请教过于思泊和唐兰先生。"

他又说:"还有一个字,就是《诗经·七月》'以介眉寿'的'眉'字,我想能不能释为'美',因古文字字形中有酒尊形的部件。古人不是以有酒喝为美吗? 这个意见也同那两位先生谈过,他们都笑我。"

这可见先生对古文字研究的执著与投入,同时也可见他的率真,并不讳言他与这些前辈学者的不同意见。其实古文字(包括甲骨文)的考释,未有定论者甚多,但并不妨害各自提出自己的一家之言的。

上世纪九十年代湖北荆州郭店出土楚简,有早期《老子》抄本三种,海内外为之轰动。启先生也很关注,一次见面时就说:"《老子》,最早是王弼注本,其次是河上公。后来发现马王堆帛书甲、乙本,北大高明考证近王弼本。郭店一下子发现三本,很值得研究,说明当时《老子》很热。"但是他还有进一步的思索:"我们常说'黄老之言','老'现在发现不少了,但是'黄'到底有何言?《黄帝内经》只是讲医学的。不知道将来会不会出土关于黄帝思想的新材料?"现在记在这里,作为启先生的一个预言吧。

关于《汉语现象论丛》

我个人一直认为启先生具有中国传统知识分子的身份认同情结,即是虽然他治学的方面很广,而且均有卓越的建树,但是他相当看重自己应该是个通晓汉语言文字的"小学家"。所谓"小学",就是传统的语言文字学,是中华文化(许多人称为"国学")的精粹部分。这是融汇了中国古代无数典籍文献、各种文史哲知识及文字、音韵、训诂知识的学问。启先生的恩师陈垣援庵先生,虽以治史最为著名,但也著有诸如《史讳举例》这样的力作,从传统小学的角度而言,也不愧是经典水准的作品。上述几位与启先生多年交好的前辈学者,也都是这方面的大师级的人物。启先生自己说:"我一直教书,所教的仍是语文方面的课程,……首先是扫开语言文字上的障碍。"(《汉语现象论丛·前言》)"回忆起来,这五十年工作的绝大部分,都是把文言变成白话。"(同上《有关文言文的一些现象、困难和设想》)毫无疑问,他认为语言文字学是他本职工作的基础,成为这一领域的专家,他自视应该是本分之事。所以在他年逾八旬,在香港结集出版了《汉语现象论丛》之后,还非常在意这部著作在语言文字学界的影响。得知我已读过这本书之后,他常问我:"你们搞语言学的,对我的胡说八道有什么意见啊?"

上世纪八十年代,我在中央广播电视大学任教之时,曾经花大力气,策划并制作了一门叫做"中国古代文化史讲座"的课程,分若干讲题,其中有一个"金石书画漫谈",便是聘请启功先生讲授的。他在开讲时深情地说:"伟大的中华民族文化,我认为好比一朵花,花蒂、花蕊、花瓣等,都是它的重要组成部分。这个文化史讲座的各个方面,好比是花的各个部分,金、石、书、画也是其中的一个部分。"

这个比喻以其恰当与深刻,给我的印象太强烈了,所以我在对于《汉语现象论丛》的一篇读后感文章(即下文说的《赏花者的审根情结》)中认为:"如从这个比喻作引申,则文学艺术包括金石书画等等,好比花蕊、花瓣之类,而语言文字等似应属于花株的根的部分。因此启先生不但是作为艺术家的赏花者,而且具有科学家的审根意识和技能。一部《论丛》,就是他郁积多年的审根情结的抒发。"

"《论丛》的篇幅并不算大,全书字数只在18万上下,内容却涉及汉语词、句特点,古代诗歌、骈文的语法,比喻与用典,工具书编写,诗文声律,乃至对八股文、新诗、子弟书的评骘等,其分量之重,借用作者的好友张中行先生的常用话来说,就是'令人扛不动。'"(同上)

我认为《汉语现象论丛》是一部少有的真正针对汉语特点"摆现象,讲道理"的语言学专门著作。从汉语语法学的方法角度而言,其中有关汉语语法的论述,与近年来兴起的"字本位"学说有些接近。对"字本位"语法的评价与接受度,在语言学界尚有不同意见,这里一言难尽,但总之是值得探讨的。

我说:"您的大作是在香港出版的,我们所里买了,可是大陆学者一般看不到,怎么发表意见啊?"随即我建议他将此书出个内地版,也就是简体字版,以便内地学者研读,他颇以为然。

于是过后不久的一天,就得到启先生的一封信。

董琨同志:

承示高见,于拙著《汉语现象论丛》一书中一些论点,以为值得探讨。而此书只在香港商务印书馆(出)版,内地尚少流通,因此有些读者,欲阅无从。尊意以为可在内地出一种规范字重印本(即简体字本)。此义弟甚感荷,但未知哪一出版机构愿予出版。兹即奉托,祈分神惠于联系,倘有成议,弟当将港版本中之校勘表及可再加入之篇奉上(只一篇)。诸多分神,无任感谢之至!

专此即致

敬礼!

启功 上言

1995.10.27

我得到这封信,随即征求启先生意见:给哪一家出版社合适,比如人民(出版社)、文物(出版社)、商务(印书馆)、中华(书局),等等。因为以先生的名望,相信哪个出版社都会乐意出版他的著作的。不过先生说:"我倾向于给中华书局。我对中华很有感情,标点《清史稿》时,在那里住了好几年,简直成为我的'第二家乡'了。"于是我将此信交给在中华书局供职的老同学陈抗,他只要了复印件,之后很快答复说中华愿意出版此书的简体字本,而且就由陈抗来担任责任编辑。同时作为一道程序,还要我以语言学工作者的身份,从语言学角度对此书写个推荐材料。

启功手记

材料我很快地交去了,后来不知怎地,一直未曾告知我,这份材料却以单篇文章的形式(等于书评吧)在东北出版的一份书评杂志上发表了。

内地版的《汉语现象论丛》补充了一篇新作,即发表于《北京师范大学学报》1994年第6期的《从单字词的灵活性谈到旧体诗的修辞问题》。新书出版后,北京师大中文系专门举办了一个"启功先生《汉语现象论丛》学术研讨会",好几位前辈学者如钟敬文、冯其庸、郭预衡等都参加了,并对该书给予高度评价。由于这部著作所具有的学术含量和水准,不久就获得了"中国图书奖"。这与责编陈抗先生的细心编辑、校勘也是分不开的,尤其是那篇《诗文声律论稿》,有许多平平仄仄的标示,最容易出错,港版中就有不少,可是经过陈抗的编辑加工,基本上将这些问题消弭解决了。启先生为此十分满意,后来不止一次向我称赞过陈抗。

《汉语现象论丛》的内地版出版以后,启先生还多次征求我的意见,有时是给我打电话。我把倡导汉语"字本位"语法的代表性人物、北京大学徐通锵先生的观点讲述给他,启先生也很感兴趣。我自己则是另外写了一篇题为《赏花者的审根情结》的文章,参加了北京师大的那次研讨会,并且发表于《北京师范大学学报》1996年第4期,算是我交给启先生的一份作业吧。每次我跟他说有这样的"作业",他总是很高兴。

不过应该指出的是,社会上(包括语言学界)对启先生这部著作的重视,我认为其程度是远远不够的。我发表于《北京师范大学学报》的文章,意图是作为"科普"的,即是向不以语言学为业的广大读者介绍启先生的语言学成果,所以先是投给《读书》杂志。当时所里一位老先生看过,觉得可以,应该是《读书》杂志文章的路子,还问我要不要请吕叔湘先生推荐一下。我认为不必了,何必惊动吕先生呢!可是没想到此稿竟遭了"枪毙",说是一般读者可能看不懂,对此我只有无言而已,也许写得确实不够"科普"吧。

汉语语法学界的主流,对"字本位"的语法学一直不是很接受,(当然我认为"字本位"语法本身也不成熟,同时缺乏语法分析的可操作性,比如不能体现语言与线性同时存在的层次性),所以连带着对启先生的《汉语现象论丛》也缺乏应有的重视。

不久以前,我在一部题为《国语运动与文学革命》(吴晓峰著,中央编译出版社2008年)的论著中,不意读到对启先生这部著作的一些评论,认为启先生的这部著作是"对传统语言文字的价值进行重估"。"他(启功先生)认为汉语不仅在诗歌的节拍、辙调中发挥着重要的作用,还为其他体裁提供了模型,是中国文学传统的强大凝聚力,从而论证了古典汉语对于中国文学的重要意义。"(《绪论》)我觉得这一评论角度比较新颖,也相当到位。

由王宁先生主持、启功先生也列名其中的北京师范大学民俗典籍文字研究中心,高度重视启功先生的语言文字学成果,2004年7月,启先生还健在的时候,就编成了一部文摘汇编《启功先生论语言文字》,从启先生诸多论著中撷取有关论述语言文字的部分,将近20万字,并在启功先生九十三寿辰之际,召开了"启功先生语言文字学学术研讨会"。我也专门撰写了一篇8千多字的论文《作为语言文字学大师的启功先生》(后来收入《民俗典籍文字研究》第三辑,北京师大民俗典籍文字研究中心编,2008年12月)。启先生因身体欠安,未曾莅会。会后我把这篇文章交给启先生,说:"再给您交一份作业。"先生露出欣慰的笑容。

关于语言文字工作

启先生对建国以来的语言文字工作是很关心的,也有许多高见,在我去看望他时随时说出。这里仅就回忆所及,略谈一些。

主要是汉字问题。众所周知,五十年代以来最为重大的举措是推行了简化汉字,简化字被视为规范字。对此,启先生是接受的。同时,他具有强烈的规范意识,就是用于公开的场合,必定书写简化字,例如他书写的北师大校训"学为人师,行为世范",就是标准的规范字。并且他对那种认为"简化字当不了书法"的论调是不以为然的,说"写得好就是写得好,写不好就是写不好,跟是不是写简化字没有关系"。

不过,作为传统书法作品,他还是喜欢书写传统汉字,也就是繁体字。我认为书写无论繁简,他都是得心应手,左右逢源的。这倒是与国家领导人后来所说的关于汉字的三条政策(即:第一,继续贯彻执行国家现行的语言文字工作方针政策,汉字简化的方向不能改变。各种印刷品、宣传品尤应坚持使用简化字;第二,海峡两岸使用的汉字,当前可各自维持现状,一些不同的看法,可以留待将来去讨论;第三,书法是一种艺术创作,写繁体字,还是写简化字,应尊重作者的风格和习惯,可以悉听尊便)的精神是一致的。

对于曾经一度时兴的"汉字要走世界共同的拼音化道路"的说法,启先生则是不赞成的。他曾用很不以为然的语气说:"周有光先生在香港发表文章,主张'四化先要拼音化',我校俞敏先生也有类似观点,这能做到吗?"

当然,由于上世纪五十年代时代特点的局限,简化字并不是没有问题的,尤其是在当今普遍应用电脑,又与海峡对岸恢复交往的情况下,这些问题就突显出来了。

一次,我在启先生书房里聊天,正好他的一位老朋友、中华书局的赵诚先生也在,谈及中华书局出版简体横排本《二十五史》,结果读者抢购繁体字本,启先生笑着说:"看来如果想促销繁体字本,不妨先放出风去,说是要出简体横排本,这样繁体字本就卖得快了。"

于是话题转到繁简汉字的利弊。启先生说:"简体字是要推行,不过简化字也确有流弊。一串对一个,难免不出错。树叶的'叶',古代是'叶(协)韵'的'叶'。广东人读za。(我问:"不是写作'人字旁'的'什'吗?")后来才和'什'混的。《后汉书》的繁体,现在年轻人看不懂了。"我知道这是指北大吴小如教授在一次报告中痛心疾首提到的一件事:有一天他到图书馆借阅《后汉书》,因为该书的书名原先都是使用的繁体字,年轻的工作人员看不懂,找了一通,居然回答说:"我们这里没有这部书。"这里涉及到古籍整理和印行的用字问题。确实,许多前辈专家学者,诸如国家图书馆馆长任继愈先生等,对此问题都做过专门的呼吁。

一次我向启先生说起关于异体字整理、简体字字形中存在的问题,认为经过半个世纪以上,现在已然不好改了。启先生听完发表意见,有些激动起来:"为什么改不得?五十年代许多问题不是都改了吗?'反右'算不算一件大事,还能大过它去吗?"

我还谈到现在有些人主张"复繁",即恢复繁体字。说起我最近读到一位名头很大的人物写的文章,就是直截了当,主张"复繁"的。启先生说:"这人我知道,不简单。不过'复繁'的事太大,岂是我们敢说?而且这个问题涉及到台湾方面,所以要慎重,不能随便发表看法。"

曾经读到中华书局傅璇琮先生一篇文章,说:"1957年夏,启先生在北师大执教,据说因对字体改革即施行简体字有异议,被划为右派。"(《记启功先生两封信》,载王得后、钟少华主编《想念启功》,新世界出版社2006年)我认为这恐怕不准确,启先生当时不会对简化字的推行发表不同意见的。

关于社科院语言研究所

对于我后来供职的中国社会科学院语言研究所,启先生也很关注。我是

1988年年底才从中央广播电视大学调到语言所的。把这消息告诉启先生时，他说："我跟贵所孙德宣先生是同学。他父亲教过我们语文，有个口头禅：'是吧，是吧。'"说完，笑了起来。

我初到语言所，分配在词典编辑室，任务是参与维护、修订国家品牌辞书《现代汉语词典》，编纂《现代汉语大词典》。孙德宣先生正好也在这个编辑室工作，我与他成了不折不扣的同事，真是荣幸之至。说起启先生，孙先生倍感亲切，用敬佩的口气说："他是我们同学中最有才华的一个！"

记得是2000年的春节前，我去看望启先生，顺便请先生为语言所主办的杂志《当代语言学》题写刊名。他当时就拿出毛笔来，一边说道："这是我的'光荣任务'"。但是他可能没听清楚是给杂志题名，还以为是我的文章标题，所以写完后，又笑咪咪地问："是我公的大作？"我明白这是化用《华佗传》的句子，就说："岂敢岂敢，是我们所的杂志啊。"

这个"我公"，似乎值得说几句，因为现行各种辞书，包括专收古汉语词汇的《辞源》，以及"古今兼收"的《汉语大词典》，都没有收录这个词。此词应该是源于《三国志·华佗传》："似逢我公，车边病是也。"此处"我公"是指"我父亲"。但是"公"后来可作为敬称，称"某公"犹如称"某老"，而当面称"我公"则更显亲切了。启先生似乎喜欢使用这个词，他给西北大学薛瑞生先生的信中也有"必我公大著为独辟鸿蒙矣"之语（薛瑞生《大星没去光犹在》，亦载上引《想念启功》）。他的国学根基、遣词造句的特点与幽默，于此也可见一斑。

一次我们说起老年人健康的话题，他说自己身体不好，我说："您的脑子好，就是体力差些，没大问题的。我们所里有一位吴宗济先生，是赵元任的高足，九十五了，还能打电脑，做课题。"先生听过不胜羡慕，但是随即又叹口气："唉，他姓吴，我可不姓吴啊。"

对语言所编纂的《现代汉语词典》，启先生也多次表示关切，有所评论。当然基本上都是正面的评价，不过也提了意见："有些说得太细了，近于繁琐，比如'是'字，列了三个字头，十五、六个义项，不是太细了吗？谁能完全掌握得了呢？"

启先生说："编词典要注意新词。新词无时不有。我小时候，先祖不许用'文明'一词,当时拐杖叫'文明棍',他说:'别的棍儿就不文明了吗?'张之洞批评手下幕僚使用来自日本的新术语,批语中有个意思是不得使用'日本名词'的字样,手下人反驳说:'"名词"就是来自日本的词啊'。张之洞就无言以应了。"后来我读到《启功丛稿·题跋卷》中有《新名词》一篇,曾论及此事,只是没有点名,易之以"某达官"而已。

一次说起词典应该跟着时代走,我告诉先生,"荨麻疹"的"荨"字,按照原先的读音规范应该是读qiǎn的音,可是因为底下是个"寻"字,就都读成"xún"的音了,连医院的大夫都这么念,所以我们就承认了这个读音,新版《现汉》就有这个音,不过只用于"荨麻疹",要是"荨麻"还得读qiǎn。先生听后,甚表赞成,说:"就该这样!"随即又幽默地说:"照我看,'酗(xù)酒'的'酗',也应该改成读'凶(xiōng)',你看喝醉酒的人不就是很凶吗?哈哈!"

一次,我对启先生说:"语言学界都公认您还是语言学家,语言所和中国语言学会要给您开会祝寿呢!"他听了,笑道:"嗨,我哪算什么语言学家呀!? 不过胡说几句罢了。你们可要口下留情,别把我太夸奖了!"说着,一边还开着玩笑,作起揖来。

启先生与语言学界的大师、我所老所长吕叔湘先生也是老朋友。1998年4月9日,吕先生病逝于协和医院时,我将此消息告知启先生,他也不胜痛惋,随即拟就并工整书写了一副挽联:"探语法,辨修辞,先路辟蚕丛,业广千秋尊硕学;培国本,育英才,丰功垂禹甸,辉腾四裔仰宗师。"落款为"后学启功敬挽"。

这里的"蚕丛"一词,用得实在高明。按:"蚕丛"原是人名,相传为古代蜀王的先祖,曾教人蚕桑,开辟了蜀地的文明。后来也用"蚕丛"喻指蜀地。这里指吕先生对近代汉语的研究与学科的建立,有开创之功。凑巧的是,吕先生开展近代汉语研究,正是在1940年暑假后,迁居蜀地成都,任华西大学中国文化研究所研究员之时。所以,"蚕丛"在这副挽联中,具有多方面的丰富涵义,说明了启先生对吕先生生平及学术成就的深入了解与高度评价。这副挽联是用心拟就的,绝非泛泛的应酬之言。

我追随启功先生学习"猪跑学"

□ 钟少华

因缘关系,我做了启功老爷子的编外学生二十多年。我称呼他为老爷子,他则在不同场合,称我名字或者各种别称。

20世纪80年代,我在他的满座宾客的浮光掠影楼中,经常听到他回答外人询问他的学问,他总是回答:"我这是猪跑学。"然后解释道:"北京俗话,你没有吃过猪肉,还没有见过猪跑?"不搞学问的客人往往因而满意大笑。我每一次都跟着笑,却又注意到老爷子自己的脸上却并非真笑,分明是在向我做鬼脸。次数多了,我不由得思索起来:猪跑,我们在20世纪是见过的,善良老实的诸,一旦被奋发,激情就会使得它一往无前。一只奔就会让旁边的它们也狂奔,早就常见不怪。偏偏老爷子加上一个"学"字,这就怪了。这个中文"学"字,自从孔老先生鼓吹使用后,在中文里一直处于崇高位置。19世纪以来,凡是加上"学"字的,就会是一个知识系统,令人倍加注视。现在老爷子将自己的学问浓缩成"猪跑学",到底是什么意思?"学猪跑"? 恐怕没有必要;"跟猪跑"? 恐怕也难。恐怕是先要搞清楚"猪跑"何以成"学",然后才可能学之。

久而久之,总算想出一条入门的办法,那就是先看老爷子自己是做什么学问的。是书法吗? 那虽然也是老爷子学问的一种表现,关键是我学不来;是他的脍炙人口的诗词吗? 当然诗词的学问深了,可我有一回拿篇自己费九牛之力给诌出来的"古风"让老爷子瞧一眼,结果是得到三个字:"没有韵。"至于文物鉴定,我听出了他的鉴定思想和思路,但我没有兴趣摸那些古董。老爷子看我实在是愚蠢得可以,他就经常电召我过去,有客人在就不准我走,一定要坐在旁边当跑腿的,听学问。没客人在,我们就天马行空,乱讲一气。有时候高兴了,他手持一瓶啤酒(后来改雪碧,最后是清水),拿出他作诗的底本,一句一句、一字一字地念给我听,还说明为什么那么写,目的何在,就像侯宝林那样抖包袱,他自己就会高兴得手舞足蹈,可惜我跟不上他的意境。有时候他会讲到当时文物界最热门某件事,他批判起来可真叫一针见血,基本学术理由正反都充分,人物、时间、作品风格,全都说得头头是道,令我从心里佩服。但我实在不是吃文物饭的材料。好在他更关心当时学术界中的新学术动态,他一直引导要我讲看到的、听到的人物、闹出来的事件等,不管哪一学科,新自然科学的、新人文科学的,他全要我描述出来,再加上我的看法。我只好留上心,回家就像做作业似地,关注收集,以准备过几天的面试。久而久之,后来就有了"门修斯事件"、"国学研究"、"李叔同油画"、"投票兔儿爷"等出来,让我整理,发表出来,算是我的成绩(稿费也归我)。不过这也只能算是皮毛的零敲碎打吧。

有时候赶上他正在写字,我就赶紧想学帮忙,试过几道工序,我最后只能定位在扶纸、撒痱子粉这两道工序上。因为我试过的研墨、倒水,全被我搞得一塌糊涂。老爷子一丝也没有责怪我的意思,我实在是不好意思,反倒发起牢骚说:"早知道我跟你学写字,现在大概也够混饭吃啦。"老爷子笑都没笑,拿起一张写好的诗联,递给我说:"你拿去买书吧。"说起买书,只要我向老爷子说起市场上出现某部有意思的近代书籍,他总是一个字:"买!"有次我讲起当时刚热昏的"国学",我说我想研究一下"国学"是什么,老爷子就递过来一幅字,我换了人民币,就到市场上搜罗1949年以前出版的"国学"名义的著作40余部,将其内容分类清理一番。写出来的文章,后来被《新华文摘》全文转载,我拿给老爷子汇报,他也只是高兴地笑着说一个字:"好。"去年见到人民大学的领导,他说我是反国学的,我则回答他道:"这是当年启功先生的意思,我整理发表。"

闹"煞斯"的时期,老爷子的浮光掠影楼依然对我开放,每次见面,他总是忧心如焚地打听疫情,写下鼓舞全国民心的诗句。我则在他的鼓励下,将近代中国卫生状况整理成文。

渐渐地,我终于有点感觉到,老爷子只要讲到他教学一生的典籍文献,就是口若悬河，他想说的弦外之音，多是在他细数典籍后自然地蹦出来的。他讲的时候，丝丝入扣，前后左右全照顾到，最后的结论已经没有疑义了，但老爷子往往会话锋一转，给出个让听者一笑后深思的论断。我认为这不是博闻强记，而是求知的最好方法。可怜我只有在"文革"前图书馆的那一点文献学常识，如何能强记那些三坟五典八索九丘的种种内因？如果再联想到从训诂学角度来学习，老爷子是直接从陈垣老校长处获得真传功夫，其认真的劲头和考证的严密，那是已经远离现代中国学术氛围的。我虽然很感兴趣，却实在是没有本领去补课重读。我没辙啦，只好老实讲出来，我对老爷子说："几年前，我被贺麟老逼着学习哲学，现在我对你的猪跑学的方法很好奇，想学一学。"能够提出来，更由于我的经历他都清楚，从"反右"到"文革"，我一直都是饱受蹂躏的，而我的母亲生前对我叮嘱："父母都希望你走自己的路，不要做接班人。"

老爷子看我经过这样长的时间，由他言传身教，反复教导窍门，却依然开不了窍，实在是愚鲁得没药可医，只是总算能说出问题所在。于是，他回答道："你拿录音机来吧。"结果是，他费了两个暑假时间，专门给我一人上"大猪跑学"的课。每次上课，当我在桌上安排录音设备时候，他总是挺腰安坐在圈椅上，不跟我说笑，眼睛只盯着桌面，那上面则一本书或一张卡片都没有，笔也没有，只有一杯饮料。当我说："可以开始啦。"他张口就说，完全不用思考似地，每引用到什么时代什么人物什么典故，全是跟讲故事一般顺流而下，起伏跌宕，引人入胜。只有到录音带一个小时后自动停止，他才喝口水，歇一歇。我也正坐在他桌子的对面，听着听着，慢慢脑子似乎开了小差，我感觉他老人家恐怕是在讲他于四五十年代在中文系上课的讲稿吧？一个人能够记忆那么多东西，其中当然有其逻辑积累，老爷子把握住方法，就水到渠成，仿佛那些文献全刻印在他的脑海里，想怎么说就怎么说，完全不是演员在台上念台词般死记硬背的；也说明中华文化的积淀是多么丰富复杂，好的美的与丑的臭的，全然搅到一起。老爷子全用文献本身就清晰袒露，这才真正是做学问的根本！等录音机"咔"的一声响，我也才被惊醒，赶紧给他倒水，看看他依然没有笑容，只有一脸疲倦神态。等到第一轮十次讲完了，我也录下十盒带。我对他说："你这儿讲的是'大猪跑学'。我要学学做

'小猪跑学'"。他这才露出微笑。

后来我看到老爷子给北师大题写的校训"学为人师,行为世范",我的第一反应就是,这恰是老爷子他自己身体力行的为人准则与毕生愿望。"学"这个中华民族崇高的字眼,是书生们几千年来不断的追求。"学"字(xué)本身与敩、效、教、校同源近义,也就是说,"学",既可以"效"解,也可以"教"解,也可以"校"解,那么,从古至今,只有通过学习,掌握学习的本领,才能够成为别人之师;"行"字(xíng)也是中国文化里的一个关键词,是从王阳明到孙中山多有辩争的"知、行之辩"的那个"行"的意思。也就是说,一个书生一辈子仅是满足于"学"还不够,还需要去"行"。简单说就是不仅"坐而论",还得"起而行"。"行"的效果要到什么程度呢? 应该是能够让当今世界上训释的一个样板,而非仅是中国的一个样板。我学习的就是这样的一个思想和方法。

岁月蹉跎,老爷子离开我们已经7年了,我拿退休金也十余年了,概括老爷子的"猪跑学",我认为需要懂得从三方面去理解:

(一)懂得中文研究的基础

其实老爷子自己的文章中早已经写明白。这里仅略引一些。

"中华民族文化的最中心部分——汉语(包括语音)和汉文字,自殷商至今有过许多的变化,但其中一条是未变或曾变也不大的,就是:一个文字表示一个记录事物的'词',只用一个音节。无论其中可有几个音素,当它代表一个词时,那些音素必是融合成为一个音节的。……汉语既是一字即一音,一音即一词,这就使得汉语的语句和它所表达的思想,可能长短、伸缩、繁简、正反……自由变换。随时随处加入、撤出某个词,即使句义全变,句子仍然成立。这是字、词、句的句型、句义的灵活性,也是它的优越性"①。

"提到'凝聚力',它在汉语中颇为顽强,不仅表现在节拍、辙调等方面,其他体裁中,也有许多模子或范型。连丽如'八股文',内容上虽已臭不可闻,但它的形式上和手法上,又具有陷阱式的模槽,许多创作走着走着就不知不觉地坠入槽中,因而出现'这八股'、'那八股'的批评和讽刺。但是值得反省的事怎么就会形成这类槽子,而在八股文之前、之外还有甚么样的槽子。律诗八句为甚么那么摆,对联这种某些文体中细胞,又为甚么许多世纪以来一直挂在人们的门口。这些都是值得我们想一想的"②。

"葛郎玛'是英语'语法'一词的音译,它本不是专指英语语法的,而是称一切语法的普通名词,也曾有人借来喻指其他事物的'法则'。我这里用它,却是作为专词。是个简称,或说代称。……'借英鉴汉',又有何不可!只是'借英鉴汉'与'以英套汉'应该有所不同。……1、英语没有对偶、没有平仄、没有骈文、……2、汉语句法构造比较特殊,常见句中'主、谓、宾'元素不全的现象,……3、英语词的词性,因性分类。但汉语的词,用法太活,性质太滑,以英语套汉语,每有顾此失彼的情况。……这绝非葛郎玛不好,而是套的方法可议。假如从汉语的现象出发,首先承认英语自有规律,然后以英为鉴,鉴其某些适用于汉的精神、方法、乃至局部零件,岂不很好"③!

(二)懂得认识中文文献

《启功全集》第八册是他的讲学录,其中已经记录他对于中国古代文献研究的许多真知灼见。这里仅补充引述一条他对于近代语言文献的思考。他写道:"……'西学东渐',是当时的一句常说的话,如从语言词汇方面讲,则是'东学西渐'的。即如、法律、名词、关系、舆论、参加、认可、赞成、反对……,都是日本书面传入中国,在当时也曾被旧文人所反对。但是用久了,也没有人觉得它们是外来的了。至于今天出现的许多新引用、新创造的词汇,寿命如何,恐怕还要经过一段时间,待看大家沿用的多少,很难事先预料的。可以理解,今天出现的新词汇,以拼合的居多。两个词,各表一项内容,要把这两项内容组合在一起,使它用字少而内容多,就不免小胡子硬拼的现象。……总之生活事物是不断发展的,记录它们所用的语言(从词到句)也必然要随之发展,但容易理解的易于传播,过于硬捏的就未卜如何了"④。

(三)懂得研究中文的方法

老爷子毕生从事中文教学,从中学生做到副教授,师学陈垣老校长,他的教学方法确实精彩丰富。脍炙人口的诗歌竹节法、绘画 0.618 法、汉语装入'书架'法、认知方法如"每一个字的词,都可有骰子式的六面,而每面都有可插电线通电流。但无论它们多么活动,只要称过来二字词,像个盒子,底盖相扣,便稳定得多了。即使底盖翻覆,底作盖盖作底,它固然能活着,而我们也仍能辨认和利用"⑤等等,。我这里仅说,他用他的方法与知识,能够对于新知识领域的深入探索,那才是做学问的根本思路。他能够从他熟知的古代语言文字学,思考"用典"是"凝聚力";从单字字形、字义,思考到用"书架"来排列的中文数字化问题,要找出"意根";从"人的喘息不可能一高一低,而是两高两低,才能喘得过气来。这一下子使我找到平仄长竿的规律:汉字的音节在长竿中平平仄仄重叠,人才喘得过气来。……"⑥;仅是下面一段话,在我看来就如石破天惊一般。老爷子写道:"我不懂'训诂学',但经常凭借着工具书来查文言文中许多语词的解释。看到前代人解释古代语词的办法有两类:一类是根据词典性质的书籍如《尔雅》《广雅》《释名》等书和古代经籍注疏中对某字某词的解释,作为今天的解释的依据。当然古代人理解古代语意的词义,必然比我们今天人的理解要接近得多。但他们的表达方法,却并不是见得都比我们今天说得透彻。他们常用一个字去解释另一个字。我们知道,凡有待解释的字,便不是'声入心通'、'不言而喻'的,用一个字去解释也不见得一定都能那么恰当、透彻。……"我仿佛看到,猪跑,只要激发出它的动能与动量,朝着混沌的领域猛冲的学问,那才是书生所为。

6月,我随得后兄前去给老爷子扫墓。我对老爷子说道:"老爷子,近十年了,我按照你的猪跑学,自己开拓中文语义学研究、中文概念史研究,已经显出可用之处。我有了更多的体验与问题,比如'猪跑学'的反义词是什么,我还是想不出来,还指望你的'用典'。"我仿佛又看见老爷子在朝我微笑。

注 释:

① 《汉语诗歌的构成及发展》,见《启功人生漫笔》,第 187—188 页, 同心出版社 2002 年。

② 《汉语现象论丛·前言》,第 9—10 页,《启功全集》(一),第 110—111 页,北师大出版社 2009 年。

③ 《汉语现象论丛·前言》,第 1—2 页,《启功全集》(一),第 103 页,北师大出版社 2009 年。

④ 《汉语现象论丛》,第 8 页,《启功全集》(一),第 185 页,北师大出版社 2009 年。

⑤ 《汉语现象论丛》,第 66 页,《启功全集》(一),第 172 页,北师大出版社 2009 年。

⑥ 《启功人生漫笔》,第 189 页,《启功全集》(一),第 145—146 页,北师大出版社 2009 年。

三张便笺见精神

□ 李道英

启功先生仙逝已经6年多了,然其音容笑貌仍时时浮现脑际:

1979年春天,我去接他给古典文学研究班上课,在小乘巷南房中我们共同捅煤球炉,弄得烟熏火燎;上世纪八十年代初,先生到西安、洛阳等地去考察碑帖文物,我有幸随从,在西安碑林、洛阳龙门听先生讲碑;1990年,先生在香港举办书画义卖活动回来后,我去师大工11楼他的临时住所看望,他拿出在香港穿西服的照片给我看,并调侃说自己是"狗长犄角——装羊相",说完哈哈大笑;上世纪九十年代初的一个除夕下午,我去师大专家楼先生寓所探望,我们海阔天空地神侃了两个多小时,从室内摆放的金橘、君子兰到先生的"接竹竿"诗词格律理论和周邦彦的词作;九十年代初,在师大红六楼寓所,先生执意转赠我南阳玉镇纸和一方印章;九十年代中的一天,在师大红六楼寓所,某人持某"大人物"手谕让先生题写条幅,遭先生严词拒绝……

这一幕幕场景,历历在目,如在昨日,那么清晰,那么真切,令人多可喜,亦多可悲!

然而,先生留给我们最可宝贵的是精神财富。表现先生高尚人品节操之事多矣,不可备述。我处现存先生手书的硬笔便笺三张,所涉事虽不大,但足可见微知著,展现先生的精神世界。

一、调换上课时间

1979年,作为当时古典文学教研室年轻教师的我,被指派帮助联系和接送给研究生班上课的老先生。为请中华书局的傅璇琮先生来给研究生讲唐诗,启功先生先带我到中华书局去约请傅先生。约好后,傅先生因事需调换一下上课时间,于是就给启先生写了一封信。启先生收信后本打算当面告我,但因九三学社学习,于是就在信箱里给我留下一张便笺。先是十分客气地说因"九三学社学习会,未能等候,失迎为歉",接着又讲了傅先生讲课的内容,最后讲到傅先生上课时间变动之事。他不但讲了傅先生"要求下一周来讲","即自现在七天以后,时间再定,如何? 请研究",而且交待我要与"郭(预衡)先生、韩(兆琦)老师研究一下",最后还告诉我:"我已和他说是(六月)五日或六日,如何?"为一位名家调换一下上课时间,本是小事一桩,只要先生跟我说一下,我和傅先生联系即可,但启先生对此却十分认真。实际上,先生已经劳神代我与傅先生约好了,但他不仅写便笺详述事情原委,而且态度十分谦恭。他已和傅先生有了初步意见,还反复问我"如何",反复叮咛让我和有关老师"研究",毫无气使颐指的名家派头。这种事必躬亲、认真负责的精神,谦和友善的态度,使我十分感动,下决心学习先生这种一丝不苟的精神。

二、给幼儿鉴定书法作品

1985年春节过后,有位同事找到我,说他受人之托,想请启先生帮助鉴定一下一位幼儿的书法作品,并说明此作品系这孩子所写,因我当时是古典文学教研室副主任,和启先生接触的机会相对多些,于是求我代为转送。我未加思索就应允了,并及时将原作送给启先生,且转达了意图。过了几天,启先生将原作退还,并附便笺一纸。先是称赞这位六岁的小朋友所写"立志"二字"笔法有力,接近成熟,不失为幼儿中书法优秀作品",但接着说:"来示要我证明此二字为ＸＸ所写,此事稍为困难,因我不识ＸＸ,亦从来未曾亲见她写字,此二字更未得见她是如何书写的,如冒然即作证明,说明是她所写,岂不近乎弄虚作假? 现在青少年书法比赛,屡次出现家长代书之事,竟有少年自我揭发,不承认是他们自己所写的。所以爱护幼儿以及青年的人,宜从根本要求他们,才不负党的教育事业!"落款是

"启功 1985.3.15。"

读完先生的便笺，我深感汗颜，后悔真不该干此蠢事，给先生出难题。既而思之，又深为先生的言行所感动。当时身为全国书法家协会主席的他，竟然那么认真地审视一个素不相识的孩童的书法作品，又实事求是地给予评定，这本身就足以令人敬佩。但更让人触及灵魂的是启先生对要他作证一事的态度。先生之言，句句实话实说，句句发自肺腑，他那抗流俗、砭时弊、不徇私情、坚持原则的精神，他那关爱青少年健康成长的拳拳之心，使我更深刻地认识了我所熟悉的启先生的精神世界和处世原则。

三、坚辞科研项目主持人

1986年上半年，我们古典文学教研室想借师大图书馆馆藏《昭明文选》版本极多的优势，搞一个大型的古籍整理项目。当时张俊先生和我都任教研室副主任，且属年富力强者，故此事多由我们和启先生及其他先生共同谋划。经多次策划，确定了课题名称为《文选分类集注》，此项目由启功先生牵头，提出初步构想，并向当时的《全国高等院校古籍整理工作委员会》(下称"古委会")提出申请。由于启先生的多方努力，"古委会"秘书处正式通过了我们的申请，于1986年7月1日，给启先生下达了《高等院校古籍整理研究专项科研基金批准资助课题列入计划安排的通知》((86)高校古籍基金准字第02号)，并寄来《全国高等院校古籍整理研究工作委员会重点研究项目议定书》，要求在一个月内填好议定书，制定好工作实施计划。但7月3日，张俊先生即收到启功先生写给"古委会"秘书处负责同志的信。张俊先生立即持此信和我商议。为能说服启先生继续担当项目主持人，我们私下决定暂不把先生此信上呈"古委会"秘书处，而先压在我这里。

启先生的信共分四段：第一段陈述此项目的价值和意义；第二段讲自己为什么积极申请此项目："启功职属该组(中文系古典组)教学成员，亦属师大古籍研究所成员，理应代为陈述，并代申请基金之补助。"第三段写接到批准通知后自己的决定："唯此项工作并非由启功负担，亦未能有实际协助，是以应填之表格，拟请实际工作同志列名。"第四段讲这样做的理由:"此与工作实际中庶不没埋诸同志之名,且收鼓舞之益。"

代为申请项目及相关补助,先生认为是其职责,义不容辞;至于说此项工作"非由启功负担,亦未能有实际协助",则完全是谦虚。他之所以这样做的出发点,完全是替工作、替他人考虑,毫无利己之心。先生既不像某些名人,事不关己,高高挂起,更不像某些名人对挂名牟利之事乐此不疲,而是尽心尽力,淡泊名利。先生之所以力主让"实际工作同志列名",只是为了"于工作实际中庶不没埋诸同志之名,且收鼓舞之益"。他心目中只有工作、职责,只有对后学者的关爱,唯恐他们做了工作而得不到应有的名和利。韩愈在《原毁》中称赞古之君子"恐恐然唯惧其人不得为善之利",这不正是启功先生的君子风范吗?。

由于种种主客观原因,此项目我们最终选择了放弃,但启功先生为申请此项目所付出的努力,他在此信中所表现出的心胸和情怀,令我们每念及此事即肃然起敬。

"学为人师,行为世范"是启功先生为北京师大拟定的校训,也是他一生生动的写照。

岁月流逝,斯人已矣。然其名师的文采风流,其泽被后世的人品节操,却与世长存。在先生百年诞辰之际,谨以此短文略表一位后学者的深情缅怀和无限仰慕之意。

北师大校训的践行者启功先生

□　万光治

　　因为多方面的成就,启功先生的誉称不少,但他首先把自己看作教师。先生不仅为师大拟定校训,更是校训的忠实践行者。先生的学问,见于他丰富的著述和专家的评说。先生的道德,浸淫乎日常的待人接物之中。我自1978年以来承先生教诲,受惠实多。兹举数例,以见先生嘉言懿行,垂范后学。

一

　　先生生活简易不拘,为人通脱大度,做起事来,却非常认真。

　　我在《启功讲学录·后记》中说,读书时候,先生留给我们最难忘的印象,除了他那眯着眼、孩子般的微笑外,便是一手漂亮的板书。"那时的先生,早已是享誉海内外的书法家,但在黑板上写粉笔字,仍丝毫不肯苟且。我们坐在下面看着,手指不由自主地在膝盖上划动,真是一种难得的享受。每当一堂课下来,黑板竟是一幅可供观赏的书法作品,谁都不忍心把它揩去,这可难为了作值日的同学。课间休息快结束了,看着值日同学在先生背后犹豫不决的样子,心里既感到可惜,却又老想发笑"。作为书法家的先生,板书尚且如此,其诉诸笔墨的一丝不苟,更可以想见。

　　我有幸珍藏了先生的四幅字。1981年毕业前夕,先生赐学生墨宝以为纪念,我受赐的是先生书《咏诗绝句》中的"主宾动静不相侔,诗意难从语法求。试问少陵金碧画,何来红远接飞楼"。2004年《启功韵语集》出版,此诗改为"主宾动静不相侔,诗句难从逻辑求。试问少陵葛郎玛(grarma),怎生红远接飞楼"。以逻辑和语法割裂诗歌的整体意象,从而导致诗意情感与美感的丢失,素为先生所不取。前后两诗比较,后者显然更准确深刻。二十余年后本诗出版时仍有改动,可见先生对问题不懈思索,对作诗精益求精的严谨治学精神。

我后来得到的两幅字,是先生原本弃而不用的。毕业离京前夜,我到小乘巷向先生辞行。就在那间顶漏墙突的南屋中,因停电而点着蜡烛。天气奇热,先生正赤膊俯身桌上,与一个小男孩下象棋。我去后先生暂停博弈,邀我喝啤酒聊天。无意间我看到满床条幅中,有一幅因写得太满而没有落款,便试着问先生:"不要了么?""不要了。""不要就给我吧。"先生也干脆,展开条幅,利用有限之地写下"启功"二字,然后钤上印。先生所书,乃明代憨山大师《宿清溪驿梦得"草虫鸣断岸,沙鸟宿寒汀"之句因续》,整幅字潇洒自如,气韵生动,堪为上品。毕业以后,因工作原因,几乎每年都要到北京。在此期间,曾为学校、为朋友,乃至为学术会议的赞助单位,烦劳先生写了不下十数幅墨宝,还为朋友、为出版社求写了数十部书的题签。先生于此,一如既往地认真,往往题写一个书笺,要横竖写上好几条,供其选择。上世纪九十年代末,学校求人办事,让我向先生求字。先生听明原委,二话不说,提笔就写。第一张先生嫌墨迹不匀,弃而重来。但在我看来,这幅字墨色浓淡错落有致,在先生传世之作中很不常见,乃趁机讨为己有。我喜欢书法的朋友很喜欢这两幅字,当知道它们差点就进了字纸篓,无不感慨先生对自己要求之严,为人写字更是认真!

二十世纪末,先生年逾八旬,身体大不如前,求他写字的人却仍有增无减。我在《启功讲学录·序》里说"谒见先生,每见捷足者比肩立于室,迟到者络绎候乎庭,以致门铃继响,不择晨昏",确系实录。虽然如此,先生写字,仍不肯稍懈,更不肯苟且。我知道先生一般在八时许起床,而来客大约在九点以后到,所以总是赶在八点多去先生家。每次去,只要没有客人,先生大都是在写字。1995年的冬天,先生早起,正端坐挥翰,我坐在他对面欣赏。曾有人问我,以先生这样的大家,早已进入化境,写起字来一定是龙飞凤舞的。我说,非也。先生写字,一点一撇,一横一竖,运笔稳健。看了先生写字,你才知道什么叫力透纸背,什么叫笔到意到。所以,看先生写字不但是享受,也是很好的学习。这次先生写的是"磨砖不成镜,磨铜何不可。寄语马大师,不妨庵前坐"。我心想,要是先生把这幅字送我多好。未料先生在落款的时候,真把我的名字写上。这是我得到先生的最后一幅字。

先生一生,在文献学、古代文学、文物鉴定、诗词创作、书法绘画等方面卓有成就,除得益于天分和特定的生活环境,其敬业的精神和认真的态度也是重要的原因。弟子拜先生所赐,岂止在四幅墨宝!

二

先生为人重感情,知恩图报。

先生青年时期,抱璧不遇。因陈援庵校长力荐,得任教辅仁大学。之后由辅仁而北京师范大学,七十余年的相知相遇,先生对校长和学校的感情日深。曾有一段时间,社会对某些助学基金的管理和使用颇有质疑。有鉴于此,先生曾极其认真地问我有没有什么好的法子,可以将钱放放心心地用在贫困学生身上。我一时回答不出。不久先生以校长书斋之名,设"励耘奖学金",且将基金的管理全权交给学校。这一举措,既是先生对老校长知遇之恩的报答,也是先生对学校的充分信任。

2002年,在川弟子为恭贺母校百年华诞,倡议捐资敬献铜铸校训碑。此议一出,云从影附,不足二月,集腋成裘。众人议定:碑体正面书校训"学高为师,身正为范",左下落款"启功撰书";碑体背面则书《校训碑铭记》,由我代为草拟。碑记始成,颇不自信,是年6月21日经北京赴大连开会,以碑记求正于先生。先生饶有兴致,以放大镜细读之,说:"铭文当以简略为要。字数太多,人们看不清,记不住。"又说:"校训诚吾所拟,初若干条,最后由学校选定。故校训之撰,当属学校。你们的校训碑正面右首应署'北京师范大学校训',落款署'启功敬书'即可。"先生还欣然承诺重拟碑记。6月26日,母校隆重庆祝先生从教七十周年,我滞留大连,无缘与会,嘱学长仁珪代献花篮。次日自大连返京,先生赐我以校训碑记，其辞曰："学府英名，祖国殊荣。群伦领袖，教育高风。周一百岁，学术峥嵘。千秋万世，木铎长鸣。"先生所撰，大气磅礴，无枝无蔓，蜀中校友，无不称奇。先生还反复强调，碑记不能署名启功，只能署名四川校友会。从先生对校训及校训碑记如何落款如此看重，可见先生以事为重，不求名高，更可见学校在先生的心目中有何等重要的地位！

先生重师生情谊，对自己的学生亦有如此要求。作为"文革"后北师大的首届研究生，我们由五位先生组成导师组对九位同学实行集体指导，只在最后一年根据不同的选题，由不同的先生负责学生的论文撰写，其他先生也同时积极配合指导。因为有这样的背景，师生之间不分彼此，我们都视五位先生为自己的导师。1986年我作启功先生的访问学者，先生与我见面的第一句话就是，郭预衡先生是你的论文指导老师，你虽然是我的访问学者，但也要常去请教郭先生，郭先生是很有学问的人。后来他知道我的惯例是，凡到北京，当天下午或晚上总是先看望郭先生，第二天才登门看望他老人家，先生非常赞赏，一迭声地说："这就好，这就好，应该这样！"

先生有一桩知恩图报的故事，知之者甚少。一次探访先生，正待告别，先生拿出五千元，郑重地放在我面前，托我交给成都西南财大的邵老师，且说："邵老师患癌症，刚做了手术，你代我去看看。"先生还说："老兄有无需要？别客气，反正都是不义之财！"我赶紧拱手称谢，说："我还好，我还好！"回成都的当天，我将钱送到财大。第二年，先生又让我带去一万元。恰逢我回成都须立即参加一个会议，为尽快带去先生的心意，请单位的司机从机场直接将钱送到财大。后来读到《启功口述历史》，才知道先生周岁丧父，十岁失去对他呵护备至的祖父，自后全靠母亲和姑母鞠养，生活备极困苦。幸而先生的祖父曾任四川主考，他在四川的两位姓邵和姓唐的学生将老师的恩情报答在孙儿身上，发动门生募捐，购买长期公债，先生一家因利息而得以生存。不仅如此，他们还一直关注、帮助先生的学业，先生每有进步，他们竟激动得落泪。先生托我看望的邵老师，便是其中一位的儿子。七十余年过去，人世沧桑，两姓三代人之间的恩恩相报，当今之世无多，足以传为美谈！

三

先生曾为我写过三封信,每封信都凝结了先生对学生的关怀与期许。

先生的第一封信虽非写给我,却是为我而写的。《启功隽语·强项》曾提到先生为其写谋职推荐信的"四川籍同学",就是在下。当时临近毕业,由于是"文革"后的首届研究生,工作选择余地较大,但也因此举棋不定。这时的先生在师大已有两居室的小套房,一天和几位同学去看望先生,我谈起父母妻儿,希望回到四川工作。先生深以为然,且主动说,解放前在余嘉锡先生亲戚家见过四川大学的杨明照先生,后来开会也有接触,于是任我们在一旁聊天,就着书桌的一角写起推荐信来。不一会儿急就章成,读起来不但是一篇琅琅上口的六朝骈体书启,字体亦清丽而不失遒劲,同学无不惊呼称赞。先生却淡然地说:"这没什么。这是我的强项,其实我最适合作一名专起草文书的僚员。"但这信于我,却异常珍贵,它不仅是先生的墨宝,更倾注有先生对我的关怀。记得先生信中说:"惟我校中文系研究生万光治,生于先生桑梓之乡,操司马相如之业,其毕业论文为汉赋之研究。倘得亲炙于先生门墙,裨其学业益得精进,则幸甚也!"回宿舍路上,诸生转相捧读,爱不释手,以至有同学开玩笑劝我只交出复印件,原稿自己保存。遗憾的是我后来与四川大学失之交臂,到手的墨宝也呈献给了杨先生。

1986年,我很想再作一次学生,决心回母校报考先生的博士研究生。无奈当时考博的年龄限在四十,我恰好超过两岁。邓魁英先生专为此事奔走,给我写过三封信;先生也努力向有关人士反映,争取年龄破格。事情是否有转机尚不得知,我所在的单位又表态绝不放行。在此进退之际,我出乎意料地接到先生的来信。因为这封信,我又回到母校作了先生的首届国内访问学者。先生的信是用钢笔一丝不苟地写在四百字的稿笺纸上,足足有三页。以我现在年近七旬的视力,要写完一页恐怕也很无奈,更何况先生还在信中详细分析了考博的可能与利弊。我常想,如果换作我,我能做到吗?访学一年,我将硕士论文拓展加深为《汉赋通论》,先生为此欣然题写了横竖两幅书笺。当先生得知我下一步拟作的课题是《明中叶文学思潮》,更提前将书笺赐我。前者出版后,先生很是高兴。遗憾的是后者因我的兴趣转移,至今还只是一堆长编,辜负了先生的厚爱。

1989年5月22日,京都乱象纷然。我欲离京回家,苦于没有公交车到火车站,在先生家里呆了大半天。下午有人来看望先生,坐的是某国大使馆的车,先生才托他们把我送到车站。行前先生赐龙井茶车上用,且叮嘱一路小心。那时私人电话尚不普及,先生放心不下,第三天写来一信,其中有云:"境愈乱,心愈静。不能作圣人,便作真人。"我明白先生何以有此语。1964年,我因笔墨口舌之祸,被所在学校冠以"反动学生"而除名。先生知道人的秉性其实难改,很担心我旧病复发,惹是生非。回蓉不久,遇见在先生那里攻博的同乡谢谦,告诉我他六月初也急于离开是非之地,却根本买不到火车票。先生慨然拿出一叠钱,叫他与另一四川同学乘飞机赶快回家。

先生秉承陈垣老校长、邵、唐二位前辈的精神,对后进倍加呵护。这一优良传统,今天尤其值得珍惜和传承!

四

在许多有关先生轶事隽语的记载中,先生总有一副好脾气;即对自己所不喜欢的人和事,也大都以幽默的方式表明态度。但我曾邂逅过一次先生的"金刚怒目",从中看到了先生在随和的背后,有一条不可逾越的原则底线。

2001年冬季的一天早晨,踏雪去先生家。先生刚起床,情绪非常好。我们正聊着天,突然门铃响了。我应声去开门,进来一位个子高挑的女士,年龄大约四十来岁,模样很精干。看来女士和先生很熟,人未落座,便朗声报喜:"呵呵,三姑爷啊,我从政了!"原来是亲戚,我心里想。"哦,你从政了。"先生回答。女士意犹未尽,继续说:"我作区政协副主席了,是党派推举的。"我这才知道她是某个民主党派的成员。坐下后,女士开门见山,向先生索要一幅字,送给区里某台资公司作开业贺仪:"这个月27号开业,字嘛,我25号来取。"先生漫应之:"行,写好了,你28号来取。""不对,人家是27号开业,我25号来取。"女士马上纠正。"你就28号来取。""25号取。""28号。"先生依然不动声色。"25号!"女士有点发急。我听出点味道了,先生是在有意叫板。女士似乎也察觉到什么,赶紧说:"三姑爷啊,你知道我的先生吗? 我的先生×××,是白先生的助手。"话音刚落,先生变了脸色,用手拍着沙发的扶手,说:"好啊,你的先生是白先生的助手,白先生比黑先生好! 白先生比黑先生好!""三姑爷,我不是那个意思。"女士赶紧申辩。她本想套近乎,不料捅了娄子。"你就是那个意思! 白先生比黑先生好! 你就是那个意思!"先生拍着沙发扶手,固执地说。"我不是那个意思。"女士显得很无奈,回头向我求助。"你就是那个意思!"先生陡然站起来,指着对方,声音激动得有些发抖:"你给我出去!""我不是那个意思。""你出去! 你出去!"先生依然站着,手指着门口,身体也开始发抖。

我着急了,先生可是有心脏病、高血压的! 我立即站起来,对女士小声说:"先生有病,你就避一避,好吗? 避一避,好吗?"一边说,一边半劝半推,将她请到门廊。女士终于出门了,她一脸无辜,回头问我:"我有那个意思吗? 有那个意思吗? ——可我真没有那个意思啊!"

好不容易关上门,我松了一口气,心里又有了另一种担忧:先生不知已经气成什么样子。我从门廊进屋,但见先生以极舒服的姿势坐在沙发上,笑得像个孩子。他手往扶手一拍,说:"你知道吗? 这就是佛家说的杀恶为善!"天哪! 我大大地放下心来。先生这才告诉我,这位女士的母亲年轻守寡,受了很多的苦,将女儿带大。但女儿结婚后反倒与女婿沆瀣一气,对自己的母亲非常不孝,这正是先生所不能原谅的!

先生幼年在雍和宫皈依,素以慈悲胸怀待人。"杀恶为善"一语,却使我对先生,对佛教,有了更进一步的认识。

此时无声胜有声

——读启功先生"文革"初期日记感言

□ 柴剑虹

　　2012年7月26日是启功先生的百岁诞辰。在敬爱的导师仙逝7年之后,再来追忆往事,寄托缅怀之情,我不禁思绪万千。

　　启功先生的乐观通达,是举世公认的。我在《我的老师启功先生》一书中述及:先生曾经严肃地对我说:"我内心的痛苦,又有谁知晓?"他常常带给大家欢乐与温暖,却是将个人的痛苦深埋心中,"剩深宵,自炷心香,泪滴檀灰。"①我认为这种性格,是在家庭、学校、社会各种环境中的风雨历练中形成的。他在晚年曾多次表示"不温习烦恼",决非是为了"忘记过去",而是除了不愿再次触动深埋在心底的隐痛外,也是一种无言的诉说。例如,在先生漫长的人生历程中,"反右斗争"与"文革"十年都是特殊而重要的时期,而在他去世前一年正式出版的《启功口述历史》一书里,对这两个阶段的叙述都比较简略。幸而景怀兄在整理启功先生遗稿时发现了他的部分日记(我们以前都误以为启功先生平时没有写日记的习惯),其中较为连续的正是"文革"期间(1966—1974)所记②。"文革"初期北京师范大学中文系的"运动",我是亲历者,因而读了有更切实的感受。启功先生当年记日记,当然不是为了公诸于世,但却为我们留下了十分重要的第一手资料,对我们今天了解那一辈知识分子在"文革"时期的遭遇和心情相当宝贵,尤其是研究启功先生思想、性格、经历的不可或缺的材料。限于篇幅,下面仅就先生在"文革"初期的日记(1966年1月—1967年11月)写些简略的读后感言,作为对先生百年诞辰的一种纪念。

　　"文革"风暴骤起,中国绝大多数的知识分子是完全没有思想准备的。即便是有过"三反"、"五反"、思想改造、批胡适、批胡风、批《武训传》、反右、反右倾等等运动经历的"老运动员",在"文革"初始批判吴晗新编历史剧《海瑞罢官》的酝酿阶段,也曾十分天真地认为仅是文艺作品的评价问题。但是到了1966年初,对于曾经被错误地打成"右派分子"的启功先生来说,他已经很快地意识到了这场风暴的激烈与残酷。因此,他这个时期的日记体现出来最大的特点是客观、冷静。虽怀着惴惴不安之心,却以客观记述的方式冷静、简洁地写下所见所闻,几乎没有议论,没有臧否,极少主观的情感抒发。我们读了日记可以知道,像启功先生这样的教师,在"文革"中的遭遇是足以令有良知、有同情心的正直人扼腕长叹的。他内心的痛苦可以化为炽热的烈焰,但他却使之冷凝在自己的笔端,化作无声的文字。这需要多么大的"内功"与"定力"啊!

上世纪五六十年代,北京师范大学中文系曾经拥有一批顶尖的教授,如黎锦熙、黄药眠、钟敬文、李长之、陆宗达、穆木天、刘盼遂、俞敏、萧璋等,1957年反右运动将其中一多半打成了"右派",甚至剥夺了他们为学生授课的权利。启功先生在1957年初已经评议通过为晋升教授人选,但随即因1957年下半年被中国画院划为"右派"(1958年回师大"补划")而遭黜落,副教授级别亦遭降级。所以在我1961年进入中文系学习时,挂着"摘帽右派"头衔的启功先生还不能给我们讲课,到了1962年系里才给他安排了讲诗词格律大课的极少课时。

1966年初,中文系师生除了由党总支组织参加批判新编历史剧《海瑞罢官》外,主要是学习讨论"反修防修"的半工半读和学习毛主席著作。从启功先生日记可看出,到3月下旬,重点就转到"学术批判"上来了。各年级成立了各种"文艺批判组",系里成立"核心小组",将各课教师分到各班各小组参加"讨论","讨论阶级斗争问题"、"清官问题"、"红专问题",讨论"政治与业务的关系"等等(分别见3月21—29日记)。到了4月初,要"讨论突出政治问题"了,且将"文艺批评"转为"揭发罪行"。4月6日的日记中先生写道:"自己不知何为突出政治,突出后是什么样?"看似提出疑问,其实他已经预感到了一场大风暴的来临。先生日记记载:6月1日,学习《人民日报》社论《横扫一切牛鬼蛇神》;6月11日,学习社论《无产阶级文化大革命万岁》;6月15日,"全系大会,写大字报揭发批判";6月17

日,学习《湖南农民运动考察报告》;6月17日,教育学辅导员蔡钦山自杀,工作组报告讲"戴高帽游行、罚站、打人是可以理解的"……运动进展表明,"突出后是什么样"已经有了第一批答案。

虽有不祥预感,但启功先生与许许多多相信党、敬仰毛泽东的心地善良的教师一样,在"带着问题学习毛主席著作"的时候,仍然是迷惘和忐忑的。看他7月2日的日记:

> 阅读人民日报社论《毛泽东思想万岁》。读后讨论,拟发言稿,未发。
>
> ……在文化大革命中,以我这样的旧知识分子,更要时时刻刻学习毛主席著作,学到手。怎知学到手?先看能否大破,破敌、破我、破身内外之敌,化为力量。

在提出"怎知学到手"的疑问之后,一连用四个"破"字表示了不安的心态。因而虽然拟了发言稿,却并未敢贸然发言。多年之后,先生几次跟我谈到他对后来风靡全国的最高指示"不破不立。……破字当头,立也就在其中了"[③]的疑惑不解。

几天之后,"工作组要求登记个人的问题,个人历史从十岁起逐年逐月分清次序写明,叙述历史上重大问题的详细经过"(7月9日记)。随着红卫兵"揭老底战斗队"如雨后春笋般地建立,许多老教师很快就面临了"破字当头"的厄运。

1966年7月27日,对于北师大的"文革"运动是很特别的一天。是晚,几乎"中央文革小组"的主要领导全部出动在师大操场召开大会,康生、江青等人极尽煽风点火之能事,在讲话中将斗争矛头指向"大黑帮程今吾(校党委书记、副校长)"和"大右派黄药眠"等,从此时起师大的大批干部和教授就失去了人身自由。这一天启功先生没有日记,什么原因,不说自明。再看下面几则日记:

8月25日(星期四) 学校红卫兵通牒降工资登记,去登记。

8月26日(星期五) 九三临时集谈退社、解散事。下午红卫兵命令解散退社,限明日上午贴出大字报。

8月27日（星期六）　下午报告红卫兵，愿交出所有自存一切书籍等物，晚红卫兵到家查封书籍等。　向系中红卫兵交代所封的书稿中有：旧小说、日文美术书、老舍《猫城记》、小牛牌、帽徽记不得、旧铜元两小包约几十个、银元一个、预支稿费还上、章家棉衣棉套一柳箱、刘盼遂书二套。

8月28日（星期日）　下午到邮局寄还中华书局前预付《中国书法》一稿稿费二百元。（此已报红卫兵，指示如此。）

先对日记所涉内容做些说明。1、其时红卫兵"勒令""有问题"教授要"自愿"降低工资。据先生9月5日所记："摘帽右派按人口每人15元，共领30元。"这恐怕连当时北京地区的最低生活费都不够。启功先生当时的月工资是177元，也就是说几乎被扣除了六分之五。2、其时红卫兵要民主党派的基础组织自行宣布解散，停止活动。启功先生的九三学社北京分社委员的职务已在1957年被打成右派后撤消，此时则连普通社员也不让当了。3、当时红卫兵"造反派"组织开始到一些教授家里抄家"破四旧"，先生甚为惶恐。中文系四年级有两位出身好的同学（王永敬、彭家瑾）得到消息，为了保护启功先生的书籍，提到小乘巷先生家中问先生："你这里有封资修的东西吗？"先生答曰："无资、修，有封建的。""有封，那就给你封起来吧。"就在书箱、柳条箱上贴了"红卫兵中文系大队"的封条，使得先生这些东西免遭"造反派"再来抄没。多年之后，先生还多次对我说要感谢这两位同学。"封箱"两个多月后，先生的大衣在扫楼道厕所时丢失，需要取出箱内他母亲的皮衣改制大衣以御寒，还必须经打报告请示获准后由红卫兵"启封"后方可拿出！4、其时"造反派"扬言教授写书是"散布毒素"，不准拿稿费，勒令教授们自报拿稿费情形并自动退还。当时中华书局约先生撰写《中国书法》一书并预付了部分稿费。于是先生寄还了稿费，在那种情况下书稿也无法完成了。这实在是中国文化史上的大不幸！

紧接着，一些老教授在接受批斗之际还被强迫组织起来参加校园、楼道的劳动。启功先生当时体弱多病，常常是在感冒发烧、恶心发冷、吃药打针之时开会挨批(有时还被点名赶出会场)、看大字报,同时带病参加劳动。在先生的日记里记载的就有打扫楼道、扫厕所、爬上窗台擦玻璃、洗刷主楼门面(中文系办公在6楼,故先生9月14日用"畏难,怕高"四字记述)等。仅9月16—10月8日的日记提及"扫楼厕"就有10次之多!我曾经在文章里描述亲眼目见启先生在西北楼三楼扫厕所的情形,痛心之际,也为先生在那样的处境中仍镇定、乐观的精神而感动。启功先生在"文革"日记中以沉静、淡然、简明的笔墨,写出了一些让今人触目惊心的事例。例如,因为家中书籍被封,引起粮站停发粮票,"询问为何封书,五七年右派是否摘帽,摘后是否再犯错误,以决定售粮标准"(10月6日记)。也就是说,"售粮标准"居然要与政治标准挂钩,可以让你少吃饭甚或不准吃饭。此事让我想起:1967年毕业分配,我自愿去新疆工作,1968年5月我们到乌鲁木齐报到接受集训,军代表认为我们这些大学生一定都是犯了错误才"发配"到边疆的,不仅天天开导我们"要接受犯错误的教训",而且指定我们到建设兵团某食堂吃饭,去了才知道在那里用餐的都是背上或臂上缝了白布条,写明是"黑帮"、"牛鬼蛇神"之流者,这就是吃饭的"政治待遇"!当时虽引起我们这些大学毕业生的强烈反感,也无处讲理。

临近1967年初,"文革"的重心转移到"打倒党内走资本主义道路的当权派"并"夺权",像启功先生这样的"死老虎"已不是"造反派"打击的主要目标。因此,自1966年12月14日起,启功先生和萧璋、陆宗达、叶苍岑、葛信益等几位教授一起被派至京郊周口店的一个生产队劳动,到1967年1月17日为止。相比其他时段日记的文字,启功先生这一个多月日记的内容是比较详细的,真实记录了在农村和社员一道劳动、开会的情形和自己的思想状况。应该说,当时的教授们虽然还处在那样沉重、动荡的政治氛围中,但毕竟暂时脱离了学校的批斗环境,而且农村干部与群众对他们大多比较友善,"农民以我们为客人"(12月17日记),"队长安排农活,非常体贴我等体力"(12月14日记),故即便劳动辛苦一些,心情还是相对较为舒畅的。有两则日记可以为证:

> 12月22日(初十日)　为大队买漆、印语录百条、笔等,赠送大队,萧、陆、叶、启每人17.36元。

1月8日（廿八日）　上午劳动，在饲养场铲牲口棚中粪土，甚疲。近午，几乎不支。何满仓说："老启现在不行了吧，今日够呛。"又说"这还不算累，到了夏天热也把你热死"。此青年朴实诚恳，真是吾师。

前者虽花去原先半个多月的生活费，但是属于自觉自愿地为农民兄弟出钱出力，说明了当时的思想状况。后者反映了在劳动中和农民比较融洽、自由的关系，农民称其为"老启"，他也发出了日记中少有的评议之语。在周口店的劳动日记，除了能使我们了解"文革"初期京郊农村的一些情况外，也反映了当时启功先生愿意在与农民同劳动的实践中改造自己的真实心境，使我们在心酸之余感到些许的欣慰。此外，1967年10月8日至18日，启功先生还记有11天在北郊回龙观附近的劳动日记，那是学校号召下乡帮助秋收玉米、割豆子、摘棉花，中文系的教师几乎全部参加了，大概是在"革命师生"的监督下劳动，没有和社员一起干活，显然缺乏心情，记得十分简略。

启功先生在1966年12月13日的日记下专门"钞存"了一份《关于四个口袋问题》的"交代材料"。这是回应系里有几位教师大字报对他的揭发而写的，10月30日写就，12月10日才上交，可见先生的犹豫、无奈与慎重。因此，我需要根据自己的理解对此谈些感受。

所谓"四个口袋"，出自1962年系总支号召老教师为加强科研发挥"潜力"，各人谈自己的擅长时，启功先生对自己治学门径的介绍。启功先生在"交代"中解释说：

> 我的知识有四个方面，我这四个方面积累的材料各置一处。因平时有些零星札记或草稿，常放在纸袋中，所以我用"口袋"代表这四堆材料，我说我有四个口袋（其实纸口袋很多，每一类并不止一个口袋），这"四个口袋"，一是古典文学的一些心得如注释等，包括拟作的诗律研究等；二是关于书法方面的笔记，这方面拟写关于怎样写字的文章；三是文物鉴别方面的笔记，如繁琐考证的《兰亭帖考》；四是清代掌故方面的，这方面写成《读红楼梦札记》。

因为据说当时任系党总支副书记的刘漠主任,对启功先生的这种治学方法很赞同,而"文革"中刘漠被当作"黑帮分子"受到批判,有些教师自然就翻旧账以"揭发"启功先生。先生即在说明情况的前提下,不得已在这份"交代"的下半部分,作出了"我那种'治学'观点,'治学'方法、名利思想等等,应该详加批判"寥寥数语的检查。

其实,启功先生"四个口袋"的介绍,实事求是而又具体形象地道出了他视野广阔、求博求精、注重搜寻与积累材料、发挥专长的治学方法与特色。除了书画与诗词创作的勤勉与日益精湛外,启功先生在文史研究、诗文声律探求、敦煌文献整理、古代字体考索、《红楼梦》注释等方面都下了很大的功夫。即便是在1957年遭受了不公正的待遇之后,抱着一颗拳拳爱国之心,出于对学术文化事业的热爱与追求,启功先生仍然坚持勤奋治学。现在,有人贴大字报要揭发先生这方面的"罪恶",将它与"黑帮"联系起来,先生只得在"交代"中说明:

> 当时并没听到那时旧总支的当权人物有什么回音,也没人告诉我"批准"我或"指示"我在哪方面着力。今年在大字报上才看到刘漠对于我这"四个口袋"的说法很欣赏。

明明是正常而正确的东西,却被扭曲为"毒害青年"、"名利思想",先生只得用"我的腐朽的一套罪恶货底"、"罪不容逃"这样的词语来批判自己,在不得已的"违心"之中,也透出了无奈与愤懑。

刘漠是从延安革命根据地出来的干部,曾任延安鲁迅艺术学院干部、晋察冀边区联合中学文工团指导员。我在中文系学习的60年代初,他担任系主任兼党总支副书记期间,不仅狠抓教学与科研,而且作风朴实,很注意联系群众,发挥教师与学生两方面的积极性。他赞成"四个口袋"的说法是毫无过错的。我清晰地记得,大约就在"文革"初期的九十月间的某天,我刚走出西北楼大门,就看见惊心一幕:因古汉语考试不及格而从我们中五留级到中四的隋延堂,居然责令刘漠主任跪在他面前,说让他留级是"迫害工农子弟"!我当时气愤不过,用大声呵斥制止了隋的无理行为。当时我很不理解隋延堂为什么会有这样的举动。看了启功先生的"文革"日记,里面多次写及老教师要经常向隋延堂汇报思想,才知道这个"造反派"当时竟然成了"管教"老教师们的负责人!责令教授自降工资、退稿费、打扫楼道厕所和组织红卫兵抄家等,都与他有关。听说此人后来因贪污抄家物品而受处分,也是罪有应得。(先生1967年1月18日的日记中写:"肖、葛昨晚见隋延堂。隋云今后不管我组学习了。"估计即与此有关。)

非常幸运的是,在经历了"文革"浩劫之后,一些体现启功先生治学精神,装了许多学术资料和手稿的"纸口袋"保存下来了。启功先生逝世后,他的家属在整理遗物时,就找出了若干个这样的大口袋。其中六七个口袋里,装满了50年代中启功先生和王重民、向达等先生一起整理《敦煌变文集》的校订稿、信件,还有启功先生撰写的《敦煌俗文学叙录》的手稿。这些都是敦煌学研究史上宝贵的资料。经我建议,章景怀先生将这些材料无偿地捐给了国家图书馆善本部入藏。其中24封王重民、王庆菽先生致启功的书信和《叙录》,经善本部敦煌吐鲁番学资料中心的研究人员整理后,已经在2009年第二期的《文献》杂志上刊布,完成了它们推进学术的使命。我想,这也是启功先生生前的期望。

今天,在距"文革"起始45年之后,再来读启功先生写在当时的日记,真有恍若隔世之感。可是,那是些确确凿凿曾经在我们的校园里,在自己身边发生过的事!我忽然明白了为什么先生晚年常说:"不愿温习烦恼。"即便是在他的《口述历史》中,述及"文革"的遭遇也很少。按启功先生的性格,他绝非寡言少语、感情内敛之人,而是充满了热忱对于"文革"。他实在是不堪回首。我们知道:在那最艰难的日子里,他揪心地牵挂着恩师陈垣校长,并多次去探视、安慰老人,他去看望他的绘画老师吴镜汀先生;老舍先生殉难后他途遇胡絜青先生,胡只说了两个字"惨哪",先生对此刻骨铭心,念念不忘,多年后还多次对我讲起。当时,他只能将思念、哀悼、愤懑之情都埋在心底。他为全民族、全中国的这场浩劫痛心疾首,以致于到晚年仍难以重温。当时彭德怀、张闻天、罗瑞卿等领导人被"揪到"师大操场、饭堂被残酷斗争的场面,许多师大老教授受迫害乃至惨死的事件(如刘盼遂教授被红卫兵按入水缸淹死、穆木天教授死在家中几天后才被发现、黄药眠等大批教授被挂牌戴高帽游街),日记中均未记载。数年之后,他的心情方有稍许的表露。如1973年12月10日在医院治病的日记中有这样一句："梦援师来病房看我，我迎去抱住，见言笑如平时，似未知其已死，又似知其已死复来，故迎抱也，旋醒。"此梦境是对已逝世恩师的思念所致。1974年3月24日，在得知当年向陈垣先生推荐他的傅增湘先生之子、古玉专家傅忠谟先生去世后，在日记里用"不怡者竟夕"5个字说明了自己的心境。诚如我前面所述，他在"文革"初期的日记客观、冷静、简洁，几乎没有描述，没有形容，没有渲染，没有也不能有褒贬，连那些在高压下作的自我解剖、批判文字都显得平淡而冷峻。我想，这正是先生的睿智使然。因为惟其如此，这些文字才有可能在那场狂飙暴雨中保存下来，而且能经得住历史的考验，成为珍贵的历史资料。寻常文字不寻常，此时无声胜有声。在启功先生的"文革"日记中，我们听到了一个正直的知识分子的血泪心声与强烈抗争。

注 释：

① 启功《高阳台·自忏》。

② 详见《启功全集》第十卷，北京师范大学出版社，2011年11月。

③ 见1967年5月17日《人民日报》。

有限的交往　无尽的思念

——深切怀念启功先生

□　熊国桢

启功先生是我们衷心敬仰的一位师长。他在中华书局参加校点整理《清史稿》的工作时，我们没什么直接的接触。依稀记得 1976 年春节期间，我曾陪同时任中华书局党委书记、总编辑的金沙同志到小乘巷去看望过启功先生。老先生住在这样一个低矮逼仄的简陋的平房里，顽强地与病痛做斗争，依然保持着乐观热情的生活态度，令我印象十分深刻。倒是赵诚同志为了出版启功先生的学术专著《诗文声律论稿》曾找过我两次。我当时是中华书局临时党委委员，自 1975 年 2 月起担任二编室党支部书记兼室主任，对书稿有三审签发权。《诗文声律论稿》是启功先生研治多年的精心之作，侧重探讨古典诗词作品的艺术表现形式，颇多独有的心得。看过书稿的老专家、老编辑都十分赞赏，认为应当正式出版。赵诚同志两次发稿，都遭到二审负责同志的否定，予以退稿。赵诚同志不服，在那位二审负责人 1975 年初下干校去之后，将书稿送到我手里，让我重新审定。我看过以后，支持赵诚同志的意见，在发稿单上签了字，发了稿。我以为发稿以后只要按照编辑出版流程走，不会再有什么事了。我于 1976 年也到石家庄干校劳动锻炼一年，归来复职后，没想到赵诚同志又来找我了：出版部制好了《诗文声律论稿》晒蓝样，等着签字付印，可是某同志就是扣着不肯签字。此事大出意外，我于是找这位同志了解不予付印的理由。他忧心忡忡说，这部书稿只谈艺术形式，所举例句有不少情调低沉灰暗，不太健康，担心出版这样书会出问题。我说：书稿探讨的是古典作品的艺术规律，例句多是脍炙人口的古典名句，我们能够要求古典作品反映现代人的思想情绪吗？你有顾虑，就把付印样交给我吧，我来签字。《诗文声律论稿》的版权页上记录的是"1977年11月出版",而启功先生拿到样书已是1978年1月了。由于纸张供应十分困难,书的纸质较差,版式也很小气,这是令人遗憾的。但是,在"文革"刚刚结束的1977年能够出版这样一部专谈古典艺术表现形式的个人学术专著,也是十分难得的了。我之所以敢于支持《诗文声律论稿》的出版,首先是由于我深信毛主席的教导:"我们决不可拒绝继承和借鉴古人和外国人,那怕是封建阶级和资产阶级的东西。""有这个借鉴和没有这个借鉴是不同的,这里有文野之分,粗细之分,高低之分,快慢之分。"(《在延安文艺座谈会上的讲话》"结论"部分第二段)其次是通过读稿,我认识到书稿对古典作品的声韵规律有深入独到而简明生动的概括归纳。至于影印本的书艺水平,那更是有目共赏的了。书稿出版以后,启功先生自购了许多本赠送友人,我也得到一本签名本,题写的是"国桢同志指启功一九七八年一月",虽然匆忙中漏写了一个字,仍是启功先生的亲笔所书,是我的珍藏。

《清史稿》于1977年底全部出齐,启功先生完成任务后回到北京师范大学继续工作。他十分珍爱在中华书局工作过的这段宝贵时光,时常回到中华书局来看望老同事、老朋友,把中华看作他的第二个家。1978年上半年的某一天,启功先生扶杖来到我的办公室,说他在香港《文汇报》社有一位老朋友,到北京前来看他。编辑室送给点校者的两部《清史稿》,他想转送一部给这位朋友,特意向党支部说明情况,请求批准。这事该不会有"海外关系"或"里通外国"之嫌吧。我连忙站起来回答说:没问题,没问题。香港《文汇报》社归新华社香港分社管,是我们自己的机构。《清史稿》是公开出版物,又是您自己点校所得。送给谁,您自己定就行了,用不着向支部报告。启功先生微笑着拱拱手,转身挎着手杖走了。望着启功先生渐渐远去的身影,我心里酸痛万分。像启功先生这样温厚善良的老知识分子,在"文革"结束之初还是那样战战兢兢如履薄冰地瞻前顾后,小心行事,说明了什么呢? 建国后多次政治运动都把知识分子作为整肃对象,一次又一次地变本加厉,一直发展到"文化大革命"那样史无前例的浩劫,把人整苦了,整怕了,整得如惊弓之鸟一样无处安身了。如果没有拨乱反正,没有改革开放,没有民主和法制的建设,我们很难想像跟启功先生一样的这些文化老人的前途和命运会是怎样的。启功先生是在各种考验和煎熬中顽强地挺住了的过来人,这是很不简单的。读启功先生的《痛心篇》《沁园春》《自撰墓志铭》等作品时,许多人偏重于赞赏它的幽默、诙谐、风趣,我却觉得幽默诙谐的语言外衣包裹着深沉厚重的历史内容,饱含着刻骨铭心的痛楚和辛酸,也表现了启功先生顽强的生命意识和坚定的人生信念。读这些作品时,如果能够回到原来所处的历史情境中去感同身受,我们就可以反躬自省,总结教训,而不会忘记历史。当深刻沉痛的历史教训被人们有意无意地"忘记"时,灾难难免会随时发生。

上世纪八十年代以后,启功先生的境遇日渐改善,荣誉职衔和公益活动日渐增多,我们想见上启功先生一面也不那么容易了。我爱人毕素娟于1979年5月调到中国历史博物馆工作,10月间就参加山西应县木塔辽代文物的整理研究。她和我本是同班同学,毕业于北京大学中文系古典文献专业。由于"文革"的原因,长期脱离专业研究,从事历史博物馆的业务,有点半改行性质。乍一接触文物研究,有些底气不足。启功先生当时正在历史博物馆做书画收藏品鉴定分级工作,也看过应县木塔出土文物,我建议她去找启功先生做辅导老师。当她自报家门,说到自己姓毕,父亲是满族人时,启功先生马上说"毕努氏,汉姓为毕;瓜尔佳氏,汉姓为关……",并从此戏谑地把素娟称作"我的半个同胞"。当说到我时,启功先生笑着说:"哦,认识,认识。中华书局的,好人一个。"启功先生愉快地答应了辅导素娟写论文的请求,素娟此后就常去小乘巷先生家中登门求教。她集中研究辽代印刷品和辽版《蒙求》,写了一篇长达万余字的论文,鉴于《文物》杂志刊载论文一般不超过四五千字,后来就分剖为两篇,其中一篇专写《蒙求》,定题为《世所仅见的辽版书籍——〈蒙求〉》。在启功先生的细致指导下,这篇论文几经修改打磨,快要定稿了。那是一个阴雨连绵的秋天的早晨,在小乘巷先生家中,看完素娟改写后的稿子,先生觉得内容比较充实,就说:"可以了,干货不少了,一个大中错。("错"是方言量词,截、段、幹,"中错"就是鱼身子。)你再把文章的开头、结尾好好组织一下,把段落之间的衔接理一理,润色润色,这就成了。一篇论文,好比烧鱼,主体部分是中错,要结实丰满,味道好,有吃头。但是也要有鱼头、鱼尾、鱼腮、鱼鳍,把这些个零件和中错搭配在一起,才是一条整鱼。写文章哪能全是干货！不同的部位有不同的作用，组织得当，各尽其职，就是好文章。"素娟原本惟恐论文份量不足，提心吊胆，启功先生一席话说得她恍然大悟，知道下一步修改的重点所在了。1981年10月15日启功先生亲自给《文物》杂志的杨瑾先生写了一封信，全文如下：

> 杨瑾同志：
>
> 　　兹有历博毕素娟同志所撰关于辽刻《蒙求》一文，论证扎实，功曾仔细读过，也曾提出修改意见，作者虚心，全都照改增删。
>
> 　　据藏书家言，国内流传古籍善本，真正北宋刻本，寥寥无几，真正辽刻，竟一本未有。因此此篇先不论文章如何，即此内容，亦宜尽先介绍于读者，况文章又足以阐明重要性乎！
>
> 　　当今统编古籍善本书目之际，此书又可在其前列占一重要名目，岂非一举数得？
>
> 　　兹请毕同志亲自送呈，其中容有仓卒误字脱字，请负责编辑同志不客气指出修改（包括对文章内容一切修改），功谨代表毕同志提出求教的至意。
>
> 　　专此即致
>
> 　　敬礼！
>
> 启功敬上　十月十五日

　　素娟的这篇论文后来发表在《文物》1982年第6期上，占了9个页码。素娟在改正誊清稿上曾把启功先生的名字写在前头，自己的名字写在后头。启功先生拿起笔就把自己的名字划掉了，说："你自己写的文章，干嘛要写我的名字？划掉，划掉！"一点儿商量余地也没有。素娟只得在文末"附记"中郑重申明："本文撰写过程中，承启功先生热情关心，多次给予指导，谨此深致谢意。"

　　有一回，素娟到小乘巷先生家去请教问题，那天找启功先生索要墨宝的人很多，把里屋挤得满满的，素娟坐在外屋静静地等着，等到里屋的豪客一个一个陆续散去，素娟才进到里面。启功先生抬头看见素娟，就问："你有我的字没有？想要不想要？熊国桢有我的字吗？"素娟连忙回答："我没有,熊国桢也没有。您的字我们当然想要,就是看您太忙太累了,老也不好意思提。"先生说："那就给你们来一张吧。题款是写你一人还是写你们两位？"素娟说："把我们两个写在一起就行了,谢谢启先生。"先生又问："写什么呢？"素娟说："您随便写点什么都行。"启功先生略一思索,就俯身写了一个条幅。正文是一首七言绝句：

> 依然歌吹古扬州,
> 千载英贤胜迹留,
> 劫火十年烧未尽,
> 绿杨丝外夕阳楼。

　　题款是"国桢素娟同志指正过扬州旧作启功一九八二年五月"。"旧"字左边钤有"启功"印,"启功"二字左边钤有"元白"印。这幅字写得遒劲有力,挥洒自如。得到这份意外的馈赠,我们欣喜不尽。我们最近核查了一下,这首诗在《启功韵语》卷四,是《南游杂诗五首》中的第三首。第一句中的"依然",排印本改作"巍然",第二句中的"千载英贤",排印本改作"历历名贤"。同一首诗,在不同的时间地点、不同的心境下,作者会留下一些不尽相同的文字,这是古籍整理工作者探讨版本异文的一个鲜活例证,想一想是很有意思的。我曾把《启功书画集》中的墨迹与《启功丛稿·诗词卷》中的相应作品做过对读,多处的文字差异都有值得玩味深思的地方。

　　我的不少同学曾有幸守在一些文化大师身边,朝夕相处,共同工作好几年,在潜移默化中接受他们的教导指点。我没有这样的机会,只能以读其书想见其为人的方式予以弥补。我在一本《励耘书屋读书记》中读到启功先生的《夫子循循然善诱人——陈垣先生诞辰百年纪念》,那样朴素平实的文字,记叙的是极其普通日常的事情,字里行间却洋溢着蕴含不尽的敬仰爱戴之情。我反复读了好几遍,深深地为这种至性真情所打动。我初读一卷本《启功丛稿》时,论文部分读得较有滋味,题跋部分却似懂非懂,只能硬着头皮往下啃。书画鉴定靠的本是实践功夫,经得多,见得广,才有妙悟会心之时,我哪有那样的条件和机缘？只是多读几遍之后，也慢慢有所体悟，减少了一些高深莫测的玄妙感，原因不是别的，是启功先生通常讲得比较贴合实际，关键处能一语中的，捅破那层窗户纸。窗户纸一旦被捅破，神秘感自会消失，这时显露出来的才是实践真功夫。读得有收获，就越读越来劲。启功先生自住进北师大校园里的小红楼后，我们就来往很少了，但是，启功先生每在中华出一本书，我都要来回认真地读，即使发稿前没时间从容地细读，出版后至少也要逐字逐句地抠两遍，偶有会心的地方更是反复玩味揣摩。我自感学业上后来略有进步，多得益于这种精研细读。

1999年10月23日上午，我和程毅中、柴剑虹先生一起到北师大英东教育楼三楼参加启功先生学术思想研讨会。在开幕式上，我代表中华书局献上了一副祝贺三卷本《启功丛稿》出版的对联：

> 春意融融师长，能讲能写能画；
>
> 丹心耿耿文宗，亦庄亦谐亦真。

联语是我于9月29日苦思冥想编撰出来。本来是从学术、书法、绘画"三绝"立意的，但贺寿祝福之对联忌用"绝"字，憋得我够呛，最后写成这副样子。后半截"平仄平仄平仄"与"仄平仄平仄平"相对，从声韵上说有些跳荡不稳，为了达意，也只能将就了。对联的字是请刘宗汉先生书写的，秀劲端庄，近于启体。联语字多句长，刘先生是拼接了两张纸才写成一趟的。装裱完以后，整副对联达两米多高，即使高个子也不能将它举起。在会场上只能斜向拉开，供人一睹。这种情况理应按"门"字联方式转行书写，才便于悬挂，这是我后来才闹明白的。在开幕式合影的时候，我本想站在启功先生背后，已经站好了，主持人却非要把我作为嘉宾拉到前排就座。为了不耽误时间，我只好服从主持人安排，坐在了许嘉璐先生的身边。

1999年10月25日，我连日阅读《启功丛稿》后（当时只出了论文卷、题跋卷、诗词卷三卷，而艺论卷是2004年7月才出版的），颇有感触，又撰得一联，乃反复思索一改再改而成：

> 提要钩玄，启悟多多，味同尝鼎；

鉴真识宝,功劳累累,仰若观山。

我在上下联第五字处将启功先生名讳嵌入其中。2001年7月21日下午,柴剑虹先生陪我去启功先生家送上这副我自己写的对联,祝贺先生7月26日诞辰。先生满面笑容地接过这副对联,柴剑虹先生为启功先生和我拍了一张合影。同去的还有商务印书馆的江远先生,他送去了大花篮和生日蛋糕。我们相聚甚欢,谈了出版社的近况和彼此相熟的一些老朋友。临行,启功先生还亲自把我们送至楼下,看我们坐进车里。

2001年12月1日上午10点,我和程毅中先生一起参加《启功书画集》出版座谈会。程先生在会上宣读了他的一长篇贺辞,我思滞才拙,只能再献上一副对联:

笔下诗情画意流传中外;
胸间智水仁山镕铸古今。

自知字丑词俚,难表胸中之万一,但聊可自慰的是它出自肺腑,是一片真情,不是浮言应酬。

2005年6月30日启功先生去世。当时我们在外地,未能前去送行。认真回想起来,我们和启功先生的直接交往实在是少之又少,但文化上精神上的贴合却是近而又近。启功先生精心选辑校订并委托中华郑重出版的四卷本《启功丛稿》,将永远是我们的学术阶梯和人生指南。眼前这篇短文,实在难以表达我们对启功先生绵绵无尽的思念。

怀启老

□ 陈文岩

　　时光飞逝。启老一走已是六年多了。多么和蔼可亲的老人，学识那么渊博又没架子的再也找不到几个了。启老走时，自发去送他老人家一程的逾万人，一介布衣，终生和学问打交道，能得人这般敬仰，相信"大熊猫"这时也应该咪起眼了。

　　写悼念启老的文章可不容易，那么多人都写过了。启老曾笑言自己是"无家可归"，事实上他学养丰富，很多方面都卓然成家。书法方面有所谓"启体"，坚守中宫，结体稳而不笨，线条简练而富有书卷气，令人看后感觉舒服平和；画虽自"文革"后少作，却很有元人笔意，而另有一番雅致；诗词虽不多作，但却是"有病呻吟"，不无的放矢，用语浅白而可雅俗共赏。当然他那孜孜不倦为人师的作风和那特有的雍容礼谦和幽默更是令人如沐春风，非一般"学者"可比。

　　启老对古代书画的鉴识力绝非常人能及。中国书画作伪已成惯例，一自收藏有价，作伪便层出不穷。那"十全老人"乾隆爷不也被《富春山居图》的赝品蒙了吗？我曾有挽启老的对联："启蒙老无倦，鉴识勤有功。"曾经启老过眼的书画岂止逾万！最著名而令我印象最深刻的就是那传是唐张旭草书古诗四首。据启老的论断，那是宋人书法，而且最早不超过大中祥符四年十月。因为那篇书法写的是南北朝庾信的诗，有两句是"北阙览丹水，南宫生绛云"，原诗"丹"字原作"玄"。玄即黑，绛即红，诗以北方黑水对南方红云，非常工整，可为什么"张旭"这草书大家会把"玄"字写成"丹"字？据启老考证，宋真宗自称梦见他的始祖，名叫玄朗，于是下令天下避讳，"玄"改为"元"或"真"，"朗"改为"明"，时在大中祥符四年十月。可见为了避讳,那托名张旭的宋朝人便以丹字代之,丹字虽平声,但道家的丹多红丸,这样便露出破绽了。试想如不饱览群书和有惊人的记忆,怎可能有如此精彩的结论呢?相信曾被这幅字蒙过的明朝书画大家董其昌也得写个"服"字!

还有,我曾见有一文徵明写赠陈道复的山水长卷,动了念头想收藏,留个翰墨因缘,于是把图片给启老看。他说那像是文徵明年轻时的风格,叮嘱我要小心看印鉴。到了现场我们仔细辨认印文,盖的那可是文徵明晚年的常用印!少年的作品盖晚年的印可有点说不过去!书画市场假画真跋,鱼目混珠,连整件作品都是假的多得很,尤其是现在拍卖那么红火!启老这一点拨,便不花那冤枉钱了。

认识启老时,他已患黄斑退化,眼力大大衰退,但老人提携后辈还是那么热心,用放大镜细心审读我的诗词稿,还主动为我的诗词集题签。最遗憾的是我没有向他讨要墨宝!我虽有诗"痛从墨迹哭斯人",但墨迹都是在友好家中见到的,均是行书和行草,楷书篆隶还没见过。

近年拍卖场中启老的书法真真假假一大堆,可都卖得好价钱。最近捡到一竹臂搁,刻的是一首短铭,文曰"小蜓一时点笔,忽然五度秋光,且喜青松无恙,何妨两丐微霜",署款启功。那竹臂搁的皮壳看上去显然有一段岁月,刀功细致,很能表现启老书法的神韵。启老虽曾被推选为西泠印社社长,可从未听说他也沾上了篆刻,而且查遍启老送我的著作,也找不到该铭文,因而百思不得其解。可到底我与启老特有缘份。还记得那年内子特意抱了一大玩具熊到北京送给他,启老是多么高兴,笑得多有童真啊!人走缘不尽,有一次在北京候机回香港时,在机场书店看到一本北师大2010年出版的精装当代书法启功集,里面赫然竟有那铭文的墨迹。仔细看了,笔划的轻重、结字和行距均与臂搁所刻分毫不差。可见刻者是把原作缩小作为蓝本。到底是谁所刻,刻者如何找着那罕见的铭文?可惜启老已走了,不然又是个品茶谈心的闲题。

启老早期的书法很有"米"味,我曾收到一件扇面,一面是启老的书法,一面是他老师吴镜汀的画。那书法和坊间盛行的"启体"没有一丝相似,很多人会误为伪作。还好启老当时尚在世。最近又拣到一小册,墨迹印泥看去都不是新作的,内书《孙子兵法》三篇,署名启功,册首有一印章"闔門",册尾钤"沉吟至今"。看似一册"字课",字字都是端立秀丽的楷书,可见书者凝神缓慢地在"练字",有别于一般作品所见的行草。我给很多友好看过,多数认为是伪作,但也有人认为是启老的字课。我也见过几位老一辈的书家用同样的线装蓝皮小册子做字课。我个人则认定这是启老上世纪六十年代的真迹,原因很简单:作伪肯定为图利,那么与其写逾千字卖不到钱的东西,何不写首七绝直轴或四字横匾卖几万元? 册尾钤的章虽也曾出现于启老作品,到底不常见。那作伪者为甚要用个少人认识的图章? 而且那书法中的闲适雍容,有一股挥不去的神韵。那些一看便认定不对的,根本没见过启老早年的楷书,是被常见的启老行书洗了脑。鉴定字画常被先入为主的偏见误事。

启老走了。这件墨迹永难断真假,但我就是能感受到那隽雅的神韵,就此我还写了首七律,以报泉下的老人家:

> 捡得沉吟独惆然,百龄待过却归天,每思隽语多遗笑,又怅骚坛未了缘。三则兵书原旧录,一枝秀笔是中年,闔门几见斯人出,恨不识翁半世前!

启老走了,不然他看到最近我在北京世纪坛的诗画展,肯定会为我高兴。前人有句"任是千杯供墓侧,何曾一滴到泉台",我说的是"母腹谁知生后事,呱呱落地赤身来"。启老赤身来,赤身走,只给后辈们留下无限的思念!

启功没有走远

□　林　岫

　　启功先生的辞世是中国书法界的莫大损失。继刘炳森之后,吾国书法界又失去了一位可敬可亲的益师良友,真哀莫大焉。中国书法家协会成立迄今已逾三十年,其间走过的每一段行程,都清晰地留着许多关于启功先生的珍贵回忆。但是,启功先生确实走了,只是他没有走远,随时都在我们身边。他真挚的热诚和睿智的幽默,依然在感动着我们。特别是他那灿烂的笑容,仿佛即思即见,始终铭记在我们的心中。

　　"我们书法界有启功",这句话曾经给书法界多少人以莫大的自豪和信心。启功先生的人品艺品,真学问真功力,无疑代表当今艺术界"德成而上,艺成而下"(小戴《礼记》语)的至高境界,这是两千年中国文化史上众多里程碑式的艺术大师不断发展和刷新的境界,启功先生即是离我们最近的一位。

　　启功先生的前半生十分坎坷,六十六岁小结人生时写《自撰墓志铭》,说自己"中学生,副教授。博不精,专不透……",并幽默自谓"有化忧为喜的本事",还想刻一方"一笑了之"的印章等。透过微笑,个中有多少酸辛,唯深知者知之。1981年春,笔者听启功先生朗读此诗时,便有几许怅然。如今灯下复读这段文字,岂止怅然,觉得在中国做个像启功这样的学者,寒窗钻仰,自铸炉锤,能一生修炼不辍,已是百般艰辛,还要嚼遍菜根,饱经人事世故的难堪,实在太不容易了。

　　当年去过启功先生小乘巷破陋斗室的人,都有难忘的印象。他在"小乘巷寓舍两间,各方一丈,南临煤铺。时病头眩,每见摇煤(煤球),即有晃动乾坤之感"(启功诗序),但他在陋室接待友人和学子时,只是笑谈书画学问,从不言自己的困窘。送客出来,他经常顺便给屋檐下的盆花浇点水。看到花开,他会欢快地叫喊:"开了,开了! 你瞧,你瞧,这边还猫着一朵呢⋯⋯"见到此情此景,令人颇生感触。小花所需不过些许水分和阳光,而历经风雨沧桑,亦不过为了萌发生机,奉献花果予人。一点所需,一点希望,尚且如此艰难,启功先生善待于它,或是体物自况,或可见怜互慰,所以每当笔者捧读其花草题咏,念及先生在小乘巷度过的艰难岁月,常为其真情感慨不已。启功先生是学界大才,困顿一时,自然向往明时,后来迁出小乘巷,大才适用,方迎来人生真正的春天。然而,这耗费大半人生才姗姗来迟的变化,也如同那司铎书院的海棠花一样,"断梦有情依玉砌,天姿无恙荐金盘。根移地角劳鸿鹄,忍说崎岖蜀道难"(见启功《题司铎书院海棠》),令人沉思不尽。

启功的一生,分明是一部治学和做人的巨著。其人其学,于当今后世,都可供无尽地研习和仰止。他越九十高龄犹童心不泯,尤为可贵。笔者评价丰子恺绘画时说过,近百年书画大师级的艺术家中最富有童心的,仅有二人,即丰子恺和启功。他们固有自己的喜怒哀乐,却永远以幸福的微笑面对社会和他人,这是何等博大的胸襟。

有几件事,时常萦绕脑海。想起时,耳畔总能听见启功先生的笑声。

戊辰(1988)年2月初,中国书法家协会召开主席团会议。休息时,启功先生对笔者说,"你去年给我看过的那首论怀素书法的诗,有人写成'明人论书诗'了⋯⋯"。原来前不久,西安有人携习作请教启功先生,其中一件书写的论书诗实乃拙诗,大约转抄有误,落款称"明人论书诗",遂成笑话。笔者曾以论书诗稿请教过启功先生,不过过眼之观,没想到他记得如此清楚。启功先生顺便就此事对大家说,"落款不能图省事,只写'论书诗一首'、'题画诗一首',传来转去,时间一长,'三十六变'还是'七十二变',就很难说了"。接着,他讲了一件亲身经历的事:"有次写杜甫的七律,那诗题太长,我图省事,落款想写'杜甫律诗',结果落下'甫'字,又不能以'杜律诗'出之,便写成了'杜律'。年初有人说看见高仿我写的那诗条幅,落款是'杜律同志诗一首',问'杜律'何人⋯⋯你们看,这就是图省事招惹的误会。我诚恳检查,真对不起了。"陆石问"对不起谁啊",启功先生笑道

"对不起'杜律同志'呗",大家都乐了。翻检杜诗,那首诗的题目《九月一日过孟十二仓曹十四主簿兄弟》,确实很长。启功先生说"诚恳检查","对不起杜律同志",当然幽默,却让大家长了一个"图省事可能会招惹误会"的记性。

启功先生担任过中国书法家协会主席、北京书法家协会首任主席、名誉主席,对首都书法界的人才培养和发展动态非常关心。北京书法家协会每年春秋季举办学术讲座,先生对教授人选、讲授专题、时间安排等都很关心。如果身体情况允许,他还会莅临课堂看看大家,说上几句。先生每次的讲话虽然简短,听着随意,却很精辟,能启人心智;加之表述形象生动,亦庄亦谐,最受大家欢迎。偶逢解答问题,启功先生机锋应对,举重若轻,总能让人过耳难忘。譬如有会员问:"书法作品是多写好还是少写好?有的书家说一天写了二十张送人……"启功答曰:"在家自练,多写无妨;若送展或者赠与他人,还是少写为好。以前齐白石说过'出手与人,必须好画'。因为那是你的作品,你总不能闭着眼睛往外扔吧?面对社会,就必须对社会负责。且不说自家的艺术声誉如何,书画是最可宝贵的中华文化,把成百上千的涂鸦随便掷与社会,你当是撕年历片啊?大家都胡写乱画,毁了书画,对得起老祖宗吗?"这句书法创作不是"撕年历片"的说法,至今在京华书法界依然流行,它让我们在严肃的书法艺术创作中对书法国艺更生敬畏之心。

或问"不择纸笔"与"是否定要用上等纸笔才能出好作品",启功说,"上等纸笔可能会有一些帮助,但不绝对。历史上不少国宝级书画都不是用当时的青镂麝璧玉楮龙盘(笔墨纸砚)写成的。在纸笔上下功夫,不如专注于自己的内外功,一是储学,一是磨砺。没听说吊嗓子一定要到天坛吧?那戏班里练压腿,也没听说要用金砖吧?……功夫到了,要正式粉墨登场了,置办点行头,也不是不可以;但不能登台砸了戏牌子,跟观众说'在下唱得不好,那行头可是梅兰芳用过的',管用吗?"

乐于幽默,也善于幽默,应该是启功先生善待社会的一种方式。如果把启功对人生百态百事的全部深刻彻悟,都简单理解为"幽默、好开玩笑",那就太肤浅了。启功的幽默是智慧者笑傲人生的"游戏"。唯他非同寻常的睿智、遭遇和对人生百态百事的深刻彻悟,才成就了启功先生独特的幽默。大约只有读懂他的幽默背后的坎坷人生,才能真正了解他的幽默。

书画界流传"启功评论作品只说好不言坏"的说法,实属想当然。据笔者闻见,启功在通常情况下虽然以鼓励为主,但逢恶丑怪异之书,必下针砭,决不客气,只是有时语言戏谑幽默,闻者须作细味方才领略罢了。间有持作品现场请教的,启功都是照实说话,好即好,不好的,当众批评,直言不讳,却不失儒雅之风。

有一次,会员拿来一副"书法大省"领导的隶书对联,问有无收藏价值。启功说:"收藏和价值,有时实为两回事。讨论价值,得先看艺术水平。艺术水平高低虽然仁智各见,但说话须讲门道,还得听在理不在理。收藏呢,就不好说了。有无价值,可以不管;只要喜欢,都可以收藏。"会员便问艺术水平,启功直截了当:"笔飘墨浮,举止苦促"。会员说"人家自称遍临历代名帖,出入北碑,自创一家呢……",启功笑道:"那就怪了,怎么包世臣(力主北碑书风的清代书法理论家)贬斥的毛病,他都有啊,是不是走错门了?"大家在笑声中获益甚多,也记住了"走错门"的教训。

启功先生有次讲课,有人递条请教执笔法与书法优劣之关系。启功先生说:"以执笔法论断书法孰优孰劣,最难服人。譬如上街买包子,你只看包子质量,管那厨子是站着还是坐着捏,是五指捏还是四指捏的呢?那厨子出来说'有时站着,有时坐着,我是用左手三个指头捏的褶',你还买不买?左手三个指头捏褶的包子立马就不香了?咱们得先搞清楚:是吃包子,还是吃手艺?四指还是五指握管,都各自有些道理,但最终看的是作品水平。科学发展了,不定哪天研究出苏黄、董米如何执笔的,如果碰巧不符合你主张的那个执笔法,怎么办?总不能把他们从书画史上开除了吧?"此话通俗易懂,道理讲得实实在在。

说启功先生的学问,方方面面,言之难尽精详。总其要点,笔者认为,启功做学问的可贵处有三:

其一,功先宽博,成就精深。启功先生一贯主张"书生功业先从宽博做起,修炼有年,而后厚积薄发,成就精深"。他教诲学子常说的"独木桥上舞大刀,好看站不稳",就十分形象地表述了他对学风浮躁所持的批评态度。譬如论唐人真书,他认为虽然"真书自汉末肇端",下手却必须遍览两汉前后,溯源探流,由宏观而后微观。在充分把握历代书体发展的特质之后,他又常常综合其特点,以一语概定,既形象,又恰切,方便大家掌握特点。例如以"如婴儿之未孩"(老子语)论定唐前真书,以"少小离家老大回"(贺知章诗句)概述智永千字文墨迹的辗转来历,以"舞筵长袖柳公权"论黄山谷书法(说黄用笔结字,全用柳法)以"一剂强心健骨方"评张猛龙碑等,并以此教诲学子。学子如闻其言,必然刻骨铭心,受益不尽。

在笔者接触过的众多学者之中,启功记闻之广博、研究之精深,应属一流。他说"学问学问,一学一问。有的老师教诲弟子,只说'学问',有一字没说,留了一手。那就是'记'。学而不记,转身就忘了,有用吗"。有次闲聊,笔者说起初唐、盛唐诗写柳,不同于中唐、晚唐诗,还拿出拙书的行草小手卷请教先生。因卷末落款写了"录唐代咏柳诗八首",便没有在各家诗后标明作者和篇名。卷中贺知章、白居易、崔道融等咏柳诗,脍炙人口,自不用猜,启功先生初看一过,即指"如何肯到清秋日,已带斜阳又带蝉",是李商隐诗;又指"桃红李白皆夸好,须得垂杨相发挥"(刘禹锡)有"中唐气息",又肯定"不知别后谁攀折,犹自风流胜舞腰"(赵嘏)是晚唐诗,居然一一言中,在场几位诗家无不惊叹佩服。其实,启功的记忆力非凡,一在他博闻强识,绝顶聪明;一在他灵心敏悟,广潋自酌,在学养和功夫积垫的"青藏高原"上,如此巍然矗立当代文化高峰自然不难。

其二,明眼精思,储学酝酿。启功先生所言"明眼"专指读书和实察。他曾幽默地说,"有些东西必须亲眼细察,不能耳食成学,就像选演员,不能光看照片"。他曾经在日光下仔细地实察过存世的晋帖,对"后笔过搭前笔处……毫锋重迭"等细微处皆不放过,又对"纸少麻筋,微见蛀孔"处初存疑惑,待后来细察敦煌所出北齐大定元年写经上的蛀孔,两相比较,知其造纸(藤麻互用)和蛀孔的特色,方获定论。启功先生说,这一点对他后来鉴定文物纸品皆有甚大帮助。

壬申(1992)年夏,《西宁晚报》主编林惜醇(原北京师范大学中文系学生)对笔者说,启功写过一首批评"伪婉约派"的诗,精彩之极。诗曰:"妄将婉约饰虚夸,句句风情字字花。可惜老夫今骨立,已无余肉为君麻。" 其实,形画生动且语多透彻的启功论诗诗,不限此首。例如《论伪豪放派》的"豪放装成意外声,欲教石破复天惊。闭门自放牛山屁,地下苏辛恐未能",又《论曾巩王安石诗》的"古文板木乏灵气,少诗莫怪曾南丰。奏议万言诗胆弱,四平八稳见荆公",《评黄山谷诗》的"妙句江湖夜雨诗,胜吟桃李发南枝。异趋有志才偏短,总较东坡一步迟"等,皆评点到位,堪称知见中肯。作论诗诗,洵非易事,揣摽缘于透彻,透彻缘于广闻灼识,由此,不难见启功先生平素的翻检诵读、琢句识趣之功。

其三,触类旁通,思无滞碍。启功先生书法虽走帖学一路,写过"岂独甘卑爱唐宋,半生师笔不师刀"的自评诗,但他绝无据守派门的狭隘之见。他曾说:"碑与帖,绝非什么生死冤家。如同茶与酒,喝茶饮酒,任凭各人喜欢,唐太宗以行书入碑,武则天以草书入碑,偏嗜兼能,全从自由选择,何劳评论者为之轩轾乎。"此论卓有见解,非大法眼、大气魄,道它不出。

启功先生毕其一生稽古爬疏,考核甚苦,不仅钻研博物,擅长文物鉴定,又旁涉诗书画创作,其严谨的治学态度在当今学术界足可称作典范。他时常说,"如果吃不了做学问的苦,也可以干点其它,没必要每个人都给自己加冕一顶'学者'的帽子"。启功的著作最早的是上个世纪50年代的《读〈红楼梦〉札记》,60年代的《古代字体论稿》《诗文声律论稿》,后来80年代又出版了《汉语现象论丛》等,再加上《启功论书绝句》等散集,他的学识及其著作的学术水平都远非一般学者可以相比。尽管如此,他却非常谦虚:"我十年出一本书,都嫌太快了,唯恐有不踏实之处而致使谬误流传。现在有人半年就能出几十万字的著作,自称两年内写了二百万字的书,初闻之时,真吓了一跳,还以为我耳朵出了问题。更有甚者,平时也没见有什么学术高见和专著的人,连《翰墨志》是史志还是书论都没搞清楚,竟敢自诩为学者博导,胆子太大。让人看他吹牛都累……"启功先生曾经以《红楼梦》中几个民间俗语为例,讲他八年间两次修正释解,最后终以《水浒》等书和地方口音为据定其语义的经过,让笔者感动许久。他连小小的民间俗语也不掉以轻心,竟不厌其烦地将明清以来京城与齐鲁地区的相关词语一一作出比较核证之后,方作结论,可见其治学之严谨,真一丝不苟。遗憾的是,在当代学风浮躁的中国,像他这样的学者,已经凤毛麟角了。

在第五届全国文代会期间，启功先生跟中国书协部分书法家代表合影后所说的"书坛要树三气（文气、正气、大气）"的教导，至今对书法界的工作也具有重要的指导意义。一种可以称为"启功精神"的力量会鼓励我们继续前进，笔者相信，启功先生倡导过的书坛"三气（文气、正气、大气）"一定会得到真正的发扬。

启功先生走了。我们不能仅仅在失去他的时候才感到他存在的重要。永远缅怀和解读启功先生，德艺双馨，应是对启功先生最好的纪念与回报。对当代书画界来说，启功应该不是"绝版"。如果在当今熙洽盛世的文艺大繁荣大发展中，鸿才蔚然，能出脱几位如启功先生那样的真正的学者型书画大师，则是吾国文艺之大幸；不然，则是书法界的悲哀。

启功先生希望大家都记住他的笑容、笑声和笑语。伟大的逝者不会走远。启功先生永远活在我们心中。

一日心期千劫在

——李长之与启功

□ 于天池 李 书

一

在中国人的词汇中,有所谓"生前友好"的话,解释起来,其定义大概是指活着时候的朋友。因为按正常的理解,朋友是双向的,死后既然一方不存在了,友谊当然也就无从说起了。所以,"生前友好",顺理成章的一种悲观的理解,是指在生前存续着友谊的朋友。也就是说,生前双方尽着朋友之责,随着死者的已已,朋友就风流云散,朋友之间的义务也就结束。当然,在中国的文化传统中也有《今古奇观》中的所谓"死友",是生死之交。它的含义是,一方面,双方可以为朋友去死,其友谊可以生死以之;另一方面,是指这种友情并不因对方的死去而终止,活着的人继续为已死的朋友尽责尽谊。

李长之先生是文学批评家,他的好朋友几乎都是由于文学批评、由于长之先生批评其作品而认识的,比如宗白华、梁实秋、老舍等等,有一个例外,那就是启功先生。

启功先生虽然与长之先生同为北京师范大学中文系古典文学教研室的同事,但他们相识较晚,可能是上个世纪五十年代才晤面的。原来启功先生最早是以书画家闻名,早先在辅仁大学中文系当教师,1952年辅仁大学合并到北京师范大学后,启功和长之先生才同在中文系的古典文学教研室相识相认。据朱鼎民先生回忆,那时在古典文学教研室里,"文学史和作品选是分头并进的两门课程,教文学史的就有了谭先生和李长之先生,教作品选的有刘盼遂、王汝弼、启功等先生,还请了文怀沙等兼职教师"①。长之先生和启功先生虽然相识日短,境遇却极其相似,颇有些"相逢何必曾相识,同是天涯沦落人"的味道。原来"1952年前后在教育战线上搞得轰轰烈烈的运动是院系调整和向苏联学习","唯苏联马首是瞻,苏联怎么走,我们也怎么走"。再加上当时高校的极左思潮泛滥,长之先生和启功先生在古典文学教研室的处境都极其尴尬荒唐。

且看长之先生的处境:

"有一位教授,虽不是党员,比党员还党员,成了当时的'理论大师'。他现淘换一些马列主义的词汇标签到处唬人,也想找只老虎来打。他的学问是很有功底的,也深通义理之学,把中国的传统义理偷换成马列主义概念,对他来说并不费事。他专剋李长之先生。李长之先生曾留学德国,学习现代哲学,这便于给他扣上资产阶级的帽子;李先生文笔又特别快,可以一夜写出近万字的论文,而且笔带感情,这更容易让人挑毛病。所以这位教授就死看(平声)上李长之先生了。更不幸的是,那时学苏联,还特别盛行互相听课,教研组要定期组织观摩课,听完以后要讲评。所谓讲评,那时更多是批判。在这位教授看来,李长之先生怎么讲怎么错。李长之从这方面讲,他就从那方面上纲;下次李长之吸取教训从那方面讲,他又从这方面上纲。比如这次从总体上提出一些观点,他批判你不懂得马列主义具体问题要具体分析的原则;下次你具体分析了某些现象,他又批判你不讲马列主义的普遍原理。总是反着给你挑出一大堆毛病,还都冠冕堂皇的,弄得李长之无所适从,开口就错,再有才华,也只好甘拜下风。有时我们觉得李长之讲得并不错,但在马列主义的阵势下,也不敢为他分辩。"

启功先生的处境也好不了哪去:

"在这种体制下我是有力使不出来。""当时的文学史课属于理论性很强的课,因为它牵扯到唯物史观和唯心史观的大是大非的问题,一定要由马列主义理论水平高的人来主讲,像我这样被'公认'为不懂马列的人是不配讲这门课的,这能当配角。出于这样的原则,当时由谭丕谟先生担任文学史的主讲,因为他是老党员、老革命,也正因为此,才特意把他调来担任教研室主任的,我只能配合他讲点作品选。所以他上课我都要听,并且详细地做笔记。他在课上强调谁的那句是符合马列革命性、人民性的,不管我心里怎么想,我在讲相关作品时,也照这方面去发挥,这样保险啊。"②

在人生的旅途中,一般而言,人们对于友情的渴望莫过于艰难和失意之时了。春风得意时,人们未必能够惺惺相惜,但落难时分很容易同病相怜,相濡以沫,当日长之先生和启功先生虽然相逢日短,却正是由于这个原因而比较接近。

不过,就长之和启功先生的接近而言,也有相当的学术上的原因。长之先生虽然学术方向在文学,当日在北京师范大学教中国古典文学,但是对于美学也有着深入的研究。他在清华大学的美学老师邓以蛰先生是清代绘画大师邓完白的后人,书法绘画篆刻皆精,长之先生亲聆其教。而长之先生本人对于中国的绘画及其理论颇有造诣,曾经著有《中国绘画体系及其批评》的专著,写过《唐代的伟大批评家张彦远与中国绘画》《吕斯百先生的画室》《中国美术学院筹备期一届美展参观记》《陈之佛教授的花卉画》等美术方面的论文,同画家徐悲鸿、蒋碧薇、陈之佛、张安治、吕斯百等人有着友谊,这个背景在当日的北京师范大学古典文学教研室里大概比较特殊,而与启功先生惺惺相惜。另外,在古代文学方面,长之先生和启功先生也有着共同的研究热点。比如,长之先生在清华大学读书时写过《红楼梦批判》,对于《红楼梦》有着深入的研究;启功先生则在1952年应当时作家出版社的邀请,与俞平伯、华粹深、李鼎芳诸位先生一起对《红楼梦》的程乙本进行过校注整理,他们对于《红楼梦》有着共同的爱好,等等。因此,尽管在这之前启功先生和长之先生并不是很熟悉,但周遭的环境、共同的对于中国文化的热爱,使他们两人倾盖如故。

如果注意到长之先生这一时期出版的古典专著的话,就会发现一个与以前所出版的古典专著不同的现象,那就是它们不再是光秃秃的纯文本而是有着插图了。比如三联出版社出版的《李白》的书前,插有南宋画家梁楷画的李白图;棠棣出版社出版的《陶渊明传论》的书前,插有方薰摹宋何秘监画陶靖节先生小像;上海人民出版社出版的《孔子的故事》则附着圣迹图。这些插图出现的原因如果推测起来,固然可能是多方面的,比如建国后出版事业的发展,出版社的编辑可能提出了插图要求;比如长之先生本来就是一个对于美术作品很感兴趣的美学专家,在出版社的要求下在书前自行置放一些插图,可能是出自于一种爱好等等。但其中未尝不可能有启功先生隐隐的身影在,因为在此之前,长之先生的专著中没有任何插图;而在粉碎四人帮后,当长之先生准备再版他的《中国文学史略稿》,打算附加插图的时候,首先求助的就是启功先生,而启功先生果然提供了大量的协助。

1956年,九三学社和其他民主党派一样大量吸收成员,长之先生加入了九三学社。启功先生参加得较早,是在1952年参加的。当时的古典文学教研室里只有长之先生和启功先生是九三学社社员。

长之先生和启功先生年纪相若,长之先生生于1910年,启功先生生于1912年,当时都在古典文学教研室从事古典文学的教学,但是两人的性情和爱好、职业和学术方向之间的色彩颇为复杂。长之先生虽然毕生都在从事古典文学的研究和教学,但骨子里其实更热爱的是他的批评事业,他曾坦言更希望别人称他是个批评家,"如果有人称我为批评家,我听了最舒服,比称我什么都好"③。启功先生也另有所好,那就是书画创作和文物鉴定。长之先生热情浪漫,风骨在外,遇事便发,诉之于文字洋洋洒洒,笔锋犀利明快,倡言"为批评而批评",在历次运动中屡受批判却本性难移。在反右斗争前夕还写《尊重与批评》《为专业的批评家呼吁》《欣闻百家争鸣》《墙》等不入时的文章,终于被新旧老账一起算,在1957年被划为右派分子。启功先生温良秀雅,风骨内敛,很少臧否人物,寄之于书画诗词的风格虽外表调侃幽默,内里却温润恭让。虽然他也是在1957年被划成右派的,但并非北京师范大学所划,而是拜赐于中国画院的"稀里糊涂",颇有些传奇的味道。据启功先生说,由于他和叶恭绰先生交好,引起了当时美术界的一位实力人物的嫉恨,借口启功先生称赞过画家徐燕荪的画有个性风格,并引用了"春色满园关不住,一枝红杏出墙来"的诗句以形容这一派画风在新时代有新的希望,于是被诬为不满当时的大好形势,意欲脱离党的领导,大搞个人主义,被硬性划为当然的右派④。

二

被打成右派后,长之先生和启功先生被剥夺了教学和写作的权利,然而都顽强地继续研究他们所深爱着的祖国文化。

启功先生在 1962 年完成并发表了《古代字体论稿》。这部著作通过大量文献记载的字体名称和实物互相印证，对古代字形字体方面存在的问题，进行了深入的探索和论述，成为后来研究古代字体的专家学者必读之书。随后，启功先生又对古典诗词散曲韵文散文各种文体的声调律法进行了探索，撰写了《诗文声律论稿》。

长之先生在这期间动笔写的东西也很多。他打算修改他在上个世纪三十年代写的《鲁迅批判》；修改他在四十年代写的《司马迁之人格与风格》；打算继续把他的《中国文学史略稿》写完；想写一部《中国美学史》；他写过李清照的剧本，尤其是，他还打算写一部关于杜甫的评传——那是他早在三十年代就有的愿望。他在写《道教徒的诗人李白及其痛苦》一书时，曾发愿要将他喜爱的中国古代五个大诗人（屈原、陶渊明、李白、杜甫、李商隐）的传记批评写出。他写了屈原、陶渊明、李白的传记批评，写了李商隐的论纲，唯独还没有动笔写过杜甫。从 1958 年年初开始，他陆续搜集了杜甫的有关资料，制定了写作计划。1959 年 3 月，长之先生在阅读收藏的《杜诗镜诠》时发现第十三卷缺了第二十九页，即缺《听杨氏歌》《宿江边阁》《西阁雨望》等诗，在和启功先生聊天时无意中谈起。哪知言者无心，听者有意，没有几天，启功先生便眯缝着笑眼造访，说："长之先生，你看我给你带来了什么？"说着，便从书包中拿出一个大夹子，里面夹着他抄写好的《杜诗镜诠》第十三卷第二十九页，连连说"抄得不好，续续貂，你看着不般配就把它扔了"。长之先生非常感动，那是从《杜诗镜诠》同治十一年八月望三益斋重刻本照着样摹写下来的，虽然仍然可以看出是启功先生的笔体，但是重刻本中的圈点，双行小字，应有尽有，惟妙惟肖。长之先生说："你从哪找的《杜诗镜诠》同治十一年八月重刻本啊？随便一说，你怎么就认真了。"启功先生神秘地说："从哪找的，咱先甭说，现在毕竟是完璧了呀。"

长之先生生前没有启功先生的条幅墨宝之类，但这页《杜诗镜铨》的摹本，尺幅虽小，却一直被长之先生珍藏着。

随着古代木刻版本的消隐，中国文人补抄图书的传统早已经随着木刻图书的已非畴昔而消失。不敢说启功先生补抄的《杜诗镜铨》一定是大陆上的文人最后的广陵雅事,但后来的知识分子是否再有此雅兴并兼有此功力,却再也闻所未闻了。

不久爆发了"文化大革命",长之先生和启功先生都以右派之身更深地陷入了被批斗的深渊。他们在一起挨批斗,参加劳动改造,打扫厕所。

在劳改队里,两个人接触得更多了。也是在这时,启功先生听到长之先生嘴里念叨的最多的话就是"我那个病孩子不知怎样了"。原来,长之先生有三个孩子,大女儿叫李诗,当时在对外经贸学院读书;小儿子叫李礼,正读小学,后来在郊区插队;而中间的这个女儿叫李书,刚上初中,爱好文学,与长之先生气质最为相近而体弱多病,14岁患上了罕见的尿崩症,其时尚在山西的阳高县农村插队。长之先生多次对牛棚中的难友说:"我这一生中最放心不下的就是这个病孩子了。"

"文化大革命"后期,长之先生和启功先生的境遇渐次得到改善。长之先生和启功先生在古典文学教研室里参与编著《中国散文选》《红楼梦注释》、修订《新华字典》,经常在一起"奇文共欣赏,疑义相与析"。粉碎"四人帮"后,师大恢复招生,长之先生和启功先生成为第一批研究生班的导师。启功先生赋诗言志:"粉碎四人帮,日月当头换。政策解倒悬,科学归实践。长征踏新途,四化争贡献"⑤。长之先生兴奋地说:"我只有重整我的专业,没完成的,完成它,已经完成的修改好,为祖国的建设增添一砖一瓦,或者权当我的几声呐喊和欢呼,以鸣盛世吧。"长之先生首先想要做的,就是把《中国文学史略稿》续写完整。这既是当时应出版社的邀约,又是考虑教学的急迫。为了适应新的阅读需要,长之先生决定再版时加进一些图片。比如,长之先生认为,过去对于秦的文化估计不足,新出土的兵马俑补充了对于秦文化的认识,应该加进兵马俑的图片;晚近出土的马王堆汉墓的帛画对于认识汉代的文化有很重要的意义,等等。这些图片的获得,很多来源于启功先生的帮助。为此,长之先生在《中国文学史略稿再版题记》中特别加以说明:"为了增加读者的兴趣,本书增加了一点插图,我在这里要对下面大力帮助的友人深表铭感:友人启功同志、常任侠同志、杨宪益同志。"⑥。

　　1978年,中共中央提出落实知识分子政策,长之和启功先生的右派问题都得到了正式平反。长之先生给校内的同事打的第一个电话就是启功先生。两个老朋友心情激动,互通电话,争相把这一消息传给对方。

　　也是在这个时候,长之先生在文化大革命中被造反派抢占的房子退还了回来,居住环境恢复了正常。长之先生居住在西单武功卫师大宿舍,有一个独立的小院。启功先生赶来祝贺,正是春末夏初,庭院里的椿树亭亭如盖,浓荫遮盖了大半个院子,假山上沐浴在阳光下的淡蓝色的二月兰盛开着,散发出淡淡的香气。长之先生坐在藤椅里一边享受着阳光,一边惬意地看着刚刚三个多月的小外孙玩耍。启功先生蹲下来,一边慈善地望着孩子,一边询问:"叫什么名字啊?"长之先生说:"叫于勃,周勃的勃。"启功先生会意地微笑说:"好呵,拨乱反正啊。"但是,就在这一年的10月,长之先生不幸摔倒,继而得了肺炎,很快就被病魔夺去了他饱受苦难的生命。

　　长之先生和启功先生晚年在北京师范大学共事的经历颇为相近:在院系调整之后受轻视排挤,在"三反""五反"中受批判受挤兑,在"反右斗争"和"文化大革命"中更是受尽打击和屈辱。启功先生曾调侃说"长之先生虽原籍山东利津,但从小久居北京,和我有绝大的相近关系,后来又有同'派'之雅,如果模拟科举习称,我们相呼'同年',又有何不可呢!"[7]

　　但是,长之先生和启功先生的际遇也有迥然相异之处:长之先生的人生显然是把悲剧演到了尽头,虽然他临终赶上看见改革开放的曙光,却不幸猝然去世。"万里伤心严谴日,百年垂死中兴时",悲哉斯言。而启功先生在晚年则幸运地在改革开放的进行中尽情地放射出灿烂的光芒。

　　长之先生去世后,启功先生始终关心着长之先生的一家。长之先生的二女儿李书的夫君于天池是"文革"以后北京师范大学中文系第一届古典文学研究生,经常去启功先生那里问学。每次去,启功先生都不厌其烦地询问"你的岳母身体怎样呵?""内弟如何呵?""李书身体还好么?"有的时候李书和他一起去,启功先生更是问长问短,气氛热烈。每当这个时候,启功先生的侄子和侄媳妇往往也加入谈话的行列。

三

长之先生去世不久,西单武功卫的住所由于城市建设的原因拆迁,长之先生的二女儿李书便随着于天池搬到师大校内研究生宿舍暂时居住,这时启功先生也从原来的住所小乘巷搬到师大来,见面的机会多了起来。

有一次,李书从工作单位下班返回师大,凑巧在路上碰上启功先生。启功先生关切地询问起她最近的身体状况,"怎么样了? 病好些了没有?"启功先生问寒问暖,深切地关怀,让李书倍感温暖,眼睛立刻噙着泪花。启功先生又问"最近还写些什么文学作品吗?"当李书说最近为《中国大百科全书》撰写了一些曲艺的条目,又写了一篇回忆爸爸的文章在《北京文学》上发表后,启功先生立刻说:"你把它们都拿来给我看看,再把最近写的文章的目录也抄一份给我。"

原来,李书由于身体原因,在1972年从插队的山西病退回北京后一直在一个街道工厂工作,虽然身体屡弱,但由于父亲的历史问题,厂里专给她安排到又脏又累的车间从事重体力劳动。她开冲压机床,每日机声隆隆,搬动着沉重的东西。早先在西单武功卫住的时候还能够勉强支持,迁到师大居住后,往返奔波,再加上有了孩子的拖累,每天回到家中筋疲力尽,话也不想说,只想躺着,尿崩症更加严重了。

和启功先生谈话后的第二天下班回来后,李书拿着自己的文章去拜访了启功先生,启功先生看后高兴地说:"文章写得挺好,我来想办法。我也正希望你能从事文字工作呢。"

大约过了一个星期左右,一天中午,于天池正在睡午觉,启功先生派一个学生送来一封急信,信封是写在别人给启功先生的信封上的,信的大意是:"李书稿已交九三牟小东同志,将由他与足下联系。不知近数日有无消息? 我告诉他向中文系办公室通话,但找你不易。望将尊址(亦即通讯处)详细告我。"当时刚刚改革开放,学校内电话尚未普及,所以启功先生有此忧虑。很快,李书接到了九三学社联系面试的通知,经过严格考试,她被九三学社中央录用,后一直从事文字工作。牟小东先生当时是九三学社宣传部门的负责人,他后来和李书谈到了此事,说"启功先生和我们说,他的一个好朋友的女儿身体很差,在街道工厂干重体力活,看看就没命了。但文笔很好,搞文字工作可以胜任,可以发挥特长,问我们能够不能够帮忙","你考试成绩不错,但在体制、调任程序等方面我们是费了很大的气力才把你要过来的"。这件事情在大陆人事制度改革的今天,可能算不了什么,但在当日,因为李书既有工人转成干部的身份问题,又有所谓集体所有制转成国家所有制的问题,颇费周折。其中启功先生所费的心血,所尽的努力,可以想而知之。

李书在九三学社的工作一直得到了启功先生的大力支持和帮助。有一段时间,李书负责九三学社的社讯工作,《社讯》只是一个机关的内部刊物,很少有社会名流赐稿。但启功先生多次为九三学社《社讯》写稿子,有时李书不好意思,嗫嚅着话没有说完,启功先生便爽快地说:"我来写!"其时启功先生在九三学社担任一定的职务,当然有着工作职务的成分,但也何尝没有含着支持李书工作的原因在。

李书的夫君于天池在研究生毕业后留校任教,先是住筒子楼,后来分得了新房,启功先生知道后,特意用红色的洒金宣纸题写了条幅送给李书夫妇,他对李书说:"中国人很在意房子,安居才能乐业呢。有了自己的住处,这是可喜可贺的事情。"那条幅写的是"鸾翎金深姑,燕尾辅整弧。独立扬新令,千鉴共一呼"。

长之先生去世走得太突然,没有来得及整理出版自己的文集。上个世纪九十年代,家属开始筹划此事而艰难备尝。首先是搜集的困难。长之先生历经运动,未出版的文稿在文化大革命中被抄被毁,损失殆尽,赫然尚存的却是高有尺厚的积年的检讨和认罪书。残存的其他片纸只字都是二女儿李书在劫余的地上捡拾收存的。已经出版的专著,家中也残缺不全。由于缺乏必要而完备的检索工具,长之先生大量论文的搜寻,竟然是依靠着"检讨"和"认罪书"的线索来完成的。当时长之先生的论文数量是一个未知数,搜寻起来如同大海捞针。有不少论文只知题目,不知发表的刊物名称和年代,只能在杂志报纸中靠着最原始的办法逐篇翻检。这一任务理所当然地落在了李书和她的夫君于天池身上。因为工作很繁重,当时任北京师范大学图书馆馆长的于天池萌生了辞去馆长职务的念头。他去征求启功先生的意见。启功先生对他说:"你要慎重考虑,这既有利害的权衡,又有时机的考量。辞去职务,当然时间多了些,可是搜集的困难也大了些。你在馆长的位置上,可能对搜集长之先生的作品更有利些呢。"后来搜集资料的过程,证明启功先生的意见非常有预见性。因为在当时的条件下,离开图书馆的有力支持,这个任务几乎难以完成。

当相关资料整理得差不多的时候,出版的问题又摆到了眼前。按理说,长之先生的作品既有学术性,又有可读性,会拥有广大的读者的。但是由于各种各样的原因,与几家出版社联系都碰了壁,连长之先生供职数十年的母校出版社也都拒绝出版。启功先生对于此事很着急,曾通过友人向学校反映过,并多次向李书表示,他可以拿出钱来自费出版。但是长之先生的家属怎么好意思让启功先生做这件事情呢。在这个过程中,中文系现当代文学教授王德宽先生把李长之文集向河北教育出版社推荐,得到了肯定的答复。从此,出版长之先生文集的事情总算有了头绪,那还是1997年春天的事。但好事多磨,由于河北教育出版社领导几经换人,出版李长之文集的事情也就反反复复,一拖再拖,一直拖了八九个年头。在这个过程中,启功先生一直关注着这件事情,只要一见到李书和于天池的面就加以询问,殷殷之情令人感叹。

启功先生晚年患有眼底黄斑病,看字模糊不清,读写都需要放大镜来协助,一般不再写字了。有一次他开玩笑地说:"祖师爷不赏饭吃了。"视力模糊,对于一般人来说已很痛苦,而对于以视力进行创作的文学艺术家而言,其难以言状的痛苦更是可以想而知之。启功先生想把自己一生的经历写下来,由于视力的原因,不能写了,便改为口述,让自己的侄子章景怀和学生赵仁珪代笔,这就是一般人所熟知的《启功口述历史》。《启功口述历史》出版于2004年,可见那时启功先生已经不能或很少执笔写字了。尽管启功先生连写自己的著作都不再用笔了,可是一听说长之先生文集的出版有了明确时日,高兴得不得了。当知道李书希望他为长之先生的文集题签和写序言时,启功先生慨然拿起了笔——不能用毛笔书写了,便用硬笔题签,前后写了两次。同时写了几千字的《序言》,亦即《我所尊

重的李长之先生(代序)》。

《我所尊重的李长之先生(代序)》追忆了他和长之先生在北京师范大学古典文学教研室共事的经过,缅怀了长之先生多才多艺而艰难的一生,情真意切,催人泪下。序言是写在启功先生的专用稿纸上,满满八页,原题是《李长之文集读后记》,启功先生说:"我一向不敢为朋友的文章作'序',最多只称'读后记',但今见《李长之先生著译年表》后感到称'读后记'也不确实,只好标题《我所尊重的李长之先生(代序)》吧!"从序言的笔迹有时写得出了行,从微颤而顽强的字迹里,我们可以看出启功先生书写时的艰难,也仿佛看到他为老友文集终于得以出版后内心的激动。

启功先生的题签写于2004年。长之先生的文集几经曲折最后出书,是在2006年的12月份,距离启功先生的逝世过去了一年多,距离启功先生题签过去了三年多。当书籍的样书寄来,李书和她的夫君带着《李长之文集》,放到了启功先生生前居室的画像前,燃香行礼,禁不住流下了热泪。

注　释:

① 祝鼎民:《怀念谭丕模师》,见《文学史家谭丕模》,北京师范大学出版社1999年。

② 均见启功:《启功口述历史》,北京师范大学出版社2005年。

③《为专业的批评家呼吁》,《北京日报》1957年5月9日。

④ 启功:《启功口述历史》,北京师范大学出版社2005年。

⑤ 启功:《启功口述历史》,北京师范大学出版社2005年。

⑥ 李长之:《中国文学史略稿新版题记》,《李长之文集》第七卷,河北教育出版社2006年。

⑦ 启功:《我所尊重的李长之先生(代序)》,《李长之文集》,河北教育出版社2006年。

启功在一连二排

□ 崔枢华

我们中文系六五级二班，与启功先生有一段特殊的共同经历：在"文化大革命"中的一段时间里，我们同被编在一连二排，一起生活了一两年的时间。这段经历是启功先生人生路程中一个重要的阶段。但是直到目前，能够看到的反映这一时期启先生生活状况的文字还很少，因此我愿意就记忆所及，把这段时间里自己亲见亲闻的一些事情披露出来，供关心启功、研究启功的人们参考。

一、启功与一连二排

这段往事距今已有四十多年了。1968年8月底，为了加强对知识分子的思想改造，要在"知识分子成堆"的地方"掺沙子"，上面向各高校派遣了工人"毛泽东思想宣传队"，简称"工宣队"；10月中旬，又派了"军宣队"。在军、工宣队的领导下，实行"组织军事化"，把各年级、各班编成不同的连、排，我们所在的中文系六五级二班，被编为一连二排。

正是在这段时间里，中文系的老师们也被分派到各年级、各班。黄药眠、启功等十多位老师就是在那时分到我们班上来的。从打1966年夏天停课以来，学校没有了正常的教学秩序。两年多的时间里，老师和同学之间也没有正常的联系。除了教过我们的老师见面打打招呼之外，其他老师都没有机会接触。对系里老先生的了解，一是一些被编在劳改队的人，有时看到他们打扫盥洗室、卫生间，有时看到他们排着队、拿着镰刀等农具去干活；再就是听高年级同学的介绍或从大字报上看来的。印象中启功先生不在劳改队里，所以我们只是从大字报上和学长们的介绍中知道他是清皇族，被封过"奉恩将军"，是个"摘帽右派"；当然也知道他是一位书法家、画家，一位书画鉴定专家。也许是所学专业的原因吧，中文系的学生们大多对真有学问的人、对能写得一笔好字、能作得一手漂亮文章的人，即使是在那样的环境下，内心深处也怀有一种敬佩之情。启功先生在大多数同学的心目中，是一位有着传奇色彩的值得敬佩的师长。

启功先生到我们班之前，我们对他除了好奇和这种隐约的敬佩之情外，了解很少，只恍惚知道启先生属于一个叫"从头越"的群众组织。那个组织的成员都是系里一些老先生，在学校里属于谭厚兰一派。当时我们认为谭做的许多事是不对的，因此对这些老师们的做法颇不理解。直到多年以后，读到北大某位教授写的一本回忆"文革"遭遇的小册子，才懂得了我们系里老先生们这样做的理由——那位教授曾被关进牛棚，吃了很多苦。他遭到这样的不幸，当然是历史的悲哀。但回过头来看一看，尽管造成这种不幸的原因是多方面的，其中有一条是不应该被忽视的，即是他参加的一派组织是与受到上面支持的、势力最大的聂元梓一派对立的组织，聂元梓们要整他，没有人能保护他。相比之下，启功先生等对这场运动以及自己的处境似乎看得更明白，他们不得不参加一派组织，不然的话，有可能被看作是对抗运动，那在当时是非常严重甚至相当危险的。同时他们清醒地看到，在那个特殊的年代，参加一派组织对于他们来说，只不过是寻求一种保护而已。

我们一连二排的大多数同学就是怀着这种既好奇又有不理解、既尊重又不敢太亲近的复杂心情迎来了启功先生。来到班里之后，启先生给我们的第一印象是，他是一位非常和善的老师，不高的个子，圆圆的脸，和同学们在一起，脸上总是带着笑容。

启先生为人非常随和，熟悉了以后，有时跟他开个玩笑，他也很开心。记得有一次，有位同学结婚，带来喜糖分给大家吃，启先生在场，当然也有他的份儿。忽然一位同学说："启先生，我们还没有吃过您的喜糖呢！"我们都觉得这位同学说话太冒失了，怎么能跟老先生开这种玩笑呢？只见启先生平和地笑了笑，说：

"好啊,好啊！我下次来的时候儿补吧！"下次来参加活动,启先生果然带来了糖果分给大家吃。

同学们知道启先生的字和画都非常好,所以那时写大字报、出黑板报,有时会请启先生帮助画画报头,抄抄大字报,启先生从来都是很爽快很高兴地做。这样的大字报、黑板报一出来,一定会引起同学们的注目,我们也为有这样的老师在我班而感到自豪。那时一般人抄写的大字报,通常要贴到两三天之后,才被别的(常常是对立面观点的)大字报所覆盖。启先生抄写的大字报,贴不了那么长时间,就会被有心人悄悄地揭走——揭得太早或明目张胆地揭取,有破坏"四大(大鸣、大放、大字报、大辩论)"的嫌疑,但那时没有听说谁因为揭走了启先生抄写的大字报而惹了麻烦的。

说到启先生抄大字报,有个情况还想多说两句:启先生在一些场合说过,他的字是"大字报体",又说,抄大字报让他的字有了很快的长进。其实启先生这话有几分真实,也有几分调侃。启先生从很小的时候就在其祖父的引导下练习写字,在书法上早已打下坚实的基础;青少年时期又曾发愤练字,老早就举办过个人书画展,老早就可以称为书法家、画家了。抄大字报的时期,正是启先生的书法日臻成熟的时期,抄大字报的时候,字可以写得更轻松随意,更放得开,从而让他的字有了更鲜明的个性,成为当今的书法大家。他在书法上取得的令人瞩目的成就,靠的是多年的积累和深厚的学养,不单单是靠抄几张大字报抄出来的。

启先生跟班上绝大多数同学关系都很融洽。启先生到班里的时候,虽然已经到了"文革"中后期,但派性和"左"的思想还相当严重;此外,一些出身不大好的或运动中由于各种原因受过挫折的同学,在同学中往往比较孤立,一般同学往往不大愿意或不大敢于同他们交往。启功先生对全班同学一视同仁,不管他(她)原来参加的是哪一派群众组织,也不问其家庭出身如何,甚至不管他(她)当时的境况如何,都同等对待。对一些思想上有压力的同学,不但不歧视,不疏远,反而给他们更多的同情和关心。而当年我班同学,不论哪一派的,对待启先生,也都算是说得过去。上个世纪九十年代后期,有一次我去拜望启先生,与启先生和他的内侄章景怀先生一起聊天,谈起启先生当年在我们班的情况时,我说:"那时候,我们对启先生,不可能像现在大家对他这样——我们没有那种认识,也没有那种胆量。但是我和我那些同学们、朋友们起码做到了两点:第一,把启先生当人看;第二,把他当老师待。"

因为受"文革"的影响,我们这个年级的毕业分配被推迟到1972年。毕业后大多数同学星流云散,我和几位同学留校工作。因为我班同学跟启先生有这样一段特殊的关系,所以分配出去的同学们,一回到母校,常常要让我们几个陪着去拜望启先生。见了面,谈起过去的事,他总是笑呵呵地一边用手比划着一边说"咱们一连二排"如何如何,那情景至今想起来,仍然历历在目。

2000年8月中旬,我们毕业30周年返校的时候,30来位同学相约一起去拜望启先生。与这班特殊的学生、三十多年前的"战友"重聚一堂,启先生非常高兴。在校的时候,我们都是二十多岁的青年学生;时光过了三十年,大家都已年过半百,多数同学已是鬓发斑白,乍一见面,都不免有些陌生。想不到启先生对不少同学,仍能一眼把他们认出来,很多人还能叫出他们的名字,可见这一段生活、这一班"战友"给启先生留下的印象是多么深刻。那天,大家簇拥着启先生,向他汇报这几十年的变化,并和他一起拍了很多照片。启先生从教七十多年,可称得上桃李满天下,享受到这种殊荣的,大约只有我们这一个班的学生吧。

二、两件往事

有一件事能说明启先生当时的处境和他在人们心目中的地位。事情发生在1969年底,那时人们的思想普遍比较"左"。不知是什么人提出,《新华字典》等已有的字典不能适应广大工农兵学习毛主席著作的需要,需要编一本以毛著为基本语料的更简明实用的小字典。于是中文系组织了一些人做这件事情。记得教师中参加这项工作的有萧璋、启功、郭预衡、邓魁英、史锡尧、李金凯等几位先生,我和个别同学也参加了这一工作。我们先后到工厂(如第一皮鞋厂)、农村(如密云西田各庄)、学校(如师大二附中、西田各庄的董各庄小学)等处去调查,到语言所去请教,与吕叔湘先生等座谈,参观了语言所的先生们为编写《现代汉语词典》

所作的大量的、细致的、令人震撼的卡片资料,并专门拜访了丁声树先生。丁先生本来被下放到干校,听说因为修订《现代汉语词典》工作的需要,经周恩来总理特批,才回到北京。

我们调查和座谈之后,组织过多次讨论。讨论中有两件与启先生有关的事,至今记得很清楚。一次是讨论词典编写的方向、任务、方法,萧、郭、邓、李几位先生都发了言,启先生也发了言。启先生的发言与其他几位先生不大一样,显得比别人"左"一些,上来先谈编词典要突出思想改造的道理。事后回想,这种表现实际上也是自我保护的一种姿态,与其他先生们相比,启先生思想上还是有顾虑的。启先生也提了一些问题,出了一些主意,比如针对在调查中出现的工农兵对同一问题有各种不同看法的现象,启先生问:工农兵的意见不统一怎么办? 从词典编写的程序出发,建议从(毛著中)某些具体的篇章入手,作为试验,不断发现问题,解决问题,一步步前进等。再有一次就是讨论我们所编写的字典采用什么检字法。李金凯先生主张用国务院文办批准试用的笔形查字法,这实际上是后来人们习用的五笔字型输入法的前身。李先生希望有一个针对这种检字法的实验机会,而几位先生觉得它还不够成熟,还有一些缺陷,比如笔顺和笔形之间有时有矛盾等。举出的例字是"方"字下面的两笔,究竟是先写一撇,还是先写一横折竖勾?"区"字是先写匚字,再写乂,还是先写一横,接写乂,最后写竖折? 为此,李先生曾向启先生求证。从这一件小事情上可以看出启先生在老师们心中的地位。

这部小词典最终没有编成。这当然不是因为这些人没有编字典的能力,而是因为"文革"还在进行中,动乱还没有结束,大的环境不允许做这样的事情。后来,启先生被借调去标点二十四史,而李金凯先生则在"批清"(所谓"批判极左思潮,清查'五一六'")运动中被隔离审查,再加上些什么别的原因,编词典的事终于不了了之。字典虽然没有编成,但这一段经历却让我从启功先生等老师们身上学习到不少宝贵的知识和经验,这对我毕业后选择专业方向有重要影响。

还有一件事,令我们对启先生肃然起敬,至今记忆犹新。"文革"中刘少奇和他的夫人王光美都被打倒,跟他们"有关系"的人也普遍受到怀疑,受到株连。在怀疑一切的思潮盛行的形势下,本来与刘、王未必有什么特殊关系的人,可能也会被怀疑。大家知道,王光美建国前曾在辅仁大学读过书,而我们中文系的郭预衡先生恰巧也是1945年从辅仁大学国文系毕业的。仅仅因为这种巧合,郭先生便受到怀疑,而启先生因为建国前曾在辅仁大学任过教,也被当作了解郭先生"问题"的线索。

记得是一个下午,在西北楼107(?)房间,启先生被找来,要他谈郭先生的"问题"。房间的门敞开着,我和几位同学站在门边,亲眼目睹了这一场景:跟平常与启先生闲聊时的情况不同,房间里的气氛相当严肃。在了解到要他谈的问题之后,启先生略加思索,也很"严肃"地说:"记得有一次,在教研室,我和几位先生闲聊,系主任余嘉锡先生进来,跟我们说:'有个学生叫郭预衡,文章写得好。'"后来还有什么人又问了什么问题,启先生是如何回答的,都记不得了,但启先生当时一脸严肃的神情和"有个学生叫郭预衡,文章写得好"这句话却在我们的头脑里生了根,从此,郭预衡先生在我们的心目中也就成了值得敬佩的师长。

从这件事里,我们看到了启功先生身上正义和勇敢的精神。在那样的政治背景下,敢于为被怀疑有严重问题的人说好话,要冒很大风险。就是没有任何政治历史问题的人要这样做,都得慎之又慎何况是像启先生这样出身和经历都那么复杂的人呢?启功先生宁愿自身犯险,挺身而出,在这种特殊的时刻,以他特有的方式保护了郭预衡先生,这种精神令人不得不钦敬。

从这件事里,我们也看到了启先生的智慧:评价郭先生不是直接发表自己的看法,而是引述余嘉锡先生的话。这样做至少有两个好处,一是更具有权威性,余先生是学界早已公认的大学者,他的成就和地位早已盖棺论定;二是引述别人的话,即使什么人听着不顺耳,想要找什么麻烦,对于提供情况的人来说,也还有较大的转圜余地,不至于马上就引火烧身。

毕业留校之后,虽然因主攻的专业不同,不能随侍在启先生身边受教,但逢年过节,总要到启先生府上去拜望;有了文字、书法、诗律方面的问题,如果能得到启先生的指教,也觉得心里特别踏实。与启先生的这种关系,可说是几十年如一日,在我们的心里,启先生永远是我们的可敬的师长和亲密的"战友"。2005年

6月30日启功先生永远地离开了我们,我曾经代表我们中文系六五级二班(当时的一连二排)拟了一则挽联,为他老人家送行,今抄录于下,纪念启功先生,纪念我们共同生活过的那一段时光,并作为这篇小文的结尾:

> 同历班排连,戏称战友;
> 共瞻书诗画,的是人师。

深切缅怀恩师启功先生

□　邹春凤

　　每每想起恩师启功先生,眼前浮现出的总是先生在家门口说"快请进,快请进"时笑容可掬的慈祥面容,临分别时拱着手说"不送,不送"的谦和周到的长者风度;耳畔响起的总是先生京味十足的循循善诱,说事论理时严谨幽默的侃侃而谈。

和先生熟悉了

　　1969年9月,工、军宣队进校,文革混乱中的北师大派性斗争已有所缓和,各系实行了班排连编制。中文系大部分教师也被分到各个连排,启功先生就编在了我们"中文系一连二排"。以前,我只知道启先生注释《红楼梦》,书画俱佳,是皇族,到这时才和先生熟悉了。

　　这个时期,学校里还是不断有一次次的批判会、一个个的审查教师的专案组,让人感到一头雾水。

　　闲暇时,我仍在看一些文学书籍。当时我把看《红楼梦》和读唐诗中遇到的几个问题记下,利用班里政治学习的间歇,找机会向先生请教。每次,先生总是眼睛一亮,点点头,耐心认真地讲解。尽管那时先生还处在"摘帽右派"、"封建余孽"之类的困扰中,却仍不忘履行教师的职责,答疑解惑,这显然是对学生不放弃学习专业给予的支持和无言的赞许。

结婚贺礼

1971年4月30日，我们班三对同学举行了集体婚礼，我和王福亮结为伉俪。婚后，我照例到班里参加学习。那天走到西北楼外枣树林时，正遇到先生。我兴冲冲地跑过去，要告诉他我们结婚的事。启先生却连连招手，微圆的脸上绽满了微笑。走到近前，还未容我说什么，先生便从手提兜里拿出一个包递给我，笑眯眯一字一顿地说："给你的贺礼！一幅字，一幅画。"先生轻嘘着气，慈祥地看着我，习惯性地哈哈腰。我顿时激动得一个劲儿地说"太谢谢您了，太谢谢您了！"我极兴奋，又有些内疚。我们太"小字辈"了，想也没想我们结婚还能惊动启先生。回到家，我和福亮慢慢打开纸包。一副是立轴竹石画，一竿硃砂竹喜庆高雅，从一墨石旁挺拔而出。那是画在一窄幅旧画轴上的，天杆已经没有了，撒金纸微微发黄，地杆是精致的黑紫色平头木轴，落款是阴刻"启功之印"篆字钤章。另一幅是字，毛主席的《沁园春·长沙》，绵薄的宣纸上精心划着隐隐的六条红道，将纸分成五列，核桃大小的行草，通篇神完气足，笔力遒劲，潇洒流畅。落款赫然写着"1971年4月30日启功学书"。多么珍贵的礼物啊！没想到第一次得到先生的墨宝，竟然是先生送我们的结婚贺礼！在那政治冷暴力的动荡年代，先生政治压力大、东西被封、经济拮据、疾病缠身，可居然还对我们这对年轻学子给予关爱和祝福，怎能不让我俩感慨、感动、感激，并永远铭刻于心呢！

这年6月，系里组织出庆"七一"专刊，我负责我们班的专刊。为了发挥我们班得天独厚的优势，自然要请启先生挥毫。先生愉快地答应了。我们围在先生身旁，欣赏着他那潇洒的一笔一划。当抄到我那首《浪淘沙》时，我对先生说："您先给我看看，指点指点吧。"先生停下笔，抿抿嘴看着我说："给你改两个字怎么样？"我兴奋地说："那太好了！"能得到老师当面指点，是学生求之不得的事。

专刊贴出去后，引来很多人围观欣赏，对专刊啧啧称赞，当然主要是欣赏启先生的书法了。有一位师兄还指点着说："邹春凤这首词的韵律挑不出毛病！"我不好意思而又得意地心想："那是！不看是谁指点的啊。"

可惜没过几天，这份专刊就被有心的书法爱好者偷偷挖走收藏了。

我又见到了先生

再次见到先生已是八年之后。刚进屋,先生就问我:"哎,你曾说过,你们家过去在南城住,在什么地方来着?"我说:"在骡马市大街。""对对!你说过在骡马市大街。"先生接着说:"后来你住象鼻子前坑,就是方巾巷附近。啊,那一带我熟,我上学是汇文中学,就是现在的二十六中,就在那一带。对了,你爸爸祖籍是山东。"我和丈夫惊愕了,这一席话让我心里热乎乎的。

先生也清楚地记得福亮是北京房山人,记得我们班李玉春家在河南安阳县某村。他说的是那样准确,并且还能接连说出我们班一连串人的名字。我们真为他超人的记忆感到吃惊。

先生关切地问到我在中学教语文的情况。我说了我讲公开课受到好评和语文教改的一些做法,他点着头表示赞许。先生对当时的一些语文教法很不满意,认为基本还是苏联过去那一套。他说:"其实五十年代苏联也是两派,来师大的是其中一派。人家现在也变了。"他认为当年完全照搬苏联专家课堂教学"五个环节"的教法,是对教师的一种束缚。他举了个他带的实习生讲《小英雄雨来》的例子,对死板的问答式教法给予讽刺。

随后先生对我说:"教无定法,要根据实际需要灵活处理,要讲求效果。板书也很重要,当老师一要字好,二要规范。"先生的话给我留下了深刻的印象,这也成了我在以后的教学中遵循的重要原则。

由于我们在张家口工作,先生告诉我们其曾祖(溥良)曾是察哈尔最后一任督统,辛亥革命时被推翻了,全家就搬到了易县。那时曾多次听曾祖、祖父讲到张家口,说到奶豆腐等等。1958年,他搞函授曾到过张家口,去找过原来的督统衙门。他对张家口确实有种特殊感情,那应该是对呵护、抚养、教育自己的曾祖和祖父的深切怀念。

回到张家口,我们还真从坝上草原给淘换到奶豆腐了。送给先生时,他看着那奶豆腐,像个小孩子似的,高兴得又看又闻。

小红楼送书

1986年暑假,我和丈夫拿着台湾出版的一本海外馆藏中国历代书画集,去小红楼看望先生。刚拿出书,先生只扫了一眼,翻都还没翻,立刻兴奋地说:"我给你们看本书。"说着从里屋抱出一本大书来。他说"你们看,这本和你们那本一样吧? 这是北图借给我的,可是只给我看一周!"说着还伸出一个手指比划着。看着先生欣喜的神情,我们俩相视一笑,感到特别开心。哈,太巧了! 我们给先生送的是同样的书,只是比先生拿的那本开本小些。先生手拍着我们送的书,得意地笑着说:"行了,这回不怕他们拿走了!"我们真为这本书"得其所哉"而高兴。

正担任师专教务处长的福亮,在负责筹建美术系,这次来也希望听听先生的指点。先生听了情况和设想后,很高兴,讲了不少很好的意见,并为美术系展厅题写了"艺术画廊"及"张家口师范专科学校"校牌。

我们说我俩也想开始学绘画,先生听了沉吟一下说:"我给你们出个主意,可以先学学装裱。装裱时纸一湿,色彩用墨很好看。装裱可以更多接触画家和作品,在装裱过程中可以好好欣赏。看得多了,脑子里有东西了,再学画画。我就很得益于我的几个老师常带我去故宫看字画。我那可看多了,那儿的不少字画我脑子里都印下来了。你们看不到那么多,先学学装裱,先多看些,再慢慢学。"照先生的指点,我们真的学起了装裱,也结交了不少书画界的朋友。

我们还把独立装裱的第一幅作品送给了先生,那是董其昌一幅字的拓片,先生看了,高兴地说:"第一个作品,不错不错。"说着用手一摸,笑了,说:"你复背没打蜡!"啊? 真是的,太粗心了! 本想好好交份作业,没想却现眼了。

听我们说有个农民画家想来请他指点时,他答应了。他还给我们讲了曾接待过一个搞竹艺的工人的事。他说:"一个工人、农民,想搞书画,多不容易啊。"后来先生热情地接待了这位农民,看了他画的册页,题诗四首予以鼓励。作为书画大家,能如此善待喜好书画的普通工人、农民,确实令人感动。

国庆夜谈

1988 年国庆放假去看先生，福亮因主持师专党委工作后做不成学问而感到苦恼。先生说："那就顺其自然吧。只要能干成点事就好。""干成点事"，先生说得平实质朴，这正是先生的作风，也成了我们以后追求的境界。

说到师范生练书法，先生说："写字不在多，每一个字要写得用心，哪怕每天就写几个字。不用心，写得再多也练不出来。再就是得坚持。"说着拿起朋友为我们作了画的册页写道：

"笔成冢墨成池，不及羲之即献之。笔秃千管墨磨万铤，不作张芝作索靖。"此东坡语，然犹有未备之处。功夫者，不仅在时长量大，而更在精熟准确焉，亦不惟学书一道也。

先生又说："书法是这样，健身也一样。无论哪种运动，哪怕静坐也行，你每天坚持一定时间，哪怕就坐在那里闭目静心，那就有好处，就健身。关键还是坚持。"说着就坐在椅子上做闭目养神状。

先生又接着题写了苏轼的《嘲子由》：

堆几尽埃简，攻之如蠹虫。谁知圣人意，不在古书中。

一九八八年十月二日夜，与福亮春凤同志贤伉俪谈健身学道之术，偶及口传之理，因忆坡句录之。

先生还说，他最不喜欢借用权势来求字的，更厌恶炫耀有钱而求字的。他讲了这样一件事：一次朋友带着一个据说是房产大亨的人来要字，那人一再表明他多么多么有钱，建有多少多少楼房。先生说："那人还有意从口袋里露出一大摞子钱'照我'（即显摆）。"先生一边比划着一边说："我真讨厌极了。我就说，既然你那么有钱，那你就出几百万吧。"弄得那人挺尴尬。后来碍于朋友的面子，不情愿地给写了一张。

当晚先生聊兴很浓，从雍和宫到佛学，从学书法到谈健身，从口传心授到病痛就医等等,甚至当我们刚一说到《般若波罗蜜多心经》时,先生又马上口若悬河地背了起来。真是兴致所及,海阔天空,让我们再次见识了先生的人品,见识了何谓博学多才。

"等大"的题字

我任一中校长兼书记时,告诉先生我们的新教学楼和图书馆被人誉为"张家口一景"呢。先生很是替我高兴。我请先生为我校写校牌和"图书馆"三个字。先生满口答应,立即铺纸写了起来。这时有人进来,看到先生写那么大的字,惊叹而羡慕的说:嗬,写"等大"的呢! 旁人的艳羡,倒让我顿觉受宠若惊了。

先生一边写还一边说:"这个要写简体字,只要是给文化、教育的写,一定要写规范的简体字。"先生放下笔说:"现在有些文章很不负责,不知作何用意,他可以把你说过的话随心所欲地断章取义或胡乱变动。我这当老百姓的还没处去更正,没机会去申辩。比如前些时,报上曾登了一篇文章,说我和赵朴初主张用规范字。哎,也确有因我用了规范字受到表扬的事,是说北京立交桥的题字,我写的'建国门立交桥'属规范字。"说着还用毛笔写下"国""门""桥"三个字。接着又说"报刊杂志图书,在公文公章,在讲义课本中应该用规范字。可做为艺术作品就不一定都用规范字。我在家里要挂一幅联儿,还非用规范字不可? 我用甲骨文还行呢! 这类的话我也说了,可不给我登全。再说,现在要规范的,不仅是文字,还有语言呢。语言文字都要规范,现在语言还远远没有统一。"先生阐述了规范字使用的原则,也提出了应该高度重视的语言规范问题。

"一连二排"与先生相聚

2000年8月12日,为纪念毕业30年,我们班同学相约回校聚会,自然要看望启先生,于是请出先生,在小红楼下的花坛旁和大家欢聚合影。先生一头银发,手拄拐杖，兴奋不已，就像见到了久别的孩子，指点着一个个同学，述说着当年的往事，询问着目前的状况。大家簇拥在先生的身旁，欢声笑语，激情澎湃，热闹非常，留下了不少精彩珍贵的照片。

酷暑季节，欢聚后我们俩和崔枢华、陈福榵搀扶着先生回家。可家人出去了，先生没带钥匙，进不去门。我们赶紧打电话找人开门，并搬来先生门口的一捆旧书，让他坐下休息。先生却依然兴奋地谈笑风生。这个当儿，我们抓住机会又分别和先生合影。先生风趣地说："这照片就叫'启功门外蹲'吧。"说得我们哈哈大笑，再次感受了先生的幽默风趣。

文革时期，是以"整人"为表现"革命"的年代，但我们班同学对启先生却很尊重，都愿意看先生随手书写作画，和先生说话聊天。先生也很自觉，和大家一样按时到班里。有一次因美尼尔氏症发作，先生用小楷写了请假条。这张假条还在同学中传看，一是欣赏漂亮的小楷，二是欣赏那严肃中透着幽默的用语。这段特殊经历，使我们班成为他印象最深的一个班。用先生的话说："咱们都是一连二排的战友。"

疾病的折磨

2003年11月保定学院新校区落成，福亮告诉先生，这是自己1995年当保定师专校长以来干成的最大的一件事，先生欣慰地说："就是要干成一点事啊。"令他遗憾的是黄斑区出血，视力很微弱，看不清效果图了，但却执意要为计划中的校内巨石题字。先生拿着一只尼龙软笔，在一张稿纸上几乎是凭着感觉写下了"师魂"二字，并签署了自己的名字。我俩看着，心在颤抖，看着老人家艰难的样子，难受极了，感动极了。先生把栽培、支持学生的事看得如此之重，他的"师魂"将永驻我们心中。

当我和福亮最后一次到北大医院探视老人家时，他气息微弱，已经不能说话了，闭着眼静静地躺着。我俩心如刀绞，泪如泉涌，默默为先生祈祷。

永远的怀念

2005年7月7日上午,我们怀着沉痛的心情从八宝山殡仪馆启功先生遗体告别厅出来。泪眼朦胧中,有一位记者拦住我说:"请问您是怎么认识启功的? 您认为启先生去世让人最感慨,最应该记住的是什么?"突然的采访令我语塞,很难廖廖数语就能完美回答。

"我是启先生的学生。"

"最令人感慨的是太遗憾了,太心痛了!"

"最应记住的是他的广博精深的才智,更应记住的是先生的人品,是他的师德。"

先生离我们而去了。我们失去了一位循循善诱的恩师,一位催我们自强不息的可亲可敬的长者,中国失去了一位无法复制的国宝级大师。

我家挂着一幅先生送的诗作条幅,凝视上面写着的"福亮春凤同志俪赏",就像依然沐浴着先生滋养的甘露。

启功先生的愤怒

□ 张传亭

你见过启功先生的愤怒吗？

众所周知，启先生长着一张弥勒佛一样的面孔，是位和蔼可亲、经常面带微笑的老人。作为他的学生，我同他相处相交三十余年，没有见过他发过火、生过气，他怎么可能会愤怒呢？可仅有的一次"愤怒"却被我赶上了。

1985年夏，我当时在安徽省阜阳县行流中学任教，因事去北京，住北京师范大学招待所。一天上午，我去拜望启先生。我敲了敲北师大红六楼24号的门，启先生开门见是我，便笑呵呵地说"请进"。我一边问先生好，一边穿过门帘，门帘上的小铃铛发出清脆的声响，似乎替先生说着欢迎、欢迎！

屋内已有不少人，有坐着的，也有站着的。启先生坐下后问其中一人，你有什么事？那人说，我是某某环境报社的，我们局长非常喜欢您老的字，想请您老为我们的报纸题写个报名。那人稍停顿了一下又说，您老上次为我们题写的报名，我们局长说了，好是好，就是笔画细了点。启先生不等那人再讲下去就说，想要粗笔画的，这容易，容易。我们都还没明白启先生的意思，启先生问那人，上次我写的那一张带来了吗？答：带来了。启先生说，拿来。

那人从包里取出个信封，从信封里取出已写好的报头——某某环境报。我一看，顿时感到眼前一亮：刚劲有力的线条，极富神韵的姿态，平正而险峻的结构，笔势翩翩，章法完美，不由得在心里暗暗叫绝。

我正陶醉于美的意境之中时，只见启先生把原先写好的那张字摊在书桌上，边拿起毛笔濡墨，边轻松地说，想要粗笔画的，这容易，容易，一边说一边用笔在原写的字上逐笔描粗。大家莫名其妙，不知所措。我看着一个个被描得面目全非的"粗体字"，心酸！心痛！可惜了，一个本来将会让亿万人赏心悦目的好报头，就这样消失了！难道启先生愿意这样吗？

启先生收笔后对那人说，好了！这回笔画粗了。要粗的容易，容易，只不过多费点墨罢了。说着，把这件重描过的字给了环境报社的来人。

下面我想先简要介绍我和启先生的关系，然后再接着讲那天的事。我是北京师大中文系六五级二班的学生，"文革"中因与另一名本班同学写了一封致林彪的公开信，对"顶峰论"提出批判，当时被打成现行反革命，关押近半年，从狱中放回学校后，曾与启先生一块劳动改造。运动后期，我回原班接受群众监督，启先生作为反动学术权威分到我所在的班接受群众监督。我们朝夕相处一年多，星期日我常常避开"左派"的耳目，去小乘巷86号启先生寒酸的住处。从此，我被启先生领入书法艺术天地。离京后，启先生同我的书函往来近20封。我也曾多次晋京，得到启先生所赠予的墨宝近百件。从劳动改造相识到这次拜望先生，15年之久了，从未见过先生生气是什么样子，这次是开眼了。

启先生"交卷"后，拍了一下桌子说，你局长说我的字好就好了？你局长说我的字不好就不好了？启先生面带怒气，高昂的语调中透出激愤。当时，我深深体会到启先生的愤怒，也体会到他的无奈。你想啊，对书法艺术一窍不通的所谓"局长"，启先生又能怎样呢？

此事虽距今26年了，但那一幕仍清晰地印在我的脑海里。值此启功先生诞辰百年之际，书此往事，以示对先生深深的怀念。

赏不朽书作　忆长馨师德

——谨以此文献给启功先生的在天之灵

□　陈福榕

　　我家有启功先生上个世纪九十年代初的三副书法作品,一直被我视作至宝,平日绝不轻易示人。

　　至宝一:题为"杨柳昏黄晓西月,梨花明白夜东风"的条幅;至宝二:"冠豸山名胜区"横幅;至宝三:录唐人王之涣诗"白日依山尽,黄河入海流。欲穷千里目,更上一层楼"的条幅。条幅一系 1991 年 10 月 16 日我赴北京公干抽空前往拜访先生时由先生亲手所赠,条幅中的"福榕同志留念　启功"等八个小字是这一天由先生即席挥就,而正文则是事前写好的。条幅二、三,均属同年 10 月 23 日我离京返乡前夕再次登门拜谢先生时先生的一气呵成之作。虽然时隔二十年,它们仍被我和我的亲人、朋友视为当年我赴京公干期间的最大收获。出于珍爱的原因,三件原作长期以来除了好友可以偶尔和我一起共同欣赏、一饱眼福外,平日总是被我善加珍藏。得字后几年,这个消息不胫而走,传到福建连城旅台同乡会的乡亲们耳边。他们如获至宝般高兴,立即托人传话,希望他们在台北的会刊《连声》能有机会刊载启先生的墨宝和我记叙得宝过程的文章。其时,我已经从副县长的岗位转到县委抓其他工作,台湾事务是其一,借风扬帆,自在情理中。于是,我特地请有摄影专长的朋友将它们拍成彩照,连同一篇说明文字,寄去宝岛刊发,当时的想法,是通过此举让宝岛的乡亲们分享一份得宝的喜悦,增添几分鉴赏艺术精品的快慰,从而增进两岸乡谊。结果是出奇地好:刊发有启先生书法作品和我的说明文字的这期会刊,在旅台乡亲中产生了相当大的反响,我负责的台湾事务亦从此一帆风顺。

每当思及此事,当年那段向先生求字的过程和心路,先生的大师风范和一个平常人的风貌便会浮现于脑海,令我的心潮久久无法平静。

众所周知,启功先生生前不仅仅是北京师范大学中文系教授、博士生导师,故宫博物院顾问,全国政协常委,还是中国书法家协会主席。他的古典文学根底堪称上乘,美术史论见解独到,书法韵言通俗精辟,书法作品自成一家,得到海内外的推崇。据说,早在上世纪七十年代末八十年代初,他的一副扇面题字在荣宝斋的标价就高达3000元。在今天看来,3000元或许不算太贵,可在那个时候,一个大学毕业生参加工作一年后转正,一个月的工资也才有50出头呀!我想,借用"一字千金"来形容启先生的字,是一定不会过分的。我的家乡有座山叫冠豸山,佳景天成,宛如仙境,被诗人比喻为天生丽质的绝色美人。尽管早在清代就先后有纪晓岚、林则徐为这座山的其中一处书院(名"东山草堂",东晋时期令苻坚丧胆的谢安谢玄之后裔办学之处)留下过"追步东山"和"江左风流"题匾,然而在启先生为她题字之前,她还"养在深闺人未识"。这座山若有启先生的题字,一定会山因人扬名,人因山不朽,收相得益彰之功。而作为他的学生,能够得到他的一二副书作以为"镇宅之宝",一定会终身受益。由于私下一直存有为家乡多尽些绵薄之力、为孩子们多留些精神食粮的打算,向启先生求字的想法在我心中萦绕了多年,总是挥之不去。不过,要得到他的墨宝,我心下以为是很难的。因为连一向在北京工作的他的学生们据说也有不少人未能如愿,何况我所服务的地方是远离京城数千里之外的福建山区!何况我毕业离开母校已经20年!何况我和先生的许多学生相比,只不过是一个无名小卒而已!

然而,事实证明,我的这些顾虑都是多余的。我才开口,先生二话没说就满足了我的愿望。这是为什么呢?或许,用我当年在京同窗们的话说,是"善有善报"。是呀,扪心自问,启功先生的门下,出类拔萃的学子数不胜数,而我并无特别的长处让长者垂青,何以有此殊遇?难道是当年"斗批改"的阶段,我和先生有过几个月共同为编一本准备"复课闹革命"用的古文教科书而一起积累资料的经历?但回忆那段生活,其实也没有什么特别的地方,我们私下之间并无太多太密切的交往,彼此都只是在认认真真地准备资料而已。难道是"文革""浩劫"当头之际,我仍笨笨地停留在原地学古文学洋文,甚至学乐器而无兴趣赶浪头参加武斗?但在那个特殊的年代,我的心中虽然时时存有一丝尊重师长尊重人格之念,没有去批先生,却也曾经不得不偶尔随大流批过"黑帮"批过"黑线"。难道当年正落难的先生会因此对我留下较好的印象?不然的话,怎么会在彼此相别已隔20年之久,我的外貌老了许多,他的年龄和名气大了许多的时候,才一见面,不待我自报家门,便一眼认出了我,并脱口喊出了我的名字?不然的话,他怎么会热情地让座,高兴地拉我合影,甚至还高兴地回忆起我当年学提琴学针灸的情景;而在我欲言又止、怯怯地道出求字的心愿时,会欣然命笔,当场以墨宝相赠,使一道前去拜访的同窗好友们羡慕不已?现在看来,我的个人表现,其实并不是最重要的。重要的是先生自身固有的对学生的一点善念,对学生的一片深情,其间所展现的固然是大师的风范,又何尝不是老师的一颗平常心?!我对老师的赐字是这样想的:为冠豸山题字,是老师在继续"挺"学生的工作,让学生的工作得到更多人的认可;为我个人的题字,是老师在继续"引"学生的人生,让学生永不停歇"更上一层楼"的脚步。老师是用他的题字来提携学生啊!

老师的这种"提携"情怀,其实是一贯的。记得我还在北师大中文系读书的时候,有一段是"文革"的"斗批改"阶段,有幸老师编到我所在的"一连二排",那时,许多同学都知道他书画皆精,便在讨论的间隙请他当场作画,让大家开开眼界。其时,他的手头没有专用的画笔和绘画的宣纸,更无好的墨水和颜料,可他"就地取材",从我宿舍(当时的讨论地点)随手捡几张现在看来质量十分低劣的用于写"大字报"的纸铺开,随手拿一支现成的坏得不能再坏的用来抄大字报的笔,蘸上臭味冲鼻的变质墨水,刷刷刷三画两画就绘好了栩栩如生的几竿墨竹,刷刷刷三画两画就描成了形神皆备的数枝墨梅。这把在场的同学们都看呆了。有道是"工欲善其事,必先利其器",而这时的启先生,身边可谓"十般无一",但他还是没有拂莘莘学子之意,给大家来了一次生动的"现场教学"。对天天在一起讨论的学生他不忘教,对与自己毫无关系的学生,只要有来求教的,他也同样乐于教。记得有好几次,高我一届的一个戴眼镜的上海同学(忘了他的名字了)特地拿了自己的书法习作前来我的宿舍向启先生指教。启先生一样每次都给予耐心的指点,从字的结构到每笔的起落发收,讲得精到而周详,讲得那位同学连连点头,我在一边旁听,亦有醍醐灌顶之感。这事要在正常的年代,那自然是没得说的,教师教学生,诲人不倦,天经地义!可在那个年代,启先生当时自己的处境很不妙,被视为"摘帽右派"、"反动学术权威",身上背负着沉重的"政治包袱";整个国家的大气候是文化的命被革,"走白专道路"的大帽子满天飞,落在谁头上谁的日子就难过。先生有此举,当时看,实在有些令人"匪夷所思"!今天回过头来看,那是先生不忘其"教"责,才使学生们沐浴其教泽!我颂其师德长馨,想来绝不会有异议。

　　写到这里,我想把 2000 年 8 月 23 日在家里专门草拟的一副献给启先生的联文重录于下,献给启先生的在天之灵:

　　　　德艺颂双馨只为良师师天地;
　　　　古今称独秀皆因大匠将乾坤。

难忘启功先生

□ 李振生

先生辞世虽然是已有 7 年,但 50 年来先生留在我记忆中的往事仍记忆犹新,历历如昨。

1961 年秋我考入北京师范大学中文系,当时该系设一门"中国古典文学作品选"课程,选的都是中国古代诗文中的名篇,由不同教师轮番授课,教我们时间最长的是启功先生。记得他从晋朝陶渊明《桃花源记》一直讲到唐代岑参《走马川行奉送封大夫出师西征》;他分析前篇"忽逢桃花林,夹岸数百步"中"夹岸"的真义,朗诵后诗"一川碎石大如斗,随风满地石乱走"时的语调,那脱俗的见解与动人的韵味,至今仍让人言犹在耳,铭记于心。

那时中文系的教授们曾在主楼 6 楼系办公室外的楼道墙上举办"笔苑"书法专栏,我们看到启功先生与王汝弼先生的字写得好,由此就有了登门向他们求字之事①。加之当时学校曾提出加强师生写字训练的意见,强调写好字是师范生将来从事教育工作的基本功。为此,学生们进一步邀请启功先生给大家开"书法辅导"课。记得当年启功先生家住西城区西直门内小乘巷,离校很远,而时值隆冬,他本人已经 50 多岁了,但他得知学生的要求后,仍于每天晚饭之后,身穿黑色风雪棉衣,手提布包,从家里赶到校内,准时登上讲台,摊开字帖,手握毛笔,一面用蘸了水的笔在玻璃黑板上示范书写,一面讲书法理论。记得当时他有一个口头常用语是"大书家",什么"苏东坡的字有如压在石头下的蛤蟆——扁而平",什么"黄庭坚的字好像挂在树梢上的长虫——长且直",贴切的比喻,如珠的妙语,中国古代书法家们的书法特点便深深留在学生们的记忆里。

事隔三年便是"文革"动乱,又过两年我离校参加工作,与启功先生即无缘相见。到了20世纪80年代中期,为缅怀前面提到的启功先生在北师大为学生辅导书法的往事,我写了一篇《笔苑·求字·书法辅导课——记启功先生二三事》,寄给当时北京市人事局办的《北京人才周报》。事后知道,报社有一位叫蔡国江的年轻编辑,接稿后即登门拜访启功先生,先生看过仅仅6页的稿子,竟与他长谈了三个多小时,并在稿子末尾写道:"启功拜读,事迹如实,但过夸奖了。1986.6.26。"由于报社同志的热心奔波,该稿便登在1986年8月11日《北京人才周报》第一版上。

一个月后,我携该期报纸前往母校启功先生家,欲将报纸送先生作为纪念,但不巧先生去上海了,我便将报纸留下,请先生的家人代为转达。因为启功先生原有为《北京人才周报》题词的打算,我将这个意思也托先生家人转达。果然,就在《北京人才周报》创办两周年前夕,启功先生如约为该报题词曰:

贺北京人才周报诞生两周年

1987年10月　启功

此事虽然不大,但证明了启功先生处世的一个准则——为人言而有信。

进入20世纪90年代,还是为写文章的缘故,我得以认识北京市政协文史办的同志。记得那是1991年9月中旬,我写了一篇《乾坤由尔静　名利任人忙——记启功先生不喜财物二三事》。稿子寄出后,对方来信说:"寄来有关启功先生事迹的稿子","只是不知启功先生看了没有","为保险起见,请您给启功先生看看"。根据对方的要求,我将稿子与对方来信一并寄给母校。不久,校长办公室特意给我写来两封信,前一封说稿子"已送启老看过",遵照先生的意见,将事实作了一些更正,"启老原则上同意发表此文,但建议将溢美之词尽量删去";后一封信重复强调说"启老建议,将溢美之词尽量删去"。依照启功先生一再强调的问题,我与编辑经过反复推敲,不但将稿子里面相关之处作了修改,题目也改成中性陈述之词《启功先生二三事》。由于启功先生的费心指教,该稿最终登在1992年12月出版的第45辑《文史资料选编》中。此事也不大,但证明启功先生处世的另一个准则——为人朴实，不喜夸饰。

我与启功先生面对面有思想交流的接触，始自北师大钟敬文教授95寿辰暨学术思想座谈会上。1997年4月，会议尚未开始，启功先生腋下夹着文件袋，手拎拐杖，早早向会场走来。当我迎上去问："启老师，您身体好啊！"先生依旧笑口常开，幽默地笑道："什么好啊，前些日子差一点就'鸟呼'了。"先生问我供职何处，我答北京矿务局，先生用时兴语言鼓励道："那可是生产第一线啊！"接着，便一二三讲起来"生产一线"的重要性。

启功先生自北师大第三届校友会开始任会长，因为我在校友会里做点工作，所以我与他就有了新的接触。回想起来，从1998年10月到2001年9月，3年之内，每次开会，我都能看到他，而且有3次拍了单独的二人合影。

2003年夏天，"非典"肆虐于北京。我从北师大校报上看到启功先生用硬笔写的抗击"非典"诗歌的手迹，先生毕生珍爱的毛笔书法不见了，看得出硬笔手迹明显表现出抖动的痕迹，当时我在思想上掠过了一丝不祥之感——先生虽然尚能写诗，但已不能挥毫书法。果然，到2004年6月，在北师大艺术学院书法专业本科毕业生暨夜大学学员书法作品展开幕式上，听到了会议主持者正式宣布启功先生由于健康原因不能到会的消息。

2004年秋天，北师大出版《陈垣先生史学思想论坛》一书，我看到该书将启功先生的《夫子循循然善诱人》一文放在最前面，但我知道该文是1980年纪念陈垣校长百年诞辰时先生的旧作；新书收旧作，为此当时我从思想上感到先生大概已不能写文章。虽然如此，但令人感动的是先生仍在文章标题下用硬笔颤抖地写上"启功敬撰　2004.8.26"。一个"敬"字，真实地表达了他对陈垣老校长的敬仰之情。

我与启功先生的最后一面是在2004年10月26日。记得那是遵照北师大校友会安排，回母校新主楼1层参观"北京师范大学老年大学建校20周年暨书法作品展"。由于得知老年大学与启功先生有密不可分的关系，看完展览便想顺便看看先生。叩门之后，只见一个学生模样的年轻女孩儿迎出来，转头向门内南侧房间道："有客人"，随后她引我进入南侧房间，看到先生面东坐在西边茶几后，当我上前问:"启老师,您身体好吗?"他这次不再说惯常用语"差一点鸟呼"之类,而是坦然道:"不好。"接着说:"我的年寿只有阎王爷知道。"片刻,他身边的移动电话响了,顺手拿起电话,只听见他说:"我眼睛不行,写不了了,对不起;写不了了,对不起;写不了了……"听意思是对方向他求字,他由于健康原因婉拒了对方的要求。说完,他转向我仍不乏幽默地说:"凡是来看我的人,只能他看见我,我看不见他。咱俩也是,坐得再近,你能看见我,我看不见你。"说着,脸上流露出一丝歉意。我见先生身体如此欠安,只好站起来表示告辞。先生见我离座,欠身向我伸出右手,与我握别。身旁的女孩儿送我到门口时,身后便传来先生"再见"的送别之语……真没想到,这最后一面听先生说"再见",自此竟成了与他有生之年无缘再见的永别!

2005年6月30日,启功先生逝世。此次,想见慈容人间天上,但读遗著仍可释疑。记得先生辞世之时,正是我在故宫从事公益服务之日。这一年夏天,我在宫内研究东路奉先殿相关资料知道,奉先殿是清代皇帝在紫禁城内祭祖的地方,每年元旦、冬至、万寿三大节都要在前殿举行大祭,凡遇先帝、先后的圣诞或忌辰以及清明、中元、岁除则要到后殿行礼;每当皇帝在每年秋天实行"木兰秋狝"都要将自己射取的猎物奉献于此殿,用以告慰先帝、先后的在天之灵。"木兰秋狝",是什么意思,当时查了不少工具书也不得而知。正当自己百问不得其解之际,忽而想起对清朝礼制非常熟悉的启功先生,于是通过辗转求索,找到一册《启功口述历史》,当读到其中《我所知道的乾隆与和亲王》一节,看到先生将"木兰秋狝"说得既明明白白,又生动有趣,自己心中之惑才迎刃而解。三年之后,我开始到恭王府从事公益服务,次年春撰写一篇恭王府内有关锡晋斋的文稿。据资料记载,锡晋斋是由于当年恭亲王奕䜣将西晋文学家陆机《平复帖》收藏于此而得名。我想知道《平复帖》是怎样一幅书法,其价值几何,后来得到一册《启功丛稿》,读了其中相关专论,才对《平复帖》有所认识。

前些日子,当我知道母校将举办启功先生百年诞辰纪念活动,内心思绪万千,久久不能平静。近来,缅怀过去半个世纪里我记忆中的启功先生,回想他最初为我们讲课的情景,回忆他为学生开书法辅导课的往事,回顾他与报社年轻编辑坦诚的长谈,回念他对刊用一篇专稿的诚恳的叮嘱,检阅先生审读并留言的文稿,浏览先生早年题写的字迹,观看昔日与先生一张张合影,尤其是想到先生到了耄耋之年仍关注国家大事,还念念不忘对陈垣校长的敬仰之情,特别与先生最后一面时他的言谈举止……重温那温馨的往事,回味那难忘的时光,品味那无限的意趣,领会那亲切的教诲,先生那慈祥、和蔼、忠厚长者的音容笑貌,那睿智、机敏、幽默诙谐的学者风度,总会不时地浮现在我的眼前。

如今,我们与启功先生虽然已经隔世,但是他的著作与事迹仍在世上流传,他的精神与美德仍在世间闪现。

启功先生是令人难以忘记的。

注　释:

---

① 当年,在"笔苑"专栏发表作品的有黎锦熙、王汝弼、陆宗达、刘盼遂、梁品如、启功、郭预衡等先生。至今留有清晰印象的是:黎锦熙先生是用国语罗马字对照汉字写成的,梁品如先生的侧锋书法别具一格,王汝弼先生写的是隶楷,启功先生写的是正楷,郭预衡先生写的是左手书法。后来,翟纲绪、刘锡兴、蔡文锦、江水明、李振生等同学登门拜访启功、王汝弼二位先生。作为男生宿舍楼长的翟纲绪,他请启功先生用红纸书写"团结紧张、严肃活泼"8个大字,张贴在男生居住的西北楼1层大门内楼额上;李振生请王汝弼先生写过王维的《山居秋暝》诗,贴在寝室自己的床头,后因换寝室不知珍惜,遗失了。

心 香

□ 陆 昕

在所有启功先生的文字中,先生自己写下的这段文字可以说给我留下的印象犹如烙印般深刻,这是他在回首自己大半生的坎坷和陈垣对自己的帮助时,说的一段话:

回想我这一生,解放前有人不屑我这个资历不够的中学生,眼里根本不夹我的把我刷来刷去;解放后又有人鄙视我这个出身不好的封建余孽,舍你其谁地把我批来批去。各路英雄都可以在我面前耀武扬威一番,以示他们强者的'伟大'与'左派'的先进。但老校长却保护了我,每当我遭受风雨的时候,是他老人家为我撑起一片遮风避雨的伞盖;每当我遭受抛弃时,是他老人家张开宽厚的翅膀,让我得到温暖与安顿,而且他好像特别愿意庇护我这只弱小的孤燕,倾尽全力地保护我不受外来的欺凌,就像'护犊子'那样护着我。我自幼丧父,我渴望有人能像父亲那样关怀我,我可以从他那里得到不同于母爱的另一种爱,有了它,我感到踏实,增强力量,明确方向。现在老校长把老师的职责与父亲的关怀都担在了身上,这种恩情是无法回报的。我启功别说今生今世报答不了他的恩情,就是有来生,有下辈子,我也报答不完他老人家的恩情。

人生在不同的环境和阶段,大致有三种渴求:在遇到欺凌时渴望有人援救;在遇到风雨时渴望有人关怀;在前路茫茫时渴望有人相助。

不少这种时候，别人的一个表情，一个眼神，一个动作，一句话语，都会使你铭记不忘，在你一生中刻下永不磨灭的烙记，在你未来的人生中形成潜移默化的指导。这种指导，从先生那里来说，就是报恩和助人。

先生始终将自己当成一介平民。先生的身世是从贵族到平民，其后的经历是从平民而又富贵。但终其一生他都将自己视为平民，并按照平民的思想、习惯和方式来生活。

从先生的出身来说，能这样并不容易。比方说，改革开放前，爱新觉罗这一姓氏几无人提起，而现在，有不少姓此氏者涌出。再如，当今"刨三代"亦大风行，但与当年验明自己是根正苗红的三代"贫下中农"之后相反，为的是刨出自己祖宗里有贵人或富人。喜富厌贫，求贵轻贱，人心所向，世情所趋，亦寻常。但如先生，能跳出这一圈子，则不寻常。

能跳出这一圈子，已不容易；而能让人感到亲切，则更不容易。先生是大学者，且拥有多项技能。不过世间是大学者并拥有多项技能者，并不少见，但能让你感到亲切（不是那种装出来的与民同乐状），还真是不多。上了档次的人怎能没个脾气？泥人还有个土性子！

先生能做到，是他的身世和经历，使他始终站在一个平民的立场观察人生，认识世界。也有不少有类似经历的人，却并不如此，他们的作法有三种：一是忘本，二是遮掩，三是作秀，或在不同场合将这三者交替运用，以获取收益。而先生的作法，则不同。

先生与陈垣先生的关系中，有一个现象引起我的联想，这就是关于先生三进两出辅仁，后世一般拿来说明陈垣慧眼识人。可引人深想的是，当时先生家中数米而居，一贫如洗，母亲、姑姑没有生活来源，全仗先生在外维持。这时先生又接连失业，一筹莫展，而将先生除名的只是陈垣先生的手下人，那么先生为何不直接找陈垣先生说明情形恳请一番？却是先后两次陈垣先生主动找他，询问是否愿再来辅仁。先生傲慢吗？当然不是。先生自己回忆当时情景说，听到陈垣先生第二次要他回辅仁的消息，他激动得双手握拳仰天大喊，"我王宝钏也有今天啊！"母亲、姑姑在旁边高兴得直哭。照这样说，原因只有一个，先生不愿给人添麻烦。顺着这一思路看,不论贫富贵贱逆境顺境,不给人添麻烦的做法似乎贯穿了先生的一生。这样的想法和做法从哪儿来的呢? 我想仍源于他的平民思想。而时时刻刻将自己视为寻常百姓,想人之所想,急人之所急,宽人严己积德行善,正是我们伟大民族道德生生不息的力量源泉。

　　不知从什么时候开始,我便不再相信这世上有完人、伟人、圣人,我只相信令我尊敬的人。这其中,启功是一位。论原因,是因为他不忘过去而有济世之心,不忘大众而有助人之德,不忘古训而有涌泉相报之举。又在于,他不论出身如何,后来如何,一直把自己当成普通人。在今天这个争奇斗艳竞相浮夸的社会,一个人无论混得如何,有谁会心甘情愿将自己视为寻常百姓,并能正视自己身上那些已有的大大小小且还不断添加的光环? 因此,我敬重先生,视他为这世上少有的人,愿为他写下这些文字。

启功先生为我题字

——纪念启功先生百年诞辰

□　黎烈南

　　1985年，我考入北京师范大学中文系，作为一名硕士研究生，在邓魁英先生门下攻读唐宋文学。由于下乡插队十余年，学习多荒废，根底甚浅；而我学习还算勤奋，因此常常受到邓先生的鼓励。邓先生对我最不满意的地方，就是我在学习生活中的粗心大意。为了让我克服此病，邓先生特意拜访启功先生，请他老人家为我写个"细"字——作为我的座右铭。启先生欣然允诺，挥毫题字道："细"。上款"烈南同志坐右"，尾署"一九八六年夏，启功"。

　　我从邓先生手中接过启先生墨宝时，欣喜若狂，回家悬挂于墙壁，自警自励。后来我见到了启先生，当先生知道我就是那位粗心大意的学生时，笑着问我："我给你写了几个字？"我说："一个字——'细'"。启先生摇摇头说："不对，是两个字吧？"我很奇怪，道："您只为我写了一个'细'字啊。"启先生笑道："'细'字后面还有一个'作'字呢"。我恍然大悟，笑出声来。先生问："你笑什么？"我回答："您逗我玩呢"。先生又问："'细作'是什么意思？我回答说："是间谍啊。"

　　先生听罢，微微一笑，然后问我是那里人。当他知道我的籍贯是湖南湘潭时，就询问我有关黎氏家族情况，而我这个懵懂的黎氏后人，几乎是一问三不知，惭愧极了。只听先生用缓缓节奏，道起"黎氏八骏"，并和我谈起黎氏的悠远源流。他那如数家珍般的叙述，让我惊异不已，方知大学者做学问的博大深厚，细致精微。此刻，更知启先生的精细讲解，岂是随意为之——乃是为我细心做人、做学问，在现身说法呢。

二十多年过去了。启先生所题之字，一直被置于我的写字台上方的墙壁上；我经常仰望端详先生墨宝那细腻均匀的结构，回想和他老人家第一次见面时的对话，感到轻松、亲切、温暖。如今在他百年诞辰之时，敬写小文一篇，以寄托对他的深切怀念。

我心中的启先生

——学为人师行为世范的典范

□ 章景怀

　　2005年6月30日启功先生逝世,2006年6月30日在香山脚下的万安公墓安葬。我开始整理先生的遗物,睹物思人,往事历历在目。启先生是我的三姑父(满人称三姑爷),1958年先生的母亲和姑姑相继去世,自己又被划成右派,姑姑天性胆小,不愿二人住在几间大屋内,于是由黑芝麻胡同搬到了小乘巷我家对面的两间小平房内。房子又小又破旧,但自从姑姑搬来后小院就热闹了起来,来找姑父的客人很多。五六十年代启先生在社会上的名声不是很大,但在学界、文物界颇享盛名。在客人中我曾见过张葱玉、徐邦达、黄君坦、于省吾、魏建功等许多学界名流。姑姑因无子女十分疼爱我们四个兄弟姐妹,我小时候启先生还曾教我读《资治通鉴》,经常带我们逛商场(主要是书店)、吃饭馆,先生在这里渡过了一段平静生活(虽然这中间有三年饥荒,因先生属"肉蛋干部"还不致挨饿),但1966年"文革"的到来,尤其在红卫兵"破四旧"运动中,人人自危,气氛十分恐怖,不时传来某家被抄了,某人自杀了,某人被红卫兵打死了的消息。我家小院寂静了很长一段时间,先生常派我去探望他关心的一些朋友、亲戚。先生的师大同事邻居刘企戈教授夫妇自杀对先生刺激很大,甚至也产生过轻生念头。红卫兵运动稍平息,1975年和先生相濡以沫几十年的姑姑又病逝了,先生成了孤家寡人,只好"融入"我家,这是先生最困难的几年。好在文革结束了,先生又开始忙碌起来,每天往返城里和学校之间,七十年代末学校分给先生一间小屋,让先生中午在此休息,1979年我结婚,先生说你就住我学校那间小屋吧。我结婚后,先生也搬入学校住在了学校分给先生的一套三居室。先生的生活安稳了,工作更忙了,同时名声越来越大了,头衔越来越多,但先生对这些变化泰然处之,十分淡泊。

先生为人忠厚、尊老、敬贤、谦逊、谨慎、知恩图报、淡泊名利、宠辱不惊、从不抱怨,先生性情平和从不轻易动怒,为人随和,幽默,喜欢开玩笑。能和各色人相处。我觉得启先生是学问好,人品好,人缘好的三好先生。

启先生是中华优秀传统文化道德的忠实继承者,先生规矩多、礼数多,除自己亲近的晚辈,对外人无视年龄大小,说话一律称"您",握手一定站起来,送客一定送出门,合影一定同站或同坐,遇比他年长之人总让长者先行先发言,保留了文明社会优良风尚,传统美德,为年轻人树立了做人的榜样。

这里也讲先生一个例外的小故事,一次九三学社开会,先生到场后和在座的每位来宾握手问候,唯独把某人隔了过去(当时此人已贵为政协副主席),在座的郝诒纯提醒先生"这还有某老",先生回答:"此人不懂礼貌,他曾说向例不和别人握手。"当然此人只好尴尬一笑。

西泠印社社长沙孟海先生故去后,杭州来人请启先生出任社长,启先生建议他们先去找赵朴老请他出任社长,如赵朴老不应,再来找他。果然不出先生所料,赵朴老答应出任社长,所以赵老去世才由先生继任西泠印社社长。先生这种对待名利的态度是值得后辈人学习的。

先生曾搜集过一些郑板桥的资料,南京卞孝萱在编《郑板桥全集》时,来向先生请教。先生毫无保留地将自己收集的资料给了卞孝萱,《全集》收录这些难得的资料,丰富了全集内容,但书中并未提及这些资料的来源,知情者为先生鸣不平,先生并不计较。有人在自己文章中照抄先生的文章,先生也未因此与朋友翻脸,由此可让外人理解先生为什么对造他假字持宽容态度,用先生的话说是"给人家留口饭吃"。

先生爱护人才,提携后学,历史博物馆史树青在评研究员时有人提出异议,先生说贵单位不是叫博物馆吗,我认为史的学问占个"博"字,实属不易,大家认为有道理遂通过。

故宫徐邦达先生的学生王连起和启先生一样,只有中学文凭,但确有真才实学,也是在评研究员时遇到麻烦,启先生写信给国家文物局,陈述王的学术成就,由于先生力荐使王能破格成为故宫研究员,使国家文物事业后继有人,事实也证明先生的伯乐慧眼,王连起现在已是故宫屈指可数的专家。

启先生乐于助人,不论亲戚朋友学生同事,生活工作有困难,先生知道后都会无私相助,许多人也因先生的帮助改变了命运。军博李洪海原在河北部队工作,喜欢写字,常到先生家中请教书法,并希望能从事与书法相关的工作,先生不仅教他如何写字,并为他给军博的李铎等人写信推荐他到军博工作,李因此改变了命运,李在军博岗位上,在书法事业上做出了自己的成绩。

山东掖县兆志笔庄李兆志是个制笔工人,本人喜欢书法,找到先生家自报家门,说明来意,先生热情地接待了他,从书法谈到制笔,结合自己多年用笔体会和他探讨毛笔制作方法、用料,李回山东后按先生所讲方法对毛笔制作进行改造,制出了让许多书画家称赞的好笔,先生鼓励李写一本关于毛笔制作的书并亲自为他的书题签作序,在先生的指导下,李经过几年努力一本关于毛笔制作的专著《中国毛笔》问世,为填补毛笔制作史的空白作出了贡献,李的事业也蒸蒸日上。

先生帮助别人是诚心诚意,学校孙敬桐老师的孩子因换肾需终身服药,生活出现困难,先生曾多次帮助孙老师并嘱咐办事人侯老师不要声张。

政协田凤立爱人身体不好,先生十分惦记,2003年先生身体已很虚弱,春节前夕苏士澍给先生拜年带来1万元稿酬,苏走后先生让我把这1万元送到田家,田非常感动说启先生这么大年纪,身体也不好还惦记我们。

先生资助帮助的人无数,以上只是讲了几件先生生活中的小事,先生生前在书画界创造了一项前无古人、后无来者的纪录,就是无偿得到先生书画作品的人有上千人不止,先生从不将自己的作品当作什么贵重东西,只要你喜欢就可以送你,即所谓"秀才人情纸半张",这恐怕是任何一位书画家都很难做到的。这就是为什么那么多人怀念他的原因吧,就是因为先生的学问好人品好,人缘好,是一位可敬可爱可亲的人。

有人说先生有佛相,他更有一颗佛心。

启先生给后人留下了丰富的文化遗产,同时也留下了可贵的精神遗产,永远值得后人学习继承。

两世情缘　一生恩师

□　李兆志

八宝山，青山巍巍，白云朵朵。拙著《启功与笔功》的结尾句，时时在我心头迴荡。

32年前，我出差来到北京。我业余时间喜欢学习书法，想找个老师指导一下，由招待所值班员一句"在马路对面胡同里，有一个会写字的"指点，一不知姓名，二不知身份，三不知住址，盲目地闯入"马路对面的胡同"——小乘巷，认识了一位"我叫启功，在北京师范大学教书"的老师，缔结了一个34岁的农民笔工和68岁的国内外著名学者、书画艺术大师持续25年、跨越两个世纪的忘年交，书写了书画艺术史上见所未见、闻所未闻的传奇故事。

"传统工艺的精华不能丢，你们一定要坚持下去。""无麻不成笔。《笔径》中就有用苘麻做毛笔的记载，还说笔杆要轻。""毛笔是用来写字的，不是单纯为了欣赏的艺术品。要把真功夫用在笔头上。千万别做金玉其外、败絮其中的傻事。"初次和启功见面，启老对毛笔制作的教诲，至今仍然是我从艺的座右铭。启老亲自审定图纸并命名的"青山白云"系列毛笔，铸成我这个笔工人生天地的巍巍青山，朵朵白云。

"初中生怕什么，我中学还没毕业呢！""有需要我做的事情，您尽管说。""史料可以查《文房四谱》。""您还有什么事情，要我给你做？""好，好！我再给您写个序言。"启老这一句句贴心话，掷地无声胜有声，激励我这个只读过三年初中的农民笔工，不自量力地撰写毛笔行业的第一本专著《中国毛笔》。启老亲自为我拟纲目，查史料，题书名。当拙著拟定出版之时，启老又连夜为拙著写下洋洋洒洒两千多字的序言,无异于给一个粗糙的泥塑戴上了千金难求的皇冠。我曾多次查阅介绍启老著录的资料,尚未见到启老为哪一部著作撰写的序言字数,多于拙著《中国毛笔》的序言字数。拙著《中国毛笔》的出版,是启老谱写的一曲新"天方夜谭"。

"万古云峰下,山青众木长。李公甘自乐,教卓写群芳"。每当拜读启老赠与我的和诗,我都会感到无比的自豪。2001年,我带着涂鸦之作,请启老指教。没想到启老兴致勃勃地与我和诗。我压根就没想到请启老会在拙作上题字,所以没有留出可以题字的地方,启老只好在宽约8厘米的纸边上题写了大作,是地地道道地委屈了一次"圣人"。诗文唱和,历来是文人雅士的幸事,启老即席赋诗的功力,早已名闻遐迩,能与启老齐肩者,为数不多。而即席和诗,用原字原韵且先后次序都相同和诗,善为者更少之又少,用"寥若星辰"来形容也不为过。随着一些国学大师相继谢世,我们已经很难读到文人雅士的和诗大作了。启老不看低我的身份,不顾及名气,甘愿与我随口哼出的不讲究格律、不符合声律的顺口溜进行唱和,着实是平易近人之举,更何况连个正儿八经的题字位置都没有。如此天渊之别的和诗,查遍史料也绝无二例。毋庸置疑,启老又谱写了一曲新"天方夜谭"。

与启老相识是甜蜜的、幸福的,是获益匪浅的。感恩启老对我的教导与帮助,怎么记述都说不尽,怎么赞颂都不为过。这是我与启老的缘分,更是我三生有幸! 我心里明白:我所获得的幸福是用启老的劳累换得的! 每每思之,汗掩惭颜,深感内疚。千言万语,凝为一句:启老,谢谢您!

2005年7月7日,北京八宝山第一告别堂。我看到一生甘于平凡与清淡、乐于育人与著文、勤于写字与绘画的启老,安卧在鲜花丛中——安睡吧,恩师启老! 时值启老百年诞辰,我相信已经安睡七年的启老,一觉醒来,定会再挥舞顶天立地之巨笔,绘出五彩缤纷的画卷,写下气壮山河的华章!

小忆与启老二三事

□ 单嘉筠

2012年7月26日是启功老的百年诞辰,也是他老逝世第7个年头。得知在此,文物出版社为纪念启功先生百年诞辰约稿,据悉有关单位还举办一系列的纪念活动。启功老生前作为我国著名学者、诗人、书法家、画家、文物鉴赏家,是在多种学科顶级地位的一代大师,在文化繁荣的今天,举办启老缅怀纪念活动,是有其重大与特殊意义的。启老可以说是我的父辈和长者,因为他老与先父早在上世纪三十年代,均受教于史学大师陈垣先生,之后二人相识共事直至1998年先父病逝,其交往达六十年之久。在启功老诞辰百年之际,小忆启老与先父六十年交往的几件往事,以示缅怀。

先父单士元生于1907年,启老生于1912年,先父长启老5岁。在1924年底清逊帝溥仪出宫后,时成立清室善后委员会,先父做执号挂签之役,而陈垣先生为委员会委员之一。后先父于1929年考入当年北京大学研究所国学门,陈老师为明清史目录学导师,故此,工作、学习都曾受教于陈垣先生。启老曾在《夫子循循善诱人》文章中,忆写如何受教于陈垣先生:"我是一个中学生,同时从一位苏州的老学者戴姜福先生读书,学习经史辞章范围的东西。并做古典诗文的基本训练。1933年由我祖父辈的老世交傅增湘先生,拿着我的作业去介绍给陈垣先生,傅老先生回来告诉我说,渊庵说你写作俱佳,他的印象不错,可以去见他……"

解放后,启老作为书法家,他曾在1991年将自己大部分书法绘画作品举行义展卖出,筹得一笔巨款后,以先师陈垣"励耕书屋"的书斋名,设立奖学金并捐助困难学生，并聘请家父为理事会理事。记得当年11月27日下午，启老专为此事特别到父亲家送聘书，此刻二老又在一起回忆恩师陈垣先生。父亲回忆陈师要求严格，启老玩笑说陈师是"护犊子"。"护"字就是严格要求他的学生在做学问上不能马虎，要做真学问。但是有了成就陈师总在有关场合夸奖他的学生。在1994年初冬，启老做了两首诗，并派人送给父亲，诗是这样写的，其一："窗前生意满，树密鸟雀多。檐头有空隙，双双来做窝。不时初或入，警惕网与罗。天真小麻雀，一一堪摩挲。"其二："出土玉与金，精工今逊古，何以古技张，累降竟如许。朝代翻处频，大权由霸主。作俑各自娱，文化成尘土。"我记得先父当年回复启老一函是由我送去，好像是表达问候敬意外，更多的是对诗的会意与感受。

在1997年，父亲整理数年的《我在故宫七十年》一书，想要出版，这是父亲的首部学术论文集，但因不能赚钱，出版社以难以刊印为由拒绝。或有提出"以戏说版"，就是讲历史档案文献史实，拟以演义故事内容做书，父亲不同意。另有钱币丰厚者前来表示成全，但多日后却不了了之。当时父亲无奈赋诗一首："潦倒寒儒囊羞涩，侠义豪言愿助捐。迟迟不见阿堵面，宛似海市蜃楼缘。蕞尔么魔来戏我，要知真佛在眼前。锲而不舍往前进，拨开云雾见青天。"后来父亲命我到北师大出版社咨询。侯刚、胡云富二位负责人知我来意便与启功老商议，决定由北师大出版社出版。启老不但资助出版，而且还亲自题写书名请父亲参考。如书名"紫禁城斜阳"副标题"我在故宫七十年"；书名"紫禁城中夕照明"，副标题"故宫工作七十年。"在启老的关照帮助下，父亲的这部文集终于出版了。在当年10月17日召开《我在故宫七十年》的首发式。当日启老因患眼疾住院治

紫禁斜陽阳

紫禁斜阳
——我在故宫七十年

紫禁城中夕照明
——故宫工作七十年
启功题签

疗难以与会，委托北师大校领导出席仪式时表示祝贺。这是父亲生前见到的自己唯一的一本学术论文集。因为，转年4月初父亲因癌症住院，住院期间，4月16号召开了著名爱国收藏家张伯驹先生诞辰百年纪念会。父亲抱病与会，并高兴地见到老友启功先生。这也是先父与启老的最后一见，不幸的是仅一月有后之日的5月25日，父亲就因病去世。

在先父晚年，我曾担任他老的文秘兼生活服侍工作。有时二老有共事，我便成了具体事宜的传达者，故有时能求见到启老。虽次数不是很多，但每次见到启老，他对我都是帮助教诲有加。我没上过大学，文化水平低，在父亲身边工作是边干边学。尤其整理先父书稿时遇到古言文字很是吃力，有时真想打退堂鼓，求见到启老时流露出畏难情绪。没想到当时启老就在我日记本上写到"天行健，君子以自强不息，嘉筠同志留念"。后来，启老又一次给我题签文字，使我至今深受感动。那是在2004年，在先父病故6周年之际，我将先父遗作《故宫史话》整理出版。我随后将其敬呈启老，并多拿一本敬请启老写些教诲鼓励之语。没想到启老写下"嘉筠

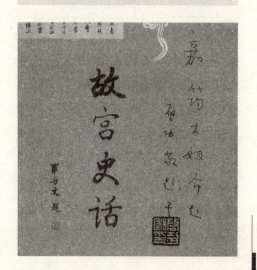

大姐命题　启功敬题"。启老如此自谦让我深感承受不起。同时,也深深感到老一辈学者们身上的许多优秀品德,值得我们后人永远学习和效仿。

在启老诞辰百年、故去7年之际,谨以此小文以示缅怀之情。同时我也知道,像启老及父亲那样做人做事做学问,才是对他们最好的纪念与缅怀。

忆恩师启元白先生

□ 李洪海

2005年6月30日晨,启功先生与世长辞。我和全家人一直沉浸在悲痛和怀念之中。看着一张一张每年7月26日为启功先生祝寿时留下的合影照片中他那慈祥的面容,许多往事都浮现在我眼前。

一

我认识启功先生是1970年。那时,我在工程兵部队政治部做干部工作,和我同住一层楼的文化干事王永祥常为北京一些书画家装裱字画。我看到满墙的字画,对启先生的字特别喜欢,对他的不少作品进行了描摹。我还向王干事提出看望启先生的愿望。一天上午,王干事带我来到北京小乘巷,见到了启先生,真没想到,他住的竟然是小平房,室内陈设那么简陋,生活俭朴,桃酥蘸水就是早餐。当王干事向启先生介绍说我喜欢先生的字,并请求向先生学字时,他十分高兴,当即提笔,写了"宝剑锋从磨砺出,梅花香自苦寒来"的对联送给我。从此以后,我便走上了向启先生学习书法的道路。30年来,到启先生家多少次真是记不清了,但启先生对我的教诲、理解、提携、支持、帮助,我至今仍历历在目。每次见先生回来,我都把谈话内容作了追记。近日,我找出历年的笔记翻看,心情既沉重又感慨。这次次谈话、教诲,是30年来启先生给我留下的宝贵的精神财富。现择要摘录部分内容,以便和同道分享:

学书法没有诀窍，要说有诀窍，三条：第一是临帖，第二是临帖，第三还是临帖。

学习书法要以临帖为本，有钱买帖，有暇看帖，有纸笔临帖。你想几千年留下来的东西，其中必有真金，你越学越富有。

兴趣是最好的老师，选择哪种帖临，要凭自己的爱好，就像到饭馆吃饭，点什么风味的菜吃着顺口，就点什么。

临帖好于临碑，因为碑是工匠按照书稿刻出来的，又经多年风化，对原作多多少少都打了折扣，而墨迹不仅看到原作用笔的粗细，还可以看到干湿、飞白的细微变化。

写字要以结体为上，我用黄金分割率对一些字帖做过测量，写字时要注意把握上紧下松，左紧右松。

学前人的字不要怕像，人的年龄、学识、个性，所处社会环境不同，永远也不会像，只能类似。一千个人学王羲之，一千个样，学古人是将古人的妙处与自己的病处相结合，时间久了会有各自的面目。

写字要想法把字写活，执笔不能生硬，如同用筷子，想吃什么就夹到什么。有一次我出国，用刀叉吃饭，别扭，刚学会，回国用筷子又感到别扭了。写字如同唱戏，也要曲不离口，熟能生巧。写字执笔自然了，写出字来就能活灵活现。

临帖要少而精，不能盲目苦练。写好书法并不是时间加数量，而是准确的重复。

要选择好毛笔，这是我们的武器，现在写字的不会制笔，而不少制笔的人不会写字。笔好，用得顺手就能写出好效果。

写书法其实在写文化，我不赞成将几岁的小孩评为书法家。书法中收放、节奏、兑接、墨法、章法等，是一个复杂的系统工程，其实到头来书法写的是人生的感悟、阅历、文化，不能哭了半天不知道谁死了。

自己要当好自己的老师，很简单，每写完一幅字后挂起来看，过两天，找出毛病，改了再写。还可以从作品的背面透过来看，毛病一目了然,改掉一个缺点就是一个进步。

写书法是实践过程,并非先弄通理论就能写好字,欲撰文时再看理论著作。

书写一篇作品,都会有不足之处,要治,得对症下药,有人拿着习气当优点,本来是拉肚子还吃泻药,越吃拉得越厉害。

写字是革命,革命不是请客吃饭,不能温良恭俭让。要将笔当棍使,敢于甩出去,写字时不能总盯着笔,应该看字笔道之间是否合理,是否呼应。

书法是古典艺术,字应该写出古典美。不要怕说让古人牵着鼻子跑,想让古人牵着跑也不见得跑得起来。学古人越精越细越好。临写得多了,自己下笔就会有东西,有内涵,就耐看。

书法要化古出新,艺术要夸张,夸张就不免过头,不过头哪有李白"飞流直下三千尺,疑是银河落九天"。写悬针竖,就得伸腿一闭眼,豁出去。书法是越自然越好,也越难;越做作越糟,也越容易。

写字和其他美术一样,要想法创作美给人看,不然中央美院就改成"中央丑院"了。

二

启先生不仅教我如何写好书法,对我个人的成长进步也十分关心。对我的工作给予了大力支持,遇到困难总是设法帮助解决,真是关怀备至,恩重如山。

1986年我于徐州工程兵指挥学院毕业后,为了使我得到一个合适的工作,他老人家费尽心思,四处宣传推荐。7月29日他曾写信给李铎先生:

> 李铎同志,近日,贵馆正在筹办"祖国在我心中"书画展览,此是极有意义之举,不胜敬佩!兹有李洪海同志,系总参工程兵部之同志,最近将转勤。他平夙爱好书法,苦练颇有成效,闻我公筹备此展览,颇愿

有所效劳。倘需手续,他可由其本单位加以正式介绍。切念此种工作,总以艺术内行工作为宜。将来经过此段工作颇可作长期正式工作之可靠考验。当今一切人才有待开发,需人者苦于少所了解,且无处寻找。有材力者又苦无效劳门径。因此功愿介绍,穿针引线,如能工作得人,人才得用,是足慰者。也悉叨相契,用敢奉陈,既由李洪海同志亲趋揭见,伏乞,赐予接见,其详可听其面述焉!

酷暑敬维,诸多珍重! 功今晚赴烟台一游约周余可归,再图面一切。专此敬致,敬礼!

启功上言

七月二十九日

8月12日又写信给夏湘平先生。

湘平同志:兹有琐事奉扰,清神:弟有又好同志,现为总参工程兵部干部,新由徐州工程兵学院毕业回京。由于酷好书法颇有功力,临时被调在参政文化部协助展览工作。

他希望获一比较稳定的文艺工作,一方工作,一方深造。念公于军内书艺工作,素极热心,遇此人才,必乐发挥其良好的作用。其本单位已明确支持其现实愿望,在组织手续上应无阻碍。

统此奉陈敢希予以援手。弟与此君相识多年,知其为人,故敢于奉介,非敢泛泛为人说项者。此同志名李洪海,如承延接面谈,自可更得印证也。专此奉渎,即致,敬礼!

弟启功上言

八月十二日

启先生的信发出后,各级领导都十分重视,都想方设法安排,直到我的工作落实了,他老人家才松了一口气,当我感谢先生的厚爱时,他深情地对我说:“一个人一辈子能干自己喜欢的工作,那才是最大的幸福。”

三

　　启先生对我的学习十分关心和支持,每次到先生家他经常准备好一些有名的碑帖送给我临摹,一出新书总忘不了送给我一本,还特意签上"指教"的字样。现在我的书架上有关书画的书籍约三分之一是启先生和张景怀、郑喆夫妇赠送的,这为我学习书法提供了宝贵的食粮。记得一次我到启先生家,先生特地为我准备好《楹联集锦》、《楹联双锦》、《古今集联》三本线装古书。并对我说,这些我存了多年了,很有文化价值,你拿去要好好读抄。两周后,启先生还特地打电话询问我是否读抄完毕,我接电话后心中十分惭愧和感动,我立即将未读抄完的部分复印出来,将原书送还给老人家。1997年,我告诉启先生我已搬入新居,有了自己的书房后,他听了特别高兴,为鼓励我学习,特意写了"惜分阴斋"的匾赠送我,并说自己的书房就有这样内容的匾。他老人家不仅对我的学习关心备至,而且对我从事的工作也设法支持,有事只要求到先生,先生总是满口答应。1987年,军事博物馆三楼中厅进行艺术装修,计划请赵朴初、启功、白雪石和孙其峰分别创作一幅一丈二的作品,组织将请赵朴初和启功两位先生的创作任务交给我办,当我向启先生说明情况后,他老人家满口答应,并亲自来军博看场地,本计划在5楼会议室书写。后因故未能写成,过几天我去启先生家取作品时才知道,先生家中书桌小,想在军博找张大桌子书写,但因看望的人多,先生怕写不好才回家写的。在家中地方窄小的情况下,先生是蹲在地上完成的,这使我感动得热泪盈眶。1998年,军博成立书画研究院,这件事向启先生汇报后,他特别支持,不仅答应作为书画院顾问,还为书画院题写了院名。2002年5月20日,为庆祝国际"六一"儿童节,总参谋部组织幼儿园进行庆祝活动,政治部干事李章银找到我,请我带领八一幼儿艺术团小演员专程去向启先生献上鲜花并祝老爷爷健康长寿,启先生见了这些活泼可爱的小朋友十分高兴,当即题笔写了"好好学习,天天向上"的作品,并要求和小朋友合影,临走时送给每个小朋友一个绒制小动物作纪念。2002年5月24日,在国际"六一"儿童节来临前夕,为普及儿童免疫,向孩子们献出一份爱心,军博书画研究院与国务院扶贫开发领导小组、卫生部博爱工程委员会联合举办博爱工程捐赠笔会。组委会提出请启先生参加支持,并让我与启先生联系。启先生听了情况后,欣然写了"博爱"两个大字,为这次活动的成功举办增添了重重的一笔,启功先生的义举,受到了中央首长和社会各界的称赞。2003 年 9 月,为了团结世界华人,促进国家和平统一大业,由中央批准的,"中国根"大型系列文化活动组委会将举办大型笔会和文艺演出,我被邀请负责此次活动的组织工作。根据组委会安排,我和秘书长赵鹏专程到启先生家汇报此举,并请求他的支持。他老人家对世界华人的团结和祖国的统一十分关心,对中华民族的沿革演变做出了独到的阐释,并写了"中国人,中国心,中国根"的作品赠送给"中国根"组委会,殷切希望把活动办好,希望祖国早日和平统一。2003 年,我的老家天津武清区东马房村,在经济发展的同时,十分重视教育事业,小学校由平房翻盖成五层的教学楼。全村的乡亲都知道我认识启先生,都希望通过我请启先生为新校题写校名。从我的本意上讲,我知道先生年事已高,不想给老人家增添负担,但由于受了乡亲们的重托,我又想办好这件事。一次我去启先生家办事,顺便将这件事告诉他。先生一本正经地说这是正事,应该写,便欣然写了"东马房小学"五个大字,并和我一起照相留念,我如获至宝。我将这个消息告诉家乡人后,全村老幼喜出望外,武清区、乡政府十分重视将其制成两幅铜字,并举行了隆重的揭字仪式。

四

启先生对我学习书法始终沾溉扶持,褒奖有嘉。平时我拿着习作请启先生指导时,他总是以赞扬为主,对存在的问题总是循循善诱,精心修改。1998 年 1 月,《陕西日报》举办贺岁专刊向我约稿,我写了一副对联但感到不满意,提请先生修改。先生看后让我放下,说考虑考虑,第二天便打电话告诉我已改好,并一字一字让我记录"虎啸风清年丰物阜,龙吟海溢国泰民安"。他老人修改得恰到好处,使我惊叹不已。启功先生对我出版书法作品十分关心,给了许多的鼓励和支持。1988年10月，《经济日报》出版社约我和赵鹏用钢笔书写现代散文名篇，向先生汇报后，他欣然题写了书名"钢笔书法"。1989年4月，《经济日报》出版社又邀我和赵鹏用钢笔书写《红楼梦》诗词歌赋对联，启

先生又给我题写了书名。1990年，我写了篆书千字文给启先生看，他不但做了具体的指导，还希望我用赵孟頫四体千字文再比照，以免出差错，并提前给我写了"李洪海篆书千字文"的书名。2001年12月，我创作了100幅书法、国画和篆刻的扇面作品，由蓝天出版社出版。启先生看到作品的清样后给予了高度的赞扬，并题写了"李洪海书画扇作品选集"。2003年9月，三峡出版社为我出版斗方作品集，其中有100幅书法作品和100方篆刻作品。启先生对每一幅作品都用放大镜看得十分仔细，并对一些作品作了点评，然后欣然提笔作序："舞鹤游天，群鸿戏海。昔贤论述之语，今观李洪海同志之笔，宛然如此境界，乃知此语非夸也。不佞功目疾未瘳，勉强握管就正，李公幸惠，教言也。2003年7月8日，启功时年九十有一。"2004年8月，我奉军事科学出版社之邀书写《前出师表》和《后出师表》长卷，作品完成后请先生过目，他老人家在行动不便的情况下，一口气将百米长卷从头到尾翻看一遍，十分高兴地说："这文章写的好，这写的配合的也真好。"我说先生您过奖了，他说这是我的肺腑的话。之后，对如何落款、排版又提出了中肯的意见，并望早日出版。启先生对我信任有加，有时还委托我帮他书写作品。2000年1月2日，启先生为庆祝我国取得的伟大成就，在辞旧迎新之际，撰写了一幅迎春对联："千春喜见群兴颂，一代新旧肇岁华。"先生让我用对联纸帮助他书写，并嘱咐我落上"启功撰，洪海书"的款。2004年10月31

日,我到启先生家去,一进门先生就对我说:"请你帮个忙,一位首长司机结婚,我想送他一副对联,但我目力手力不及,请你帮助写。内容我已撰好,'一家喜庆如春酿,九奏和声谐凤鸣',上款写志龙、娉娉新婚之喜,下款就落启功拜贺,不要写你的名字。"我当时听后愣住了,忙说:"这行吗?"他老人家忙说:"去了'吗'就剩行了。"之后我按启老的要求写了两幅并裱好送给先生,先生看后十分高兴,让我帮他加盖印章,说两幅对联都收下了,一幅送给志龙,一幅我收藏,对此我真有受宠若惊之感。

五

多年来在我和启先生交往中,先生在我心目中不仅学识渊博,慈祥可敬,与人为善,而且谦逊儒雅,宽容大度。人们称他为中国书法的泰斗,他从不接受,从不以书法家的名衔自居,一再声明自己是教书先生,写字是他的副业,还经常戏称自己是油漆匠,每天将挺好的白纸给人家涂黑了。市场卖启先生的假字特别多,对此他都一笑了之。一次他对我说:"这么多人替我写字,我是求之不得,如果都让我写还不把我累死。再说人家也是为挣碗饭吃,我干嘛较那个真儿?"面对当前书画繁荣、各种书体并行的现状,有的人将某某划为现代派,某某某为传统派,对此启先生打趣说:"河南洛阳是牡丹之乡,那里每年开着五颜六色的牡丹,有红的有白的,更为特别的有一种黑牡丹,引人注目,有的人去洛阳还专门去看它,不管怎么说,黑牡丹白牡丹都是牡丹嘛,不然怎么叫百花齐放呢?"

启先生家中经常高朋满座,谈笑风生,一旦有敲门声他总是要起身去开门亲自迎接,而后安排好座位。有时一屋子几批客人,他总是设法选择一个话题,不使任何客人冷落。一次,一批客人要起身告退时,我起身想替启先生送一送,启先生按住我说:"还是我来,客不送客嘛!"他的一举一动都让每个客人惊叹不已。启先生晚年,身体不适,章景怀和郑喆忙不过来,我爱人曾帮助启先生缝制一些棉衣和内衣,这本是一件理所当然的事,但启先生却对此感激万分,念念不忘,我每次到启先生家还总让我带问"嫂夫人好"。我的两个孩子有时随我去看先生,先生对他们的生活学习特别关心,问长问短,并鼓励他们好好学习和工作。现在启先生与我们长辞了,但他老人家对我付出的心血和对我们全家的关怀却永远留在我们心中。先生仙逝后,我们全家参加了吊唁追悼仪式,望见他老人家慈祥的遗容,我们心中沉痛万分,为表达对先生的哀思,全家鞠躬敬挽:

慈训长昭,音容笑貌永铭心上;
深思未报,言谈举止尽瘁躬行。

一张照片想起两个人

□ 江 晚

单嘉筠大姐数年前给了我一张照片,上面是启先生的书法。从书法落款的年月看,是上世纪九十年代时启先生写给单老爷子的,到今年已经有十八年的光景了,时光真是如梭! 转眼间,两位老先生都已先后作古,再想听他们聊天,听他们诙谐的话语,那些永远也不会写到文字里去的轶闻掌故,那些可以令人咀嚼成诗的京腔儿,似乎只有在梦里"享受"了!

日前在家里归置电脑。曾有个女孩儿嘱咐我说:电脑也要时常搞卫生、整理,否则乱得连自己的东西也不知放到哪儿了,电脑就起不到便捷的作用了。我虽然不太会用电脑,但往里面胡乱的存了不少的东西,当然够得上那个女孩儿说的乱。于是,我遵其所嘱,特地找了早晨脑子清楚的时候开始整理。

就是这次整理,让我看到了存在电脑中的这张照片的"照片",当时我就想:"原来那张照片放在哪儿了?"无奈得很,想不起来,更记不起来的是单大姐给我这张照片做什么用,过了这么长时间,什么也记不起来了。每次她来,偏巧又忘了问,时间就这么悄悄地溜走了。直到我再看到这张照片,才将往事中的点滴,连缀起来成为这小小的一段感想。

启功先生写给单老的两首诗是这样的:

其 一

窗前生意满,树密鸟雀多。
檐头有空隙,双双来做窝。

　　　　不时出或入，警惕网与罗。

　　　　天真小麻雀，一一堪摩挲。

　　记得小时候，总被大人逼着念诗，虽然当时并不情愿，可半个世纪过去了，人也半老了，但随口就能背出的，恰恰是儿时的"不情愿"。启功先生的这首说小鸟的诗，一下子让我想起了曹子建的《野田黄雀行》："高树多悲风，海水扬其波。利剑不在掌，结友何须多。不见篱间雀，见鹞自投罗。罗家得雀喜，少年见雀悲。拔剑捎网罗，雀儿得飞飞。飞飞摩苍天，来下谢少年。"

　　同样是写雀鸟，曹子建的诗充满了一种悲愤的情绪，诗的后四句当小鸟得救飞上蓝天，忽又转翅而下，答谢救他的少年的情景，还令人稍许得到一些动物与人不掺虚假的真挚，诗面上是慰藉少年，而实际上是抚平我心。这首诗让人联想曹子建的一生，读后觉得压抑。而启先生的诗，没有这种情绪，他以白描的手法，将小麻雀写得活灵活现，十分可爱，令读者仿佛也看到了在屋檐下啁啾不已的小鸟，令人读后更加珍惜生活、热爱生活。

　　启功先生的第二首诗：

其　二

　　　　出土玉与金，精工今逊古。

　　　　何以古技能，累降竟如许？

　　　　朝代翻覆频，大权由霸主。

　　　　作俑各自娱，文化成尘土。

　　这首诗不知启功先生是否咏的是金缕玉衣，从"俑"字上约略可以猜得出。在这首诗中，启先生最大的感慨有两个，一个是为葬丧服务的艺术，最终与老百姓无缘，服务的对象还是帝王，还是死人；一个是文化得不到应有的重视，只是为统治阶级服务，即便是帝王的提倡，也不离帝王的好恶，所以说"文化成尘土"。

　　对于"少无宦情"的启功先生，我们读了他的这首诗，足以提起我们对文化的重视。文化是什么？文化就是天下。所以说，"天下兴亡，匹夫有责"。

这件书法作品的落款写着"一九九四年冬日书近作呈士元老先生教正";另起一行写着"启功具稿"。别小看这两行落款,这里面有老辈人教小辈人做人的道理。一个"呈"字,透着启先生对单老的敬重;而"教正"二字,又有"谦恭、请益"的含义;最后的"具稿",是说我这还不是成熟的作品,应对着"教正",意思是说我还可以在您的指点下随时改正。这就是做人的礼数。不是有这么个故事嘛,说的是当年有次学者聚会,一个青年学者不知天高地厚地直呼援庵夫子的大名,直气得一个老先生拂袖而去,这个举动似乎告诉年轻人,陈垣的名字也是你辈可以直呼的?!但现在说到这儿,并不能怪那个青年学者,他的先生没有这么教他,难怪他当时不知所措了。

很多人喜欢启功先生的书法,看见必买,读后必学,但有没有人从启功先生的书法里学到做人的礼数?那些书法中的题耑、跋尾、署款等,如果你学得够仔细,这笔财富的获得是不用交学费的。

上世纪八十年代中期,我在社科院考古所杨鸿勋先生那里,看到杨先生给单老的信中有这样的称谓——"夫子大鉴"。我当时还奇怪,问杨先生:"都什么年代了,您还夫子夫子的,这不是封建吗?"杨先生正色回答:"这不是封建的问题,这是尊师重道,我是梁先生的学生,对单老也应该执弟子礼的。"

认识单老,缘起于杨鸿勋先生。

上世纪八十年代中期,经国家文物局批准,中国环境文化研究中心成立了,杨鸿勋先生是负责人。那时,我在杨鸿勋先生领导下工作。中国环境文化研究中心是研究建筑历史与理论的部门,需要社会上许多专家学者参与,特别是谙熟中国建筑理论与历史的大学者和老专家。单士元先生是当年朱启钤先生创办营造学社时的成员,又是溥仪出宫时就进入故宫工作的"老故宫",所以是中国环境文化研究中心理所当然的顾问之一。也就是自那时起,我便认识了单老。

头一次见单老,我可以说是战战兢兢,因为从杨先生那儿听到过不少单老的故事,不听则已,越听就越打心里犯怵,心想人家那么大的学者,我见了面都不知道说什么。后来忆起往昔,我心里颇为感慨,若不是因为工作原因,恐怕我今生都不会和单老相识。记得那次一见面单老问清我姓什么叫什么之后,突然严肃地问我:"小江啊,你愁的是什么呀?"一句话把我问蒙了,心想:"原来没见您是愁来着,可见了面您挺和蔼,不愁啊。"于是照实回答:"不愁。"单老笑了,慢慢念道:"江晚正愁余,山深闻鹧鸪。"这是宋代诗人辛弃疾的词作"郁孤台下清江水,中间多少行人泪"中的一句,单老当然是熟的。

单老看我乐了,自己更是笑得像一个孩子……

此后的话题便转到了古代建筑上,从紫禁城到皇家苑囿,从寺庙建筑到江南园林,单老如数家珍,和我聊了很长时间。末了,单老还特别提醒说:"鸿勋关于再版《营造学社会刊》的想法和建议非常好,当年梁先生和林先生为搜集古代建筑的资料,付出了很大心血,如能再版,不独纪念梁、林二位先生,更对保护与维修古代建筑起了不可估量的作用。"

单老爷子1998年去世,至今已经走了好多年了,但我一想起当年和老爷子在他的办公室里聊天儿,一聊就是一上午,我的那份受教,那种享受,真不是能用文字可以说得清楚的! 特别是单老的胸怀,让我看到了老一辈学者的风度。试举一例,某次,有位年轻的专家当着众人妄语:"单老的那点儿东西还是我教的呢!"当这话传到单老身边时,单老只是轻描淡写地一笑,说:"'三人行必有我师',何况故宫这么多人? 古人有副对子说得好,'能受天磨真铁汉,不遭人忌是庸才'。"

一张照片牵出两位老人。单老离开我们已有十四年了,启老也离开我们七年了,不管时间是多么飞快如梭,多么能让人淡忘往事,可这两位老人却永远清晰地在我眼前……

从一些小事看启功先生的豁达与尊老

□ 吴振武

　　启元白先生和我的老师于思泊先生(1896～1984)是建国前辅仁大学的同事,也是一生较为亲密的朋友。因为这层关系,我和同年级的几位师兄跟启先生似乎天生就有一种亲近感,并有机会在他生前两次前往他的小乘巷旧居拜谒,聆听他老人家那极具智慧的教诲和风趣闲聊,也有机会在一些会议或公务场合见到启先生。而启先生对我们这几个"于老的学生",自然也是视同亲弟子,每次见面均极亲切,且有求必应。这里回忆的一些小事,都是我所亲见亲闻,皆能反映出启先生豁达的人生态度和一贯的尊老精神。

　　我第一次见到启先生,是1978年11月在长春南湖宾馆召开的中国古文字学术讨论会上。这个会议是由吉林大学发起召开的,会上决定成立中国古文字研究会。后来听说这是"文革"后中国第一个成立的民间学术团体。出席这次会议的有于省吾、商承祚、胡厚宣、张政烺等前辈学者,也有当时还在中年的高明、李学勤、裘锡圭、曾宪通、林沄等先生。记得启先生还是会议的领导小组成员(今天开学术会议,大概不会再有"领导小组"这种名目了)。虽然那时启先生的书法名气已经很大,但出席会议的老先生们和小先生们似乎心思都在学术研讨上,无人想到请启先生写字。只有我们几个刚入学一个多月,被指定列席会议并帮做会务的研究生想到机会难得,一定要请启先生写字。启先生在听了我们的要求后,乐呵地借用宋代大书法家米芾"臣书刷字"的话说:"刷,今晚就刷! 找个安静的房间。"并叮嘱别忘了找印泥来。那天晚上启先生兴致极高,在宾馆昏暗的灯光下伏着低矮的茶几连写九张条幅、一幅楹联,我和何琳仪、汤余惠、曹锦炎、黄锡全四位师兄每人分得两幅。当要钤印时,我惊奇地发现启先生从衣兜里掏出的是两方有机玻璃印章,于是我无知地问启先生平时不用石制印章吗?启先生听后哈哈大笑,回答说:"我常被人叫去写字,石头的揣在身上多沉啊!有机玻璃轻嘛,你看盖出来不是也很好吗?"我猜想书法家,特别是大书法家而肯用有机玻璃印章的,大概也只有启先生一人而已。而启先生所用的那两方篆书有机玻璃印章也确实刻得很有金石味,可惜我至今不知出于何人之手(印象中似无边款)。此后随着我对启先生的进一步了解,知道不认死理、乐意接受新事物,正是启先生的一大好处。

1985年初至1987年秋,我所在的吉林大学古文字研究室全体成员借地浙江省博物馆编纂《殷墟甲骨刻辞摹释总集》和《殷墟甲骨刻辞类纂》两书,其间启先生随全国书画鉴定小组来杭州作巡回鉴定。听说启先生到杭州后,我们师兄弟几个自然跑去宾馆拜见。一见面,启先生便谈起昨天发生的难堪事。原来来看启先生的人太多,他老先生怕洗澡时有人来敲门,便事先在房门上贴一纸条,上写"启功入浴"四字。不料这四字墨宝不知被哪位有心人揭去收藏,结果真就没等他洗完便有客人来敲门了,于是他老先生只能狼狈结束,匆匆穿衣出来开门见客。说时他老人家一脸无奈,也只能呵呵苦笑。坐定聊了一会儿后,大师兄何琳仪小心翼翼地拿出一张新觅得的西周重器胡簋(周厉王胡所作铜簋)拓本,欲请启先生题跋后装成手卷。但启先生光顾得看拓本,一时未听清何师兄的意思,以为是要送他拓本,便急忙说:"我老了,好东西不要给我了。"待弄清何师兄的意思后,答应作跋,并笑说他可以跟周厉王开个玩笑。那时我还不到三十岁,离老还远,而且也喜欢不时收藏些一般文人所爱收藏的雅玩、拓本之类,但启先生的这句话,几乎给了我一生的影响。随着年龄的增长,使我越来越明白人到一定的年龄后,不但不需要再做加法,更需要做减法了。

在杭期间,鉴定小组自然到浙博观看书画,我们也有幸得此机会跟随先生们观看了收藏在该馆的黄公望《富春山居图》之"剩山图"等一批名画。鉴定结束后,馆方准备了纸墨,邀请包括名誉馆长沙孟海先生在内的几位先生挥毫留题。当沙老执笔书写时,启先生毕恭毕敬地站在一旁观看,并不时为沙老抻纸,沙老写完后,启先生又用双臂高举沙老的那张巨幅作品向周围的人展示,其情景相当感人。鉴定小组将要离开杭州前,我们又去宾馆为启先生送行,启先生指着地板上一大堆各方送的礼物说:"你们帮我拿走吧,我只带走这个。"我探头一看,只见启先生手里捧着一小盒茶叶,正有点茫然不解,启先生很认真地说道:"这是沙老送的,我要带走。"说时,他对沙老的那份尊敬完全展现在他的神情上。多年后,当我读到启先生写的《沙孟海翰墨生涯》一文时,才知道启先生与沙老交往的一些细节和他由衷敬佩沙老的缘由。

启先生善鉴碑拓。二十世纪七十年代末,一个偶然的机会,他在中国书店以廉值淘得一册明拓颜鲁公《争座位帖》,思泊师看到后,爱不释手,并开玩笑要求启先生再去帮他淘一本来。启先生一听,这上哪去找啊,便立马提笔加跋送给思泊师了。跋曰:

> 此明拓争坐帖,虽"出"字已损,而"冠"字左点未泐。惜有蛀残,却幸未遭纵横涂墨,视已剜之本,何啻霄壤。一九七八年春日得於琉璃厂肆,双剑老人吾师见而欣喜,即以奉呈。双剑籯中珍本充栋,此真所谓坠露添流矣。启功

其时"文革"结束不久,在"文革"中被视为"四旧"而打上叉叉的旧碑帖还常能见到,跋中所说"却幸未遭纵横涂墨"即指此。

这则有趣的跋文大概还不见于启先生的各种集子,将来若有人甘冒"厉鬼击脑"之风险(看中华书局1981年版《启功丛稿》前言),是可以考虑收入启先生全集的。

高山景行话元白先生

□ 荣　钢

在本人的书画藏品中，这两幅启功先生的书法作品很难得，本人非常喜欢。本来早有打算写篇文章和大家一块分享，但以本人之浅薄学识和拙笔，诚恐难以使此作品锦上添花，故犹豫多日，难以成文。今日不揣浅陋，写成这篇文章，主要把作品的背后的故事给大家做以介绍，以期和各位喜爱启功先生书法的朋友共享，并谨以此文纪念这位享誉当代的国学大师、著名书画家、书画鉴定家、红学家诞辰百年。

作为现当代最为著名的书法家和书画鉴定家，启功先生早已是家喻户晓！上世纪八十年代中期，我在北京求学期间，为了活跃大学生的业余生活组织了"北京高校首届书法名家现场表演和咨询活动"由于组织周密，宣传到位，故吸引了很多高校的书法爱好者和留学生前来参与，现场人山人海，气氛极为热烈，中央电视台随后也做了专题报道。

为举办此次活动，时任第二届中国书法家协会主席的启功先生自然是我们重点邀请的对象。记得为了邀请启功先生，我给中国书协打电话，征求他们的意见，书协的同志说："启功先生年龄大了，社会活动较多，最好是请稍年轻一些的同志。"就这样，我失去了第一次结识启功先生并可能收藏到其作品的最佳时机。

毕业以后，远离了京城，又陆续换了几个城市居住，生计第一，也就没有留意去收集启功先生的书画作品。到了上九十年代末期，自己对书法的热爱日盛，对启先生的书法更加喜欢，想收藏一幅先生书法的愿望非常强烈。但我发现，想收藏一幅启功先生的书法真迹是很困难的事了。

　　时间到了2004年春天,其时已传出先生身体不好,眼疾严重,基本上不能看东西了,毛笔字也写不了,我想不抓紧时间,也可能真难收藏到先生的作品了。我就恳请一位书画鉴定老师帮忙联系启功先生,由于工作上的关系该老师和启先生交好多年。但几天后,他的回复令我失望,启先生已不能动笔,且基本不会客,作为后学,我也不能只为了自己的目的去打扰先生,如果这样的话,我心里也过意不去!但得不到启功先生的书法我又心有不甘,还是这位老师理解我,就将启功先生多年来陆续写给他的作品拿出来让我挑,大概七八幅之多,最终我挑选了这两幅作品,我非常喜爱的这两幅作品!

　　通过该老师的讲述,我知道了这两幅作品的来历,有趣,好玩,还有一点曲折。那是上世纪八十年代中期的某天,该老师到启先生家里,代为他人求一幅墨宝,启老就书写了这幅清新秀雅的司空图诗句"茶爽添诗句,天清莹道心。只留鹤一只,此外是空林"。可以想象,启先生在写这幅作品时心手双畅,完全沉醉在这首诗的美妙意境中了。这时,小插曲出现了,当先生在题款时,将上款人的名字写错了,以做事严谨著称的启老马上就将本幅作品揉了,丢弃到了垃圾桶里,当时,站在一旁的该老师就说:"先生的书法一字千金,本幅书法价值贰万,弃之可惜呀!能否给我留做纪念?"启功先生没有反对,并说:"年老昏花,一错再错,休要见笑!"见大家不解,启功先生接着说:"前两天有人求字,即书写此内容,刚一落笔,就将茶写成荼。"随着出示一幅作品:"荼苦名高转做茶,形邻音近字相差,笔端错别何须怪,只要休逢训诂家。"并注解如下:"偶写茶成荼,拈句解嘲,然实一字也!"此诗是先生兴起之作,真是诗以传情!见此情景,我的这位老师就说,"欲弃的作品未署先生名款,多年以后何以为证是先生的作品呀,怎么说明此幅是先生的真迹却没有落款的原因呢,可否将此自作诗一并赠我,相互佐证,先生同意吗?"宽厚的启功先生怎能不同意呢!结果是各位都能想的到的。从那天起,这两幅作品就一直珍藏在该老师家里,直到2004年由我收藏。由于司空图诗没有启老的落款,故该老师详细说明了作品的来历,补记到了落款的位置,竟然也浑然天成!同时老师又在两幅作品的右下脚加盖了一枚审定真迹印章,并告诉我这方印章极少使用,只有在来路非常清楚,绝对真迹的作品上才钤盖这方印章。

了解了这两幅作品的来历,再让我们一起来分享启功先生书法的美妙。深厚的传统文化积淀,成就了启功先生渊深隽永、优雅蕴籍的艺术风格。先生的书法作品,点画遒劲俊雅、富有韵律,结构内紧外松、左右舒展、风姿卓韵、收放自如,章法布局严谨,完美的处理了沉着与飞动、厚重与飘逸、刚健与婀娜、凝练与流畅等关系,取得了高度的和谐与完美的统一,达到了炉火纯青的高超水准,形成了独步前人的艺术风格,不仅为学术界所推崇,而且为广大群众所喜爱,被人们誉为"启体"而风靡天下,成为当代最炙手可热的艺术珍宝! 先生的书法,不仅是书家之书,更是学者之书、诗人之书,饶有书卷气息,让观者觉得回味无穷!

我还想说,启功先生真是一位大学问家,一位幽默乐观的雅士,他能将写错上款这么一件小事、憾事变成趣事、雅事,足见其机智幽默和经纶满腹。信手拈来的七言律诗平仄严格,对仗工整,且为有感而发,让人回味无穷。

文章写到这儿,这两副藏品的经历本该说清楚了。但是围绕启功先生书法收藏的故事好像才刚刚开始,一直希望亲访北师大红六楼的梦想,突然终于实现了。2006年5月12日下午2点(其时,距离启功先生仙逝已近一年),在原北师大校办主任侯刚老师的陪同下,我第一次来到了北师大红六楼——启功先生生前的寓所。启功先生的内侄章景怀先生热情地接待了我们,虽然是第一次登门拜访,但我一点也不觉得陌生,由于以前在书里和电视中经常看到启功先生在书房中的图片和影像,故在记忆中先生的寓所我很熟悉,房屋中的设施,装满书籍的书柜,以及沙发、凳子的摆放和想象中的没有太大的差距,只是桌子上供放的启功先生黑纱环绕的遗像告诉我,先生已经永远离开了我们。看着这十几平方米朴素的小屋,有多少精美的书画作品,多少精准的题跋,多少字字珠玑的诗词都在此产生! 听启功先生的家人讲,先生在世时,这儿曾是北师大著名的一景,多少书画界名流大家在此拜访过先生,聆听过先生的真知灼见;多少后学晚辈问学启功先生,企求给自己指点迷津;多少收藏大家带着名家巨迹请先生过目,希望给予题跋肯定! 更多的是浩浩荡荡的求字大军,终日不退,迫不得已,启功先生不得不挂出免战牌"大熊猫病了",可就这几个字也被人拿去收藏了。

由于那天要欣赏一件启功先生的重要作品，许多先生生前最亲密的家人和学生都聚到了红六楼，章景怀先生给我介绍了一些启功先生鲜为人知的事情，当知道我对启功先生的崇拜和追随，并为收藏一幅先生的书法真迹所做的努力时，大家都感慨万千！这次相聚，我证实了很多以前只是在文章中读到的故事，也了解了很多以前一直想探究清楚的事情。当我向章先生提出在那幅司空图作品上补上启功先生印章时，章先生满口答应，并希望我下次来京时能将两幅作品同时带来，让大家一饱眼福。

8月2日上午10时，我带着这两幅作品和侯刚老师如约来到了红六楼，章景怀先生和侯刚老师仔细地查看了两幅作品，并听我讲了作品的来历，二位先生觉得此两幅作品不是一般的应酬之作，具有唯一性，且作品背后的故事很有情趣，为真品中的精品，值得永久珍藏！在补盖印章时，我原希望能补盖三枚启功先生的常用印章，一方白文"启功之印"，另一方朱文"元白"，右上角再能补一枚引首章就最理想了！但章先生告诉我，启先生去世后，大部分印章都收起来放到了别的地方，现手头只有一枚白文"启功私印"和另一枚白文"启功"，他询问我是等过一段时间将印章整理一下，多拿几方到红六楼时再盖呢，还是今天就用现有的补盖？我说那就盖吧，因为两幅作品来回携带不方便，另外我也不好意思再麻烦章先生了。盖章时有一个细节，这里也向大家做以介绍。以前从介绍启功先生的文中知道，启老在盖完印后，怕印泥短期内干不了会污染作品，故要用干净的小毛笔醮一点滑石粉吸收一下印油，这样就不会有印油污染作品的事发生了。章先生也是这样处理的，并说这是启先生的"发明专利"。启功先生的严谨细致、处处为他人着想的品格，就在这些平凡小事中体现出来！补完印章，我们三人和这两幅书法合影留念，侯刚老师特意给我留了邮箱地址，叮嘱我将这些宝贵的照片回传给他，北师大出版社要作为资料永久保存，为以后出版《启功全集》做准备。(注：此两幅书法已收入《启功全集》第17卷中)

从红六楼出来，时间已近中午12时，和章先生告别后，我即与秦永龙先生联系，在此之前秦先生看过这两幅作品的照片，仅从照片上他就能判断出这两幅作品是他恩师的精彩之作，并希望有机会一睹原迹。当他听说我将这两幅作品带到了北师大,即嘱我马上到北师大书法系办公室,让大家一块欣赏。当这两幅作品打开的一瞬间,我看到秦永龙先生非常高兴,并立即召集大家围拢过来一同欣赏。大家仔细地吟颂了启功先生的自做诗,又认真地查看了我老师在司空图诗上补记的说明,不约而同地认为这两幅书法是他们所见到的民间珍藏的启功先生书法精品,且有故事,有意趣,体现了藏品的"真、精、稀"的最高标准!当时,秦永龙先生送我一本刚刚由文物出版社出版的《启功赠友人书画集》。欣赏完这两幅作品,利用书法系其他老师照相留做资料的空隙,我正好就本人在编辑几本启功先生书法专辑中遇到的问题向秦先生做了请教。第一个是启功先生在论书绝句百首中有一首云"先摹赵董后欧阳,晚爱诚悬竞体芳,偶作擘窠钉壁看,旁人多说似成玉",我就启功先生为何先学赵孟頫、董其昌而后九成宫这一条习书之路向秦先生作了了解,也弄清楚了启功先生"晚爱诚悬"的目的是"为强其骨",在《启功题跋书画碑帖选》有关《玄秘塔碑》的跋文是这样写的:"余获此碑,临写最勤,十载以来,已有十余本","一九九五年复临一本毕,此余八十岁后所临第一通。"这些资料已在本人编辑、文物出版社出版的《启功临玄秘塔碑》一书的后记中采用。我弄清楚的另一个问题是启功先生曾经指着玄秘塔上"赐紫金鱼袋"几个字,拿起自己身上的医用塑料袋说:"我也有,这是很高的待遇。唐宋时期有,以后就没有了。""赐紫金鱼袋"说的是唐朝赐给三品以上高官的表明身份和官阶的一种饰物,是朝廷对高官的恩宠。听了秦永龙先生的解释,我感到启功先生对病痛的戏谑和那种乐观幽默的人生态度实在令人敬仰!

那几个月,我有幸多次到红六楼拜访,每次当我们离开时,章景怀先生都要坚持送我们到院中,只见周围一排排红色的小楼掩卧在树丛中,四周绿草如茵,明媚的阳光斑驳地洒落在草坪上,静极了,美极了,只有几只不知疲倦的知了在槐树上叫着,很难想到这是在繁华的京城校园里面!在另外的几幢小楼里,曾经住着北师大几位享誉全国的鸿儒巨硕,民俗大家钟敬文先生就住在红二楼,和启功先生所住的红六楼相隔数步之遥,想到几年前启功先生和钟敬文先生经常在此偶遇,两位耄耋老人嘘寒问暖,相互搀扶的情景,何常不是一幅动人的风景画呢?如今,虽然二位先生都已作古,但他们的品格、思想将会影响一代又一代人,

北师大正因为有了这样国宝级的大师,才成为莘莘学子向往的地方,也必将成为我经常去拜访和学习的地方。

深怀歉疚忆先生

□ 张廷银

1996年我从偏远青海考取到北京师范大学攻读博士学位。当初报考的是聂石樵先生的先秦两汉文学史方向,在复试时聂先生看到我硕士学的是魏晋南北朝文学,写的文章也是这方面的,就询问我如果成绩合格,是否愿意转到启先生的门下,由邓魁英先生具体指导,继续进行魏晋南北朝文学文献的学习。我之前对启先生所进行的具体研究并不了解,只听说他书法好,学问好,人也很好,最重要的是到他的门下又可以接着做自己原来已经开展的学习,于是就表示愿意接受调整。入学报到时,聂先生怕我不清楚,又专门在一张纸条上,写了我要填写的导师姓名、专业方向等,并由邓魁英先生带领我和同时招收的日本学生内田成一拜见了启先生,从此就算是启先生的正式学生了。

我来自偏远地区,出身贫微,还拖家带口,遇到的困难可想而知。先生在我学习和生活上,给予了很多我意想不到的支持。有些知道情况的师友,曾经用"前所未有"来概括先生对我的关怀。但要把这些全部讲出来,又绝非几篇文章所能够,而只能永远铭记在心。倒是那几件我深怀愧疚的事情、我感到遗憾的事情以及具体影响了我为学为人的事情,很想讲一讲,算是学生和先生的又一次谈话。

一、深深的愧疚

记得博士第一学期快结束时,说起将要举行的期末考试,我有点担心,先生说:"你就是容易胆儿小,太不自信。"我确实遇事不太自信,这主要源于自己的基础较差,也算是一种自知之明的表现,但如果太不自信,也许就会让人着急。自己也感觉到了这一点,但就是不能尽快地改变,以至先生后来不得不严厉地指出来。我博士论文题目是《魏晋玄言诗研究》,当时虽然也花了很大的功夫,无奈功底较差,留下了许多漏洞。论文写成后,每次和先生说起来,我都表示做得太差,问题很多。先生却每每鼓励我:每个人都不可能一次把问题就解决得很完美,只要认识到不足,继续探讨,就一定会不断地完善。还建议我做一些必要的修改,争取出版。就在我对论文做了修改,筹划出版时,我的几句话把先生惹火了。台湾文史哲出版社答应先出繁体字版,我想请先生题个书签。先生痛快地答应了我的请求,接着谈书所涉及的玄言诗,我又一次说自己很没有把握,不知道书出来以后会怎样。先生立刻抬高了声音:"你自己都这么不自信,还怎么能拿去出版呢? 这样过分谦虚,并不是什么好事!"先生说这话时,郑喆老师也在场,我感到很不好意思,更觉得很对不起先生。当时先生刚做过一个手术,还在恢复阶段,我这样惹他生气,实在很不应该。但先生说的那几句话都很在理,我当时虽然没有说什么,心里却在想,一定记住他的话,已经决定要做的事就不要再犹豫。

另外一次惹先生生气,也是因为自己做事太犹豫。2001年,我已经到国家图书馆上班了。当时馆里有关部门很希望先生给"中国典籍与文化"讲坛开一次讲座,让我帮忙联系。先生非常爽快地答应了,并定下日期10月28日。距离讲座差不多还有两个星期,听说先生感冒了,我担心讲座会对先生的身体有影响,就先后两次给先生打电话,询问情况。第一次,先生表示没有问题,而且还有十几天,到那时应该好了。过了几天,我又打电话问同样的问题,并且建议如果到时身体有问题就取消这次讲座,先生一听便生气地接连说了几个"行啊"。因为这是先生头一次对我发火,我紧张害怕极了,只在电话里说了声"对不起,启先生您别生气",便匆匆放下了电话。我猜想先生可能是觉得我不自信到连他都不相信了。我当然完全是担心先生的身体,而不是不相信他。我之后听说任继愈先生也曾对因为他的健康而取消了已定讲座非常不满,就很能理解这些为人师表的先生们,最不愿意临时改变已定的事情,尤其是涉及大众的事情。我如此优柔寡断,差一点让启先生失信于众,难怪他上火。启先生后来如期做了讲座,他那天的身体状况、精神状态和讲座效果都不错。但想起中间的插曲，我至今还于心不安：先生给了我那么多，怎么还能让他生气呢！

二、难忘的鼓励

启先生的学生都知道，先生并不是特别要求学生一定要在学术上取得什么成就，达到什么目的。只要你在努力，他就很满意。尤其像我这样天资愚笨的学生，始终觉得做启先生的学生，是多么的幸运！先生一般也不直接要求学生去看什么书，但在交谈中总会提到相关的事情和书籍，你感到这部书很重要而又没有读过，回来就马上找来读。读了之后有什么收获或者有什么问题，再去和先生交谈，他会给你一些提示，或者又会提到什么书，你再接着去看。正是先生所概括的陈垣先生的教育方式——循循然善诱人。所以，从来没有听到哪一位学生因为读书而受到先生的严厉批评。当然，作为老师，一定也是希望学生有成就的。每当学生有任何细微的心得和进步时，先生总是给予充分的肯定和鼓励。

先生在《池塘春草　敕勒牛羊》中，曾经讲到北朝乐府民歌《敕勒歌》中"天似穹庐，笼盖四野"不合古诗习惯，如果作"天似穹庐盖四野"可能更顺口。我在翻阅雍正《朔平府志》和《朔州志》时，发现其中收录的《敕勒歌》中正有"天似穹庐盖四野"一句，于是就顺着这一线索，梳理了"天似穹庐，笼盖四野"和"天似穹庐盖四野"在各种文献中的分布情况，初步提出了"天似穹庐盖四野"可能更接近于民间流传实际的看法。这个问题是受启先生的启发而展开的，先生对这个问题一定有更深刻的理解，于是在文章写成之后，就去请先生指正。那天先生正在他位于雍和宫附近的住处（先生戏称为"二窟"），没有人打扰，先生拿着放大镜，仔细地读完了我的文章。一边看，一边"嗨"、"嗨"地感叹，并不时点头。还把我原来文章中"'天似穹庐盖四野'这一七字句"中的"一"改为"个"，说这样更顺口。看完之后，先生若有所思地说："人们常说大学问、小学问，做好了都是学问。"他虽然并没有直接肯定我，但我感觉出其实就是鼓励我从一个一个小问题实实在在地做。而且在我征询这篇文章能不能拿出去发表时，他非常肯定地说："太能发表了。"之后我把文章寄给《文学遗产》,很快便刊出了。先生为我批改关于《敕勒歌》的文章,不仅使我对相关学术问题有了进一步的认识,更重要的是使我明白了,只要是认真思考、努力探索过的问题,就可以大胆地拿出来和大家共同讨论,这也难怪我对出版博士论文不自信时先生要那么生气呢。

三、永远的遗憾

2004年11月中旬一天早晨,我决定不去上班而去看先生。那天上午只有先生和章景怀老师在家,没有其他客人来,也没有电话,我和先生聊了很长时间。因为那天单位有需要我参加的活动,中午回到单位,领导狠批了我一通。现在想,那是先生在世时我和他最后一次长时间的谈话,觉得那次旷工实在太值得了!2005年元月,先生住进了北大医院,中间郑喆老师还安排我陪护过先生一个下午。那天先生身体状况不太好,但精神还行,和我说了说图书馆的事,还说到图书馆的老人赵录绰(赵孝孟)。那段时间我父亲的身体状况也不好,我决定那个春节全家回老家过年。在离京的头一天,我又去了医院。先生看到我,只是问了一句:"工作忙吗?"我回答:"不忙。"之后就看到他心情极其烦躁,象小孩一样不停地喊:"我要回家,我要回家!"因为再过两天就是除夕,先生可能还是希望和家里人过春节。但医院方面担心先生回到家中,万一有什么问题来不及处理,不敢决定。我看到先生那种迫切的样子,很心疼,又没有什么好的办法,再看看先生已经疲乏得好像睡着了,便悄悄地退了出来。

从老家回到北京,我立刻赶往先生家。郑喆老师告诉我,先生初一就回到医院,并住进了重症监护室,不便探视。我遵守规定,不敢贸然前去看望先生。直到有一天刘石师兄问我能不能一起去看先生,我才知道可以探望了。之后遵守探视规定,又去了几次。但每次去我都看见先生像在熟睡,虽然很想跟先生说话,却又怕打扰他,就默默地祷告,悄悄地退出。先生去世前一天的下午,我去探视,医生说先生的情况非常危急,血压很低,我仍然没能说什么话。可是,先生去世后,我听人说,象先生那种情况,虽然不能说话,但心里其实是清楚的,还是能听到别人说话,我却一句话都没说,这是多么大的遗憾啊!

先生去世前有一天,章景怀老师整理先生的书桌,看到了几页先生写的有关我的东西,打电话让我去拿。我一看,是先生对我的《魏晋玄言诗研究》的介绍。300字方格稿纸,将近6页,虽然是用硬笔书写,但依然很工整,而且不但有对我写作过程的介绍,还引述了论文中的几段。真不知先生费了多少劳累!我不知道先生为什么要写这个东西?什么时候写的?又因为什么没有写完?他还有什么要求吗?看到这几页文字时,先生还在医院,我怎能忍心去问他这些问题呢!这虽然是一个永远也无法弥补的缺憾,但我同时感到幸福:先生始终在关注和支持学生的成长!

四、润物无声

启先生是大学问家,他的大学问和崇高人格是值得我们认真学习的宝贵财富。然而,他为人的细小之处同样具有教育意义。

1997年教师节,我们几届同学与启先生、聂石樵先生、邓魁英先生在北京师范大学实习餐厅聚餐。八点多钟,我护送先生回到家。向先生告辞,我表示会带上门,他不用到门口,先生却说:这个时候邻居家有人可能已经休息了,如果从外面拉门声音较大,会影响人家。听了这话,我心里一震:先生真是处处为他人着想!自此以后,除非先生明确表示让我出去时带上门(这个时间通常都是白天上班时间),一般情况下只要先生来亲自关门,我都不再劝阻。我不能因为担心劳累先生,而让他心有不安。也是从那以后,我无论在家里还是在外面,开关门都习惯于转动门栓(门锁),而不是直接推拉门。心里总记着启先生曾经说过的那句话。

2001年5月2日,我接先生到国家图书馆"文津讲坛"作讲座。路上坐在车里,先生内侄孙章正和司机师傅谈论当时的一些电视节目,中间说到他妈妈即郑喆老师什么节目都看,可能是觉得有些节目其实不值得看。先生听到这话,就说:"你妈妈她想看什么就让她看吧,只要她高兴。"听到这句话,当时大家都没有说什么，但我心里却也有很深的触动。因为之前我也对我爱人收看的有些电视节目表示过不屑、不满，甚至还为此争吵过。我感觉先生对他人的关心绝不仅仅止于物质上的，他也非常理解和尊重他人的心理感受。自此以后，我就很少干涉爱人看电视的事情，虽然对有些节目还是很有看法，但一旦她要看，就不再强加限制或者争吵。对别人喜欢的事情，越来越能够理解和尊重。先生这些不经意的温和言行，使我在不经意中也学会了如何更好地对待他人。所谓潜移默化，大概就是指这种效果吧。

春风侍坐永相忆

——启功先生百年诞辰追思

□ 朱玉麒

一

什么时候开始知道启功先生的呢？现在也不太清楚了。1982年初，大学一年级的第一个寒假，在家乡的新华书店看到了《启功丛稿》。其时因为练习写字，大概就知道了先生是书法家的大名，因此专门向半截玻璃柜台后面的营业员要来翻阅。那个时候真是腹中空空，看了目录，几乎不懂，又兼繁体竖排，读起来更是费劲，只好假装平静地将书放还①。但是那一次的印象还是非常深刻：自己虽然上了大学，还不知道有多少看不懂的书需要去面对呢！

当时对先生的书法，还是能理解一二的：简洁、明净、挺拔、秀丽。因此凡有欣赏的机会，总会驻足看上一阵。

大学毕业的1985年，前往新疆师范大学任教，发现系里的资料室和复印机竟是如此方便利用。于是，中华书局那些有先生题签的著作就被我一摞摞借出，专门复印有他题字的封面或者扉页。从此我拥有这些书法，朝夕晤对，欣赏揣摩，欢喜不已。

那时，一位从北京师范大学毕业、教外国文学的同事赵建华，看我干体力活一样搬运书籍、复印题签，便说起在北师大求学期间接触过启功先生的情景。最后说："你应该到北师大念书，这老头，幽默、可爱，你一定会喜欢的。"这话说的轻巧！那个时候的启功先生名满天下，万里边关之外的我，只有仰止之情，岂敢非分之想。看着先生的题签被我汇总、剪贴，我已经分外满足，丝毫也没有奢望这

377

样的机会。

但是九年之后，我真的就考到了北师大攻读硕士学位。再过三年，又经硕士生导师赵仁珪先生推荐，考取了启功先生名下的古典文献学博士生，在他生命的最后八年里，得以追随左右。

现在想起来，从先生的著作留给我深刻的印象开始，已经三十年了；而从得到他耳提面命的教诲算起，也有了十五个春秋。他给了我无穷的关怀和指导，也留给我无尽的影响和思念。

二

我有幸侍坐先生左右，前后八年，大概可以分为三个阶段。最早是在北师大读博士的三年。

1997年我师事启功先生攻读博士学位，他已经是85岁高龄的老人；而且如所周知，因为他国学大师的名声远扬，全国政协常委、中央文史馆馆长、西泠印社社长、国家文物鉴定委员会主任……一系列的职务和社会承担带给他繁重的工作。但是他丝毫也不懈怠北京师范大学教授这个重要的教育岗位，虽然比起其他的职衔来讲，社会影响要小得多。

敬业，成为先生给我的最大教益。

我曾经听他1998年在北师大电教楼五百座为本科生开设的讲座。早去了十分钟，已经是水泄不通，窗户上、楼梯口，都挤满了人。正式开讲的时候，先生的声音从讲台上传出来，沉稳而风趣。这既是他数十年文史研究成竹在胸而天成自然的表现，也传达出他与学生交流时由衷的喜悦之情。

在去世前的很多年里，他都坚持参加新生的入学典礼，并作勉励性的讲话。1999年的教师节，我们去看望他，他刚刚从操场上举行的新生入学典礼上回来，非常兴奋，告诉我们："学生开学了，人多，扩大招生，礼堂坐不下，要在露天开。这晒太阳，实在吃不消！我们当然是坐着，有遮荫。但这学生可太苦了。所以发言还是简短点好。"当时听了就很感动：他为这些新入学的学生被暴晒感到着急，仿佛是自己的责任一样。在心理上,这些学生已经成为他必须去关怀的校友。

作为研究生,我们的受教往往是不定期地到他家中闲谈,有时候一两周一次,有时候一周两三次。因为他的见多识广,总是在海阔天空的闲谈中使我们得到知识的积累和思想的锻炼。他在家的日子,来自五湖四海求教的人永远是座无虚席。除非那些人是有特别的约定,否则,只要我们轻轻地一敲门,先生便马上把我们让进屋内,然后朝先来的社会名流一拱手:"对不起,老兄,我的学生来了,我要上课。"于是我们坐下来,也还是一样的闲谈。但在他的心念中,他对我们有着义务和责任,我们的到来就是他尽责的时刻。

1998年,他86岁的那年春夏,完完整整地给我们上过他人生最后一次系统的课程。每两个星期一次,他早早地挪动着脚步,将家里的椅子集中到客厅,给我们拿好茶杯,然后开始一个上午的讲授,讲他几十年来一直思考着的中国古代

1997年教师节,启功先生在寓所前与聂石樵先生、邓魁英先生及在校博士生等留影

学术史和文献学问题。——在那样的时候，他不应门，也不接电话——后来甚至把电话拔了；在那样的时候，没有什么比他作为一个导师在恪尽职守时更为重要。仅凭这一点，比起今天许多招生无数的挂名导师来说，先生崇高的职业道德，可以说是终身贯之、老而弥坚。一直到2000年的秋天，他88岁时，还曾经给我后面两届的研究生讲过几次系统的古文献课程。

这些课程，后来根据录音整理为《论学术思想》《论古籍整理》两个系统的讲义，收录在《启功讲学录》中。其中的《论学术思想》是他一生思考中国古代学术思想演变的总结，我们听到的，是他晚年最全面的一次讲解；而《论古籍整理》，众所周知，一直是先

《启功讲学录》书影，启功先生晚年讲学内容多收入此书

生提倡的"猪跑学"（文史典籍常识的戏称）内容，是他对从事中国学术、特别是古典文献研究者所做的文献常识和理论的普及。在他晚年，一直希望自己能够亲笔写定这些内容，但是由于眼睛的黄斑性病变和眼底出血，除了部分内容坚持自己写定外，终于也只好以口代手传授下来。否则，由他亲自来写的话，应该更为精彩。

作为教师，先生更多地是以身教的方式传承给我为人处事和求道问学的方法和准则。

八年侍教，我从未见他对学生辈疾言厉色的训话。声色俱厉的情况是有的：有时候接到一个死乞白赖的电话，要求他参加无谓的会议；有时候遇到不速之客，推门而入要求写字。——百般推辞不了的情况下，先生会高声要求中止电话、会拿出救心丸要求送客。不过，当不愉快的电话结束、送客的大门关上，他马上会将苦恼抛置脑后，和颜悦色地为我们让座、接谈。我们有时几个同学一起

去,他也非常注意与每个人的交流,经常在讨论了某个同学的问题之后,又及时地问询下个同学的论文题目甚至是家中的情况如何,将话题自然而然地转到另一个同学的身上。经常说"小叩小鸣,大叩大鸣",但是在先生这里,即使你讷言朴语,他也会体贴你的心理,给你教益。我在博士论文的后记中提到:"尽管自己愚钝而不善叩问,先生见解阔通,总会在不经意处给予切实的教益。"我想这一定也是其他同学认同的、在别的地方很难得到的感受。"因材施教"、"有教无类",这些在孔子时代就保留下来的中国传统教育理念,在先生这里可以得到完美的印证。

他温和而尽责的态度,贯穿了我撰写博士论文的全过程。论文指导的一些琐事,总是让我感动。

我的博士论文做了一个纯粹的古典文献学题目——《张说集版本研究》。有一次,因为《张说集》的一个影宋抄本全帙曾经傅增湘先生校勘,我便向先生提出,希望请教傅增湘先生的嗣孙傅熹年先生。先生当时就打通了傅熹年先生的电话,并让我与傅熹年先生直接通话,说明希望请教的问题以及询问前往请谒的地点。先生给傅熹年打电话时,说:"他不会占用您太多时间的。"实际上也是在告诉我不要浪费对方过多的时间。放下电话后,启先生又说:"我们两家是世交,你去请教版本学的问题,傅先生当然很高兴。我们守着傅熹年称傅增湘为傅老先生,而对外则说傅增湘先生。"我很快就明白了:启先生是老派而讲究礼节的人,大概是我刚才在电话里和傅熹年先生的交谈,因为紧张而有时直呼傅增湘的名字,甚至连先生也不加缀。于是我表示歉意说:"我太不注意了。"启先生说:"这没什么。但傅熹年先生是受过旧式教育的人。"先生用这种变通的温和说法,提醒我见到傅熹年先生后要讲究用语。——他这种体谅对方、给人台阶的方式,让我感到温暖。

后来我到车公庄大街的中国建筑历史研究所拜访傅熹年先生时,他果然对我这样的年轻人还有志于版本目录学的研究,表示了鼓励,回答了我的问题,赠送了我当时已经脱销的《藏园群书题记》。我事后想起:我当时还是辞不达意地直呼了傅增湘的名字。不过,傅熹年先生也并没有表现出不悦的神色。对于我们这些文革中成长起来、早已经坏了规矩的年轻人，启先生和傅先生都给予了分外的包容。

又有一次，说到《四库全书》编纂中，张说的集子有阁本和殿本的区别。先生很有兴趣地向我打听这最新的研究情况，以及哪些有用的参考书。等到我告辞时，却到里屋拿出 500 元钱给我说："不用客气，去买那本四库（指《纂修四库全书档案》）。用得着，我俩合用，因为书可以互通有无，买书的钱也同样可以互通有无。"等到我将书买来请他看时，他说："买到就

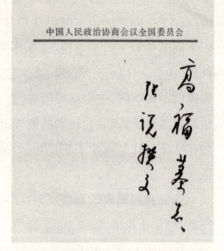

中国人民政治协商会议全国委员会

启功先生写给作者的便条，提示注意张说文集中碑志关系

好，我现在也看不了了，你拿着用。我需要的时候，再请你查询。"他实际上就是替我买下了这本有用的书。后来我做博士后课题，他陆续从拍卖会上帮我买下《西域水道记》的翻刻本、徐松的信札送给我，每次也都重复类似的话：古人有通财之谊，我的就是你的，你留着用。——他体贴地保护着年轻人的自尊心，却又仗义疏财支持着对学术有所追求的读书人。

当我决定了博士论文的题目之后，《张说集》的问题仿佛就成了先生自己的事情。有一段时间我没有去，而他忽然想起了值得关注的问题，便会写张纸条，托前往请教的师兄弟带给我。其中有一张是提醒我：他早年曾经收集到一张高力士父亲《高福墓志》的拓片，而《张说集》中有高福的碑，应该注意神道碑与墓志之间的关联。我在 2000 年完成的博士论文《张说集版本研究》中，感谢先生的指导，其中一段这样表达说："（先生）指出碑、志年代差异的遵从，碑、志文字的改窜，张说大手笔与'以诗为文'等问题，均对我的文集校勘与作品研究提供了帮助。"这些不仅表现在我的论文撰写和《张说集》整理上，同样也对我现在的文献研究产生了持续的影响力。

在我撰写博士论文的最后时刻，我需要对校《唐音统签》中收入的张说诗

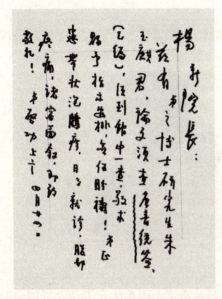

启功先生为作者查访资料致杨新副院长书

集。这部书分十签,只有故宫博物院图书馆珍藏全套;收录张说诗集的《唐音乙签》,更是孤本独存。而故宫博物院图书馆一般不对外开放。无奈,我只好又去请先生代为通融。当时他正患一种非常折磨人的病——带状疱疹,那是一种无时无刻不在的顽固性神经痛。因为年老抵抗力差,这种疼痛折磨了他大半年。但当我提出这个要求时,他还是坚持着拿起已经很久不用的笔,为我写了一封信,向时任故宫博物院副院长的杨新先生介绍我去看书。那时,赵仁珪老师正好也来看望先生,看着先生艰难握笔的样子,打趣地对我说:"你可以把这封信自己保留,复印一份拿去见杨新先生。"先生抬头说:"哼,这又何必?"他咧着嘴忍痛苦笑的神情,至今都令我清晰难忘。当时,故宫博物院珍藏的《唐音统签》因为要影印到《续修四库全书》中去,而全部被拆散拍照,无法阅读;我拿着这封信的原件去故宫拜访杨新先生,结果当然是得到了图书馆的折中安排——让我从馆中的电脑上校对了《唐音乙签》的扫描件,论文所需要的最后一部张说诗集本就是这样在先生的支持下得到圆满的校订和研究。

我的博士论文答辩在2000年6月特别炎热的夏天举行。校外的答辩委员如任继愈先生、冯其庸先生、傅熹年先生,均由启先生先此一一打电话请好,向他们致歉因病不能前往当面邀请,然后帮我约好了时间,分别送上论文。在我答辩的当天,先生仍卧病在床,还是忍痛前来帮我打点细节,并向各位答辩专家致谢后离开。我保留了一张答辩开始前他向我耳语的照片,非常传神,大家都说可以题为"面授机宜"。但是只有我知道,当时他对我说的话与答辩内容毫不相干。他只给我说了一件事:"答辩委员们的午餐,我已经在实习餐厅安排好了;他们的司

答辩会前,启功先生向作者交代会后安排

机,我也给了误餐费。"按照普通的惯例,一般都是由学生或者研究生办公室请委
员们用餐,但在我的答辩会上,老师却自己掏钱,甚至连司机也——照顾到,这无
非是让学生不要分心他顾、认真答辩。先生就这样不顾自己的病痛和衰老,仔细
安排了我一生中最重要的时刻。

三年侍坐,先生的温和慈善,树立了韩愈所谓"仁义之人,其言蔼如也"的风
范;先生的尽心尽责,也呈现了他为北师大题写的校训"学为人师,行为世范"的
境界。2000年前后,他先后被授予"师德标兵"、"职业道德明星"等荣誉,堪称实
至名归。当我自己也忝任研究生导师的时候,先生的言行自然就成了我的楷
模。可是当我对学生的态度有性急而不耐烦的时候、当我因自身的忙碌而对学
生的学业有所怠慢的时候,我才知道自己与先生的差距有多远,所谓"高山仰止,
景行行止",先生发自内心而行云流水般对我始终如一的关注、支持,是我一辈子
要去体悟并传承的精神衣钵。

三

我从北师大博士毕业后,又到北京大学历史学系从事博士后研究。虽然与

先生的距离远了,但是先生的关怀却没有因此而远离。在博士后的两年中,我还是有机会一如从前那样,隔一段时间就到北师大听先生聊聊天。2000年的秋天,还继续来听了他给下面的研究生讲古文献的课程。而我在北大从事的博士后研究工作,从以往的唐代延伸到了对清代、民国年间的文献和学术史研究。对于先生来说,近世掌故更是他最为熟稔的内容,给予我的指导也就更加密切起来。

其实在博士期间,就经常听启先生说起清代的故事,真是家珍历历。那时我向他请教乾嘉朴学,他曾经展示给我刚刚收藏到的《窥园图记》题跋长卷。《窥园图记》是乾隆年间的著名学者王鸣盛为经学家费玉衡《窥园图》所作的题记。记文由王鸣盛口占、江声篆书并作附记。民国年间,图、记分散,而《窥园图记》为沈兼士先生所得,分请当时流寓或定居北京的学者题跋留念,这其中有杨钟羲、章太炎、陈垣、黄节、余嘉锡、杨树达、高步瀛等学界名流。启先生通过这个卷子,告诉我钱大昕、王鸣盛的高下之别;而关于民国的那些学者,说:"《窥园图》的题跋里,章说了许多错话,陈垣先生就来驳他。后面诸公也是这个意思,杨遇夫先生等于是个评判员。高阆仙先生用骈文写,他引得这些典故我都不知道。所以我对邓(魁英)先生说:我们这文献学专业的博士,也别做作业,单能把这个跋标点了,就算过关了。"

在启先生看来,这个长卷比他以往收藏的价格不菲的名画、名帖,都更具有文献价值。有一次,他便让我拿到北师大图书馆拍照留副,并由我点校、录文。后来我也向先生提出整理和研究这一长卷,以为学习清代与民国学术史之门径。这一想法得到先生的首肯,并多次就题跋渊源给予指导。这一工作也一直延伸到了我的博士后期间。可惜此后学业紧张,又兼初涉这一领域,资料收集过程较长,未能及时做出完整的成果向先生汇报。先生于2005年6月遽归道山,《窥园图记》题跋的整理便因我的愚钝与懒惰,留下无穷遗恨。

作为对先生的纪念,也为了实现先生乐于流布学术新资料的遗愿,我在先生去世当年的下半年,将《窥园图记》及其题跋的录文、标点本,根据传世文献及启功先生生前的传授,对其中作者生平与题记背景略作笺注,以《元白先生所藏〈窥园图记〉题跋》为题,发表在了《文献》2006年第2期上。当然,这一笺注还远远没

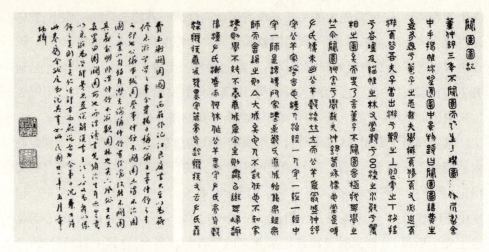

启功先生藏《窥园图记》局部(右王鸣盛口占、江声篆书题记;左章太炎题跋)

有将先生当时对我工作的期待完成,我仍然需要继续努力。我曾经向先生说:这个研究的副标题可以叫"民国年人对乾嘉学派的一次回应"。先生当时站着,将拳头一握、用力一拧说:"岂止是回应,简直就是一次学术较量,一次批判!"他说着话时的神情,至今还在我眼前。

因为《窥园图记》的事,我对先生所传授的近代史事也很有兴趣,因此到北大后,合作导师荣新江教授就嘱我与他一起整理仓石武四郎在1930年中国留学的《述学斋日记》,这是多年前池田温先生委托他的。我看过日记后,发现其中提及的许多民国人事如杨钟羲、孙人和、《壬寅销夏录》等,似乎都听启先生说起过。因此,当我将日记做了初步的录文和注释后,就集中了其中的一些问题去向启先生请教。

启先生果然对杨钟羲于1930年前后在太仆寺街的寓所开办"雪桥讲舍"、有吉川幸次郎等两位日本学生拜师的情况非常熟悉,为我们的注释提供了许多重要的背景资料。其中提及在民国年间一些重要的书籍流传情况,先生均曾耳闻目睹,因此每说起其中的一部,便能告以来龙去脉,不啻是在给我补目录学的课程。

其中有一部《壬寅销夏录》稿本，是清末大收藏家端方的书画藏品目录，后来落到杨钟羲手中。仓石的日记中频频提及，似乎杨钟羲父子要通过他卖给日本的机构。从日记的记载来看，大概是因为开价太高的缘故，仓石武四郎并没有能够使这一目录东传到日本。我向启先生问起这一书的下落时，才知道这一重要的书画目录提要，曾经先生之手，在解放初期从个人收藏家那里售归了国家文物局。

先生告诉我，端方的收藏品中，以名家书画的数量最多，后来散出，有的甚至为海外的著名博物馆收藏。作为目录的《壬寅销夏录》却孤本流传，对端方书画藏品的前后传承有详细的记录，因此特别受到书画研究者的关注。为了加深我的印象，启先生还专门为我约了当时收藏此书的中国文物研究所，带着我和后来从事中国艺术史研究的师弟薛磊一起去看了原件。这一记录书画艺术品的稿本，本身也像艺术品一样精彩。后来，我看到《续修四库全书》也将这部重要的书画目录影印在了"子部·艺术类"中。但黑白缩印的效果，与当时看原件的感觉真是大相径庭。我后来将启先生谈论这部书的流传过程以及其中一些名画的真伪辨别记录了下来，以《〈壬寅销夏录〉与尉迟乙僧画》为题，收录在了《启功讲学录》中。实际上在我整理仓石武四郎日记的过程中，获闻先生关于中国近代史和艺术史方面的知识和见解，要比能够用笔记下来的多得多。

后来《仓石武四郎中国留学记》一书出版，我又向启先生提出请他题签，他毫不迟疑地提笔便写，还对封面的安排提出了意见。

我在北大真正从事的博士后研究课题，是"嘉道之际的西北历史地理学：以徐松《西域水道记》为中心"。其中的核

启功先生题签的《仓石武四郎中国留学记》封面

心，是清代乾嘉学派的后期殿军人物徐松。早在博士生期间聆听先生教诲时，也听他经常提起徐松的名字。有一次，中国书店送来拍卖图录。先生让我们看，说有用得着的书，可以提出来。我那时就已经想将来从事徐松与西域的相关研究了，因此看到上面有一册清末影印的巾箱本《西域水道记》时，便向先生提出来可否打听一下这书的情况。先生当时让我折页记下，后来等中国书店拍卖会结束之后不久，我就在先生处得到了这部书。

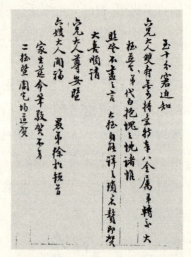

　　我到北大真正开始了徐松的研究之后，每每来北师大，先生必会与我讨论徐松研究的进展，对清代的西域和徐松的经历充满兴趣。2001年年底，我偶然在当年嘉德春季拍卖会的图录上看到有徐松的书札信息，但为时已晚，只好请先生代为打听下落。先生当时便为我打电话了解它的去处。后来得知书札流拍，原件已经由主人拿走。但是到了2002年年初，拍卖行给启先生拿来了复印件供我研究。徐松的著作，因为其后人及弟子的早逝，而在身后无人继承，多所散失。因此有关他的一纸一字，都对研究其生平以及嘉道之际的学术史，至关重要。先生为我获得的这两封信札，都是寄给一位"六兄大人"的，但具体的名字却并不知道。在我前往取件的时候，先生已经为我研究信件多时。他告诉我说："从信的内容来说，徐松与这六兄大人似乎是结拜兄弟，但言'愚弟'而不是'如弟'，则又不可知晓；同时这两封书札的年代也没有记载。不过，即使什么也不知道，也多一份材料。"——确实像先生所说的那样，在人物、年代

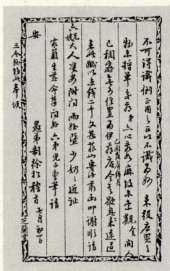

启功先生为作者提供的徐松致六兄大人信札二通局部

都不明确的情况下,这两封珍贵的信件还是提供了徐松从西域赐归后的许多生活细节。后来我根据信中人物长龄的年谱,考订出书札的撰写时间是在道光八年,先生也为我高兴,并给我讲解了与信札相关的清代人事如长龄、张格尔、笔帖式、抱见礼、理藩院等等,对我注解和研究西域史实提供了很大的帮助②。

后来我又看到早在1995年的嘉德拍卖图录中,也提到过徐松的书札。又是启先生,设法打听到了书札的下落,并向拍卖者申请到了复印件,使我得以对徐松的生平交游研究有进一步的收获。

先生对我从事西北史地学的研究,是非常赞赏的。我曾在博士后报告《徐松与〈西域水道记〉研究》的后记中提到先生对我研究工作的厚望:"给予这一工作始终关怀着的,有我博士生期间的导师启功先生。我汇校《西域水道记》所使用的各种版本中,唯一不是复制品的宝善书局本,就是先生赐赠。他常常向我提起乌鲁木齐南梁子上一汪水洼就是自来水厂的记忆,也多次垂询清人的西域水道图究竟有多少准确性这样的问题。……先生的心迹,使我在进行历史文献研究的同时,不敢忘记其中应有的现实意义。"

先生曾经在1983年参加一个智力支边的讲师团,到西北讲学。那是他唯一一次到过新疆,而新疆的缺水给他留下了深刻的印象。几乎每次讲到去新疆的经历时,他总会提起南梁子上很小的一个水洼(当指乌拉泊水库)是乌鲁木齐饮用水源的事。他也总向我提起西北水利的难以管理,说从《清史稿》点校中看到过即使是位至封疆的大臣,在西北出行,也被突如其来的山洪冲走的事件③。因此,清人的著作究竟能够对于我们今天的西北水利研究有多大的意义呢?在文献整理的价值之外,现实的关注也成为他和我共同思考的问题。

他还多次由他祖上在新疆仕宦的经历,提起新疆的阿古柏叛乱给地方带来的动荡。这与他1983年在新疆演讲《少数民族与中华民族文化的关系》一样,现实和民生的关怀是他学术人生中重要的价值观。

我深刻地体味到,他对我博士后期间的工作支持和帮助,不仅是因为我个人,而更因为我所从事的工作本身,也是他所期待的事业。

四

　　2002年7月，我结束在北京八年的求学生涯，决定返回新疆工作。先生对于我的选择同样表现出热切的支持，这不仅来自精神的层面，还表现为超过我想像的物质支持。

　　7月6日上午，我去送刚刚通过的博士后报告，先生的内侄章景怀老师和夫人郑喆老师专门到北师大的住宅等我，接我去先生新近由政协分给他在雍和宫北边的寓所。先生幼时曾在雍和宫寄名当喇嘛，因此晚年能够与之为邻，非常满意，清静的市隐环境也使他可以躲过许多无谓的俗务而专心修养、写文章。那个上午也真是清静，没有电话、没有访客，先生永远有那么多说不完的知识和见解，和我谈我的博士后报告的内容，谈《窥园图记》题跋以及他与杨钟羲的亲戚关系，还有桥川时雄、缪荃孙和古代书仪的具名落款等问题，不知不觉两个小时就过去了。章景怀老师又开着车带我们到附近的便宜坊烤鸭店吃午饭，兼算为我饯行。饭后回来的路上，先生问我：去新疆是坐飞机还是坐火车？郑喆老师插话说：飞机那么贵，当然是坐火车了！我也告诉他：坐火车卧铺，两三天时间，其实很轻松。启先生便不说话了。当我们把他送到家中告辞时，他从桌上拿了一支笔和一个旧信封，进里屋去脱外套。一会儿便匆匆出来，将这个信封塞我包里，说：一定坐飞机，这笔钱算是我的一点心意。然后不由分说地把我和章老师夫妇送出门外，关门休息。我回到家中，拿出信封，看到背后郑重地写着"程仪/功上"四个字，信封里面是整整一万元钱。

　　7月22日下午，我又到先生那里送

启功先生资助作者前往新疆费用的信封

他上次吩咐我买的书。刚刚坐定,先生便从一个盒子里取出一个新的信封,上面早就写好了"书帕/功上"四个字。他一边给我解释书帕这个词在明朝所代表的陋习,一边说:"我们却不是这个意思,我先前多托你买书,现在这点钱就权当我助你托运书的费用。"我再三推托,他却一再说:"够是不够?不够还有。"我也只好将信封收起,坐下听他说郑康成笺注的问题,并听我说用电子检索古籍的功能。一直谈到傍晚时分,才相约再见,告别回家。

先生两回一共给了我两万元钱,我当然没有舍得去坐飞机,运书的费用也只是不多的一小部分。我把这钱看成是先生颁发给我的特别的"励耘奖学金",除了到中国书店买了两种平时不敢问津的西域古籍之外,余下款项被我带回新疆,用于我在那里从事的学术耕耘。

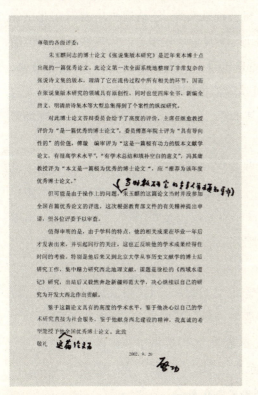

启功先生为作者博士论文所撰推荐书

先生对我的关怀并没有因此结束,他继续通过不同的方式激励着我在边疆的工作。

2002年9月10日教师节,我给先生打电话拜节。他告诉我赵仁珪老师会寄一份表格给我,让我尽快填写。我接着给赵老师电话拜节的时候,他告诉了我原委:先生还没有忘记我做的博士论文,他那时刚刚从赵老师那里听说国家学位办有评定优秀博士论文的制度,便郑重其事地委托赵老师打听我是否可以申报,然后便请赵老师联系我填写申报表格。手续齐全后,他又请赵老师打印他的推荐书,修订之后交付学校。因为已经是一次时间久远的补录了,我的博士论文后来得到了优秀博士论文的提名。无论得失，先生这种持久的关心，却比获奖更让我珍惜。

2002年10月，先生又在电话中告诉我：嘉德拍卖会又有徐松的手札出现了，他已经订下，准备买下来送我。11月份我有机会去北京大学参加学术研讨会，19日和启先生相约共同去参加冯其庸先生《论红楼梦思想》的首发式。回来的路上，他让陪同的张海明老师给了我一个信封。我回到宾馆，打开看，正是嘉德拍卖会图录中的徐松手札真迹，估价7000到9000元。不过它还是去年春天流拍的那两件信札。因此下次去看启先生时，便告诉他这一情况，劝他不必为我买下。但是先生说："那也用不着退回去了，这个信札留在你那里最合适了。"

2002年12月底，上海博物馆五十年馆庆，与北京故宫博物院、辽宁省博物馆一起，聚集晋唐宋元四朝国宝级书画真迹72件，举办了一场"晋唐宋元书画国宝展"，启先生也受邀参加。我后来也有机会前往观摩，还请启先生专门在北京先给我讲了对这些作品的见解，他如数家珍，确实是烂熟于心。后来我听陪同他前往的赵仁珪老师说：当时参观的现场更是传奇。启先生坐在轮椅上，隔着玻璃，放大镜又用不上，其实也看不真切。可是轮椅推倒哪一幅作品前，博物馆的人告诉他是什么名称，先生便滔滔不绝，言其本源、道其细节，随同参观者都是现场聆听了一次真正的大师鉴宝讲座。

但是——赵仁珪老师下面的话让我为之一再动容——三天时间，启先生也只看了半天展览；其余的时间，启先生向上博提出来要看最近收进的清代书迹。这个要求当然得到了满足。赵老师陪同先生一幅幅经眼，听先生讲解，也自然增加不少见识。等到结束，启先生却悄悄地告诉他："我就是想帮朱玉麒看看有没有徐松的信札！"

2003年，他又应我的请求，为我博士论文期间从事的《张说集校笺》、博士后期间从事的《徐松与西域水道记研究》题签鼓励。后来听说，他在8月31日为我题签，而在28日刚刚摔了一跤，但是只要能动，就仍然做事。由此可见对我这个学生的挂心。惭愧的是，这两样书稿，至今还都没有完成。先生的题签一直贴在我的书案前，鞭策着我拿出高质量的书稿来回报社会。

2003年的上半年，"非典"影响了全国、更影响了北京的秩序。我经常通过电

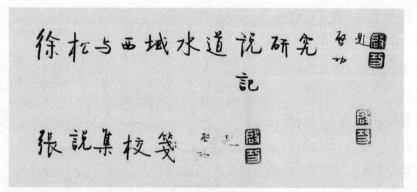

启功先生为作者学术研究工作的题签

话向先生问候。每次从电话那头传来的,都是他愉快的声音,问长问短,关心新疆的地震,告诉我非典没什么,应该经常说说高兴的事。但是他因此也减少了出门走动的机会,身体也明显不好。等到10月、11月之交,我经北京去台湾开会的时候,他已经做了穿刺,腰间挂了尿袋,更加影响了他的活动。但是他依然乐观,称自己现在是佩"金鱼袋"了。

启功先生病中仍向作者和张廷银传授学问

10月31日,我有机会在他住院期间的一个晚上陪护他。半夜,他忽然叫醒我说:"你到台湾,帮我把那里影印的宋本《施顾注苏诗》买回来。"然后告诉我说:现在大陆出版的苏轼诗集注本都还存在问题,这宋本的施顾注不仅书品好,注释也接近原诗,

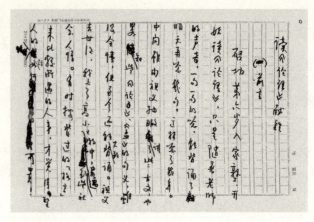

启功先生《读〈论语〉献疑》手稿

最值得参考。而自己年幼时就喜欢苏诗,说着说着,竟将苏东坡的《游金山寺》从"我家江水初发源,宦游直送江入海"开篇,到"我谢江神岂得已,有田不归如江水"结尾的二十二句,一口气背诵了下来。后来我将这套书从台湾背了回来,先生那种喜悦,我至今还历历在目。

但是那天晚上,我久久不能入眠。先生的生命状态已经如此衰弱,却还孜孜不倦去寻求学问。晚年的先生,有很多的工作要做,如为国家所做的各种书画鉴定,以及不胜其烦的应酬,如他所说被布置的"家庭作业"(各界的求字等等);但是他还是不断地挤出时间,将自己的学术思想总结出来,形诸文字,传给后人。2000年以来,他发表的文章,有很多都是自己一笔一画写出来的,像《读论语献疑》《文史典籍课程导言》《"八病""四声"的新探讨》《谈清代改译少数民族姓名事》《汉语诗歌的构成及发展》等④,无不都是他晚年的文史研究力作。像他这样一个饱经忧患、老病交加的人,是什么支撑着他始终微笑着面对人生呢? 也许只有深刻体悟了中国传统文化的精髓,才能理解启先生这种积极进取的境界和乐观向上的旺盛生命力。

2004年,我有三次机会到北京出差,见面也还总是非常高兴,问我在新疆的教学,问我爱人的工作和孩子的读书情况。10月份我到金台饭店开会,先生又在附近的北大医院住院,衰老得厉害,但还是非常得体地维护自己的形象,告诉我:

启功先生一直关心的、并为作者题签的徐松《西域水道记》整理本在2005年7月出版

"这儿空气不好，过两天出院了，我们到家里再谈。"过两天到家里拜访他，虽然已经举步维艰，依旧谈锋甚健，说近代史事，如在目前。先生健康的心理状态支持着他生命的每一天。

2005年元旦前一天，我还能听到先生从电话那头传来爽朗的笑声，道是互祝新年。但是农历新年的正月初一，先生昏迷之后再次住院，从此没有出院。

2月份我有机会进京探望，那时他已经在重症监护室。护理人员说此时先生并未熟睡，但已不能说话、睁眼，人也比我去年10月所见瘦了许多。我去摸他的手，他的右手便忽然动起来，开始拨拉手中的念珠。

这年的6月，我因为《西域水道记》书稿的出版事再到北京，25日便抽空前往探视。先生已挪到里屋的玻璃房内，探视者只得隔着玻璃门远远观望。先生刚刚做完胃的营养输液，非常难受，浑身抽搐，两手紧搂着的玩具小兔等动物也随之起伏，看了让人落泪。郑喆老师叹息着说：能够坚持到过了生日就好了。先生的生日是7月26日，但我想着先生以往多次在病危状态死里逃生，此次也定不例外，过完生日应当还能有所好转。

——谁知这次竟然例外！

6月30日清晨，我从西三环乘车到北太平桥西里的中华书局看《西域水道记》的校样。车过花园桥，就接到廷银师兄的电话，告以先生已于凌晨2：25去世。而几分钟前，我还在畅想着这本由先生题签并一直关注的西域典籍能够在他生日前出版的情景。想到从此天人永诀，再也无从请益，心中一恸，不觉热泪夺眶。

先生去世已经七年，这期间我东奔西走，一直也没有写过纪念先生的文字。这并不是对于先生的淡忘，而是随着时间的流逝，先生生前的言行举止，渗透到我生活的方方面面，成为无形的影响，庞杂而多样，几乎无从谈起。往往在生活中的许多不经意间，便觌面先生著作中讨论的问题，有时甚至就是在世时曾经当面赐教的一个细节。这样的时候，先生语笑吟吟的容颜就会浮现眼前。

记得先生在世时，每次见面请益之后，我总会将当时讲话的情景详细记录。那天的日记便会比平时涨出很多，仿佛春秋时代的子张书绅。我清楚地记得，在2006年他因病故去之后，中共中央统战部批定的先生讣告所罗列的11个最重要的社会头衔中，"著名教育家"列于首位。我庆幸曾经与先生这样的智者并世，且得其耳提面命、传道授业，这是我今生可以自豪的福祉。至少从先生作为教育家的角度而言，对于先生给予我的这些教诲，也不应该成为我个人的专享。今年是先生诞辰一百周年，我不敢再以自己的笔拙与冥顽做为借口，因此写下这些受教的点滴回忆，来纪念他曾经给予这个世界的仁爱之一二。

先生给我留下的光风霁月般的人格印记，不会因其去世而从我的记忆中消褪；

先生以其身教而树下的人伦与师范典则，也将是我有生之年始终不懈的追求！

注 释：

① 一直到十七年后，我才从《启功丛稿》中开始获得阅读的愉悦。我查自己的日记，在1999年12月7日星期二，写到："临睡前开始读《启功丛稿》，真是被吸引住了，因为现在有了启先生娓娓讲来的影子。"

② 至于这两封书札的受书人，一直要到2009年11月，距先生去世已经四年，上海博物馆的柳向春博士帮我找到另外三封徐松信札的影印件时，从那三封书信标明"香垞六兄大人"及"家六老爷"上，让我能够联系起来，知道所谓的"六兄大人"，就是徐松的同年进士徐香垞无疑。当时的心情，真是恨不能起先生于九泉而告之！

③ 后来我读《沈文忠公年谱》，知道确实是在同治元年，署理陕甘总督沈兆霖在甘肃青海交界的地方遇到骤至的山洪而被淹死。

④ 先生对于自己的文章需要假手口述、录音，深感迫不得已，因此以上重要的论文，均重新写过。如发表在《文学遗产》上的《汉语诗歌的构成及发展》，他就认为很不成熟，后来专门重写，交由我打印出来。新的开篇提到："去年在校内作过一次普及性的'学术讲演'，经学友们从录音写成文字，又增加了一层的隔阂。承友人为刊物索稿，顺便即拿去发表了。不但拙稿内容不成熟，还加上许多词不达意处，是我非常抱歉的。现在重新把积年所学、所想、所讲过的一些拙见，从头写出，求教于敬爱的读者，希望惠予教正！"

长忆启功先生

□ 王　庆

敬爱的启功先生离开我们已经七年了。七年前那个不幸的日子我永远记得,当时的情形还如在眼前。那是 2005 年 6 月 30 日上午,我到学校图书馆续借图书。一进主楼大厅,迎面正中是一则讣告,因为当时着急去图书馆,走得匆忙,没有仔细看讣告的内容,心里只是想,不知哪位先生又不幸永远地离开了我们。等我从图书馆出来,来在讣告前细看,沿一长串头衔一路看下去,等到看到中央文史馆馆长的头衔时,我的脑子便"嗡"的一声,怎么,竟是我们的启功先生!! 我的心里一下子乱了套,简直不能接受这个事实。我太敬重启功先生,希望他总能健康长寿,永远给人间带来吉祥与欢乐,可是他怎么就……我极度失落地来到办公室,头脑里不时闪现着启功先生的形象。

一、初闻先生缘书法

启功先生在《启功口述历史》中说,"很多人认识我是从书法开始的"①。我就是这很多人中的一个。在大学的时候,我喜欢上了书法,买了一本柳体字帖,便开始学写毛笔字。当时,除了喜欢《神策军碑》上的柳体字之外,对于今人的书法就喜爱启功和舒同二位先生的字:喜启功先生的典雅,爱舒同先生的厚重。舒同先生的字平时见得不是很多,但启功先生的字却多有面世。我喜爱启功先生的字甚至到了崇拜的地步,每见到启功先生题写的字,总是心摩手追,不能自已。有时也与几个书法同好聚在一起,争论启功先生是从何体入手学习书法的,期望能沿着先生的路子练好书法。在这个时候,我只知道先生的书法,对先生其他方面的情况知之甚少,更不敢奢望哪一天能有机会见到启功先生。

　　大学毕业后,我到一所高校教书,空闲的时候便买了纸笔,照着字帖练习毛笔字。就在这时,我读到了启功先生主编的《书法概论》。对我这个初学书法的人来说,这真是一本上好的入门书。先生主编的这本书讲得透彻明白,给人一种豁然开朗的感觉,让初学书法的人有了一种可供"攀援"的东西。出于对这本书的喜爱,我专门买了一本硬皮笔记本,把书中的内容做了详细的摘录,其中给我印象最深刻的是讲"结字"及"执笔和运笔"的两节。有许多讲书法结字的书,讲得似乎很高深玄妙,但让初学者摸不着头脑,无从下手;而启功先生主编的《书法概论》详细讲了结字中的"黄金率"、"笔画之间的先紧后松关系"、"整体外形先小后大"等内容,而且还用具体的实例(如三、川、日、国、米、上、仁等字)演示,让每一个初学者都能感到像是启功先生手把手地教了他似的。在讲"执笔"时,《书法概论》破除了一些传统的旧观念,最后用一句话总结:要自然灵活便于书写。在运笔上,书中也强调自然运行不应刻意去注意,造作姿态。这些讲解都给我练习毛笔字书法起了重大的指导作用,至今回想起来,总觉得自己的书法得益于启功先生甚多。

二、初见先生于师大

　　教学几年之后,我考上了北京师范大学的硕士研究生。当时很是兴奋,不为别的,以为到了北京师范大学就可以见到心慕已久的启功先生了。现在想来,这种想法很不实际,偌大一个北京师范大学,且启功先生社会应酬繁忙,哪有机会能见到先生呀。后来见到先生写的文章,讲如何深受追慕者拜谒之苦,逼得老人家东躲西藏,便不再奢望能见到启功先生了,只是每天有空时写写毛笔字,多买几本启功先生的书读一读就满足了。于是我便买了先生的《启功韵语》《论书绝句》《启功论书札记》等几本书,其他的如《启功书画集》之类,因为书价太高,只好看着书店里的书心里发痒。不过这样也有一个好处,能让我有充足的时间细细研读买到的先生的这几本书。我捧着先生的书读了又读,不时为先生亦庄亦谐的诗句所折服,也更加叹服先生那随心所欲不逾矩的高超的书法技艺。

虽然无由、也不好意思去专门拜访先生,但我还是时刻扑捉机会一睹先生的风采。机会终于来了。学校的学生会在五百座②邀请先生作讲座,我和许多人一样,硬是挤进了会场,站在过道上听完了先生的讲座。先生一上来便以"同志们"称呼大家,感觉很是新奇。接着先生说,"让这么多同志们站着,而我却坐着,感到很不安。"当时听了之后,我由衷地感到先生的宽厚。先生侃侃而谈,同学们也时时被先生机智风趣的话语逗得大笑。先生戏称其字是"大字报体",称其学问为"猪跑学",还戏称被别人曲解的执笔法凤眼法为"猪蹄法"。幽默之中,处处是真知灼见,是先生几十年经验所得。从先生的这次讲座中,我真正体会到了什么是真正的智者。

第二次见到启功先生也是在公共场合,当时是参加王宁先生的博士生齐元涛的答辩,启功先生是答辩委员会主席。我提前到了答辩现场,过了一会儿,听到有人说启先生来了。出来一看,启功先生颤微微地走出电梯,手里拿着拐杖,一副和善愉悦的笑脸。在答辩过程中,启功先生做事极其认真。由于先生的目力不太好,别人劝他就不要亲自宣读答辩程序了,但启功先生还是捧着纸,凑近鼻端,宣读了答辩程序,最后还声音颤颤地说:"请大家原谅啊,我最近眼底出血,眼睛不好使。"在接下去的答辩过程中,启功先生忠实地履行着自己答辩委员会主席的职责,一丝不苟。于此,我看到了启功先生做事认真负责的态度。

三、略识先生在中华

研究生毕业后,我去了中华书局任编辑。到了中华才知道,启功先生与中华有着极其深厚的友谊和联系。听中华的老人讲,"文革"后期,启功先生曾被中华书局的总经理金灿然借调到中华书局点校《清史稿》,"迎来了'文革'期间最稳定、最顺利、最舒心的一段时期"③。后来,在庆祝中华书局九十华诞的纪念刊物上看到了启功先生当时与其他点校二十四史的人员的合影照片,感到十分的亲切,这时我又觉得与启功先生的"交往"似乎又加深了一层。到中华书局后,我先在总编室实习。有一次,室主任叫我们几个年青人收拾会议室,说过一会儿启功先生要"驾临"。我们大家都非常高兴,想与先生近距离接触一下,可是后来由于有其他任务,没有能见到启功先生,感觉很遗憾。

实习结束后,我到汉学编辑室工作,当时的编辑室主任是柴剑虹先生,他是启功先生的高足。据他说,当年就是启功先生介绍他到中华书局来的。这时我心里想,这一下见到启功先生的机会可就多了。有一次我在办公室接到一个电话说:"喂,你好,我是启功啊,请找一下柴剑虹先生。"从这一个电话中,我又体会到了启功先生的宽厚、谦和,对自己的学生也以"先生"相称。后来,一个同事和柴剑虹先生一起到启功先生家中,请先生审阅《启功学术思想研讨集》的封面。设计者在书的封面上用了佛家的八样宝物。据这位同事讲,启功先生看了封面后非常喜欢,随口问了一句:"你们诸位知道佛家的八宝叫什么吗?"大家一时语塞,无以答。启功先生便指着封面,给大家把佛家的八宝一一做了解答。我的同事不禁啧啧称叹启功先生的博学了。

启功先生的著作除了《启功丛稿》由中华书局出版之外,《汉语现象论丛》也是中华出版的一本好书。记得我的一位老学生托我在中华书局购买启功先生的这本书。他看了给他寄去的书之后,给我回信说:"收到你寄来的启功先生的《汉语现象论丛》,我看了一下,真是一本好书,给人许多启发,细读一下,语言也美,如这样一些学术论文,都写得如此明白晓畅,引人入胜,让人敬服之至。内容遍是真知灼见,启迪人深思。"这一些话道出了众多读者的同一个心声,也不用我再费什么口舌了。

启功先生与中华书局的因缘还表现在他总是慷慨地为中华书局出版的许多书的封面挥毫题签,我手头的书就有一大串,如《乐府诗集》《陶渊明集》《李太白全集》《杜诗详注》《欧阳修全集》《庾子山集注》《元稹集》《戴名世集》《戴名世年谱》《清秘述闻三种》等等。只要喜欢中华版的图书,就能有机会看到启功先生优雅的题签,这也是一种因缘和幸运。启功先生对于求墨宝者的"乐善好施"是出了名的。据说启功先生曾云,只要有人拿了纸墨,他便尽量满足求谒者的心愿,以致有人开玩笑说:"北京好像就只有公共厕所没有启功的题字了。"启功先生从不吝啬自己的力气和墨宝,这一点与一些书法家不肯轻易给喜好其字者题字的作法迥然不同。记得有一次,编辑室主任柴剑虹先生对我说:"你不是喜欢启先生的字吗? 等你结婚的时候,我向启先生给你请一副字,好好装饰一下你的新房。"但我终究没有让人去向启功先生讨字,一是因为我的新房太简陋,二是不想烦劳年事已高的先生。

说到先生的书法,我还想多赘几句。1998年,我的一位同学来北京参加首都师范大学书法学博士生入学考试。当时我便问:"为什么不投启功先生门下?"这位同学答道:"启功先生不招书法学博士,他带的是博士生的专业是古典文献学。"我对先生的做法很是不解,凭先生的书法造诣,最有资格带博士,为什么不招生呢? 同学解释说:"书法,技也。料先生不会以技艺带博士吧。"听后,我对书法略有感悟。大家可能都知道启功先生是书法大家,恐怕知道先生的诗文成就的就少得多了。先生的书法得益于其古典文化修养甚多,似乎先生不赞成专攻书法这门技艺。技艺的进步需要其他方面的修养来支撑;若不注重其他方面的修养,仅仅刻意于书法技艺,则其书法技艺是行之不远的。

四、重读先生在师大

后来,我离开了中华书局,再次进入母校北京师范大学读书。因为住在校外,没有机会得到太多的有关先生的消息。三年的学习结束后,我留校到文学院工作,感觉好像离倾慕已久的启功先生又近了一步,希望有机会能亲自拜谒先生一下,但终于没有机会,启功先生太忙,身体不好,不敢相烦。2005年元旦前夕,北师大文学院教师迎新年聚餐,我收到了一份厚礼——启功先生所赠的五本书:《启功口述历史》《启功讲学录》《启功韵语集》(注释本)《启功题画诗墨迹选》《董其昌临天马赋》。当晚,我便开始读先生的《启功口述历史》,对先生的一生有了更深入的了解。后来再读先生的《启功讲学录》,又不得不称叹先生的博学多识与见解精辟了。

2005新年以后,好像启功先生的身体一直不好,我只能从《文学院通讯》上了解到有关先生的一点一滴。当时看到有一则消息:"5月30日,全国政协主席贾庆林看望启功先生。"我觉得先生的病体可能会有些好转。没想到,天不佑人,不憖遗一老,刚刚才一个月的工夫,6月30日便听到凶讯,启功先生离我们而去了。我无法接受这一事实,脑海中只有一个想法,"启功先生不应该离开我们"。一想到先生,便是那风趣、谦和的长者形象,先生在我的脑海中总是生动的形象。虽然先生生前离我很远,几乎没有多少机会见到先生,亲聆先生的智者之语,但先生在我的记忆中总是一个鲜活的形象。先生去世当晚,我摩挲着启功先生留给我们的著作,想了许久,想了很多,终以这样的一幅联语来敬挽我们大家的启功先生:诗文讲坛道德在兹,书画墨海艺术存焉[4]。

谨以此文纪念我所敬重的启功先生。

注 释:

① 启功著,赵仁珪、章景怀整理:《启功口述历史》,第165页,北京师范大学出版社2004年。

② 现更名为"敬文讲堂",启功先生题字。

③ 启功著,赵仁珪、章景怀整理:《启功口述历史》,第143页,北京师范大学出版社2004年。

④ 见《启功先生悼挽录》,第27页,北京师范大学出版社2005年。

永遇乐

想念启元白老友

□　杨敏如

　　门第无凭,孤穷无倚,进退无据。志道依仁,天聪苦励,清采临寒露。宿儒垂爱,英才知遇,绘事法书同著。笑吟吟,书生绛帐,艺高业精师傅。　　晚晴正好,何来风雨,一场琴焚鹤煮。坚净求真,诙谐掩泪,徒、友倾心愫。如今风静,红旗照眼,文艺花开簇簇。声声唤,创新扬古,邀您指路。

扫先师墓有感二首

□ 赵仁珪

每来祭奠每难忘,总见鲜花簇路旁。
白雪皑皑尤耀目,秋风瑟瑟更飘香。
容仪不远人争仰,桃李无言蹊自长。
又是清明凭吊日,小诗一首寄仙乡。

又(调寄玉楼春)

蓬山此去无多路,天接云涛连晓雾。
当时相聚小红楼,今日独凭松柏树。
鲜花撒罢风前舞,诗句裁成心低诉。
声声炮竹岁将新,点点寒鸦天欲暮。

值恩师百岁冥寿，为编遗著有感

□ 林邦钧

心香一瓣编遗著，棒喝犹闻绛帐中。
书画诗文皆绝俗，坡仙逸少各称雄。
广陵散尽余音在，启体风行举世崇。
树蕙滋兰焉企报，却留身后万千功。

诗词五首

□ 林 岫

减字木兰哭送启功先生(二章)
2005年6月30日

(一)

恸声何已？一夕硕星沉不起。歌哭九门,罄欤成珠片纸珍。

一生磊落,此去愿多鱼鸟乐。待鹤来年,遣奠哀收别泪难。

(二)

书风独峙,师表真堪垂后世。教泽长辉,艺擅多门众口碑。

德成而上,雪浣清襟人共仰。旷代奇才,天意当怜去复来。

注:启功先生曾曰:"人多不解鱼鸟之乐,故常为名利所累。"启功先生论书法艺术常以"德成而上,艺成而下"(小戴《礼记》语)教诲学子。

怀念启功先生
2005年7月1日

楼居坚且净,仰止慕清风。

书画千家重,诗文一代雄。

笃行垂典范,敦品树高峰。

桃李门墙众,长怀化育功。

启功先生衰日雨暮访北师大有赋

2006年6月30日

坚净居前几度经,今朝过访不胜情。从来世忘浑非易,况复功崇旷代倾。

儒俊曾穷小乘巷,华颠敢谢大声名。难能稽考抒知见,独肯爬梳贵力行。

搔首常因书债累,栖幽顿解俗缘轻。惟期翰墨弘三气,旁涉丹青仰四清。

自重则威言有预:"遗篇不畏后人评。"楼边人去犹想望,入夜疏灯破雨明。

注一:启功先生说:"过去居小乘巷时为生计所苦,老来衣食无忧了,却为声名和书债所累。"先生拒绝被誉为"国学大师"。注二:先生擅画梅兰竹菊四清品。他常对书法家说:"书法界唯弘扬正气、文气、大气,方能进步。"注三:先生书房案头铜镇纸上刻有"自重则威,知止有定"八字。

己丑清明偕京华书友于香山万安公墓诗祭启功先生

2009年4月5日

三岁荷残从忆别,鹅黄又值暮春寒。修行耕砚原非易,酬世沉吟愈是难。

教诲铭心树三气,仰瞻遗墨感千端。酹浆清洒年年事,忍泪联衿祈万安。

注:启功先生生前乃中国书法家协会名誉主席、北京书法家协会名誉主席,艺高望重,于2005年6月30日故去,至今三岁余,京华书友无时不怀念之,并铭记不忘启功先生关于树"正气、文气、大气"的教导。

怀念启功老师

□ 金文正

（一）

红楼难忘叩门时，德艺堪为万代师。
品目先贤轻世故，人生恬淡笑吟诗。

（二）

耄耋长存童稚心，红尘看透贵千金。
一从驾鹤云天去，求字聆音何处寻？

409

和启功先生论词绝句十八首

□ 潘 玲

其一 李 白

何处高楼伤玉箫,柳枝日日拂尘嚣。
汉家陵阙西风里,空有残阳慰寂寥。

其二 温庭筠

风流才子文思捷,八韵场中叉手齐。
鹦鹉赋高偏累己,唯将白发唱黄鸡。

其三 李 煜

落花依旧水长流,上苑当年伴月游。
可叹仓皇辞庙后,梧桐空锁一庭秋。

其四 冯延巳

杨柳风轻展晓枝,新愁还似去年时。
无端看得春池皱,悔唱尊前白雪词。

其五 柳 永

半生偃蹇实堪哀,一醉蓬莱运命乖。
忍寄浮名於浅唱,晓风残月或怜才。

其六　晏　殊

谁家朱户开新宴,兰藉蕙蒸珠玉堆。
一曲踏莎歌未遍,杨花无数入墙来。

其七　苏　轼

鹏飞万里御长风,斥鷃焉能识此公。
竹杖芒鞵无所惧,一蓑烟雨任西东。

其八　贺　寿

指点江山意未休,镜湖载酒足风流。
钟馗铁面柔情在,歌得梅花落满头。

其九　周邦彦

日暮钱塘风景殊,疏桃间柳影模糊。
当年才子今何在,浊酒三杯代束刍。

其十　李清照

离合焉同俗辈论,半生漂泊志难申。
三千金石烽烟尽,泣撰残篇诫后人。

其十一　辛弃疾

吴钩看遍独凭栏,壮志岂言行路难。
苦恨山河终破碎,旌旗未得到长安。

其十二　姜　夔

素云黄鹤似君行,角徵宫商妙有声。
歌到庾郎肠断处,残鸦欲舞数峰青。

其十三　史达祖

柳暗花明燕弄姿,绮罗香软撰新辞。
他人但赏瓌奇笔,慷慨龙吟谁得知?

其十四　吴文英

幽云怪雨护神龙,腻水酸风射夜空。
君特遣词多谲怪,眩人金碧梦窗中。

其十五　张　炎

莺啭苏堤柳弄烟,西湖春水自清圆。
白云已去人应老,怅望东风一惘然。

其十六　陈维松

青兕亦应输此君,悲歌燕赵那堪闻。
迦陵笔下风烟急,雪浪怒涛卷楚云。

其十七　纳兰成德

承平公子撰新腔,一寸相思两不忘。
幽艳缠绵非本色,平生功业在诸羌。

其十八　东海渔歌(西林春)

丁香花落怨春风,闺阁蒙冤千古同。
补屋牵梦人自洁,浮云不碍日头红。

附录：

论词绝句十八首

□ 启 功

其一

暝色高楼听玉箫。一称太白惹喧嚣。
千年万里登临处，继响缘何苦寂寥。

其二

词成侧艳无雕饰，弦吹音中律自齐。
谁识伤心温助教，两行征雁一声鸡。

其三

一江春水向东流。命世才人踞上游。
末路降王非不幸，两篇绝调即千秋。

其四

新月平林鹊踏枝。风行水上按歌时。
郢中唱出吾能解，不必谦称白雪词。

其五

词人身世最堪哀。渐字当头际遇乖。
岁岁清明群吊柳，仁宗怕死妓怜才。

其六

柔情似水能销骨，珠玉何殊瓦砾堆。
官大斥人拈绣线，却甘词费燕归来。

其七

潮来万里有情风。浩瀚通明是长公。
无数新声传妙绪，不徒铁板大江东。

其八

斗酒雷颠醉未休。小梅花最见风流。
路人但唱黄梅子，愧煞山阴贺鬼头。

其九

叔世人文品亦殊。行踪尘杂语含糊。
美成一字三吞吐，不是填词是反刍。

其十

毁誉无端不足论。悲欢漱玉意俱申。
清空如话斯如话，不作藏头露尾人。

其十一

夕阳红处倚危栏。青兕归朝杀敌难。
意气干云声彻地，群山不许望长安。

其十二

词仙吹笛放船行。都是敲金戛玉声。
两宋名家谁道著，春风十里麦青青。

其十三

顾影求怜苦弄姿。连篇矫揉尽游辞。
史邦卿似周邦彦，笔下云何我不知。

其十四

崎岖路绕翠盘龙。七宝楼台蓦地空。
沙里穷披金屑小，隔江人在雨声中。

其十五

万绿西泠一抹烟。情深不碍语清圆。
碧山四水难争长，玉老田荒恐未然。

其十六

欲把英雄说与君。词豪一代几曾闻。
笔端黄叶中原走，多事横图画紫云。

其十七

纳兰词学女儿腔。数曲文人病健忘。
伊彻曼珠家咫尺，梭龙何故号诸羌。

其十八

渔歌响答海天风。南谷齐眉唱和同。
词品欲评听自赞，花枝不作可怜红。